厚德博學
經濟匡時

匡时 金融学系列

普惠金融

徐晓萍　主编

上海财经大学出版社

图书在版编目(CIP)数据

普惠金融 / 徐晓萍主编. —上海：上海财经大学出版社，2022. 7
(匡时 · 金融学系列)
ISBN 978 - 7 - 5642 - 3986 - 2/F · 3986

Ⅰ. ①普… Ⅱ. ①徐… Ⅲ. ①金融体系-中国-教材 Ⅳ. ①F832. 1

中国版本图书馆 CIP 数据核字(2022)第 080184 号

普惠金融

著 作 者： 徐晓萍 主编
责任编辑： 朱静怡
封面设计： 张克瑶
出版发行： 上海财经大学出版社有限公司
地　　址： 上海市中山北一路 369 号(邮编 200083)
网　　址： http://www. sufep. com
经　　销： 全国新华书店
印刷装订： 上海新文印刷厂有限公司
开　　本： 787mm×1092mm 1/16
印　　张： 20
字　　数： 390 千字
版　　次： 2022 年 7 月第 1 版
印　　次： 2022 年 7 月第 1 次印刷
定　　价： 59. 00 元

前言

自从 2005 年联合国首先提出普惠金融概念以来，包括中国在内的各国，特别是发展中国家，为推动普惠金融事业发展做了大量的工作。经过多年的持续努力，取得了令人瞩目的成效。在中国，中国人民银行发布的《2021 年金融机构贷款投向统计报告》显示，中国普惠金融领域贷款保持较快增速。2021 年末，人民币普惠金融领域贷款余额 26.52 万亿元，同比增长 23.2%；全年增加 5.02 万亿元，同比多增 7 819 亿元。其中，普惠小微贷款余额 19.23 万亿元，同比增长 27.3%；全年增加 4.13 万亿元，同比多增 6 083 亿元。另据中国银行保险监督管理委员会的统计，2021 年末，普惠型涉农贷款余额 8.88 万亿元，较年初增长 17.48%，超过各项贷款平均增速 6.18 个百分点。可见，在各个经济领域，普惠金融均在发力。

发展普惠金融对于进入新发展阶段的中国具有特别重要的意义。

首先，党的十九大提出，我国经济已由高速增长阶段转向高质量发展阶段。高质量发展有许多尺度，其中一个是包容性，而普惠金融本身就是包容性金融，其自身发展也必然带动经济包容性增长。包容性的另一表述是共同富裕，共同富裕的目标是形成中间大、两头小的橄榄型分配结构，力争用 15 年时间使中等收入群体在现有超过 4 亿人的基础上实现翻番。在此过程中，普惠金融的作用不可替代，已有大量研究表明在普惠金融与收入平等之间有很强的关联性。

其次，我国正向高收入国家行列进军。2021 年中国人均 GDP（国内生产总值）为 12 551 美元，距离世界银行 2021 年 7 月发布的最新高收入国家标准 仅一步之遥。从国际上看，二战后只有为数不多的国家成功地实现了从“中等收入”到“高收入”的跨越，如日本、以色列、“亚洲四小龙”等；而拉美地区和东南亚一些国家则长期处于中等收入国家行列，即人们熟知的“中等收入陷阱”（Middle Income Trap），如墨西哥、巴西、阿根廷、菲律宾和马来西亚等。中国作为世界第二大经济体，拥有全世界最多的人口，要想成功跨越“中等收入陷阱”，既无先例可循，也无捷径可走。但是，有一点可以肯定，推进普惠金融是一个重要的抓手。

最后，乡村振兴战略的实施需要普惠金融，尤其是农村普惠金融的支持。人民日益增长的美好生活需要和不平衡不充分的发展之间的矛盾在乡村最为突出。全面建设社会主义现代化强国，最艰巨最繁重的任务在农村，最广泛最深厚的基础在农村，最大的潜力和后劲可能也在农村。实施乡村振兴战略，是解决新时代我国社会主要矛盾、实现第二个百年奋斗目标的必然要求。普惠金融重点服务弱质产业、弱势人群和落后地区，其发展无疑有助于"让农业成为有奔头的产业，让农民成为有吸引力的职业，让农村成为安居乐业的美丽家园"愿景的实现。

因此，发展普惠金融，是实现经济高质量发展、跨越"中等收入陷阱"和实施乡村振兴战略的必然要求，具有重大的现实意义和深远的历史意义。但是，在国情特殊且相对复杂的中国，探索出既符合金融自身运行规律又具中国特色的普惠金融发展之路，并非易事。既要防止运动式推进对普惠金融生态圈的损害，也要防止对低价优惠的过分强调所造成的对商业可持续的危害。正是基于这样的考虑，上海财经大学小企业融资研究中心（下称"中心"）自成立之日起，便组织专家团队持续关注、研究普惠金融。对普惠金融的理论与实证研究动态进行跟踪，对世界范围的普惠金融实践与政策动向进行梳理。作为跟踪与梳理的集大成者，本教材既汇集了国内外卷帙浩繁的相关研究成果，更有中心研究团队通过实地调研等渠道收集的第一手资料和团队长期研究积累的心得体会。鉴于目前中国普惠金融开展的主阵地在信贷市场，因而本教材主要以银行业主体开展普惠金融相关问题为重点关注对象。

科学的普惠金融发展道路需要理论的指导，而有效的政策既来自对实践的了解，也要有一定的理论依据。本教材除了第一、二章作为概览性基础知识之外，其余各章基本上是按照理论、实践、国际经验、政策这样的顺序编排。其中，对理论的梳理相对于现有同类教材而言更加全面、前沿，并且围绕回答"难点在哪""为谁服务""谁来服务""谁来出资"四个方面的问题而展开，逻辑相对清晰，理论部分还包括对普惠金融测度的阐述；实践部分主要按金融服务的提供方——金融机构的类型而逐一论述的，不同类型的机构在普惠金融领域发挥着各具特色的作用；实践部分也包括了信息技术在普惠金融领域的运用，即数字普惠的新发展；国际经验的梳理选取了全球普惠金融开展中一些成功案例，并突出其对中国的启示；而政策则含政策（主要指与普惠金融相关的货币与财政政策）与监管两方面内容。

本教材是中心团队共同的成果。各章节的具体分工如下：徐晓萍负责第一章、第二章和第六章；谈儒勇负责第三章和第七章；马文杰负责第四章和第十章；郭丽虹负责第五章和第十一章，郭老师也承担了第三章第五节和第六节部分内容的撰写；邓辛负责第八章和第九章。全书由徐晓萍统稿。另外，本教材撰写过程中还得到了中心的助研人员蔡岑、戈盈凡、华子琳、李弘基、李沛瑶等多位金融学院博士和硕士研究生的多方面的协助，在此感谢他们出色的工作！

在本教材的在编辑、出版的过程中，得到了上海财经大学出版社编辑朱静怡老师多方面帮助与支持。在此一并致谢。

尽管研究团队以高度负责的态度完成了本教材的编撰工作，但毕竟时间仓促和能力有限，教材中难免有疏漏甚至错误之处，我们诚恳希望读者能及时给予反馈，以便将来再版时加以完善与改正。

最后，以一首藏头诗结尾，寄希望普惠金融大厦早日建成。

普天同庆谋共富，
惠而不费拓业务。
金玉满堂惠八方，
融洽无间粘客户。

编著者

2022年2月22日

目　录

专　栏

第一章　普惠金融概述

普惠金融是经济、金融发展到一定程度的必然产物，关乎国计民生。发展普惠金融不仅有助于提升金融资源配置和供给的公平性，还有利于解决金融供给与消费者不断提升的金融服务需求间的不协调问题，进而提升金融服务实体经济的能力。在中国，发展普惠金融已成为全社会的共识。本章中，我们将重点对普惠金融的基本概念、相关定义及其发展演化等基础知识进行概括性论述。本章主要包括四个方面：一是简述普惠金融概念的由来及其历史沿革；二是梳理普惠金融的定义、内涵，并讨论发展普惠金融的必要性；三是分析普惠金融的关键要素；四是概述中国普惠金融的发展历程与现状。

第一节　概念与历史沿革

尽管距离普惠金融概念的正式提出仅十几年的时间[①]，但其理念和思想渊源由来已久，最早可追溯到千百年以前合会[②]（ROSCA）的出现。民国时期，民间合会作为一种古老的民间资金聚集和融通的方式开始在中国盛行，主要在广大农村和小城镇地区流行，成为当时乡村金融和民间信贷的重要组成部分。这便是早期最朴素的人与人之间的“互助行为”和“民间信用”的起源。民间合会虽然属于非正规金融组织，存在着操

---

① 为实现“千年发展目标”中的“根除极度贫困和饥饿”目标，联合国在2005年明确提出“普惠金融”（Inclusive Finance）这一概念。

② 合会（ROSCA）的英文全称是 Rotating Savings and Credit Association，意为“轮转储蓄与信贷协会”。虽然关于 ROSCA 在世界范围内最早起源的确切时间现已无从考究，但根据已有研究，其出现甚至比货币还早（刘民权等，2003）。Ardener（1964）给出了一个较为完整的定义：ROSCA 是由一群个人组成的团体，该团体的成员每隔一定时间需要捐献一定数额的资金以形成一笔基金，然后轮流将汇集起来的基金（全部或部分）交给团体中的某个成员，这一过程不断重复，直到每个成员都得到这笔基金后（而且仅有一次）该团体宣告解散。如果成员的资金需求尚未得到满足，可与原成员协商继续组织一个 ROSCA 或吸收新成员另组其他 ROSCA。在中国，ROSCA 被称为“标会”，它是我国古老的民间信用互助方式，通常有发起人（会头）邀请若干人参加，约定一定期间（日、周、月、季等）举行一次，每次交一定的资金，轮流交由一人使用，借以互助。20世纪八九十年代，这种互助方式曾在浙江等地出现。

作随意性大等问题，但对当时的农村经济发展起到了巨大的推动作用。

随着工业化、信息技术的发展，金融业开始步入新的发展阶段。20 世纪 90 年代，受亚洲金融危机冲击，经济萧条迫使银行纷纷将关注点放在“价值最大化”上，进入“为质量而战”的竞争中 。尽管如此，它们仅为有影响力、有权利的群体提供金融服务，却将弱势群体排除在服务半径之外，甚至关闭了农村及偏远地区的部分分支机构，进一步加重了该地区的金融服务匮乏，因而产生了金融排斥①(Financial Exclusion)现象。

到了今天，金融排斥仍无处不在。金融弱势群体由于现有资产较少、抵押品不足、必要的社会关系缺乏，即便拥有良好的预期偿付能力，也会被正规金融体系拒之门外。金融排斥的存在不仅会降低金融市场资源配置效率，还将导致金融风险的积聚和膨胀，威胁金融体系稳定性，阻碍经济发展和社会进步。为了实现金融的包容性发展，联合国在 2005 年“国际小额信贷年”正式提出了“普惠金融”(Inclusive Finance)概念。在此之前，已存在小额信贷、微型金融等形式，学者们普遍认为它们是普惠金融的前身。

一、从小额信贷到微型金融

小额信贷(MicroCredit)是指通过向贫困农民等低收入群体和微型企业提供额度较小的持续性贷款，帮助其摆脱生产生活困境的信贷活动。小额信贷的基本特征表现为额度较小、服务于贫困人口、无担保、无抵押，这是一种将信贷活动与扶贫到户项目有机结合，不同于传统商业银行贷款的信贷技术创新。

现代小额信贷诞生于 20 世纪 70 年代。起初，孟加拉乡村银行(Grameen Bank)、拉美的行动国际(ACCION International)和印度的自我就业妇女协会(SEWA)等银行开展一系列试验项目，专门针对开展微型生产经营活动的贫困妇女，为其提供小额贷款(杜晓山，2006)。随后，小额信贷在第三世界国家流行，从发放和回收短期流动资金的单一小额贷款，逐步引入小组联保、分期还款、连续贷款承诺和动态激励等机制来管理信贷风险，将资金渗透需要帮助的贫困人群，推动农业生产和经济发展，逐步消除贫困。

然而，随着贷款需求的不断增加，依靠政府或出资人资助的传统小额信贷项目难以为继，小额信贷机构不得不通过动员储蓄来扩大信贷资金来源。同时，随着社会进步和收入水平的提高，贫困群体的金融需求多元化，公益性的“小额信贷”开始逐步向发展性的“微型金融”过渡。

---

① 金融排斥也称金融排除或金融排斥性，是指在金融体系中人们缺少金融服务的一种状态，包括社会中的弱势群体缺少足够的途径或方法接近金融机构，以及在运用金融产品或金融服务时存在诸多困难和障碍。

二、从微型金融到普惠金融

随着新型小微信贷技术的逐步优化和信贷体系的日益完善，小微信贷的服务范围不断扩大，成功实现了商业可持续，同时也推动了微型金融的形成和发展。20 世纪 90 年代，世界银行扶贫协商小组（Consultative Group to Assist the Poor，CGAP）[①]首次在“小额信贷”的基础上提出了“微型金融”这一概念，并将其在全球推广。

根据国际通行的定义，微型金融是针对贫困、低收入群体和微型企业建立的金融服务体系，涉及小额信贷、储蓄、汇款和小额保险等，甚至还具备培训、教育等社会功能。微型金融的服务对象为无法在正规金融机构获得服务的低收入群体，主要包括贫困人群和在经济上较为脆弱的弱势群体。在农村，通常指小农场主和从事低收入劳动的群体，在城市则包括小企业主、零售商、服务提供者等。值得注意的是，微型金融的服务群体虽是贫困群体，但通常具有持续、稳定的收入来源和较好的偿付能力，始终不包括无收入来源的极度贫困人群。

微型金融是小额信贷机构业务多样化和持续化发展的结果，作为经济体的“毛细血管”，它为缺乏足够金融选择权的群体提供服务，调剂了资金余缺，化解了农民、小商贩、小企业主等弱势群体的流动性风险。随着越来越多金融机构涉足微型金融，服务受众持续扩大，微型金融逐步融入主流金融体系。由此，“普惠金融”取代了“微型金融”，更准确地定义了多层次、广覆盖、差异化的金融体系。普惠金融不再停留在提供小额信贷或是微型金融的阶段，而是全面进入商业化运作阶段，提供的服务趋于网络化和移动化，进入了涵盖信贷、存款、支付、汇款、保险和典当等业务的综合性金融服务阶段。

三、小额信贷、微型金融和普惠金融的关系

从最初传统的小额信贷，逐渐发展为微型金融，再到普惠金融体系的建立，服务对象从农村和偏远地区的贫困人群，到更大范围的弱势群体和小微企业，最后到有金融需求的每个人，服务半径不断扩大延伸、服务内容不断充实、普惠程度不断提高，反映了对金融服务理念的逐步加深，是金融体系发展、完善和深化的过程。它们都是基于一个共同的目标，即为传统金融体系排除在外的群体和小微企业提供信贷支持和其他金融服务，降低他们在面临困难和危机时的“脆弱性”。

传统小额信贷强调客户的精准性，具备一定的“扶贫功能”和“慈善性质”，旨在满足弱势群体的资金需求，却对自身机构的可持续发展关注不足。随着小额信贷向微型

---

① 世界银行扶贫协商小组是国际上致力于研究和推广微型金融的权威机构。

金融过渡，银行等金融机构开始提供小额信贷和其他金融服务时，才逐渐演化成我们今天所熟知的普惠金融。普惠金融强调贷款的回收性，强调金融机构的可持续性，强调金融服务的覆盖面，强调金融功能的发挥和金融体系的完善性（李明贤和叶慧敏，2012）。小额信贷、微型金融与普惠金融三者间的关系如图1—1所示。

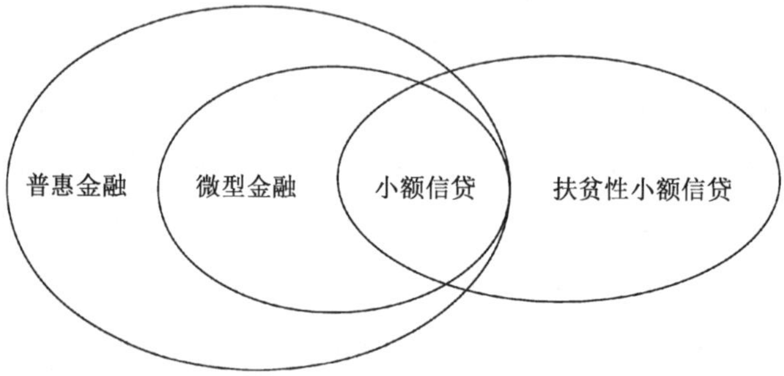

图1—1 小额信贷、微型金融和普惠金融之间的关系

普惠金融体系框架是在传统小额信贷、微型金融基础上建立并将其延伸和深化的成果，三者紧密相连、密不可分。普惠金融延续了小额信贷的扶贫理念和微型金融的服务内容，进一步扩大服务半径，向更贫困的群体和更边缘的地区推进金融服务、开放金融市场，赋予社会弱势群体获得金融服务的权利，实现所有人平等享受金融服务的美好愿景，旨在为每个人提供公平、充分发展的机会，满足对美好生活追求的需要。

第二节 定义、内涵与必要性

一、普惠金融的定义及其演变

2000年，亚洲开发银行将普惠金融（Inclusive Finance① 或 Financial Inclusion）定义为向贫困人群、低收入家庭及微型企业提供的各类金融服务，包括存款、贷款、支付、汇款及保险等。

2005年，为实现“联合国千年发展目标”（Millennium Development Goals，MDGs）八项目标中的“消灭极端贫穷和饥饿”，强调通过完善金融基础设施，以可负担的成本将金融服务扩展到欠发达地区和社会低收入人群，向他们提供价格合理、方便快捷的

---

① Inclusive Finance是相对于Exclusive Finance提出的，更准确的翻译应为“包容性金融”，以突出其核心要义。普惠金融易使人理解为“普及”和“优惠”。虽然本教材采用国内通行的翻译，但我们理解的Inclusive Finance是包容性金融。

金融服务，提高金融服务的可获得性，联合国正式提出“普惠金融”概念，并将其基本含义解释为：一个能有效地、全方位地为社会所有阶层和群体，尤其是贫困、低收入人口，提供服务的金融体系。

这一概念最早被联合国用于“2005国际小额信贷年”的宣传中，后又为联合国、世界银行所大力推行。其主要目标有四个：一是家庭和企业以合理的成本获取较广泛的金融服务；二是金融机构稳健，要求内控严密、接受市场监督以及健全的审慎监管；三是金融业实现可持续发展，确保长期提供金融服务；四是增强金融服务的竞争性，为消费者提供多样化的选择。

2006年，世界银行的扶贫协商小组（CGAP）将普惠金融体系（Inclusive Financial System）定义为：通过多渠道为社会各阶层提供金融服务的体系。该体系特别强调被正规金融体系排除在外的弱势群体也应享有获得信贷、储蓄、保险、信托等差异化金融服务的权利的金融权利。此后，普惠金融概念在发展中不断完善。2008年，世界银行指出普惠金融应指广泛获得金融服务且没有价格、非价格方面的障碍，主要衡量标准为存款、信贷、支付、保险等金融服务的可获得性。2011年，普惠金融全球合作伙伴组织（Global Partnership of Financial Inclusion）认为普惠金融指所有符合劳动年龄的成年人，包括目前被排斥在外的人，都能从正规金融机构有效获得[①]信贷、储蓄、支付和保险这些基本金融服务；普惠金融中心（Center for Financial Inclusion）也提出了一个多维度愿景，将普惠金融描述为向所有有需求群体提供一系列高质量的金融服务，其主要特征包括便利性、可负担性、适当性、安全性，强调应具有多样的服务提供者、强大的金融基础设施和清晰的监管框架。2014年，世界银行发布的《全球普惠金融发展报告：普惠金融》对普惠金融的定义更简单明了——使用金融服务的个人和企业占全部个人和企业的比例。

在不同国家的不同发展阶段，普惠金融有着不同的解释和涵盖范围。

中国的专家学者也纷纷对普惠金融提出了自己的理解。焦瑾璞率先将“普惠金融体系”概念引入中国，在2006年亚洲小额信贷论坛[②]上提出，普惠金融是指以商业可持续的方式，为包括弱势经济群体在内的全体社会成员提供全面的金融服务。吴晓灵

① 有效获得，是指消费者能以可负担的成本获得、能够持续供给的便捷和负责任的金融服务，使那些被排斥在金融服务之外和金融服务不足的消费者能够获得和使用正规金融服务。

② 2006年3月21—24日，花旗集团、澳大利亚的发展合作基金会（Foundation for Development Cooperation）和向穷人提供金融服务网络（Banking With The Poor Network）、中国人民银行金融研究所、中国小额信贷发展促进网络共同主办的亚洲小额信贷论坛在中国北京举行，来自十几个国家和地区的政府部门、小额信贷组织、社会团体和国际组织的260余人参加了研讨、交流。这是主题为“合作与创新：扩大小额信贷在亚洲的影响”的首届亚洲小额信贷论坛，会议主要探讨了如何迅速扩大针对穷人的金融服务在亚洲的影响，特别是通过合作和创新的商业模式来吸引金融机构的参与。

(2010)指出,在中国,普惠金融更多地是指为城乡贫困人口、低收入人群和吸纳社会就业的小微企业提供金融服务,是中国构建和谐社会的助推器。周小川(2013)沿用了联合国最早提出的关于普惠金融定义,认为它是通过完善金融基础设施,以可负担的成本将金融服务扩展到欠发达地区和低收入群体,向他们提供价格合理、方便快捷的金融服务,不断提高金融服务的可获得性。

2015 年,国务院印发中国首个发展普惠金融的国家级战略规划——《推进普惠金融发展规划(2016—2020 年)》。该规划指出,基于普惠金融的基本特点,结合中国国情,将普惠金融定义为"立足机会平等要求和商业可持续原则,以可负担成本为有金融服务需求的社会各阶层和群体提供适当、有效的金融服务",并强调要建立与全面建成小康社会相适应的普惠金融服务和保障体系,特别是要让小微企业、农民、城镇低收入群体、贫困人群和残疾人、老年人等特殊群体能及时获取价格合理、便捷安全的金融服务。

2018 年,世界银行和中国人民银行联合撰写的报告《全球视野下的中国普惠金融:实践、经验与挑战》提出的普惠金融定义更广泛、更全面,即个人、小微企业(MSEs)能够获取和使用一系列适合的金融产品和服务,这些金融产品和服务对消费者而言便捷安全,对提供者而言商业可持续。该定义与仅局限于特定金融产品或消费群体的普惠金融概念相比,范围更广泛,包含了其他国家和国际组织对普惠金融所做定义中的很多共同要素。

二、普惠金融的内涵

普惠金融(Inclusive Finance)实际上应翻译为包容性金融。根据其定义,普惠金融是有别于传统金融的一种包容性金融体系,将金融普遍惠及所有有金融需求的群体,强调为贫困地区、少数民族地区、偏远地区的人群和残疾人,以及其他弱势群体提供金融服务。

结合 2015 年国务院印发的《推进普惠金融发展规划(2016—2020 年)》,本书将普惠金融的内涵总结如下:

第一,服务的公平性。旨在让每个有金融需求的人都能以可负担的成本,获得相较于传统金融更公平、更合理的金融服务,从而积极参与社会经济活动。

第二,受众的广泛性。普惠金融的"普"字代表了其服务对象的普及性,即面向所有人群,尤其侧重于贫困人群、小微企业等金融弱势群体。

第三,业务的全面性。普惠金融提供的金融服务,不仅包括贷款、储蓄、支付、投资、保险、汇兑等基本金融服务,还包括提供专业的技术支持、准确透明的信息、安全的支付和清算等服务。

第四,参与者的多样性。普惠金融的服务提供方不限于个别扶贫机构和小额信贷机构,还有银行、保险公司、消费金融机构等各类机构,积极发挥自身比较优势,促进多层次、广覆盖的普惠金融体系的发展。

第五,发展的可持续性。特别值得注意的是,普惠金融的"惠"并非指金融服务价格的优惠,而是强调在建立良好金融生态情况下,金融服务提供者能以成本节约的方式,长期可持续地提供产品和服务,从而实现长远的可持续发展。

三、发展普惠金融的必要性

目前,中国经济和社会发展到一定程度,尽管人民生活水平在总体上有了显著提高,但仍存在金融服务供给不足、供给结构不合理等问题,阻碍社会公平正义目标的实现。

由于信息不对称、缺乏抵押品导致信用风险较大,居住地偏远、交易额小等导致交易成本高,因此小微企业、农民、城镇低收入人群、贫困人群、残疾人、老年人等弱势群体常常被传统金融拒之门外。世界银行 2016 年统计数据显示,从全球范围看,仍有 38%的成年人从未拥有过金融账户,仅有 11%的成年人曾经从正规金融体系获得过贷款。这些被排斥于正规金融体系以外的个体也存在金融需求,且其中大多数个人和企业具有良好的信用,但由于种种原因,在传统金融体系下其需求往往无法得到满足,难以充分享受金融服务,这就是普惠金融出现和存在的根本原因。

普惠金融旨在为其提供便利、可负担、可持续和安全可靠的金融服务,其服务对象涵盖所有阶层,特别是被排斥在正规金融门槛以外的弱势群体,主要包括两类:一是小微企业,二是个人弱势群体。

(一)小微企业

小微企业是小型企业、微型企业、家庭作坊式企业、个体工商户的统称。它是国民经济体中不可或缺的一个重要组成部分,在增加就业、活跃市场、改善民生、促进经济结构调整方面发挥着不可替代的作用。在中国,小微企业是国民经济的重要支柱和社会就业的主要渠道,更是促进经济增长的中坚力量和经济结构调整的重要载体。2018 年时任中国人民银行副行长易纲在第十届陆家嘴论坛中提到,改革开放以来,中国小微企业法人已发展到 2 800 万户、个体工商户约 6 200 万户,中小微企业(含个体工商户)占全部市场主体的比重超过 90%,贡献了全国 80%以上的就业、70%以上的发明专利、60%以上的 GDP 和 50%以上的税收。

但是,小微企业的融资困境是世界各国普遍面临的难题,尤其在传统金融体系下,小微企业"融资难"问题突出。这主要是由小微企业的企业特征所决定的,其根本原因可归结为四个方面。

一是缺少抵押物。通常,小微企业人员数量较少、资产规模较小,经营场所和设备等固定资产主要以租赁或租购方式获得,且小微企业的核心竞争力往往在于知识产权、品牌价值等无形资产,固定资产占比较低,缺乏可用于抵押、质押的固定资产。

二是硬信息[①]缺乏。由于小微企业基于财务数据的硬信息不足、财务信息透明度较低,导致其与金融机构间的信息不对称程度较高,从而获取信贷的成本也更高。

三是单笔贷款额度较小。通常,相较于大中型企业,小微企业的单笔贷款额度较小,银行等金融机构在发放信贷时往往需要持续地在贷前、贷中、贷后对其进行一系列调查、监督和检查,致使为其提供信贷的人员成本和机会成本明显高于大中型企业的信贷。

四是风险抵抗能力较弱。大多数小微企业处于竞争程度较高的行业,易受市场环境、国家政策以及经济周期性波动影响,风险抵抗能力相对较弱,企业生命周期较难预测,进一步加大其信用风险。

以上原因共同决定了小微企业较高的信用风险和信贷成本。在传统金融体系框架下,金融机构更偏向于将资金提供给硬信息充分、固定资产占比较高、信用风险较小的大中型企业和国有企业,小微企业难以及时获得资金支持,即存在"信贷配给"[②]现象。

(二)个人弱势群体

解决好"三农"问题、促进农民收入增长对经济发展和社会稳定具有重要作用。而农村金融发展是农民收入增长、农村经济发展的重要前提和条件,农村居民的资金借贷行为很大程度左右着其收入的增长速度和增长潜力(何广文,1999)。由于此前"以农补工"的发展战略造成中国农村基础设施落后,以及农村金融服务的"成本高、风险高、效益低"特征,因此农村成为中国金融服务体系中最薄弱的环节。

在长期政策推动农村金融制度变迁的过程中,政府行政干预色彩较强,农村金融主体始终处于被动地位,配合参与政府政策的实施。正规金融机构的商业化改革要求以及金融机构的利润最大化目标,使银行等大多数金融机构将资金投向风险低、利润率高的城镇地区,而非风险客观存在的农村地区。在传统金融体系下,实行严格风险

---

① 根据 Liberti 和 Petersen(2019),硬信息是指可以以数字定量表示的信息,这是相较于软信息而言的。软信息是指难以实现数字化、需要在特定的语境下才能充分理解,且其价值难以独立于生产软信息所在环境而存在的信息。

② 在市场利率随信贷需求上升时,拥有更高风险项目的企业家更愿意借款,金融机构面临的贷款损失风险就更高。因此,贷款人在提高利率扩大放款时,需要权衡两种效应:由于利率提高而扩大信贷量在无违约状态下增加收益的效应,以及违约概率亦随之上升的破产成本效应。贷款人收益最大化时,二者边际值相等(Williamson,1986)。由于金融机构鉴别项目质量需要成本,故无法对借款人收取不同的利率价格。如此,金融中介就会采取非价格机制来控制和减少风险(Jaffee 和 Modigliani,1969),导致企业家在均衡利率水平上的意愿借款数量可能得不到完全满足,即信贷配给(Credit Rationing)。

控制、追求收益的市场化金融体系很难真正扎根农村、服务“三农”，农村金融问题突出。

农业农村部农村经济研究中心在2019年发布的《新型农业经营主体信用评级研究》指出，中国农村金融问题主要表现为金融资源供给不足，农村合作金融组织选择性贷款现象严重和金融资源重城市弱农村趋势凸出[①]。在农村金融资源供给不足的背后，是相较于城市更旺盛的需求，存在供求缺口。数据显示[②]，在全国范围内的农村地区，有正规信贷需求的农村家庭占比为19.6%，高于城市17.2%的比例，但农村地区的正规信贷可得性只有27.6%，远低于40.5%的全国平均水平。

类似地，城镇低收入人群、贫困人群、残疾人、老年人等弱势人群同样是在传统金融体系下被忽视的群体，其金融供给不足，被排斥于正规金融之外。总体来看，在正规金融体系下，为弱势群体提供金融服务的高成本、高风险导致了其金融服务供给不足。而普惠金融便是基于这一现象，从根源上寻找解决路径、探索解决方案，打破政策性、制度性障碍，将金融服务向更偏远、更贫困的群体拓展，为社会各个阶层都能获得其所需的金融服务、享有公平合理的金融权利而努力，打通金融服务的“最后一公里”。

第三节　关键要素

深入理解普惠金融的定义离不开对其关键要素的把握。本节主要参考并沿用较为公认、权威的2019年世界银行和中国人民银行联合撰写的报告——《全球视野下的中国普惠金融：实践、经验与挑战》中关于普惠金融关键要素的定义，并结合编著者理解，将其确定为：可获得性、合适性与多样性、安全性、可持续性。

一、可获得性

金融产品与服务的可获得性是普惠金融的关键驱动因素，也是解决金融供给不充

---

① 一是农村金融资源供给不足。多元化的农村金融主体之间缺乏充分的竞争，银行在农村设立的网点有限，剩余的农村金融机构的农业信贷门槛高、授信额度小，这使得农民对正规金融的依赖度很低。中国农业发展银行和中国农业银行主要向农村基础设施和农产品加工企业提供贷款，很少向农户贷款，能够提供信贷服务的农村金融组织资源缺乏。二是农村合作金融组织选择性贷款现象严重。农村信用合作社的分支机构基本覆盖了广阔的农村地区，但其出于追求自身利益最大化的考量，进行选择性贷款，导致一般农户获得贷款的可能性不断降低。三是城乡发展差距突出，金融资源重城市、弱农村趋势更加凸显。从计划经济向市场经济的过渡过程中，中国形成了城乡二元经济结构，存在城乡市场隔绝、收入差距大、市场发育不完全、基础设施建设落后等问题，这直接导致逐利性的资金不断流出农村，农村金融资金供给不足，加剧城乡发展差距，使得农村金融的区域弱势性更加凸显。

② 西南财经大学中国家庭金融调查与研究中心(CHFS)与中国农业银行战略规划部于2014年联合发布的《中国农村金融发展报告》。

分、不平衡的主要着力点。可获得性是指消费者可以便捷地获得所需的金融产品和服务。具体而言,消费者在物理上能够充分接近各类金融服务设施,包括分支机构、代理点、自动取款机(ATM)、其他网点及设备,便捷地选择和使用金融产品及服务。当然,随着数字金融的发展,远程服务渠道也成为获取金融服务的重要媒介,从技术层面推动金融服务的普及,增强金融服务的可获得性。

金融服务的可获得性是大部分消费者选择金融服务的主要因素①。可获得性的缺乏会为弱势群体带来高额的交易成本,包括交通费等直接成本和时间花费等间接成本,使金融产品无法充分发挥作用和价值,导致正规金融产品和服务的低使用率。在许多国家和地区,金融机构主要根据经济效益决定其设立分支机构和网点,带来了农村、贫困和偏远地区金融服务提供者的缺位,直接导致弱势群体金融服务可获得性的严重缺乏。

为解决农村、贫困和偏远地区金融服务可得性不足,提高这些地区金融服务可获得性,各国都做了尝试性探索,并取得了一定成效。一是建立专门服务于上述金融弱势群体的金融机构,如中国的村镇银行(Village and Township Banks,VTB)、卢旺达的储蓄与信贷合作社(Savings Credit Cooperative,SACCO)。与传统商业银行不同,这些机构主要针对农村和低收入群体,为其提供低成本的简单金融服务。二是超越实体网点局限,建立无实体网点的服务设施。从出现最早、普及度最高的自动取款机(ATM),到中国、印度尼西亚、马尔代夫等国的船载银行、摩托车银行、汽车银行,到越南的移动自动取款机,再到印度、俄罗斯等国具有支付功能的售货亭等,都无须投资兴建、运营全功能的传统金融机构网点。三是利用第三方代理机构的代理模式。代理模式作为一种新兴模式近年来发展迅速,已成为中国普惠金融取得成功的一个关键推动因素(世界银行,2019)。该模式主要依靠便利店、邮局、超市等作为金融服务提供方的代理机构,通过POS机、移动运营设备为消费者提供金融服务,在巴西、中国、印度、秘鲁等国被广泛运用。这种模式主要利用了覆盖农村和偏远地区的零售基础设施,从而降低交易成本,拓宽金融服务半径。

以上这些有益尝试在一定程度上提高了金融服务的可获得性,但仍存在诸多问题需要解决。

一是成本收益问题。虽然这些新模式相较于传统物理网点成本更低,但从整体角

① 2013年中国家庭金融调查(CHFS)结果显示,在选择金融服务提供方时,45%的家庭首要考虑的是“位置是否便利”,35%选择“工资卡/养老金卡/单位指定”,10%选择“时间是否方便”,7%选择“服务好”,5%选择“自助取款机数量多”,不到5%选择“网上银行较好、费用低、业务程序简单、取款不受限制、银行倒闭的风险小以及没有其他机构”等选项。

度看，成本收益问题突出，普遍存在收益无法覆盖前期投资和后期运营成本的情况①。

二是服务体系不完善。专门针对弱势群体的金融机构虽然在农村、偏远地区普及和推广金融服务方面起了重要作用，但从消费者角度看，其便捷性、产品提供、渠道功能和运营质量方面仍无法与传统正规金融机构相比，再加上高进入壁垒、法律法规、监管等因素的限制，提供的金融产品和服务十分有限。

三是数字金融的局限性。数字金融仍无法完全替代传统金融。随着数字金融的发展，智能手机、计算机等设备已成为金融服务的重要媒介，促进了消费者在与金融服务提供者现有关系的基础上更便捷地使用金融产品，也提供了更便利的产品使用平台，但无法完全替代消费者与金融服务提供者间的面对面交流，尤其对于首次接触正规金融体系的消费者。

二、合适性与多样性

普惠金融体系的建立离不开一系列符合其客户特征的、合适且多样化的金融产品和服务。这里的“合适”指合理设计一系列低成本、可获得性较高的金融产品和服务，使之能满足消费者的需求，特别是那些无法获得金融服务或获得服务不足的金融弱势群体的需求。产品与服务的合适性涉及多个方面，包含可负担、便捷、与需求相匹配、安全、维护客户尊严和保护客户权益②。

对于普惠金融服务的推广和普及，设计合适的产品是核心。它有助于金融服务的获取和使用，从而将更多原先无条件享受正规金融服务的弱势群体纳入服务半径。通常，传统金融产品难以较好地满足低收入、贫困群体和小微企业的需求。对他们而言，迫切需要简单、低成本的产品和服务，如基础性银行账户③，专门针对小微企业以商誉、联合担保等代替传统抵押物的微型信贷等。只有深入了解其所服务客户的需求和偏好，才有可能设计出与其所服务客户相合适的产品。

合适的产品设计除了需要考虑消费者需求和偏好外，还需考虑所提供产品和服务的便利性与可负担性。对于消费者来说，便利性是指其获得和使用该金融服务是否方便快捷，这既与物理上的可获得性（距离服务网点的远近）有关，也与是否能及时获得所需服务（流程烦琐程度）有关。对弱势群体而言，获得金融服务的成本尤为重要。只有提供适合于弱势群体、在其可负担范围内的服务，才能真正有效缓解弱势群体金融

---

① 例如，设立一个配有自动取款机和POS机的代理点所需的投入并不低，而且在很多情况下从小额交易中获取的收入往往难以弥补前期投资和运营成本。

② 可参考普惠金融中心（Center for Financial Inclusion）对普惠金融产品质量的定义。

③ 基础性银行账户通常是活期账户，无须每月支付费用或费用很低，无最低存款要求或要求很低，对每月的交易笔数有限制，具有活期账户的基本功能，且没有透支等额外附加功能。

供给不足的问题。

除了合适的产品设计外，合适性还意味着为消费者提供最适合其自身特点的产品和服务。例如，老年人等弱势群体的风险承受能力相对较弱、经济脆弱程度较高，金融机构在为其提供服务时需帮助其选择风险承受范围内的产品。

在基本金融需求得到满足的前提下，需要进一步关注产品和服务的覆盖面和多样性。除了最基本的存取、支付、借贷外，低收入群体也具有多样化的金融需求，他们的需求各不相同且种类繁多。为满足其货币存储、日常交易、借贷、风险管理、保险等各式各样的需求，也需为其提供一系列适合他们的投融资、理财、担保、征信、金融教育、权益保护等全方位的服务供其选择。

当下，数字金融的发展极大地推动了金融产品和服务的多样化，科技手段的运用降低了金融机构关于金融产品、服务以及整个商业模式的创新成本。借助数字手段作为服务提供渠道，使金融机构更便捷、高效地覆盖更广泛的客户群体，丰富其金融产品和服务，同时也拓宽了服务半径。

三、安全性

普惠金融的安全性由两个方面构成：一是保护消费者合法权益，二是维护整个金融体系的安全与稳定。

为保护消费者合法权益，需从以下两个方面做出努力。

第一，为保护普惠金融消费者的合法权益，必须要求金融机构负责任地向消费者提供金融产品和服务。保护普惠金融消费者权益要求金融机构清晰地披露产品信息和服务条款，做到公开透明，公平地对待每一位消费者，帮助消费者找到最适合的金融产品，防止过度营销等问题。同时，还需建立起高效便捷的纠纷解决机制，使消费者在使用产品和服务过程中权益免受侵害。一系列消费者权益保护措施的建立，有助于增强消费者对整个金融体系的信任感，特别是对于第一次接触正规金融的弱势群体。

第二，为更好地保护弱势群体权益，需加强消费者金融能力建设。金融能力是指消费者采取最符合其自身利益的金融行为的能力，与了解、选择和使用符合自身需求的金融服务密切相关，包括消费者的认知、态度、技能和行为。通常，弱势群体的金融认知水平和能力相对薄弱，而这也是其获得和使用合适的金融产品和服务的一大障碍。提高弱势群体金融能力，有助于其获取更合适的金融产品与服务。

此外，普惠金融的发展离不开安全、稳定的金融体系。为了实现普惠金融目标，在推进普惠金融发展过程中，需要强大的监管框架作为“安全网”，保证金融系统的安全、稳定发展。特别在当下，数字技术深度融合普惠金融，在数字技术为普惠金融发展带来新机遇、新思路的同时，也带来了潜在风险。因此，需要合理把握创新与稳定的关系,把安全和风险防范作为底线。针对金融风险的高隐蔽性、强传染性和快传播性,监管部门需相应地发展监管科技,增强监管的穿透性,建立起强大高效的监管网络,维护金融体系稳定性。

四、可持续性

在普惠金融的可获得性、产品与服务的合适性与多样性、安全性得到满足的前提下,普惠金融的长期发展还面临一个重要的问题,即如何构建一个良好的金融生态,使金融机构能够以可负担的较低成本、可持续地为金融供给不足的弱势群体提供产品和服务。

从普惠金融的服务提供方来看,金融机构并非慈善机构,而是以盈利为目的,通过向公众提供金融产品和服务而开展经营的机构。正如前文提到,普惠金融区别于传统小额信贷的一大特点就是它并非具有慈善性质,而是十分强调服务提供方(金融机构)的商业可持续性。为实现普惠金融的可持续发展,需关注以下三个方面:

第一,营造公平竞争、多元化的金融市场环境。在中国,商业银行,尤其是六大国有商业银行,在金融市场上占据着较大份额,是市场上主要的金融服务提供者。然而,仅靠这些大型商业银行难以满足所有弱势群体全方位的金融需求。需要营造公平竞争、多元化的金融市场环境,各细分市场主体,包括农商行、农村信用合作社、小额贷款公司、金融科技公司等各类型机构,充分发挥各自比较优势,共同为消费提供差异化服务,从而全方位、更有针对性地满足各类弱势群体不同的金融需求,促进普惠金融生态体系的多元化可持续发展。

第二,完善金融基础设施。信用基础设施(征信体系、担保交易体系、抵押登记)和全国性支付体系等金融基础设施的建立,能从根本上确保市场参与者间信息的有效流动。如前文所述,信息不对称和交易成本是阻碍缺乏硬信息的弱势群体获得金融服务的主要原因。完善的征信体系可全方位收集企业和个人的信用信息,大大降低信息不对称程度和交易成本。担保交易体系和抵押登记使企业得以利用其不动产和动产作为抵押物,获得投资和发展的资本,这有利于增强金融机构向弱势个人和小微企业提供金融服务的意愿,长期也保证了金融服务的可持续性。全国性支付体系主要包括用于小额电子资金划转的银行间体系、支付卡处理平台和银行间大额清算系统,通过多个业务平台间的无缝衔接实现支付系统的互通互联,避免金融机构在基础金融设施上的重复投入,有助于降低金融机构的业务成本,同时通过允许新进入者和非传统业务提供者接入此共享支付系统有利于降低进入门槛,促进市场竞争,从根本上助力普惠金融业务的可持续发展。

第三,以商业可持续为边界,处理好政府与市场的关系。政府在推进普惠金融服务弱势群体中起了重要作用，特别是在普惠金融发展的初期阶段，政府"有形的手"起了重要的助推作用。但是，随着普惠金融发展的逐步深化，有时政府的引导措施反而会扭曲市场，妨碍消费者福利最大化。比如，设置利率上限可能妨碍底层弱势群体的信贷可得性，不利于金融机构的持续经营；提供贷款补贴可能会养成消费者不良的还贷行为和习惯；过分强调大银行的作用不利于差异化市场形成等。政府和监管机构应致力于建立和维护好公平竞争、多元化的金融市场，在提供强大的金融基础设施和防范金融风险的监管体系基础上，不过多干预，将更多的自主权交给市场。

第四节　发展历程与现状[①]

一、发展历程

参考焦瑾璞(2019)的划分，普惠金融在中国的发展主要经历了三大阶段：2005 年普惠金融正式被提出之前的前普惠金融阶段、2005—2013 年的稳步发展阶段、2013 年至今的加速发展阶段。

（一）前普惠金融阶段：2005 年以前

在 2005 年普惠金融这一概念被正式提出以前，与国际实践同步，中国也依次经历了传统小额信贷和微型金融两个发展时期，它们都是普惠金融的前身。

1993 年，中国社会科学院农村发展研究所引入孟加拉乡村银行[②]的小额信贷模式，成立了中国首个小额信贷机构——扶贫经济合作社。其信贷资本主要来源于多方面的援助以及低息贷款，旨在帮助广大贫困农户能直接和持续地获得稳定的生产经营性资金，最终实现脱贫致富。这是中国第一次引入小额信贷扶贫模式，开启了中国普惠金融发展的公益性小额信贷阶段。自此，公益性小额信贷在中国不断被认可并得以推广，成为政府解决农村贫困问题的重要工具之一。1997 年，政府在总结小额信贷经验基础上，开始面向中低收入群体推广政府主导的小额信贷项目，由政府进行扶贫贴息，通过中国农业发展银行和中国农业银行进行。

进入 21 世纪，小额信贷发展呈现两大特征，并向微型金融转变。

第一，商业性金融机构在政府推动下逐步开展小额信贷业务。中国人民银行于

---

① 本节主要阐述普惠金融在中国的发展历程与现状。

② 孟加拉乡村银行最早起源于孟加拉国。1974 年，穆罕默德·尤努斯在孟加拉国创立小额贷款。1983 年，正式成立孟加拉乡村银行——格莱珉银行。孟加拉乡村银行模式是一种利用社会压力和连带责任而建立起来的组织形式，是当今世界规模最大、效益最好、运作最成功的小额贷款金融机构，在国际上被大多数发展中国家模仿或借鉴。

2000 年开始试点农村信用社发放农户小额信用贷款①,并在此后大力推广农村信用社的农户小额信用贷款和农户联保贷款业务。这种贷款模式充分吸收了国际上非政府组织小额信贷的成功经验,以农户自然人为贷款对象,基于农户的信誉,在核定的额度和期限内向农户发放不需要抵押、担保的贷款,在当时的实践中取得了明显成效。这也是此后民营商业性小额贷款公司、商业银行等商业性金融机构在政府推动下开展小额信贷业务的开端。

第二,随着中国经济的发展和贫困情况的逐步缓解,此时的小额信贷不再仅限于扶贫,而是向着提高居民生活质量和促进就业方向发展。2002 年,为解决国有企业下岗失业人员就业和创业资金困难问题,多部委联合出台《小额担保贷款政策》。与 21 世纪以前的传统公益性小额信贷相比,此时小额信贷的服务对象不再仅限于农村和偏远地区的贫困人群,还扩展到了城镇低收入弱势群体,服务半径扩大的同时内容也逐渐丰富。

(二)稳步发展阶段:2005—2013 年

2005 年,普惠金融这一概念由联合国正式提出,并在全世界范围推广。自此,普惠金融在中国的发展也正式拉开了帷幕。

这一阶段中国普惠金融的发展呈现三大特征。

第一,小额信贷组织、村镇银行等商业性小额信贷机构在农村地区迅速兴起。2005 年,中央"一号文件"指出,"有条件的地方,可以探索建立更加贴近农民和农村需要、由自然人或企业发起的小额信贷组织。"至 2005 年年底,中国人民银行在山西、陕西、四川、贵州、内蒙古 5 个试点省(区)最先开始商业性小额信贷的试点,并成立了山西平遥日升隆小额贷款公司、贵州江口华地小额贷款公司、四川广元全力小额贷款公司、内蒙古鄂尔多斯融丰小额贷款公司、陕西信昌小额贷款公司和大洋汇鑫小额贷款公司等 7 家试点商业性小额信贷公司。2008 年 5 月,中国银行业监督管理委员会和中国人民银行发布的《关于小额贷款公司试点的指导意见》要求,"有效配置金融资源,引导资金流向农村和欠发达地区,改善农村地区金融服务,促进农业、农民和农村经济发展。"此后,随着政府鼓励并允许民间资本和海外资本进入小额信贷领域,全国各地的小额贷款公司、村镇银行、农村资金互助社等新型农村小额信贷机构相继成立,针对农村地区开展业务,丰富了农村金融体系。

第二,银行体系逐步将中小微企业纳入服务范围。2008 年,全球性金融危机爆发,国内重化工业产能过剩问题突显,银行的部分大客户(国企、大中型企业)成为产能

① 农户小额信用贷款适用于主要从事农村土地耕作或者其他与农村经济发展有关的生产经营活动的农民和个体。

过剩的受害者，这是对银行“优质客户”传统定义的一次颠覆，中小企业开始进入银行视野（董登新，2017）。2009年，国务院出台《关于进一步促进中小企业发展的若干建议》，指出中小企业是中国国民经济和社会发展的重要力量，中小企业的发展是保持国民经济平稳发展的基础，要切实解决中小企业融资难问题。2011年，中国修订中小企业划型标准，第一次有了“小微企业”这一官方概念和量化标准，这既体现了政策观念的转变，也意味着传统商业银行开始着手解决中小企业的融资难问题。

第三，服务内容丰富、形式多样化。相较于2005年以前的小额信贷和微型金融，本阶段金融产品的创新使普惠金融所提供的服务不再仅限于小额信贷，而是向着综合金融服务发展，开始提供包括支付、汇款、借贷、典当等的综合金融服务，金融体系呈现网络化、移动化的发展趋势。

（三）快速发展阶段：2013年至今

2013年，被认为是中国普惠金融的“元年”。中共十八届三中全会通过的《中共中央关于全面深化改革若干重大问题的决定》（第三部分第12条）正式提出，“发展普惠金融。鼓励金融创新，丰富金融市场层次和产品”，这标志着普惠金融上升为国家战略。

2015年12月底，国务院印发首部国家层面的普惠金融战略规划——《推动普惠金融发展规划（2016—2020年）》，明确了下一阶段普惠金融的总体思路、发展目标、手段方法等重要问题。

在五年发展规划的指引下，普惠金融发展取得了快速进展。根据2019年年底中国银行保险监督管理委员会、中国人民银行联合发布的《2019年中国普惠金融发展报告》[①]，快速发展阶段普惠金融的发展情况可总结为三个方面：一是数字化发展推动服务可获得性、便利性提升，具体表现为银行卡与银行账户的普及度提升、ATM机与POS机等设备的覆盖率与覆盖密度增加、信息技术发展与互联网的普及降低金融服务门槛并提升金融服务获得感；二是农村地区金融服务覆盖面扩大、覆盖形式多样化创新，在农村地区广泛设置机构网点，在部分地区借助终端、移动互联技术以及便民服务点、流动服务站、助农取款服务点等代理模式，扩大基础金融服务覆盖面，并在农村地区推广电子支付；三是服务半径不断扩大并下沉，主要表现为小微企业、农村地区、贫困县区的金融服务可获得性进一步提升。

当前，普惠金融发展相较于之前最大的区别在于数字技术的发展和互联网的普及推动普惠金融向着数字化、移动化方向发展，主要表现为第三方支付和移动支付很大程度替代了传统支付，以及互联网贷款、众筹融资等的发展。数字技术的发展为普惠

---

① 报告旨在总结自国家战略规划制定五年来中国普惠金融的发展情况。

金融业务带来了更低的成本、更多元化的服务渠道和更丰富的应用场景，推动着传统普惠金融向前发展和迈进。

二、发展现状

（一）当前特点

经多年发展，中国普惠金融发展取得了一定成效，服务体系更加健全、金融覆盖面持续扩大、金融服务便利性得到提升、产品和服务更为多样化、金融消费者素养得到提升[①]。现阶段，中国普惠金融的发展主要呈现以下几个特点：

第一，以银行业金融机构为主的各类金融机构积极参与。

普惠金融的服务提供方包括银行业金融机构、金融科技公司、消费金融公司、小额贷款公司以及合作性质、协会性质、基金会性质的机构等，它们提供了多样化的普惠金融服务以满足消费者需求。

就我国目前阶段而言，银行业金融机构仍是发展普惠金融的主力军，其在普惠金融基础设施建设方面发挥着不可替代的作用。存、贷、汇等金融服务都需要账户体系、支付体系、物理网点等基础设施作为保障。在多年的努力下，中国的储值交易账户拥有率处于世界领先水平，领先于 G20 国家平均水平；凭借着完备的银行账户体系，支付宝等快捷支付工具得到了快速普及；银行业机构乡镇覆盖率达 95.99%[②]。特别是近年来，商业银行通过设立分支机构、代理服务点和 ATM 等自助服务终端及个人远程终端等方式不断拓展服务半径，扩大服务覆盖范围，实现业务下沉。

此外，各类金融机构共同致力于创新产品和服务，增加弱势群体金融供给，提高其可获得性。在信贷产品方面，金融机构分别从抵押担保机制、风险分担机制、增信方式、支付结算方面进行创新；[③]在服务创新方面，金融机构运用数字化、科技化手段，不断提高服务质量和效率，降低运营成本和信贷成本；在服务种类方面，各类金融机构共同努力，满足消费者全方位的金融需求。例如，与电商平台合作，实现消费场景延伸，为消费者提供消费信贷，满足其日常消费需求；利用互联网技术为客户提供智能投顾服务，满足消费者投资理财需求；保险公司运用保险科技，以较低成本扩大其风险保障范围。

---

① 曾刚等. 中国普惠金融创新报告(2020)[M]. 北京：社会科学文献出版社，2020：序言。

② 根据银保监会披露数据，截至 2017 年末，我国银行业金融机构共有营业性网点 22.76 万个，较 2013 年末增长 8.5%，银行业网点乡镇覆盖率达到 95.99%。

③ 引自《中国普惠金融创新报告(2020)》序言。在抵押担保方面，不断拓宽抵质押物范围，先后推出动产抵押、"两权"抵押贷款(即农村承包土地的经营权和农民住房财产权抵押)、知识产权抵押等信贷产品；在增信方面，通过融资担保、供应链金融的方式，有效提升借款主体的信用等级，解决小微企业和农户由于缺乏信用记录而无法获取金融服务的问题；在支付结算方面，针对小微企业、农户贷款需求的"短、小、频、急"特点，在授信、贷款使用环节进行创新，主要是贷记卡、惠农卡等模式，实现授信额度内的贷款随借随还。

第二,传统普惠金融逐渐向数字普惠金融转型。

数字普惠金融[①]自2016年于G20杭州峰会正式提出以来,已成为中国乃至全球普惠金融最新发展方向。数字化、科技化手段的发展推动着普惠金融不断演进。互联网技术以及计算机的信息处理、大数据分析、云计算等一系列技术的应用,有助于促进金融信息共享、降低交易成本和金融服务门槛、扩大了普惠金融服务的范围。从实践来看,金融机构创新开拓互联网金融业务和数字化的应用,不仅在降低成本等方面发挥作用,还将渗入普惠金融服务的各流程中。中国银行业的数字化转型已进入快车道,互联网保险业务飞速发展,智能投顾、供应链金融等稳步发展;数字普惠金融服务链条更加顺畅,在服务"三农"、精准脱贫、小微企业融资与智慧城市建设等场景,新服务和新产品不断涌现。

第三,金融消费者[②]权益保护和金融素养教育受到重视。

近年来,金融产品的复杂程度加剧了普惠金融的碎片化、个性化、微型化。尤其是数字普惠金融的发展,消费者权益保护(尤其是数据隐私的保护)成为当前关注的重点。对此,中国目前已在如下方面做了努力:一是加强对普惠金融数据的保护,采纳行业组织的最高标准,确保网络不受攻击,降低欺诈率;二是降低数据敏感性,从而解决数据脱敏问题,使商务端的传输数据变得对犯罪分子毫无价值;三是加大对数据挖掘、分析的力度,运用大数据和AI技术,开发识别欺诈交易的解决方案,帮助金融机构降低欺诈交易的发生概率,保护消费者权益。

现阶段,普惠金融消费者素养教育力度也逐渐加大。在数字化和互联网发展的大背景下,中国金融管理部门通过经常性地开展大规模的宣传教育活动[③],并通过技术手段创新教育形式,帮助消费者提高对数字普惠金融产品和服务的认识、判断、决策能力,提高消费者的自我保护能力和风险意识。

(二)问题与不足

第一,普惠金融的区域发展不均衡,农村仍是薄弱环节。

近几年来,虽然普惠金融整体发展速度较快,但存在服务地区和机构发展不均衡问题。金融资源向经济发达地区、城市地区集中特征明显,农村金融仍是中国金融体系中最薄弱的环节。

从最基本的产品和服务的可获得性来看,虽然通过分支机构、代理网点的设立拓

---

① 根据G20杭州峰会发布的《二十国集团数字普惠金融高级原则》,数字普惠金融是泛指一切通过使用数字金融服务以促进普惠金融的行动。

② 金融消费者是指为满足个人或家庭需要,购买、使用金融机构销售的金融产品或接受金融机构提供的金融服务的自然人。

③ 近年来,国家先后开展了"金融知识普及月""小微企业金融知识普及教育""全国防范非法集资宣传月"等一系列金融知识普及活动。

宽了金融机构在农村地区的服务半径，但在一些偏远的自然村，居民离最近的金融机构或助农服务点距离仍存在一定距离；商业银行分支机构、新型农村金融机构的分布仍未遍及中国所有农村偏远地区，相对还是比较集中于东南沿海经济发展情况较为良好的农村地区，分布不够广泛和均衡。此外，由于文化水平、生活习惯等导致偏远农村地区的居民无法掌握远程终端的使用方法，导致其对偏远农村地区普惠金融业务的拓展性和便利度的提升有限。类似地，农村地区金融消费者教育力度和普及度低于城市，农村居民对于保险、理财等金融服务的认知有限，阻碍了其判断并自主选择适合自己的金融产品和服务。

第二，小微企业融资困境仍普遍存在。

普惠金融旨在帮助弱势群体获得金融服务。但是，相较于大中型企业，小微企业的融资难、融资贵问题依旧存在。当前，国家大力鼓励并支持大型国有银行发力普惠，为小微企业提供信贷资金支持，其初衷是好的。然而现实情况是，国有银行以基准利率为小微企业提供贷款，其利率水平与专注普惠金融机构的定价差距巨大，有悖于普惠金融关键要素中的商业可持续性。大银行为完成摊派任务可以不计成本，但是不合理的低价对地方城商行、农商行等中小银行形成“降维打击”，造成中小银行生存环境的恶化。大银行因为机制、组织架构等原因，注定不能取代中小银行成为普惠金融的主力军。同时，超低的利率定价一方面会造成中小银行优质客户流失；另一方面低价获得的资源有可能被滥用或低效使用，如出现“转贷”或投向低效益项目。此外，低价容易产生寻租，导致银行系统性风险上升。若任其发展，将十分不利于小微企业融资困境的解决，甚至破坏金融生态。

第三，普惠金融的商业可持续性仍有待提高。

当前，在国家政策大力支持并切实推动普惠金融发展的背景下，各类金融机构，尤其是国有金融机构，都大力发展普惠金融业务。普惠金融业务具有小且分散、成本与风险较高的特征。虽然金融机构纷纷通过技术手段等进行创新以寻求降低业务成本和风险的方法，但从总体上来看，对大型国有银行来说，由于较高的机会成本，如离开了政策驱动，其服务小微企业和农村偏远地区的内生动力缺乏；对中小银行而言，其服务的客户相较大银行更“下沉”，使其面临更高的信息成本和代理成本，同时受限于资本规模，其数字化、技术手段的运用也往往相对落后于大银行；对于政策性金融机构来说，倚靠财政拨款，不具有商业可持续性，一旦资金受影响将难以为继。

第四，金融机构迫于监管压力违背普惠金融初衷。

银行为了达到监管考核标准，往往将信贷任务层层分解，要求分支行必须完成某个额度。有些地方，监管部门直接下达任务，摸排查出尚未获得信贷支持的小微企业信息，将其均分给辖区内所有银行，要求对分配到的企业进行信贷服务。结果乱象丛生：一是弄虚作假，将“非小微企业”变成小微企业；二是产生“马太效应”，不缺资金、质地优良的小微企业被过度授信，而缺资金的小微企业被排斥，造成资源的浪费；三是银行与企业合谋，即银行将资金放贷给企业，企业又以购买理财产品或存款的方式将资金留在银行。

第五，政策差异程度不够。

央行 2019 年年初调整普惠金融定向降准考核标准，将普惠金融定向降准小型和微型企业贷款考核标准由“单户授信小于 500 万元”调整为“单户授信小于 1 000 万元”。此举固然可释放更多流动性，但将标准放宽会导致银行更倾向于服务小微企业中规模较大者，而使真正的小微企业被边缘化。同时，普惠金融业务标准放宽，进一步模糊了大中小银行以及银行与非银行之间在此业务上的区别。因此，有必要为不同类型的小微企业提供有针对性的、差异化的政策。

第六，多层次资本市场的发展尚滞后。

从金融市场整体情况来看，中国的银行、证券、保险业发展的协调性不足。资本市场，特别是直接融资市场发展相对滞后，导致直接融资比重较低。普惠金融除了需要银行业金融机构提供基本的金融产品和服务外，还需满足消费者多样化的金融需求，而资本市场在普惠金融领域的相对“落后”，导致目前普惠金融服务的提供方仍是以银行业金融机构为主。

本章小结

普惠金融是在传统小额信贷、微型金融基础上逐渐发展起来的，是它们的延伸和深化。从小额信贷到微型金融，再到普惠金融体系的建立，其服务半径不断扩大延伸、内容不断充实、普惠程度不断提高，是金融体系发展、完善和深化的过程。

普惠金融延续了小额信贷的扶贫理念和微型金融的服务内容，并将服务半径继续扩大，向更贫困的群体和更边缘的地区推进金融服务、开放金融市场，赋予社会弱势群体获得金融服务的权力，实现所有人平等享受金融服务的美好愿景。

普惠金融的内涵包括服务的公平性、强调惠及所有人群、业务的全面性、金融机构的广泛参与性以及发展的可持续性；普惠金融的关键要素包括可获得性、合适性与多样性、安全性、可持续性。

普惠金融在我国的发展经历了三个阶段：2005 年以前的前普惠金融阶段、2005—2013 年的稳步发展阶段、2013 年至今的快速发展阶段。

中国普惠金融发展呈现的特征：以银行业金融机构为主体的各类金融机构的积极参与、传统普惠金融逐渐向数字普惠金融过渡、越来越重视金融消费者权益保护和金融素养教育。存在的问题和不足包括：普惠金融的区域发展不均衡，农村仍是薄弱环节；小微企业的融资困境(融资难、融资贵)仍然存在;普惠金融的商业可持续性仍有待提高;金融机构迫于监管压力违背普惠金融初衷;政策差异程度不够;多层次资本市场的发展尚滞后。

思考题

1. 比较小额信贷、微型金融和普惠金融三个基本概念。
2. 普惠金融的关键要素有哪些?
3. 在发展普惠金融过程中,政府和市场的边界在哪里?如何处理两者的关系?
4. 当前,中国普惠金融发展面临的最大障碍是什么?应该从哪些方面着手解决?

参考文献

1. 刘民权,徐忠,俞建拖. ROSCA研究综述[J]. 金融研究,2003(2):120—132.

2. 何德旭,苗文龙. 金融排斥、金融包容与中国普惠金融制度的构建[J]. 财贸经济,2015(3):5—16.

3. 杜晓山. 小额信贷的发展与普惠性金融体系框架[J]. 中国农村经济,2006(8):70—73、78.

4. 李明贤,叶慧敏. 普惠金融与小额信贷的比较研究[J]. 农业经济问题,2012,33(9):44—49、111.

5. 杜晓山,孙若梅. 中国小额信贷的实践和政策思考[J]. 财贸经济,2000(7):32—37.

6. 星焱. 普惠金融:一个基本理论框架[J]. 国际金融研究,2016(9):21—37.

7. 焦瑾璞. 普惠金融导论[M]. 北京:中国金融出版社,2019.

8. 世界银行,中国人民银行. 全球视野下的中国普惠金融:实践、经验与挑战[M]. 北京:中国金融出版社,2019.

9. 何广文. 从农村居民资金借贷行为看农村金融抑制与金融深化[J]. 中国农村经济,1999(10):42—48.

10. 于洋. 中国小微企业融资问题研究[D]. 吉林:吉林大学,2013.

11. 温涛,冉光和,熊德平. 中国金融发展与农民收入增长[J]. 经济研究,2005(9):30—43.

12. 黄承伟,陆汉文,刘金海. 微型金融与农村扶贫开发:中国农村微型金融扶贫模式培训与研讨会综述[J]. 中国农村经济,2009(9):93—96.

13. 曾刚等. 中国普惠金融创新报告(2020)[M]. 北京:社会科学文献出版社,2020.

14. 张勋,万广华,张佳佳,何宗樾. 数字经济、普惠金融与包容性增长[J]. 经济研究,2019,54(8):71—86.

15. 徐晓萍,谈儒勇,马文杰,郭丽虹. 谨防普惠金融政策出现偏差. 成果要报,中办内参,2021.

16. Liberti J M, Petersen M A. Information: Hard and Soft[J]. Review of Corporate Finance Studies, 2019, 8(1): 1—41.

第二章　普惠金融的基本框架

整体来看，我国现有的金融体系发展仍存在较明显的不平衡特征。高净值客户、大型企业、发达地区金融资源集中，有供给过剩和过度竞争的现象；而低收入群体、农户和小微企业由于缺乏有效抵押物与第三方担保，较难通过正规金融渠道获得金融服务，面临着金融排斥问题。由此，历经“小额贷款→微型金融→普惠金融”的演化后，致力于改变金融排斥的普惠金融受到高度关注，而发展普惠金融离不开完备的金融体系框架做支撑。本章重点梳理普惠金融的基本框架，共分四个部分：第一节讨论普惠金融的服务宗旨与原则；第二节梳理普惠金融的参与主体；第三节以客户为服务对象，从微观层面、中观层面和宏观层面探讨如何构建更具包容性的普惠金融体系框架，厘清各层级之间的联系；第四节概述普惠金融在实际发展中可能面临的问题与挑战。

第一节　服务宗旨与原则

服务宗旨作为普惠金融发展的方针和指导思想，反映普惠金融的主要目的和意图，表明发展方向和价值理念。因此普惠金融的服务宗旨应是相对宏观、长远、在一定时间内保持不变的，对普惠金融的发展起着方向性指导作用。服务原则是对普惠金融实施过程中各项活动起着制约作用的规则，应是具体且灵活的。原则的制定，既要立足于宗旨，以政策和法律法规为依据，又要考虑现实的发展情况和发展趋势。宗旨的确定能保障原则不偏离正确的轨道，原则的实施又能促进宗旨的实现，两者相辅相成。

一、普惠金融宗旨

总的来说，普惠金融的宗旨就是将传统金融体系排斥或服务不够的企业和人群都包容进来，为他们提供金融服务，最终形成一个包容性的普惠金融生态体系（贝多广，2019）。因此，普惠金融应当围绕如何解决金融体系排斥问题开展和布局。

金融体系排斥主要体现在三个方面：首先，在服务客体上，社会弱势群体和小微企业较难从传统金融体系获得金融服务，繁杂的信贷审批要求和抵押担保条件将部分客户排斥在外；其次，在服务内容上，某些附加于金融产品的条件不适于部分客户的需求，导致这类客户无法获得日常所必需的多样化金融产品或服务，如储蓄、支付、信贷、保险等[①]；最后，在排斥原因上，包括外部排斥和自我排斥。外部排斥指的金融机构的风险评估程序限制了客户获得金融资源，或因客户无力承担金融产品的价格而无法获得金融服务；自我排斥指的是客户认为申请获得金融产品的可能性较小、被拒绝的可能性较大，从而将自己排除在金融服务范围之外。

（一）增强金融服务价格合理性[②]

价格合理性强调的是普惠金融深度问题。普惠金融的发展需尽可能保障“每一个人在有需求时都能以合适的价格享受到及时、方便、有尊严、高质量的各类型金融服务”（周小川，2015），这就需要金融机构以可负担的成本为有金融服务需求的社会各阶层和群体提供适当、有效的金融服务（联合国，2016）。

（二）提高金融服务可得性[③]

可得性强调的是普惠金融广度问题。金融可得性指的是总人口中获得金融服务的人群占比（星焱，2016），即客户在物理上能否充分接近各类金融服务设施（如分支机构、自动取款机和移动设备等），便捷地挑选和使用一系列金融产品和服务。影响金融服务可得性的主要因素有三个方面：经济主体获得合适的金融服务的能力、金融体系提供不同层次金融服务的能力和金融基础设施的完善程度。

具体而言，从金融服务需求方的角度看，地理限制、无法负担的金融服务成本、缺乏金融知识等因素会导致偏远地区的人群不便获得金融服务，或不知道如何获得金融服务。从金融服务供给方的角度看，传统金融服务体系较高的门槛（如融资金额、客户资质、抵质押品等方面较严格的要求）也一定程度影响金融可得性。从金融基础设施的角度看，金融机构网点、自动取款机、智能化设备等物理网点作为金融服务实现的载体和渠道，其物理可得性的缺乏可能会带来高额的交易成本（如时间成本、交通成本）。正如 2013 年中国家庭金融调查（CHFS）所显示，有 45％的家庭在选择金融服务提供者时主要考虑的因素是位置的便利性。

---

① 蒋莉莉（2010）指出，根据欧盟对正常生活必需的金融服务的界定标准，有四种不同的金融服务排斥：银行排斥、储蓄排斥、贷款排斥和保险排斥。

② 周小川（2013）根据我国现阶段基本国情，提出普惠金融的四个目标，其中之一是：家庭和企业应以合理的成本获得较广泛的金融服务，包括开户、存款、支付、信贷、保险等。

③ 国务院（2015）提出我国普惠金融发展总体目标包括：通过普惠提高金融服务可得性；大幅改善对城镇低收入人群、困难人群以及农村贫困人口、创业农民、创业大中专学生、残疾劳动者等初始创业者的金融支持，完善对特殊群体的无障碍金融服务；加大对新业态、新模式、新主体的金融支持；提高小微企业和农户贷款覆盖率；提高小微企业信用保险和贷款保证保险覆盖率，力争提升农业保险参保农户覆盖率至 95％以上。

（三）提高金融服务多样性[①]

普惠金融的服务多样性包括两方面：一是金融机构的多样性，要实现普惠金融，需要各类机构（包括大中型银行、地方法人金融机构、保险和担保机构等）多方面共同为客户提供金融服务；二是金融服务和产品的多样性，弱势群体的需求各不相同且较为复杂，贷款或支付等单一产品或服务可能无法满足其需求，因此在保障存、取、贷、汇、保险等基本金融服务可得的前提下，机构需进一步注重服务的多元性，包括投融资、理财、担保、支付、结算以及征信、金融教育、权益保护等全方位的服务体系。

（四）确保金融服务可持续性[②]

普惠金融不是"慈善"金融，也不是政策金融。尽管普惠金融的目标是让弱势群体通过获得充分的金融服务，提升他们的经济地位，但以降低信贷标准、降低利率的方式运动式开展普惠金融，忽视市场原则，则会导致银行贷款不良率上升和风险加剧，使得银行甚至不愿意提供普惠金融服务。因此，普惠金融服务或金融产品的定价应既让弱势群体负担得起，又让金融机构成本可负担、商业可持续。这就需要金融机构内控严密、接受市场监督以及建立健全审慎监管；同时，政府部门应强化政策协同，营造良好的外部环境，建立覆盖面广、稳定可靠的金融和通信基础设施。

（五）提高公众金融素养[③]

在推进普惠金融的过程中，既要满足金融服务需求方对产品和服务的需求，又要提升他们自身的金融能力。普惠金融不是一劳永逸的金融服务，其核心理念在于能力建设，通过为普惠群体提供广泛的金融知识和素质培训，让其掌握必备的金融技能，可以正确运用金融知识、科学使用金融工具，做出理性的金融消费和金融投资决策。金融知识普及教育不仅是完善普惠金融服务的重要手段，也是实现普惠金融最终目标的重要途径（顾雷，2018）。

二、基本原则

原则旨在对实践进行约束。2006 年，世界银行扶贫协商小组从微型金融的目的和定位出发，提出 11 条针对微型金融的基本原则[④]。2015 年 12 月，国务院在《推进普惠金融发展规划（2016—2020 年）》中首次从国家层面对普惠金融的概念和原则进行

---

① 周小川（2013）根据我国现阶段基本国情，提出普惠金融的四个目标，其中之一是：增加金融服务竞争性，为消费者提供多样化选择。

② 联合国（2005）提出应对金融服务可持续发展性进行评估。周小川（2013）根据我国现阶段基本国情，提出普惠金融的四个目标，其中之一是：金融业实现可持续发展，确保长期提供金融服务。

③ 联合国（2005）提出应通过开展小额信贷业务，促进公众对小额信贷的认识和理解。

④ 微型金融基本原则的内容可见本章附录。

界定，指出普惠金融是立足于机会平等和商业可持续原则，以可负担的成本为有金融服务需求的社会各阶层和群体提供适当、有效的金融服务。由于已有原则提出时间较早，不能完全涵盖实践中出现的新情况和新问题，本书根据中国普惠金融发展阶段及发展环境，在《推进普惠金融发展规划（2016—2020年）》提出的五项原则基础上，参考有借鉴意义的国际准则和经验，加入G20提出的数字普惠原则，认为普惠金融的基本原则应包括以下内容：

（一）有序竞争，错位发展，构建商业可持续的普惠金融服务模式①

目前，中国的普惠金融发展仍存在资源错配现象，普惠金融产品同质化现象严重，缺乏个性化服务。这就需要健全多层次普惠金融组织体系，构建竞争有序的普惠金融供给格局；发挥大型银行、股份制银行的带头作用，鼓励和支持地方中小银行坚持服务当地、服务小微企业、服务城乡居民。大银行与中小银行应根据自身的业务经营特点找准各自在普惠金融服务中的定位和目标客群，向客户提供适宜的金融产品，做到有序竞争、错位发展，实现社会效益与经济效益的有机统一，保障普惠金融业务的可持续发展。

（二）客户保护，惠及民生，深化金融需求方适当性原则②

客户处于普惠金融服务体系的核心位置，是普惠金融市场的重要参与者。加强普惠金融客户权益保护，对防范金融风险和维护金融稳定具有积极意义。因此，普惠金融的发展要以增进民生福祉为目的。从客户保护角度出发，避免过度营销和过度放贷，让社会各阶层能以合理的价格享受符合自身需求特点的金融服务与产品。

从金融产品和服务的角度看，合适的金融产品③和服务能够推动产品和服务的获取和使用，让更多无法获得金融服务和获得服务不足的群体进入普惠金融服务体系。从金融服务供给方的角度看，金融从业人员需具备了解并判断客户适合何种金融产品的能力，在向客户推销产品与服务时，以适合客户理解的方式解释所销售的金融产品和提供的金融服务，不推荐超出客户理解范围的产品。除此以外，金融机构需对金融产品和服务的风险和专业复杂度进行评估，实行分级动态管理，进一步完善金融消费者风险偏好评估体系。从政府的角度看，监管机构有必要在法律上确立金融消费者适

① 国务院（2015）提出的普惠金融基本原则之一：健全机制、持续发展。建立有利于普惠金融发展的体制机制，进一步加大对金融服务中薄弱环节的政策支持，提高精准性与有效性，调节市场失灵，确保普惠金融业务持续发展和服务持续改善，实现社会效益与经济效益的有机统一。刘桂平（2021）提出，随着未来普惠金融客户的进一步下沉，我国要健全多层次普惠金融组织体系，构建竞争有序的普惠金融供给格局。

② 国务院（2015）提出的普惠金融基本原则之二：机会平等、惠及民生。以增进民生福祉为目的，让所有阶层和群体能够以平等的机会、合理的价格享受到符合自身需求特点的金融服务。CAFI（2018）在第四届中国普惠金融国际论坛上提出客户保护是检验普惠金融成败的最基本标准。

③ 普惠金融中心（Center for Financial Inclusion，CFI）对金融产品合适性的定义：可负担、便捷、产品匹配、安全、维护客户尊严，以及保护客户权益。

当性原则,督促金融机构能够从审慎经营的角度做到负责任定价、避免过度营销、避免过度负债和保护客户隐私。

(三)有为政府,有效市场,打造良好的普惠金融生态环境①

政府应发挥好在统筹规划、政策扶持和促进市场竞争等方面的引导作用,通过制定适当的货币和财政政策以保持宏观经济环境的稳定,创造一个适合普惠金融发展的环境。需注意的是,过早或过于严厉的监管不仅会阻碍普惠金融业务的创新,还可能限制贫困人口获得金融服务的选择范围和便利性,只有当普惠金融机构发展到一定规模时,审慎的金融监管措施才能够发挥作用(世界银行扶贫协商小组,2004)。政府还需有所为有所不为,在注重保障弱势群体的储蓄安全、帮助监管者提高专业技能的同时注重被监管者专业技能的提升;不过度干预普惠金融服务供给方的具体运营,不干涉普惠金融产品定价,更多地通过激励政策、监管政策来促使服务供给方向弱势群体提供金融服务,让市场发挥主导作用。

(四)文化建设,夯实根基,建立系统性的普惠金融教育机制②

金融知识教育不仅是客户能力建设的重要环节,也是对客户的一种预防性保护,已引起越来越多国家政府和国际组织的关注。世界银行与国际金融消费权益保护组织2016年的研究显示:全球已有113个国家建立了金融消费权益教育和保护的法律框架;美国、英国、日本等发达国家都已制定并实施金融知识教育国家战略;有85个国家已开展各种形式的金融消费者教育工作,帮助消费者提升金融知识水平。然而,我国普惠金融服务需求方的金融知识教育状况却不容乐观。2018年标准普尔的调查报告指出,我国超过三分之二的成年人不具备金融常识,80%以上的青少年从未接受过金融知识方面的教育,90%以上的在校学生没有接受过金融培训。因此,金融知识教育,尤其是针对弱势群体的知识普及活动,应当引起重视。

普惠金融文化建设包括两个方面的内容。从需求方来看,很多弱势群体不是对金融抱有恐惧心理、怕有负债和负担,就是认为自己不需要贷款或其他金融服务。这就要根据普惠对象的特点和需求,为其提供差异化的金融教育并实现教育政策的适当倾斜,需要考虑的因素包括受教育对象的年龄、户籍、文化程度、经济状况等。当普惠群体的金融水平提升后,促使其通过运用学到的金融知识,有效管理日常金融活动,选择并使用适当的金融服务,可在一定程度上避免出现普惠金融授信覆盖率高、使用率低

① 国务院(2015)提出的普惠金融基本原则之三:市场主导、政府引导。正确处理政府与市场的关系,尊重市场规律,使市场在金融资源配置中发挥决定性作用,更好发挥政府在统筹规划、组织协调、均衡布局、政策扶持等方面的引导作用。

② 刘桂平(2021)提出,为推进普惠金融高质量发展,要从过去关注的“有没有”上升到当前的“好不好”,直至未来的“强不强”,普惠金融的理想状态就是促使普惠群体达到并保持一种金融健康的状态。

的情况。从服务供给方来看，考虑到弱势群体和中小微企业信用信息缺乏、贷款不良率较高、获得贷款难度较大等，金融机构需通过培训来提升金融从业人员普惠金融服务意识，培育企业内部的普惠金融文化氛围，提升风险识别能力，提高小微企业和弱势群体申贷获得率和贷款及其他金融服务的满意度。

（五）科技赋能，提高效率，发展负责任的数字普惠①

尽管在金融科技的助力下，普惠金融取得了积极进展，但由此引发的问题也应得到重视。一是客户的信息安全与隐私保护问题。客户在获取互联网金融服务的同时，必须向平台提供各类个人信息。在个人信息储存和传输环节，若对互联网平台权利边界界定不明晰，则容易造成平台对个人信息的商业利用与客户对其个人信息的有效控制之间的冲突，平台可能会过度采集客户信息，侵害客户的隐私权和知情权。因此，在客户信息数据获取方面，普惠金融服务供给方需保障客户知情权，收集数据时应合法合规，并事先获得信息主体人的授权；在数据使用方面，要避免客户个人隐私数据被泄露和滥用，不得将风险数据用于从事与服务内容无关的其他业务。二是“数字鸿沟”问题。部分中老年人、农户和偏远地区的群体不熟悉数字技术，可能更倾向于选择传统金融服务，因而被大数据和算法歧视排斥在外，无法获得金融科技推动下发展起来的新型金融产品和服务。因此，金融机构在数字化转型的同时，需要协调好“线上”“线下”渠道，使线上产品和服务更友好。

（六）统筹规划，因地制宜，完善普惠金融顶层设计②

普惠金融发展要立足于服务国民经济和深化金融改革的战略高度（吕家进，2014），远近结合，统筹兼顾。鉴于区域发展不平衡、人口趋于老龄化等基本国情，我国须进一步推动落实普惠金融与国家重大战略有机结合（尹优平，2021），实现金融资源在不同区域、不同群体之间的优化配置，注重优先解决欠发达地区和特殊群体的金融服务问题，鼓励现有金融机构在风险可控的前提下，向欠发达地区延伸服务，因地制宜地制定监管考核方案，逐步推动缩小地区差距。

---

① GPFI（2016）指出数字普惠的发展，一是需要采取负责任的数字金融措施以保护消费者，创立一种综合性的消费者和数据保护方法，重点关注与数字金融服务相关的具体问题；二是需要重视消费者数字技术基础知识和金融知识的普及，根据数字金融服务和渠道的特性、优势及风险，鼓励开展提升消费者数字技术基础知识和金融素养的项目并对项目开展评估。国务院（2015）提出普惠金融的基本原则之四：防范风险、推进创新。加强风险监管，保障金融安全，维护金融稳定；坚持监管和创新并行，加快建立适应普惠金融发展要求的法制规范和监管体系，提高金融监管有效性；在有效防范风险的基础上，鼓励金融机构推进金融产品和服务方式创新，适度降低服务成本；对难点问题要坚持先试点，试点成熟后再推广。

② 国务院（2015）提出普惠金融的基本原则之五：统筹规划、因地制宜。从促进我国经济社会发展、缩小城乡和区域差距出发，加强顶层设计、统筹协调，优先解决欠发达地区、薄弱环节和特殊群体的金融服务问题，鼓励各部门、各地区结合实际，积极探索，先行先试，扎实推进，做到服水土、接地气、益大众。

第二节　参与主体

在中国，普惠金融参与方主要有三部分：一是以银行、金融科技公司等为代表的普惠金融服务供给方；二是被排斥在传统金融市场外、无法通过正常途径获得金融服务的群体，即普惠金融服务需求方；三是政府。

一、服务供给方

在我国，商业银行是企业主要的外源融资渠道。从结构看，2020 年对实体经济发放的人民币贷款占同期社会融资规模的 60.2%；从投向看，截至 2020 年末人民币普惠金融领域贷款[①]余额 21.53 万亿元，普惠型小微企业贷款[②]余额 15.3 万亿元，同比增长 24.2%与 30.9%，新发放普惠型小微企业贷款利率 5.88%。对比同口径的小微企业贷款余额发现，小微企业的贷款余额由 2012 年的 11.58 万亿元增长至 2020 年的 42.7 万亿元。可见，商业银行在小微企业融资活动中扮演着重要角色。

（一）大型商业银行

国有大型商业银行一直以来都是我国银行业的中坚力量，[③]在资金成本、渠道、产品服务及金融科技方面均存在一定优势。国有六大行 2020 年年报显示，在普惠型小微企业贷款方面，中国建设银行规模最大（14 500 亿元）；中国农业银行普惠小微企业贷款不良率最低（0.94%）；中国邮政储蓄银行普惠金融贷款余额占总资产比例最高（7.06%）；交通银行虽规模最小但不良率较高（1.91%）。

表 2—1　　大型商业银行普惠金融贷款表现（2020 年）

银行	普惠金融贷款余额（亿元）	普惠金融贷款客户（百户）	普惠金融贷款余额占总资产比例	新发放普惠型小微企业贷款利率
中国建设银行	14 500	17 003	5.15%	4.31%
中国农业银行	9 615	15 708	3.54%	4.18%
中国邮政储蓄银行	8 012	16 005	7.06%	—

① 普惠金融领域贷款包括：单户授信小于 500 万元的小型企业贷款、单户授信小于 500 万元的微型企业贷款、个体工商户经营性贷款、小微企业主经营性贷款、农户生产经营贷款、创业担保（下岗失业人员）贷款、建档立卡贫困人口消费贷款和助学贷款。上述贷款数据采用中国人民银行调查统计部门统一口径的统计数据。

② 普惠型小微企业贷款是银行业金融机构向小微企业、个体工商户和小微企业主发放、用于生产经营活动、单户授信总额在 1 000 万元（含）以下的贷款。

③ 曾刚等. 中国普惠金融创新报告（2020）[M]. 北京：社会科学文献出版社，2020.

续表

银行	普惠金融贷款余额(亿元)	普惠金融贷款客户(百户)	普惠金融贷款余额占总资产比例	新发放普惠型小微企业贷款利率
中国工商银行	7 452	6 060	2.23%	4.13%
中国银行	6 117	4 800	2.50%	3.93%
交通银行	2 607	1 584	2.43%	4.08%

数据来源:各银行 2020 年年报。

2017 年,在国家政策指导下,国有大型商业银行均已成立普惠金融事业部,建立了“五专”机制、内部考核激励和尽职免责机制。相对中小银行,大型银行的优势有三:一是资金来源丰富、负债结构多样,有强大的资本实力和相对较低的筹资成本,能以较低价格提供服务;二是网点数量多、覆盖面广,能快速触及不同区域的客户;三是信贷技术和信息处理能力方面具有优势,更有条件在业务过程中融合金融科技,降低运营成本,实现规模效应。

(二)中小型商业银行

与国有大型商业银行相比,中小型商业银行组织架构相对简单。扁平化的组织结构能有效缩短服务流程,满足小微群体“短”“频”“快”的融资需求;经营机制灵活高效,利于探索和创新服务小微群体的业务模式,为客户提供差异化、个性化的产品与服务。中小型银行通常有本地经营的特点,其从业人员更熟悉当地地域文化,有利于聚焦客户,发展关系型借贷,并与当地客户建立长期的合作关系,能更好地服务地方经济,实现共赢。

(三)农村金融机构

中国农村金融机构可以分为三类:以农业发展银行为代表的政策性银行、以农业银行为代表的国有商业银行、以农村商业银行为代表的农村中小金融机构。中国农业发展银行是中国唯一的农业政策性银行,它以国家信用为基础筹集资金,开展农业政策性金融业务,为农业产业相关企业提供融资服务,它不提供个人业务。中国农业银行、农村商业银行、村镇银行、农村资金互助社等都属于涉农持牌金融机构,主要是按照商业原则依据监管部门核定的业务范围为“三农”提供各类农村金融服务。其中,农村资金互助社是经银保监会批准,由乡(镇)、行政村农民和农村小企业自愿入股组成的社区互助性银行业金融机构,主要为入股的社员提供存款、贷款、结算等基础金融服务。

(四)金融科技公司

金融科技公司主要指互联网银行[①]和金融机构技术服务商(对金融机构进行技术

---

① 互联网银行指主要在线上为客户提供存款、贷款、支付、结算、汇转、电子票证、电子信用、账户管理、货币兑换、投资理财、金融信息等服务的机构。

输出或与金融机构合作)。信息技术的进步降低了信息搜集以及处理企业软信息的成本,因此,随着信息技术的升级,互联网金融等创新型金融服务模式盛行。金融科技在金融服务中的应用,使得金融服务供给方能以较低的成本创新金融产品和服务,以便捷的方式覆盖更广泛的弱势群体。中国人民银行 2019 年印发的《金融科技发展规划(2019—2021 年)》明确提出:加强人工智能、移动互联网、大数据、云计算等科技成果运用,加快完善小微企业、民营企业、科创企业等重点领域的信贷流程和信用评价模型。

二、服务需求方

开展普惠金融,首先要回答金融的包容性发展是要将谁包容进来的问题。在中国,这个问题的答案是小微企业、农民、城镇低收入人群、贫困人群和残疾人、老年人等特殊群体(国务院,2015)。

(一)农户

农户指户口在农村的常住户。按照经济收入可分为四类:纯农业户、农业兼业户、非农兼业户、非农业户。按照经营组织形式可分为三类:承包型农户经营、个体型农户经营和合作型农户经营。对于农业总收入占家庭生产性总收入比值较高(大于 50%)的群体,如纯农业户和农业兼业户,其短期信贷需求比较旺盛和迫切,主要用于生活和生产需求。考虑到农业是弱势产业,面临着巨大的自然风险和不可避免的市场风险,时令性又强,还需金融机构因地制宜为其提供相应保险,才能进一步保障普惠金融在农村地区的推广和发展。

(二)城市贫困群体

城市贫困群体主要包括四类:一是无生活来源、无劳动能力、无法定抚养人的“三无”人员;二是有一定劳动能力但收入不固定且低于当地贫困标准的城市无业人群;三是城市低收入人群;四是城市创业人群。普惠金融不是慈善和救济,没有收入或还贷手段的群体目前不在普惠金融覆盖范围。因此,对于一、二类群体,其他形式的扶持可能更有效,如由民政部门提供长期救助;对于三、四类群体,其信贷需求主要用于生活开支、创业,他们属于普惠金融服务的范畴。

(三)小微企业与个体户

大多数小微企业与个体户的核心竞争力不足,呈现“多”“短”“小”“散”的特点,即数量众多、平均寿命短、经营规模小、行业分散;其贷款需求呈现“短”“小”“频”“急”的特征,即贷款期限短、贷款金额小、贷款频率高、贷款时效性强;其信贷需求主要用于启动市场、扩大规模。

三、政府

发展普惠金融的主导力量是市场，而政府更多的是承担引导职能。政府的引导职能主要体现在普惠金融基础设施和相关制度的建设上。例如，推动建立全覆盖的支付体系和征信体系，制定信贷、财政、保险等支持政策，为小微企业构建良好的生存发展环境，以及建立有利于普惠金融发展的体制机制等。

第三节　普惠金融体系

普惠金融体系（Inclusive Financial System）最早由联合国在“2005 国际小额信贷年”提出。考虑到当时的金融体系并没有为社会所有的人群，尤其是小微企业和弱势群体，提供有效的服务，联合国希望通过小额信贷（或微型金融）的发展，来促进建立一个能够为社会各阶层和群体提供有效的、全方位的金融服务的金融体系。为此，世界银行扶贫协商小组构建了涵盖客户、微观、中观和宏观层面的普惠金融体系框架。需要指出的是，在中国，普惠金融体系的建设不是构建一套独立于现有金融体系的框架，而是基于现有的金融体系逐步完善普惠金融的顶层设计、完善金融基础设施，形成多元化、分层次、广覆盖的服务体系。

客户在普惠金融服务体系中处于核心地位，因此客户对金融产品和服务的需求影响金融体系各个层面的行动，微观、中观、宏观三个层面的有机结合是为了更好地服务客户。

微观层面是普惠金融服务体系的基石，普惠金融服务体系需要各类金融机构共同参与并提供不同的金融服务，以满足客户多样化的金融需求。

中观层面作为普惠金融体系的支柱，为普惠金融机构收集和“硬化”弱势群体的信用信息。精准的信息对于提高监管、审计和评级质量有重大作用，能提升微观层面的金融服务供给者的客户识别和风险识别能力，使其能以较低成本向弱势群体提供高质量的金融服务。

宏观层面作为顶层设计，对微观层面和中观层面起着指导作用，应具前瞻性和灵活性，注重供给层次丰富化、供给主体多元化，通过健全的政策和法律框架促进金融服务供给者共存并竞争，为弱势群体提供高质量、低成本的金融服务。

普惠金融服务体系如图 2—1 所示。

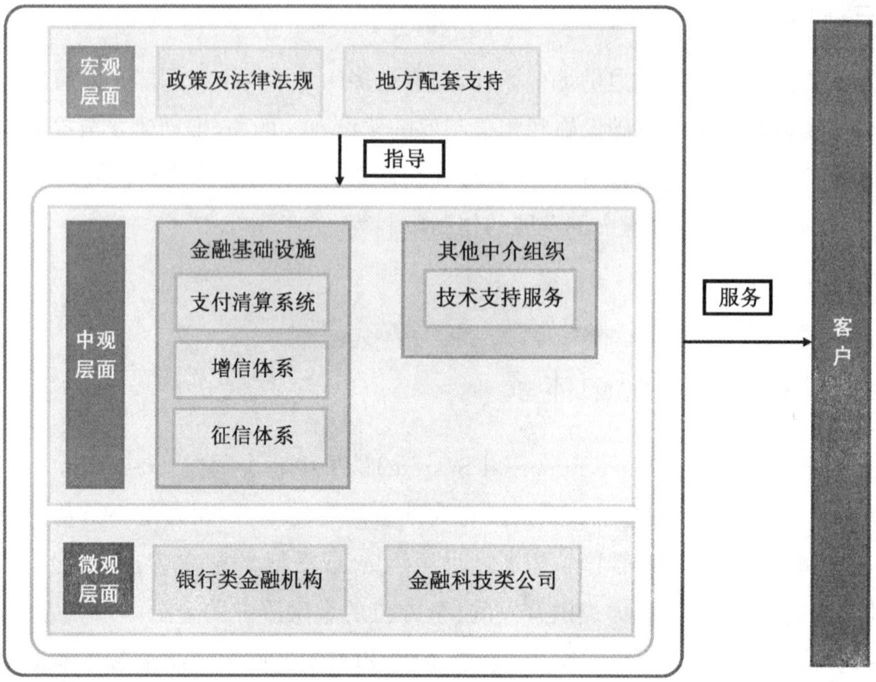

资料来源：根据世界银行扶贫小组"*Access for All-Building Inclusive Financial Systems*"(2006)整理所得。

图2—1　普惠金融服务体系

一、客户层面

普惠金融服务对象类型多样，需求不一。为更好地服务客户，普惠金融服务供给者需深入了解无法获得金融服务和服务不足群体的特征和需求，勾勒清晰准确的客户画像，并在此基础上设计一系列金融产品和服务，以合理的成本提供给客户。了解客户需求是确保产品和服务适宜性的前提。

普惠金融个人客户主要有三个方面的需求。①

一是日常需求。弱势群体的日常需求一般包括教育、消费、婚嫁等，通常依靠储蓄和信贷满足该部分需求。对弱势群体来说，理想的储蓄是安全的、低成本的、保值的。考虑到中国外出务工人员较多，尤其是在城市务工的农村家庭比例较大，设计合理的转账和支付服务对弱势群体意义重大，最好是低交易成本的，并允许经常转、收金额不

① 世界银行扶贫小组（2006）指出，对于弱势群体来说，通常有三种情况会对其造成经济负担：生命周期事件（life-cycle events）、紧急需求和投资机会。

等的小额资金。

二是应急需求。各类紧急突发事件，如疾病、自然灾害等。这些紧急突发事件对弱势群体的打击更大，都需要大笔应急资金。金融服务（如保险服务）能让原本由单个客户承担的不确定事件的风险在不同时期投保的客户中分摊，这为弱势群体提供了一种应对风险的措施，也是低收入者用来抵御经济危机的一种保障（CGAP，2003）。

三是投资需求。弱势群体的投资需求主要分为：经营性投资，如店铺、土地等投资；金融性投资，如投资金融资产或金融工具。

表 2—2　　普惠金融个人客户常见需求分析

金融需求点	具体情景	需求情况及特点	配套产品或服务
日常需求	在外务工	需要安全的、低成本的金融服务	转账、支付服务和储蓄
	教育	中期的资金需求	储蓄、信贷
	消费	长期的、小额的资金需求	储蓄、消费贷
应急需求	疾病	短期的、大额的资金需求	信贷、保险
	失业	金额较小，满足日常需求	信贷、失业保障
	自然灾害等	中长期的资金需求	信贷、保险
投资需求	经营性投资	主要用于生产	信贷
	金融性投资	差异化较大	理财、投资产品

资料来源：整理自网络公开资料。

普惠金融的企业客户主要面临生产经营性贷款需求。由于中小微企业规模小、业务相对单一及抗风险能力弱，面临自然灾害、疫情等突发事件将导致生产经营停顿、市场下滑等，并对其采购、生产、销售等各环节均会造成一定影响。

二、微观层面

普惠金融体系构成中的微观层面主要指普惠金融服务的供给者。

（一）银行类金融机构

在中国，商业银行是普惠金融服务的主要提供者。普惠金融不仅是商业银行的社会责任，也是政策和监管的刚性要求，更是市场发展的必然选择。因此，商业银行发展普惠金融业务既有社会责任，又是为了符合监管要求，更是受商业动机的驱使。

随着中国利率市场化进程的推进，息差收窄，并逐渐成为制约商业银行盈利增长的瓶颈之一。与其他业务相比，普惠金融既可以成为商业银行提升息差水平的主要突破口之一，也是商业银行实现利息收入增长的重要途径之一。尽管普惠金融服务成本较高，但银行在普惠金融信贷发放上拥有较大定价权，能够从资产端增加贷款收益，弥补成本支出。发展普惠金融还能帮助银行改善客户结构,尤其是大型商业银行。大银行集中为大中型客户服务,客户结构较单一,而普惠金融业务涉及的客群种类多样,有利于大银行优化结构,培养新客群,实现战略转型。由于小微企业有机会发展成大中型企业,那么为中小企业提供信贷就能够为商业银行培养大中型客户夯实基础。除此以外,发展普惠金融还有风险分散的功能,小微企业与传统商业周期关联较小,在经济下行时期更有弹性,同时普惠金融贷款笔均金额小、业务客群分散,不易形成风险集聚,引发系统性风险的可能性较小。

(二)金融科技类机构

金融科技类机构就是将金融科技[①]应用于自身业务,或对外输出自身科技能力的一类机构。传统普惠金融模式往往需要大量人力的投入,搜集信息成本较高。由于企业所处的地域、文化、产业结构不同,对企业还贷能力的分析很大程度依赖于经验,对信贷员依赖性较强。而金融科技类公司可以发挥技术优势,使软信息与信息搜集者隔离,从而降低获取软信息对信息搜集者经验与能力的依赖程度,大幅降低软信息的获取成本。

此外,金融科技类机构运用人工智能、大数据等技术和非结构化数据(如用户社交、支付、浏览等"数字足迹"信息[②])构建的风控模型,能帮助传统普惠金融机构实现自动化审批,相比传统的依赖于财务数据和打分卡的风控模型更有效。

三、中观层面

普惠金融中观层面由支持普惠金融的基础设施,以及一系列能满足金融服务提供者降低交易成本、扩大服务规模、促进透明要求的各类组织构成,包括支付体系、征信系统、增信担保体系,以及技术支持服务和网络支持组织等。

(一)金融基础设施

狭义的金融基础设施,就是金融市场交易的硬件设施;而广义的金融基础设施,则涉及金融稳定运行的各个方面,包括金融市场硬件设施、会计制度、信息披露原则、社会信用环境等制度安排。作为国家金融体系的重要组成,金融基础设施在连接金融机构、保障市场运行、服务实体经济、防范金融风险等方面发挥着至关重要的作用。

世界银行经济学家 Biagio Bossone(2021)指出,在不确定性下的分散决策经济中,金融体系可以被视为制度、基础设施和工具的复合体,社会采用这些机构、基础设

---

① 关于金融科技的介绍见本书第八章。

② 通常,人们在上网过程中会不自觉留下各种痕迹,如使用上网设备的类型、上网的动机(如社交、网页浏览、交易等),这些痕迹称为"数字足迹"(Digital Footprints)。Tobias Berg(2018)指出,观察并利用客户的"数字足迹",可以甄别出信用等级较高的客户,为其提供贷款服务。

施和工具来最大限度地减少在代理人不完全信任和有限信息下交易承诺的成本，其中金融基础设施的发展与一国经济发展、技术进步以及金融体制的变迁息息相关。金融基础设施的发展能够促进规模更大、效率更高的产业资本的积累，金融基础设施越发达，其承受外部冲击的能力就越强。因此，高效的金融基础设施不仅能够促进金融市场发展，还有助于投资者做出更高效的决策，同时，对维护金融稳定也有着重要作用。

在政府政策支持和各机构的大力推进下，我国金融基础设施日益完善。金融基础设施方面，支付清算体系是金融活动的基础，为普惠金融数字化发展奠定了基础；征信和增信体系支撑了现代金融体系稳定运行，一定程度上补齐了长尾客户抵押物不足、缺乏信用信息的短板，提升融资效率。

1. 支付清算体系

安全、高效的支付清算系统对于金融系统的有效运作至关重要，支付清算为经济金融活动的资金流动提供基础性枢纽支撑。以移动互联网与智能终端为代表的金融科技不仅丰富了支付服务的内涵，而且在一定程度上消除了因使用成本、文化程度、地域限制等因素造成的鸿沟，为突破普惠金融发展的瓶颈提供了科学合理的数字化解决方案。

金融科技的应用推动了支付清算行业从价值载体、转移方式、鉴权①方法等方面的全方位持续变革。从价值载体看，货币作为价值载体经历了由实物货币到信用货币的演进，目前电子货币和数字货币仍处于发展阶段，支付的方式逐渐从简单的现金支付发展到非现金支付。从转移方式看，支付就是货币在买卖双方之间的转移过程，随着数字化经济的发展，移动支付在支付领域中扮演着越来越重要的角色，渗透客户主要的生活场景，导致支付的实现形式不固定，逐渐“移动化”。中国人民银行发布的数据显示，截止到 2020 年年底，我国移动支付业务 1 232.20 亿笔，金额 432.16 万亿元，同比分别增长 21.48％和 24.50％。移动支付的交易频次和总体交易规模保持着高增长态势，这需要借助金融科技拓展支付清算体系的承载力。云计算、大数据技术与支付服务的结合，能够迅速扩张服务能力，动态支持海量支付交易和相关服务需求。从鉴权方式看，支付的鉴权方式经历了由静态密码到动态口令、由数字签名到人工智能的发展过程。人工智能技术主要通过生物识别、机器学习等技术来提高支付的便捷性、安全性②，该技术的应用极大地提高了鉴权的效率，节省了鉴权的成本。

2. 增信体系

增信是让第三方增信机构介入借贷活动，检查借款人的借贷意愿，通过担保或风险分担的方式，提高借款人信用，降低贷款机构潜在风险的做法。增信机构在借贷活

---

① 鉴权（Authentication）指验证用户是否拥有访问系统的权利。

② 在支付端，指纹识别、声纹识别、人脸识别等人工智能识别技术被应用于支付交易中用户身份识别和指令验证环节。

动中主要通过风险补偿发挥作用，在贷前进行风险分担，在贷后发生违约时按约定进行补偿。贷后风险分担能够缓解银企事前信息不对称问题，完善小微客群风险分担机制。

在具有第三方担保或风险分担设计下，银行的贷后风险降低，银行在决定是否对获得担保的企业贷款时，不仅借款描述文本甚至财务报表等硬信息也不再影响企业的信贷可得性，此时，银行更有可能借贷给其中的首贷企业，即此前没有信贷记录的企业。一般地，商业银行主要与两类增信机构合作：融资担保机构和保险公司。

(1)融资担保机构

按照经营导向不同，融资担保机构又分为政策性担保、商业性担保和企业互助担保三类。政策性担保由政府部门出资，不以营利为目的，坚持保本微利，根据政策导向服务中小企业和“三农”；商业性担保由大型企业(国企或民企)出资，以营利为目的，市场化运作；企业互助担保由中小企业出资，不以营利为目的，服务会员企业。目前，中国实行“一体两翼四层”担保体系的联动机制：“一体”指多元化资金、市场化运作、企业化管理、绩优者扶持的模式主体，“两翼”指商业化担保机构与民间互助担保机构，“四层”指中央、省(市、区)、地市、县(市)四级担保机构，采取双层监管模式，即银保监会统一制定规则、地方金融监管局实施监管。

随着金融科技的发展，融资担保机构的风险管理和成本控制能力进一步提升。2019年国务院发展研究中心金融研究所发布的《通过融担促进普惠信贷研究报告》提到，发展“零售担保”业务对于降低金融排斥有促进意义，各类融资担保机构应结合各自特点和业务模式，进行分工和合作，共同发展“零售担保”业务，通过规模化解决单笔业务规模过小导致的成本问题。

(2)保险公司

保险具有经济补偿、资金融通等功能，发挥社会“稳定剂”和经济“助推器”的作用，是金融体系和社会保障体系的重要组成部分。在普惠金融的推动下，保险公司设计了类似“农业保险＋融资增信”的产品。这类为农业设计的产品，在扶持“三农”方面发挥重大作用，可以降低自然灾害给农户带来的影响，帮助农户扩大生产。2020年5月银保监会发布的《信用保险和保证保险业务监管办法》明确指出“信用保证保险＋普惠金融”的合作模式。保险公司增信的主要特点有：单户贷款金额较小、反担保要求低、通常设有免责条款。与担保机构相比，保险公司增信没有属地限制，银行可以通过保险公司实现跨区域审批贷款。但是，保险公司担保费相对较高，外部经营风险易受经济周期影响，经济下行时期保险公司经营和管理的风险也随之加大。

3. 征信系统

征信是依法收集、整理、保存、加工自然人、法人及其他组织的信用信息，并对外提供信用报告、信用评估、信用信息咨询等服务，帮助客户判断、控制信用风险，进行信用管理的活动。征信机构主要通过信息增信发挥作用，它们专事信息采集、处理及评价，能够通过征信活动提供企业的信用记录，为银行的信贷决策提供参考，一定程度降低银行与企业之间的贷前信息不对称，进而促进信贷规模上升、信贷成本降低。

征信系统作为金融体系的重要金融基础设施，起着"信号灯"和"安全阀"的作用，它与一国金融发展与经济增长密切相关。目前，征信体系模式有三类：政府主导的公共信用登记模式①、市场化运作的股份制模式②和市场化运作的会员制模式③。我国现有的征信体系，既有央行主导的公共征信，又有市场化运作的征信模式，形成了公共征信与市场征信并存、以公共征信为主的格局。

公共征信主要指的是由中国人民银行主导建立的全国企业和个人征信系统，即金融信用信息基础数据库，此外，各级政府设立的征信机构亦属于公共征信体系范畴。中国人民银行的征信数据主要来自银行、证券、保险、社保等体系，数据完整且权威性高。目前，全国统一的征信系统主要采集身份信息、信贷信息、非金融负债信息和公共信息，涵盖贷款、贸易融资、保理、票据贴现等各类企业授信产品，以及个人消费贷、住房抵押贷款、信用卡、个人经营贷等个人信贷产品。公共信息分为登记类信息、行政类信息、守法类信息和司法类信息四大类：登记类信息指的是主体登记注册信息、财产权利登记信息；行政类信息指的是行政机关及国家授权机构在依法履行职权过程中做出针对行政相对人的决定的信息；守法类信息指的是社会主体在履行法定义务时形成的信息；司法类信息指的是法院根据公开审判制度应当向全社会公开的信息。

我国市场征信机构分为企业征信④和个人征信⑤两类，均由中国人民银行征信局管理。据中国人民银行官网公布的数据显示：截至 2020 年 12 月末，全国共有 131 家企业征信机构完成备案；而取得个人征信机构牌照的只有百行征信和朴道征信

---

① 政府主导的公共信用登记模式，主要通过政府法规强制银行、非银行金融公司、贸易债权人、信用服务公司等机构向中央银行或政府指定部门或机构汇报其债务人的信用数据并通过立法来保证数据真实性。

② 市场化运作的股份制模式，主要由成员（银行、非银行金融公司、信贷协会、零售商等）自愿向征信机构汇报借款人信用数据。这种模式完全独立于政府，采用市场化的经营形式，如美国。

③ 市场化运作的会员制模式，由行业协会主持建立信用中心，为协会会员提供个人和企业的信用信息互换平台，通过会员信息共享机制来实现征信目的，如日本。

④ 企业征信指的是，征信机构作为提供信用信息服务的企业，按一定规则合法采集企业的信用信息，加工整理形成企业的信用报告等征信产品，有偿提供给经济活动中的贷款方、赊销方、招标方、出租方、保险方等有合法需求的信息使用者，为其了解交易对方的信用状况提供便利。企业征信服务产品包括标准征信报告、深度征信报告、专项征信报告及其他征信报告。

⑤ 个人信用征信指的是，依法设立的个人信用征信机构对个人信用信息进行采集和加工，并根据用户要求提供个人信用信息查询和评估服务的活动。个人信用报告是征信机构把依法采集汇集的信息，依法进行加工整理，最后依法向合法的信息查询人提供的个人信用历史记录。

2家。[①]

市场征信领域涉及数据安全、隐私保护等问题，应有严格的法律约束及行业监管。中国人民银行于2021年9月发布的《征信业务管理办法》，明确了信用信息的定义及征信管理的边界。该条例将依法采集，为金融等活动提供服务，用于识别判断企业和个人信用状况的基本信息、借贷信息、其他相关信息，以及基于这些信息的分析评价信息界定为信用信息。《征信业务管理办法》还对新兴征信活动进行了规范。在此之前，随着科技的发展，一些没有个人征信牌照的平台公司利用自身积累的社交数据、电商数据、出行数据等征信替代数据提供类个人征信服务。针对这种现象，该条例明确规定"金融机构不得与未取得合法征信业务资质的市场机构开展商业合作获取征信服务"，并将替代数据的应用纳入监管。《征信业务管理办法》正式施行(2022年1月)，金融科技公司须申请个人征信牌照或与个人征信机构合作才能开展信用相关服务。

(二)其他服务组织和项目

技术培训和能力建设是普惠金融服务供给方和需求方都迫切需求的中观层面服务，技术支持服务包括：财务管理能力培训、部门员工培训、信息技术解决方案、人力资源培训和管理等。过去几年，我国普惠金融人才培训项目逐渐出现，见表2—3。

表2—3　中国普惠金融人才培训项目举例

项　目	机　构	内　容
"金智惠民——普惠金融百万创业者培训计划"之"金融科技助力乡村振兴"	建设银行、黑龙江省农业农村厅、哈尔滨工业大学、建行大学东北学院	培训群体涵盖各县(市、区)的农业局负责人、经管站负责人、乡长、镇长、村书记、村会计、农民、农民专业合作社理事长和家庭农场负责人等。 培训内容包括中央政策解读、全省农业情况介绍、建行战略与涉农金融服务三大板块，具体包括中央1号文件解读、土地"三权"分置制度，现代农业体系建设；黑龙江农业特征及农业大数据建设情况。
"金智惠民——普惠金融百万创业者培训计划"之"科创企业家培训班"	建设银行、复旦大学	以"普惠金融服务科创"为主题，为期2天。 培训内容涵盖宏观经济、大数据、科技金融、产业发展方向政策趋势、科创企业金融服务、创业企业管理等。
乡村振兴普惠金融高级研修班	河南大学、河南省人力资源和社会保障厅专业技术人员管理处	培训内容包括："三农"问题的历史沿革和政策法规；金融支农惠农政策；乡村振兴战略、供给侧改革、美丽乡村、农村产权制度改革、小微企业信贷等政策；农村金融领域的现状；农村普惠金融存在的问题；农村金融领域的优秀成果；普惠金融在乡村振兴战略中的发展趋势；兰考县"4＋N"金融服务站、"互联网＋"思维建设数字普惠金融平台及"农特产品贷"等。

① 中国人民银行(2021)要求，从事个人征信业务应当依法取得个人征信许可，从事企业征信业务和信用评级业务应当依法办理备案。

续表

项　目	机　构	内　容
商业银行普惠金融网络培训	东方银行业高级管理人员研修院	共计约10个小时。 内容包括普惠金融相关政策解读及发展趋势、银行普惠金融实践与问题、小企业授信风控实务、小微信贷产品设计、数字化在普惠金融的应用、泰隆银行和格莱珉银行的普惠金融实践案例等。
数字金融与普惠金融国际课程	中国普惠金融研究院、美国数字前沿研究中心	12周课程，中文线上与线下结合的授课方式。 培训内容涵盖数字支付、普惠金融生态体系建设、数字技术与传统金融的融合，商业银行互联网贷款模式及数字治理和客户保护与负责任创新等。

资料来源：整理自网络公开资料。

四、宏观层面

在中国，政府是普惠金融体系建设的推动者，通过出台适当的货币和财政政策、颁布完善配套的法律法规以保持宏观经济的稳定。

政府可以通过以下途径进行推动：一是完善货币信贷政策，运用差别化存款准备金等货币政策工具，增强支农、支小再贷款、再贴现支持力度，引导金融机构扩大涉农、小微企业信贷投放；二是健全监管差异化激励政策，推进小微企业专营机构和网点建设，有序开展小微和“三农”专项金融债的申报和发行工作，推进落实有关提升小微和“三农”贷款不良容忍度的监管要求，完善尽职免责相关制度，扶持小额人身保险支持保险公司开拓县域市场，对中西部设立省级分公司和各类分支机构适度放宽条件、优先审批；三是发挥财税政策作用，立足公共财政职能，完善、用好普惠金融发展专项资金，落实小微企业和“三农”贷款的相关税收扶持政策，设立国家或地方基金进行担保、小微坏账税前计提、贴息、定向货币政策等措施，帮助银行共同分担风险损失；四是强化地方配套支持，鼓励地方财政通过贴息、补贴、奖励等政策措施，激励和引导各类机构加大对小微“三农”和民生等领域的支持力度。

数字普惠方面，政府需重点从业务规范、技术安全和消费者保护等维度，加强数字普惠金融领域的监管规则体系建设。

第四节　核心问题

从普惠金融的服务对象来看，金融弱势群体比一般金融消费者群体具有风险高、缺乏有效抵押物与第三方担保等特质，这就导致服务金融弱势群体与传统金融服务发展需要关注和强调的问题有所不同。

一、风险问题

（一）信息不对称

小微企业和弱势群体融资约束问题的核心在于信息不对称。目前，我国产业环境、征信服务与担保体系等尚不完善，使金融服务供给者与需求者之间难以形成有效沟通。特别是在商业银行与小微企业之间，信息不对称矛盾更突出：从客户端看，小微企业未全面了解银行产品和服务，难以迈出建立银企关系的第一步；从供给端看，银行难以收集和甄别小微企业有效信息并据此进行信贷决策。由于小微企业大多处于产业链末端，抗风险能力弱，财务数据的硬信息不足、缺少有效抵押或担保，银行难以准确评估其信用及发展前景，因此小微企业通常需要借助信用担保的形式来获取银行信贷。

（二）监管体制错配，监管套利风险

数字经济的混业发展趋势与中国当前分业监管模式的错配，可能会造成机构监管标准不一，进而导致监管套利。金融机构与非金融机构之间界限不明显，出现监管主体间职责不明确的问题，加剧了普惠金融的监管难度。尽管中国数字经济处于全球领先地位，但相关法律体系发展比较滞后，尚未形成一套适应数字普惠的监管理念和监管措施。

二、定价问题

效益性是商业银行的“三性”原则①之一。从风险定价原理看，银行的收益需要覆盖其成本和风险，即资金成本、业务成本和风险溢价。在融资难和贵并存的领域和阶段，融资的可得性比价格的适中性可能更重要。鉴于此，引入市场化的定价体系，优先解决融资难的问题，待市场供给充裕、资金主体成熟后，再逐步解决融资贵的问题，可能是更稳妥的选择。

三、可持续发展问题

（一）机构定位

目前，中国普惠金融服务供给方包括大型银行、中小型银行、农村金融机构和金融

---

① 商业银行的“三性”原则是：安全性原则、效益性原则和流动性原则。安全性原则是商业银行的首要原则，银行需要保持稳健经营与发展，整体风险容忍度较低，要尽量避免各种不利因素，尤其是避免本金遭受损失；效益性是商业银行经营目标的要求，收益覆盖成本和风险是商业银行最基本的原则和底线；流动性原则要求银行保持随时可用适当价格取得可用资金的能力，以随时应付客户提存及银行支付的需要。

科技公司等,各机构应根据普惠金融的经济意义,明确自身定位,避免恶意竞争。在绩效考核压力下,国有商业银行、股份制商业银行的小微信贷供给普遍下沉,在提高普惠金融服务的同时,一定程度上带来"掐尖"的影响,即大银行凭借自身雄厚的资金和规模,以利率优势吸引大量原本属于中小银行的优质客户,挤占部分城市商业银行、农村商业银行的小微金融市场空间。获客、风控、科技能力相对偏弱的中小银行和农村金融机构被迫将客户群体进一步下沉,无形中提升了自身承担的小微信贷风险。需注意的是,"掐尖"只是将一批优质的小微客户从中小银行吸引到大银行,小微企业信贷供应的总量未必有显著上升,这不利于普惠金融的长期发展和进一步普及深化。

(二)经济效益与社会效益

商业银行发展普惠金融是践行社会责任的体现,但普惠金融是包容性金融,不是做慈善,因而需要兼顾经济效益与社会效益,帮助弱势群体提升"造血"功能。正如银保监会普惠金融部主任李均锋在第十一届陆家嘴论坛(2019)上表示,监管支持商业银行按照利率覆盖风险的原则进行合理定价,在此基础上,再引导金融机构降低融资成本。但商业银行应避免过于关注商业性,经济效益与社会效益是一个有机的整体,经济效益为社会效益提供物质基础,社会效益是经济效益的目标。

(三)使命漂移

由于缺乏明确定位,普惠金融泛化,有的金融机构出现了偏离普惠金融原有使命与目标的问题。从服务的客群看,相比于大企业和较富裕的客户,小企业和弱势群体财务信息质量较低、缺乏抵押品,信息的精度不足,若普惠金融服务供给方更认同大企业的质量,对小企业产生规模歧视,将目标转移到优质客群,普惠金融就发生了使命漂移。出现使命漂移并不意味着将弱势群体排除在金融服务之外,而是在吸收新客群时,从偏向弱势群体转变为更偏向优质客户。从普惠金融的最终目标看,普惠金融是为了让所有人能平等地享受基本金融服务,若普惠金融服务供给方为了自身可持续发展而倾向于服务优质客户,便出现了使命漂移问题。

(四)差异化监管

差异化监管不仅指政策上区别对待普惠信贷和非普惠信贷,降低所得税或安排再贷款资金专项用于小微企业融资等举措;也指对同样提供普惠金融的金融机构实行差异化监管。尽管都涉足普惠金融业务,大银行更多吸引优质小微企业,中小银行和农村金融机构则更多服务于信用状况欠佳的客户,这种趋势会越来越明显,市场已自动分层。各金融机构服务客群信用状况特征不同,风险特征各异,同样的信贷政策对其产生的影响也不尽相同,因此需要健全银行业差异化监管机制。对于大银行的监管,应该在控制风险的前提下侧重于降低融资成本,大银行的普惠金融业务着重缓解贷款对象的融资贵问题;而对于中小银行和农村金融机构的监管,在控制风险的前提下应侧重于缓解企业的融资难的问题。

四、能力建设问题

普惠金融的健康发展需要能力建设的支撑。需求方能力建设是普惠金融的基础内容，通过需求方能力建设能让客户掌握必要的金融技能，做出理性的金融消费和理财投资决策。此外，普惠金融服务供给方和政府也需要加强能力建设。

（一）需求方能力建设

普惠金融要做到可持续，不仅要满足客户的金融需求，更重要的是通过提供金融服务来提高弱势群体的金融能力，提升其金融素养。需求方能力建设包括个人金融能力建设和企业金融能力建设两类。

个人金融能力主要指弱势群体缺乏相应的金融教育、知识和素养。对该群体进行金融教育是进一步推动普惠金融的基础(顾雷，2018)。通过教育提高其对金融相关知识的认知程度，加深其对金融产品和服务的了解程度，如金融业提供哪些金融服务和产品，以及该产品和服务对应哪些风险。

企业金融能力指的是小微企业经营者需要具备的能力。我国小微企业数量众多，但存续期较短，若普惠金融服务供给方和政府能为中小企业提供相关课程以提升企业经营者的金融能力，将为进一步有序推进普惠金融奠定良好基础。企业金融能力建设具体包括：创业初期个体的资金使用能力、商业项目的价值评估能力、运营现金流的管理能力、适应商业项目和企业生命周期的融资能力及企业资本结构管理能力等。

（二）供给方能力建设

普惠金融主要服务的是长尾客户，其不良率较高、风险较大，因此普惠金融服务供给方的能力建设也是关键因素。传统的贷前调查、贷中审查和贷后检查的金融风险控制措施不足以满足普惠金融风控要求，普惠金融服务供给方需深入了解客户，提出针对弱势群体的风险识别机制和商业模式，并设计一套针对小微客户的信用评级体系和信贷业务流程，构建适合普惠金融服务的业务管理架构，培育良好的组织文化，重视培养和激发小微客户的还款意愿。在数字经济时代，普惠金融的发展还应充分发挥金融科技公司的优势。金融科技服务供给方能通过互联网平台高效收集和处理各种交易和行为信息，分析借款人特征，减少普惠金融信息不对称问题。

（三）政府能力建设

政府普惠金融能力建设包含建设诸如征信、信用评级、支付清算体系、金融服务的法律体系等的金融基础设施，以及培育适宜金融发挥作用的外部环境。普惠金融的发展不是短期的、功利的，而是动态的、折中的，对其成效的评估须渐进、多维度，要有立足久远的长效机制，注重支持政策的目标性和直达性，注重支持政策的差别化和统筹性，着力健全小微企业全生命周期的融资支持政策，同时还要避免行政权力违反经济金融市场的规律最终损害消费者的利益。

政府肩负着提升全社会普惠金融能力的责任，包括金融教育、金融扫盲和预防金融欺诈等。例如，政府机构应该建立专门的金融教育网站等数字工具及载体，利用数字技术向社会公众传递金融知识，发布风险提示，增强客户自我保护意识。

此外，政府还需准确把握普惠群体的客观规律，完善直接融资制度，组合运用股权、债券、信贷等直接和间接融资方式，推动普惠金融融资“扩面，增量，降价，提质，防风险”。小微企业天然的高风险性和银行内在的风险规避偏好存在一定的对焦失准。对于初创期和成长中的小微企业来说，到北京证券交易所上市融资可能是更好的选择。对于受不公平待遇的小微企业，政府可运用政策性金融或开发性金融，来解决其资金缺口。总之，政府在顶层设计上需建立包括直接融资和间接融资的全方位资金来源体系，综合运用股权、贷款、债权、担保、融资租赁等多元融资工具，扶持各种类型的普惠群体。

本章小结

作为普惠金融发展的方针和指导思想，服务宗旨反映的是普惠金融的主要目的和意图，明确发展方向和价值理念。因此，普惠金融的服务宗旨应是相对宏观、长远、保持不变的，在普惠金融的发展中起着方向性指引作用。

服务原则是对普惠金融实施过程中各项活动起着制约作用的规则，应是具体、可以变化和调整的。

原则与宗旨的关系：原则的制定，要立足于宗旨，以现行的政策和法律法规为依据，并考虑现实的发展情况和未来的发展趋势；宗旨的确定，能保障原则不偏离正确的轨道，反过来，原则的实施又能促进宗旨的实现，两者相辅相成。

普惠金融的服务宗旨主要包括五项：增强金融服务公平性、提高金融服务可得性、增加金融服务多样性、确保金融服务可持续性和提升公众金融素养。

普惠金融体系由微观、中观和宏观层面组成。客户居核心地位，微观层面是基石，中观层面是搭建和黏合微观层面的“水泥”，宏观层面则为顶层设计。

普惠金融在发展中面临的关键问题包括风险、定价、可持续发展和能力建设等。

思考题

1. 简述普惠金融服务宗旨和原则之间的联系与区别。
2. 普惠金融体系包括哪些层面？每个层面分别包括哪些内容？

3. 当前中国普惠金融服务供给方扩大和深化金融服务面临的制约因素有哪些？

4. 不同的金融服务供给方各自的优势和劣势有哪些？如何利用比较优势和规模效应来为普惠客户提供高质量服务？

5. 普惠金融发展中面临哪些关键问题？

参考文献

1. 杜晓山，孙若梅. 中国小额信贷的实践和政策思考[J]. 财贸经济，2000(7)：32－37.

2. 杜晓山. 小额信贷的发展与普惠性金融体系框架[J]. 中国农村经济，2006(8)：70－73、78.

3. 阚晓西，易赟，刘宝军. 政府融资担保体系建设的国际比较与借鉴[J]. 财政科学，2018(9)：40－46.

4. 顾雷，贝多广. CPCP 客户保护与赋能系列成果之八：客户保护是检验普惠金融成败的最基本标准[EB/OL]. (2019-08-14)[2021-11-18]. https://zhuanlan. zhihu. com/p/78140032.

5. 国务院. 国发〔2015〕74 号. 国务院关于印发推进普惠金融发展规划(2016—2020 年)的通知[EB/OL]. (2015-12-31)[2021-11-18]. www. gov. cn/zhengce/content/2016-01/15/content_10602. htm.

6. 黄益平. "十四五"：应用数字科技推动金融普惠中小微企业[J]. 中国经济报告，2021(4)：46－47.

7. 焦瑾璞. 普惠金融导论[M]. 北京：中国金融出版社，2019.

8. 焦瑾璞. 建设中国普惠金融体系[M]. 北京：中国金融出版社，2019.

9. 蒋莉莉. 欧盟金融排斥状况及启示[J]. 银行家，2010(8)：114－117.

10. 纪敏，祝红梅. 小微企业融资的分析与比较[J]. 中国金融，2019(13)：92－94.

11. 孔丽娜，汪三琴. 小微企业政策性融资担保体系建设的国际比较与经验借鉴[J]. 海南金融，2020(3)：33－37.

12. 刘桂平. 关于中国普惠金融发展的几个问题[EB/OL]. (2021-08-10)[2021-11-18]. http://jrb. zjtz. gov. cn/art/2021/8/19/art_1229039050_58925440. html.

13. 吕家进. 普惠金融体系如何构建[N]. 光明日报，2014-06-12(16).

14. 普惠金融全球合作伙伴，中国人民银行金融消费权益保护局. 数字普惠金融的原则、方法与政策指引[M]. 沈阳：东北财经大学出版社，2018.

15. 钱龙. 信息不对称与中小企业信贷风险缓释机制研究[J]. 金融研究，2015(10)：115－132.

16. 雷曜，祝红梅，吴京. 我国普惠金融风险分担机制研究：以银担合作为例[J]. 金融发展研究，2021(6)：3－9.

17. 星焱. 普惠金融：一个基本理论框架[J]. 国际金融研究，2016(9)：21－37.

18. 于洋. 中国小微企业融资问题研究[D]. 吉林：吉林大学，2013.

19. 尹优平. 推进普惠金融与绿色、科创、供应链金融等深度融合[EB/OL]. (2021-11-04)[2021-11-18]. www. cs. com. cn/xwzx/hg/202111/t20211104_6216784. html.

20. 周科. 商业银行小微企业业务制约与破解[J]. 金融监管研究，2017(2)：33－50.

21. 中国人民银行. 中国人民银行令〔2021〕第 4 号(征信业务管理办法)[EB/OL]. (2021-09-27)

[2021-11-19].

22. 赵全厚,黄蓉. 中小企业政策性融资担保国际经验借鉴[J]. 地方财政研究,2019(6):106—112.

23. www.gov.cn/zhengce/zhengceku/2021-10/01/content_5640685.htm.

24. Bossone Biagio. Financial Development and Industrial Capital Accumulation[EB/OL]. (2006-04-20) [2021-11-18]. https://ssrn.com/abstract=623954.

25. Consultative Group to Assist the Poor. Good Practice Guidelines for Funders of Microfinance [R]. 2006.

26. The Global Partnership for Financial Inclusion. G20 High-Level Principles for Digital Financial Inclusion[R]. 2016.

27. Tobias Berg, Valentin Burg, Ana Gombovi, Manju Puri. On the Rise of FinTechs: Credit Scoring Using Digital Footprints[J]. The Review of Financial Studies, 2020, 33(7): 2845—2897, https://doi.org/10.1093/rfs/hhz099.

附录

世界银行扶贫协商小组提出的微型金融的基本原则

原则一:贫困人群需要多样化的金融服务,不仅仅是贷款,还包括储蓄、保险和资金结算等。贫困人口和其他人一样需要各种各样的方便、灵活和定价合理的金融服务。根据贫困人口不同的境况,他们不仅需要信贷,而且还需要储蓄、保险和汇款服务。

原则二:小额信贷是反贫困斗争的有力工具。当贫困人群使用金融服务时,他们能够提高收入,构建资产,并减轻外部冲击带来的影响。微型金融能使贫困家庭不再着眼于每天的生计,而是筹划未来,如改善营养、居住条件、健康和教育。

原则三:小额信贷意味着要建设为贫困人群服务的金融体系。在大多数发展中国家,贫困人口占总人口的大多数。然而,他们却是获得银行服务最少的人。微型金融通常被视为一个边缘领域,是一个捐助者、政府和社会投资者关心的"发展"活动,而不被视为国家主流金融体系的组成部分。然而,只有当微型金融成为金融体系的组成部分时,它才能够服务于最多的穷人。

原则四:小额信贷能够实现自负盈亏,也就是说,它的服务收费应足以覆盖其运营的一切成本。大多数贫困人口无法得到所需的金融服务是因为缺少强有力的能够提供这种服务的金融机构。一个财务可持续的微型金融机构能够持续不断地扩展其服务、实现可持续性意味着降低交易成本,为客户提供有用的服务,以及发掘为更多的未获得金融服务的穷人提供服务的新途径。

原则五:小额信贷目标的实现在于能提供持久服务的地方金融机构。为贫困人群提供金融服务需要强健的、能够永久提供金融服务的本地金融机构。这种机构需要吸收本地的储蓄,将这些储蓄转化为贷款以及提供其他金融服务。随着本地金融机构和资本市场的逐渐成熟,它们对捐助者和政府(包括政府的开发性银行)的依赖将越来越小。

原则六:小额信贷不是所有问题的答案。对于那些没有收入或还贷能力的赤贫者,其他形式的扶持可能更有效，其他手段能够更好地缓解贫困，如小额赠款、就业和培训项目或基础设施改善等。这些非金融服务应当尽可能与增加贫困人口的储蓄结合起来。

原则七：设定利率上限会使贫困人群更加难以获得贷款服务，最终伤害的还是穷人。发放大量的小额贷款的成本比发放少量的大额贷款的成本要高得多。如果小额贷款发放者不能够收取比银行平均贷款利率更高的利率，他们就不能覆盖成本。政府制定利率政策时，通常设定的利率上限过低，使得小额信贷无法覆盖其成本，因此，应该避免这类规定。同时，小额贷款发放者也不应当通过收取高额利息让客户为其低效率埋单。

原则八：政府的职责应是支持金融服务，而不是直接提供金融服务。国家政府应该制定政策以鼓励为穷人提供金融服务，同时为储蓄提供保护。政府必须维持宏观经济的稳定，不设利率上限，以及避免采取拖欠率很高的贴息贷款项目。政府也可以通过改善企业家的经营环境，改善市场和基础设施的条件来支持为贫困人群提供金融服务。

原则九：慈善捐款与私营资本是互补而不是竞争的关系。捐助者为微型金融提供赠款、贷款和权益资本。这种支持只是暂时的。这些资金应该用于微型金融提供者的能力建设，建立支持性的设施，如评级机构、征信局和审计机构等。

原则十：微型金融的主要瓶颈是缺少稳健的机构和管理者。微型金融是一个将银行业与社会目标相结合的特殊领域，在所有层面上都需要能力和制度的建设：微型金融机构的管理者和信息体系、央行对微型金融机构的监管、其他政府部门和资助者。微型金融的公共和私人投资应当关注能力建设，而不仅仅是给钱。

原则十一：微型金融只有在度量并披露其业绩的情况下才能够发挥最大作用。准确、标准的业绩信息是不可或缺的，包括财务信息（如利率、还款率和成本覆盖情况）和社会指标（如服务的客户数及其贫困程度）。资助者、投资人、监管者和微型金融的客户都需要这些信息来评估他们的成本、风险和回报。

第三章　普惠金融理论

普惠金融脱胎于小额信贷(MicroCredit)和微型金融(MicroFinance),研究小额信贷、微型金融的理论均可并入普惠金融理论。因而从渊源上讲,普惠金融理论要比普惠金融概念的提出更加久远。理论来源于实践,既是对实践的解释,也用于指导实践。普惠金融理论主要聚焦四大问题:难点在哪、为谁服务、谁来服务和谁来出资。[①] 由此,可将普惠金融理论分为四大分支,每个分支下又可细分不同的理论,如"难点在哪"理论分支又可细分为信息不对称、关系型借贷等理论。

当然,对普惠金融理论的划分标准并不唯一。例如,星焱(2016)提出了普惠金融的一个基本理论框架,将普惠金融理论分为三部分:对普惠金融发展路径和本质的解读、对普惠金融与包容性经济增长之间关系的分析、对金融发展是否公平的价值评判。又如,Ozili(2020)指出,从经济学视角,亦可将普惠金融理论划分为需求端理论(Demand-side Theories)和供给端理论(Supply-side Theories)。限于篇幅,本书对其他标准的划分概不介绍。

第一节　普惠金融理论关注的主要问题

一、难点在哪

历史上,一些国家的普惠金融实践曾遭遇过重大问题,可归结为:第一,政府操之过急,政策不当。例如,泰国政府曾大力推行"百万铢乡村基金计划"[②],结果却是社会成本远高于社会收益。又如,尼日利亚政府曾要求银行提留收益,借此推行中小企业

---

① Ozili(2020)对普惠金融理论做了一个全面梳理,但是他只考察了后三个问题。我们认为这不够完整,应该补充一个"难点在哪"问题。

② 该计划由政府划拨资金,为全国7万多个村庄提供每个村庄100万泰铢的资金,以信贷方式为农民提供周转资金,用于农村生产和建设(陈利,2009)。

股权投资计划，但此项目在运行中鲜有问津者。[①] 第二，普惠金融行业发展缺乏界限和标准，导致微型金融机构出现"使命漂移"。"使命漂移"现象最早出现于 20 世纪 90 年代的拉丁美洲，并且成为至今未决的世界性难题。第三，在措施不当或监管不力的情况下发展普惠金融甚至会引发金融危机。2010 年印度安得拉邦的小额信贷危机就是发展中国家的典型案例；美国在 2007 年发生的次贷危机本质上源于向穷人提供住房贷款，因此可被定性为发达国家的普惠金融危机。

普惠金融实践中遇到的困难主要是成本高、获客难、风控难等，这些困难归于一处，就是对客户的信息收集与处理相对于非普惠客户更加困难。例如，大公司经过审计的报表往往值得信赖，而小企业的报表可能并不真实。

普惠金融的最大难点在于如何解决在服务提供方与需求方之间的信息不对称问题。这种信息不对称是双向的：一方面，提供方对需求方及其项目了解不多，从而不愿意为部分经济主体提供金融服务；另一方面，需求方对提供方的产品、服务及渠道等了解不多，从而不知晓可从何处获取金融服务。

二、为谁服务

"为谁服务"问题要解决的是普惠金融的受益人或服务客体。关于谁是受益人，理论分歧很大，有的认为穷人是普惠金融的终极受益人（Bhandari，2018）；有的认为女性是受益人（Ghosh 和 Vinod，2017；Demirguc-Kunt 等，2013）；还有的认为金融体系和国民经济是普惠金融的受益者（Mehrotra 和 Yetman，2015；Kim 等，2018）。除了女性和穷人，普惠金融的潜在受益人还包括年轻人、老年人、被收容的病人、残疾人和刑满释放人员等，而他们常被理论文献所忽视（Ozili，2020）。

在理论界，以上这些特殊人群有一个特别称谓——金融排斥者，即因自身条件和外部环境的原因被正规金融体系排斥在外的各类人群和主体，包括小微企业、弱势群体等。这些人又因财富占有少、个体多，在统计上具有长尾分布特征，而被称为"长尾客户"。我国一般将普惠金融的客户称为"中小微弱"[②]或"长尾客户"，其理论渊源在此。

还有个别理论走向极端，将普惠金融服务客体的范围无限扩大，认为发展普惠金融就是让社会各阶层、所有人都能从机构那里获得基础金融服务，一个不能少。

---

① 该计划始于 2001 年，政府要求国内商业银行每年从税前利润中提留 10%作为储备资金，进行中小企业的股权投资。但是，该计划的可行性较差，其后几年储备资金使用率不足 30%。主要体现为：一是传统商业银行无力识别中小企业的优劣，难以解决信息不对称问题，导致投资意愿不强；二是中小企业主的知识存量普遍偏低，对私募股权基金（PE）的认知度与认可度不高，不愿出让股权（World Bank，2014）。

② 中小微弱，是指中小微企业和弱势人群（贝多广，2020）。

三、谁来服务

客体明确之后，就要明确主体问题。关于主体，理论界也有争议。一些人认为政府应该为全体国民提供普惠金融服务（Aggarwal 和 Klapper，2013）；另一些人则认为私人企业（如银行、金融科技公司）能更有效地提供普惠金融服务（Gabor 和 Brooks，2017）；还有观点主张通过公共部门和私人部门的合作来提供普惠金融服务（Arun 和 Kamath，2015）。

在中国，普惠金融的参与者种类繁多，几乎动用整个国家的力量，包括政府、政策性机构、商业机构、非政府组织（NGO）和非营利机构（NPO）等。

四、谁来出资

“谁来出资”问题要解决的是普惠金融的资金来源，这是“一个重要的问题”（Ozili，2020）。一些人认为公共财政或纳税人应该为普惠金融项目和活动提供资金支持（Marshall，2004）；另一些人则指出，由于私人资本家加剧了穷人和富人之间的收入差距，因而理应由私人资本负担普惠金融的各项支出（Mohiuddin，2015）。当然，也有人有折中想法，建议应该由公共部门和私人部门联合出资。在中国，普惠金融实践便采取混合经济模式。

第二节　信息不对称理论

金融机构与普惠金融客户之间的信息不对称（Information Asymmetry）要比其他客户更严重。举例来说，小微企业没有质量过硬的财务报表，而大企业通常有被审计的财务报表；小微企业缺少信用评级机构的评级；小微客户的信贷规模极其有限，金融机构不愿负担过高的成本去收集相关信息。这些都会导致金融机构对普惠客户了解不够充分，并造成信息不对称问题在普惠金融领域更突出。要做好普惠金融，必须分析信息不对称的表现、成因及后果，探索缓解信息不对称的有效办法。

一、信息不对称无处不在

信息不对称是指合同双方或买卖双方掌握的信息存有差异：一方拥有信息优势，另一方处于信息劣势。信息优势一方在交易中会做出对己有利而对信息劣势一方不利的事情。

信息不对称早在 20 世纪 70 年代便受到美国经济学家乔治·阿克洛夫

(G. Akerlof)、迈克尔·斯宾塞(M. Spence)和约瑟夫·斯蒂格利茨(J. E. Stiglitz)的关注与研究，他们三人分别从旧车、劳动力和金融市场三个不同领域研究信息不对称问题，最后殊途同归，也因此共同获得2001年度诺贝尔经济学奖。

阿克洛夫是研究信息不对称的第一人。在1970年发表的论文中，他从当时司空见惯的旧车市场[①]入手，发现了旧车市场由于买卖双方对车况了解的不同而产生的后果——低质量的产品充斥旧车市场，导致旧车价格越来越低，该市场日渐式微。卖方比买方拥有更多的信息，假设在市场上既有好的旧车，也有差的旧车，卖方清楚自己所卖的车的质量，但买方由于处于信息劣势，不能准确区分旧车的好坏。在这种情况下，买方只愿意出一个平均价格来购车，此时糟糕的事情发生了：那些拥有好旧车的卖方会选择惜售，因为市场价格低于其心理价位；好车逐渐退出市场，而一旦部分好车退出市场，市场上好车的占比就会降低，买主愿意支付的平均价格更低；成交价的降低又会迫使更多的好车离开市场；最后，旧车市场只剩下坏车在交易。

如果说阿克洛夫指出了信息不对称的后果(逆向选择)，那么，斯宾塞和斯蒂格利茨则给出了解决之道。

斯宾塞研究劳动力市场上用人单位与求职者之间的信息不对称问题。为了谋到一个好的职位，求职者往往从服装的穿着到毕业文凭的展示，费尽思量、层层包装，导致用人单位难辨真伪。尽管能力与学历不能画等号，但在用人单位看来，求职者的受教育水平可起到筛选和指示的作用。一个有大学文凭的人可以向用人单位提供一种显示其有能力的信号。越难获得的文凭，越具有信号作用，也越能证明人的能力。在劳动力市场上，处在信息劣势的用人单位借助一种市场信号来识别真正有能力的求职者，这就是斯宾塞的重要贡献。在当今社会，一些大学生和研究生在校期间热衷于考各种证书，其用意也在于证书的信号功能。同样，若小企业能够获得相关部门的认证，或者前期有知名风投(VC)或私募(PE)介入，则其融资会更便利，因为认证、专业投资机构起着信号的作用。

斯蒂格利茨将视野放在金融市场(如保险市场、信贷市场)上，关注交易双方之间的信息不对称问题。以车险为例，[②]斯蒂格利茨指出，投保人与保险公司之间的信息不对称，一方面会造成车主们在买过保险后对汽车的爱惜程度下降(即道德风险)；另一方面，在保费一定时，低风险的投保人会选择退出保险市场(即逆向选择)。这两种情况均对保险公司不利。他给出的解决办法是，让投保人在高自赔率[③]加低保费和低

① 阿克洛夫的论文以"柠檬市场"为标题，"柠檬"在美国俚语中表示次品或不中用的东西。在论文中，"柠檬市场"特指二手车或旧车市场。

② 斯蒂格利茨对信贷市场的理论研究，在"信贷配给"章节介绍。

③ 自赔率是指投保人自己承担的损失比例，相当于保险公司的免赔率。

自赔率加高保费两种投保方式中做出抉择。

二、信息不对称与逆向选择、道德风险

(一)逆向选择

逆向选择(Adverse Selection)发生在合同签订之前。我们举例说明,[①]假设有两类借款人:一类是安全借款人,其投资 1 元将获得确定性回报 r;另一类是风险借款人,其投资 1 元将以概率 p 获得回报 $R(0<p<1,R>r)$,否则项目失败,此时借款人与银行均颗粒无收。为了分析的简便,我们假设两类借款人的期望收益一样,即 $r=pR$。

对银行来说,其致力于盈亏平衡。令单位贷款的成本为 $k(k>0)$,若所有借款人都是安全的,则银行将利率设定为 k 时,就能实现自身盈亏平衡,同时让每个安全借款人有 $r-k$ 的净回报。

当把风险借款人引入,问题变得复杂。理论上,银行要对风险借款人索要更高的利率以补偿风险,但在实践中,由于银行在贷款前无法甄别借款人的风险类型,只能设定统一利率 Rb。假设银行知道安全借款人所占比例为 q,则风险借款人所占比例为 $1-q$,那么银行实现盈亏平衡意味着:

$$[q+(1-q)p]Rb=k$$

从而,

$$Rb=k/[q+(1-q)p]>k$$

即风险借款人的存在抬高了贷款利率。但是,利率的上升会使安全借款人不再愿意申请贷款,特别是当利率高于 r 时,所有的安全借款人都会选择退出市场。这就是逆向选择。

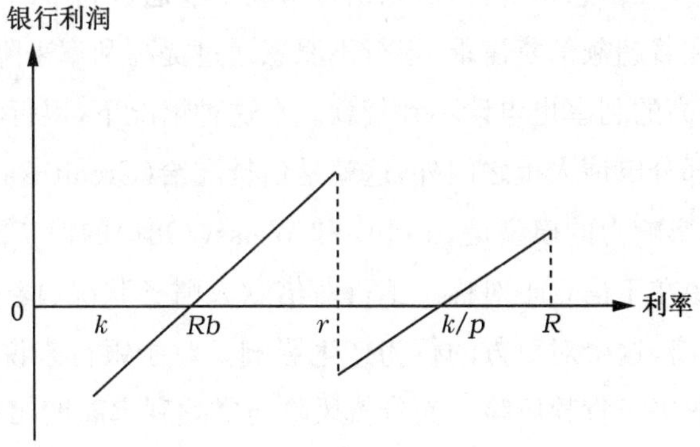

图 3—1 信贷市场逆向选择

① 阿芒达利兹和默多克,2013。

在图 3－1 中，当利率为 Rb 和 k/p 时，银行盈亏平衡。但前者银行为两类借款人服务，而后者银行仅为风险借款人服务。当利率介于 Rb 和 r 之间时，银行将盈利，并且两类借款人都有借款意愿。一旦利率上升至 r，安全借款人就会离开市场，进而致使银行出现亏损。当利率升至 k/p 之上时，银行再次盈利，但此时只为风险借款人服务。最后，当利率超过 R 时，风险借款人也离开了市场。

（二）道德风险

道德风险（Moral Hazard）发生在贷款发放或签约之后，是指借款人一些不可观察的行为会给银行造成损失。例如，主观上不努力，有能力却不愿意还款（谎称项目失败），或者卷款跑路等。尤其是在借款人承担有限责任（如公司）和缺乏足值抵押品的情形下，道德风险问题就会更加突出。

道德风险又可分为事前道德风险和事后道德风险。事前道德风险是指在贷款发放之后和项目实施完毕之前，借款人不可观察的行为（如偷懒）所带来的风险，这些行为最终影响着项目能否获得成功。事后道德风险是指在项目实施完毕之后，借款人还款意愿不足（如故意拖欠）所带来的风险。出现事后道德风险的原因主要有：银行不能完全观察到借款人的项目实施结果，借款人可以谎称项目失败；即使银行明知结果，有时也很难推动借款人及时还款，在惩罚、威慑机制失效或司法效率低下的情况下，尤为如此。

三、信息不对称与信贷配给、融资约束

（一）信贷配给

因为借贷双方存在信息不对称，所以信贷市场不能通过利率的变化达到供求平衡（即市场出清），存在着超额信贷需求，银行不愿意通过提高利率来降低需求，贷款申请人即便愿意支付更高的利率也申请不到贷款。在这种情况下，银行将采取某些非利率的限制措施，将一部分申请人拒之门外，这就是信贷配给（Credit Rationing）。

最经典也最具影响力的模型是 Stiglitz 和 Weiss（1981）的信贷配给模型。他们认为，信贷配给的根源在于信息不对称。银行对借款人财务状况、偿还能力与意愿的了解远不如借款人自身，这会对双方的行为产生影响。对于银行来说，预期收益不仅取决于贷款利率，也取决于贷款风险。而贷款风险与贷款利率高度相关：利率越高，风险越高。因为较高的利率会使逆向选择和道德风险趋向严重。当利率达到一定高度时，利率上升给银行带来的益处会被风险上升带来的害处完全抵消，此时银行的预期收益达到顶峰。

信贷配给的成因，见图 3－2。

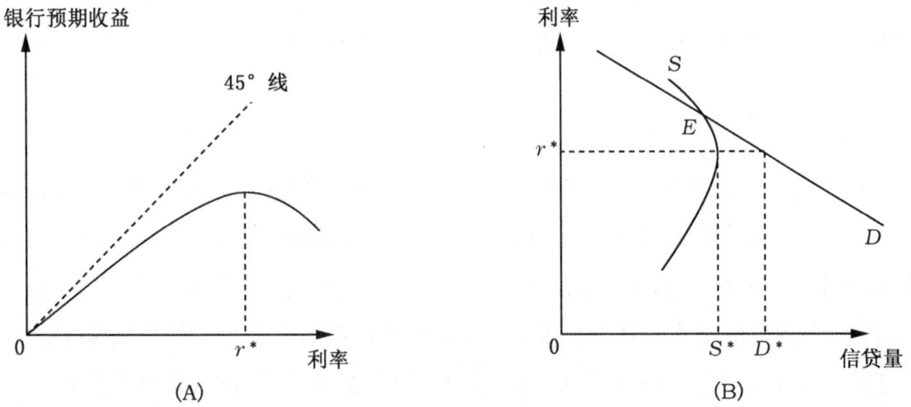

图 3—2　信贷配给的成因

图 3—2(A)描绘了利率与银行预期收益之间的关系：在开始阶段，利率上升会导致预期收益上升，但收益上升速度小于利率上升速度(反映了风险因素)；超过某一点后，利率上升会导致预期收益下降。因此，存在一个银行最优利率 r^*，在此利率下银行的预期收益达到最大。

图 3—2(B)是供求关系图。当利率超过 r^* 时，银行信贷供给不升反降，即供给曲线向后弯曲。在银行预期收益最高的利率 r^* 上，存在超额需求(D^*-S^*)；但是，在利率更高时的市场出清点 E 上，存在信贷供给减少、信贷风险上升的现象。因此，市场出清点不是银行的最优行为。

(二)融资约束

信贷配给模型形象地说明信贷排斥可以长期存在，除非有政策干预。对一部分经济主体来说，即便其愿意支付高于银行规定的利率，也会因种种原因被银行拒绝，从而无法获得贷款，这就是融资约束(Financing Constraints)。由此，破解融资约束的关键在于缓解银行与潜在借款人之间的信息不对称。

第三节　关系型贷款

一、信息的分类

银行依据对客户相关信息的掌握情况来做出贷款决策。信息可分为两类：一类是硬信息，如财务报表、抵押品的数量与质量、信用得分等，这类信息容易数码化，不具有人格化特征，容易存储、传递与处理；另一类是软信息，也称意会信息，是银行客户经理通过与客户的长期和多渠道接触日积月累的、只可意会不可言传的专有信息，这类信息具有鲜明的人格化特征，具有模糊性，难以固化与传递。

二、贷款的分类

根据所依据信息的不同，可将贷款分为两类①：一类是交易型贷款（Transactional Lending），又称保持距离型贷款（Arm's Length Lending），它依据的是客户的硬信息，一般为大银行针对大客户的放贷所采用；另一类是关系型贷款（Relationship Lending），它依据的是客户的软信息，一般为小银行针对小客户的放贷所采用。

进一步，Berger 和 Udell（2002）依据信息来源的不同，区分了几种贷款技术：一是财务报表型贷款，该类贷款的决策主要基于客户提供的财务报表，由于普惠金融客户大多缺乏较高的可信度，该类技术不适用；二是抵押担保型贷款，该类贷款的决策主要基于客户提供的抵押或担保，如果客户不能提供有效的抵押品，同时缺乏被银行接受的担保，就会被拒之门外；三是信用评分型贷款，该类贷款的决策主要依据银行开发的信用模型或独立第三方出具的客户信用报告，得益于信息技术（特别是大数据技术）的快速发展及不同来源数据的共享，该类贷款前途可期；四是关系型贷款。

他们把前三类贷款技术归为交易型贷款，因为它们依赖的是硬信息。通过对不同贷款技术的比较，可以发现，普惠金融客户由于普遍存在信息不透明、缺乏抵押品、财务制度不健全及财务报表质量不高等问题，关系型贷款最适合它们。这与关系型贷款在信息收集上的独到之处及所收集信息的专有性、私密性有密不可分的联系。具体来说，其特征可概括为：信息的收集依靠银行与客户维持长期稳定融洽的关系，这种关系对于双方都具有极高的价值；不仅收集财务报表等各类公开信息，还收集不易量化和传递的意会信息（软信息）；不仅通过为客户提供全方位金融服务来获取信息，还通过与客户的利益相关方或社交圈的密切交往来获取信息。

三、主要结论

在关系型借贷上，有两个基本结论：第一，相对于其他类型，关系型贷款更适合普惠金融客户；第二，相对于其他银行，小银行在关系型贷款上更具优势。具体来说，小银行的组织结构简单，管理层级少，决策链条短，一线信贷员拥有一定的决策权，活动范围有限，有动力也有能力去收集各种软信息。

综上，可得到另一个重要结论：第三，小银行更适合做普惠金融。

---

① Berlin 和 Mester（1998）最早做此划分。

第四节　金融排斥

研究金融排斥(Financial Exclusion)的重要意义有两个。一是金融排斥作为普惠金融的对立面,消除金融排斥就是发展普惠金融。因而,研究金融排斥的类型与原因,有助于找准发展普惠金融的政策着力点。二是明确普惠金融重点服务对象,是确保普惠金融高效推进的重要一环。金融排斥理论告诉我们哪些人被金融排斥,因而这些人便成了普惠金融的重点服务对象。

一、金融排斥的定义

金融排斥概念最早由英国地理学家 Leyshon 在 1994 年美国地理学家协会年会上提出,其将金融排斥定义为"阻碍穷人和弱势群体接近正规金融体系的过程"。胡国晖和王婧(2015)所下的定义最被国内学界认可,其将金融排斥定义为:处于弱势地位的金融服务需求者无法以可承受的成本从正规金融体系获得公平且安全的金融产品或服务,因而不得不承受短缺,或求助于正规金融体系之外的替代金融渠道的现象或过程。在我国,人们习惯于用金融服务的"最后一公里"[①]问题来反映金融排斥现象,发展普惠金融的根本在于打通金融服务的"最后一公里",让服务能触达尽可能多的人。

二、金融排斥的类型

Kempson 和 Whyley(1999)对金融排斥的划分最具影响。他们从导致金融排斥的原因入手,将金融排斥划分为五种类型:

一是接触排斥,指某些人在金融服务的可得性上存在障碍,接触不到金融服务。这种接触障碍可能是地理因素造成的,也可能是风险障碍导致的。地理障碍指某些偏远的地区没有网点,导致物理接触不到;评估障碍指风险评估结果不符合金融机构的要求,而被拒绝。

二是条件排斥,指某些人不满足金融机构在提供金融服务时要求的附加条件(如

---

① 贝多广(2018)对"最后一公里"问题有专门解释,其认为至少可以从四个方面来剖析"最后一公里"的内涵。首先,容易理解的是,从物理位置上直观地表现为金融服务商与"最后一公里"客户之间的距离。其次,从成本角度看,为了服务客户,金融服务商需要付出相对较高的交通成本和时间成本,即便存在固定或临时服务网点,金融服务商提供服务的效率也相对较低,难以保持商业可持续。再次,从供应方金融能力来看,金融服务商服务"最后一公里"客户多为产品导向,而这样的产品往往难以适应客户的生产生活需求。最后,从需求方金融能力来看,客户使用金融服务的经验相对较少,金融素养和技能不足,金融态度和行为更容易与其金融利益相悖。由此可见,"最后一公里"只是一个形象的比喻,用比较学术的语言来表述就是金融服务的"缺口"。

贷款抵押品、担保要求等)而遭拒绝。

三是价格排斥,指金融机构提供的金融产品在定价和收费标准上令一部分人望而却步,这些人无力或不愿意支付这样的价格。

四是营销排斥,指金融机构从自身利益出发,有针对性地面向部分人设计、推广和销售金融产品或服务(如面向大客户销售理财产品),而忽略其他人的现象。

五是自我排斥,指某些人由于不了解金融产品担心被拒绝,或者由于过去与金融机构的接触中有不愉快经历等原因形成心理障碍,因而不愿意与金融机构打交道。①

三、金融排斥的对象

金融排斥的对象不仅具有国别差异,也具有时变性。因此,针对不同国家、不同时期的研究,得出的结论会有一定程度的差异。就当前我国的情况,胡国晖和王婧(2015)宽泛地把金融排斥的对象界定为金融弱势领域,具体分为弱势地区、弱势产业、弱势企业和弱势群体四类。而贝多广(2008)早期把金融排斥的对象界定为中小微弱群体;后来又改变看法,剔除了中小企业,将金融排斥的对象严格限定为微弱经济,具体包括微型企业、个体工商户、家庭作坊、流动商贩、中低收入工薪阶层及广大农户等。

关于金融排斥的对象,最权威的表述来自国务院2015年印发的《推进普惠金融发展规划(2015—2020年)》,将“小微企业、农民、城镇低收入人群、贫困人群和残疾人、老年人等特殊群体”列为当前我国普惠金融重点服务对象,隐含地认定他们是金融排斥的对象。

第五节　社会网络理论

社会网络(Social Network)理论认为任何行动者都参与由多个行动者构成的社会环境中,其他行动者的态度、信念、行为等都会影响此行动者的决策,从而个人决策和效用受网络中的其他个体及其所在网络位置的影响。这种观点有效地将金融领域关注的微观视角和宏观视角结合了起来。

一、社会网络的特征

社会网络学说的基本假设是经济体中的各个单位不是独立存在的,而是处在一个

---

① 英文的“Discouraged borrower”可译作“受挫的借款人”,即他有资金需求但不会向银行提出贷款申请,属于自我排斥的类型。

彼此关联的网络中。Tirole(1986)指出组织其实是各种合同及其彼此关联关系的网络集合。Ellison 和 Fudenberg(1995)证实了行动不是内在产生的完全独立自主的选择,而是通过各种正式的和非正式的、直接的或间接的社会网络关系互相影响和传播的结果。

(一)非正规性

Lin(2002)认为社会网络本质上是正式性较弱的社会结构,因为它在规划位置和规则中几乎不存在正式性。现实中,绝大多数的社会网络都是非正规的,网络成员之间的关系并不依靠正规的合同或明文规定来维系。

(二)长期性

社会网络的稳定性很强,网络成员之间的关系具有长期性和重复性。正是由于网络成员之间经济交流活动的重复性,社会网络能够在没有正规合同约束的情况下得以维系,并长期稳定存在。

(三)互惠性

网络关系的维持需要关系双方的认可,因此互惠性是网络关系长期稳定存在的前提条件之一。Butler 和 Gurun(2009)认为机构投资者有时会减弱对 CEO 的监督以换取 CEO 提供的私有信息。Barnea 和 Guedj(2009)关于 CEO 和公司董事之间社会网络关系的研究也显示二者存在利益交换的可能。

(四)关系的建立和维护具有成本

建立和维护关系涉及"与谁建立关系""如何建立关系""如何维护关系"三个问题。"与谁建立关系"涉及信息的搜寻,"如何建立关系"涉及学习,这些都需要花费时间,由此导致建立和维护网络都需要成本。所以,网络成员一般不会轻易结束现有的网络关系。

(五)存在结构洞

Burt(1992)认为网络中的某些个体与其他部分个体之间没有直接的联结关系,由此在某些个体之间出现了关系间断的现象,从网络整体来看就好像网络结构中出现了洞穴。在社会网络中,网络关系的分布往往是不对称的,有些成员拥有大量的社会关系,在网络中发挥着重要作用,从而成为社会网络中的结构洞,如金融市场中的商业银行、投资银行及信用评级机构等中介机构。当网络成员建立和维持关系的数量不受限制时,结构洞将是整 个经济体的一个均衡稳定结果。

二、社会网络理论的应用

一般认为,社会网络影响金融行为的途径如下:

(一)信息传导

网络是信息集聚和扩散的渠道,网络成员之间的口碑传播有助于信息的扩散。信息的有效传导可以降低网络成员之间的信息不对称,增强互信、促进经济交流。那些社会联系广泛的管理者在获取信息的速度、数量和质量方面会更好,这可以帮助他们更好地做出决策,从而提高企业的经济效益。

社会关系网络可以为企业提供有价值的联系和资源,帮助企业寻找合适的客户、战略合作伙伴或并购对象,降低企业的融资成本。Braggion(2011)对英国412家在伦敦交易所挂牌的企业进行了研究,发现社会关系多的企业更容易借到钱。

不过,社会网络在促进信息传播的同时也会带来负面作用,可能会把有价值的信息排除在网络之外。另外,当人们的决策相互关联并且有先后顺序时,后面的决策者常会根据前面决策者的决策对事件进行推测,并跟随他们进行决策。

(二)风险分担

信息不对称、道德风险及合同执行困难是成员风险分担不足的主要原因,而由社会网络成员组成的整体可以共同承担个体化的风险。由此,社会网络的存在可以缓解网络成员的信息不对称,起到甄别和约束网络成员行为的作用。Fafchamps和Gubert(2007)研究了网络成员之间的甄别和监督成本(如居住地距离的远近),认为甄别和监督成本是影响成员是否共同组成风险分担网络的主要原因。

(三)声誉效应

Kandori(1992)和Greif(1993)从理论上分析了社会网络对成员的监督作用。他们认为,网络内的成员并不是固定的,动态的网络不断吸收新成员,淘汰不合适成员。即便一个网络缺乏有效的正规监督机制、惩罚措施及执行能力,社会网络也可以进行“社区处罚”(Community Sanction),如所有的网络成员从此减少甚至拒绝与不遵守网络隐性规则的成员进行交易等。由于网络可以让成员掌握更多的信息,帮助成员更好地做出决策和实现风险共担,给成员带来新的机会,因此他们有动力去维护自己在网络中的形象。这样,网络内部就出现了一种隐性合同,影响和规范着网络成员的行为。

(四)资产专用性

社会网络关系是网络成员的特有资产,可以提高网络成员的价值。但网络的建立是有成本的,并且网络关系作为一种特定投资(Specific Investment)不能被无成本或低成本地转移到新网络中,因此,网络成员面临着被其他成员套牢(Hold-up)的问题。

社会网络虽然可以促进信息在网络内部的传播,但通常会阻止信息向网络外部传播,从而形成信息垄断。例如,银行和客户之间的信息垄断,在银行为客户提供服务的过程中,可以掌握很多其他人无法接触到的信息,从而占据信息优势,这就增加了客户转换到其他银行的成本,银行可以借此向其收取较高的费用。

第六节　其他理论

一、不完全竞争市场理论

20 世纪 90 年代，赫尔曼、默多克和斯蒂格利茨等人重新审视了金融体系中的政府干预和管制问题，提出了金融约束(Financial Restraint)理论。该理论认为，由于信息不对称等市场缺陷，金融市场难以有效运行和配置资源，因此政府有必要进行适当的干预(张伟，2011)。

不完全竞争市场(Imperfectly Competitive Market)理论是金融约束理论在农村金融领域的运用中形成的。该理论认为，金融市场中存在市场失灵，政府有必要进行干预，但应该是适度的补充而不是起主导作用，政府应当按照一定的原则、范围和标准对金融市场进行监管。

(一)不完全竞争市场理论的主要内容

不完全竞争市场理论的主要内容为：发展中国家的金融市场是不完全竞争的市场，借贷双方存在着信息不对称，信贷机构无法充分掌握借款人的信息，逆向选择和道德风险问题严重；仅仅依靠市场机制无法培育完善的金融市场；为了弥补市场失灵，政府有必要采取适当介入金融市场、借助借款人的组织化等非市场要素措施。

不完全竞争市场理论强调非市场因素的作用，如借款人组织。Ghatak(1999)、Ghatak 和 Guinnane(1999)、Tsaael(1999)等对同一类型的借款人进行研究以解决贷款的逆向选择问题。Stiglitz(1990)的研究表明，尽管提供正规信贷的银行不能完全控制借款人的道德风险，但通过小组贷款可以降低个人的风险，从而有助于解决道德风险。

(二)不完全竞争市场理论对农村金融市场的启示

不完全竞争市场理论关于农村金融市场的主要观点包括：第一，尽管农村金融市场缺少资金来源、融资中介或存在制度缺陷，但这不构成政府信贷配给和利率管制的理由，政府要选择正确的方式和手段，有效干预农村金融市场，以完善市场体系、发挥市场机制作用为目标；第二，政府应建立一个有利于农村金融中介服务的最佳环境，排除阻碍农村金融市场有效运行的障碍；第三，政府资金应首先用于金融机构建设(培训管理人员，监督贷款发放人员，建立完善的会计、审计和管理信息系统等)，然后在不损害金融机构动员储蓄能力的前提下从外部供给资金，并逐步取消补贴而使贷款集中面向小农户，以及放开利率使农村金融机构实现自身可持续发展。

二、微型金融机构使命漂移理论

使命漂移(Mission Drift)是指微型金融机构(Microfinance Institutions,MFIs)放弃那些小额贷款需求的贫困群体,转而向相对富裕的客户提供更大额度贷款的现象。与追求更高利润的传统银行不同,MFIs以“社会扶贫”为使命。实践证明,早期的MFIs很好地遵循了这一使命。然而,随着商业化浪潮渐次展开,部分MFIs开始着重强化可持续发展的重要性,不断将商业银行的经营理念运用于微型金融领域,逐渐增大对“相对富裕群体”的服务比例,呈现较强的使命漂移趋势。

(一)微型金融发生使命漂移的判断标准

判断微型金融机构是否发生使命漂移的关键是考察微型金融扶贫功能的覆盖力。衡量微型金融机构的覆盖力的指标包括:覆盖深度(客户的贫困状况)、覆盖广度(客户中穷人的数量)、覆盖质量(客户对机构、产品和信贷人员的满意程度),以及覆盖范围(金融产品和服务种类)四类。其中,覆盖深度和覆盖广度是研究中最常使用的指标。

衡量覆盖深度的核心指标是平均贷款规模。平均贷款规模增加表示微型金融机构出现了使命漂移,但平均贷款规模并不能很好地区分贷款规模的分布。此外,赤贫客户占比、妇女客户占比、小组贷款也是衡量覆盖深度的指标。借款人中妇女和赤贫人群占比降低,贷款方式从不需要正式抵押的小组贷款方式向个人贷款方式转变,也被认为是出现了使命漂移。

衡量覆盖广度的指标一般采用客户的地理分布和贷款的行业分布。既然农村是贫困人群的聚集地,那么向农业和农户提供贷款也是微型金融机构的重要目标之一。如果微型金融机构呈现远离偏远乡村向交通方便地区转移的趋势,或者相关的农业贷款和农户贷款占比下降,意味着发生了使命漂移。

衡量使命漂移的其他指标,见表3—1。

表3—1　衡量使命漂移的指标

指标		定义
覆盖深度	平均贷款规模	尚未清偿贷款总额/客户总数
	赤贫客户占比	初始财富低于某一水平的客户/客户总数
	妇女客户占比	妇女客户/客户总数
	小组贷款	借款人自愿组织成信贷小组
覆盖广度	赤贫客户占比	初始财富低于某一水平的客户/客户总数
	农户占比	农户贷款人/客户总数
	农业贷款占比	农业贷款/贷款总额

续表

	指 标	定 义
覆盖质量	信贷员待处理的贷款申请	待处理贷款申请/信贷员总数
	信贷员分配给每个客户的时间	信贷员的平均工作时间/信贷员的平均客户数
	客户对服务质量的总体满意度	对总体服务评价为“优秀”和“良好”的比率
	客户对不同服务的满意度	对不同产品和服务评价为“优秀”和“良好”的比率
	客户对信贷员的满意度	对信贷员服务质量评价为“优秀”和“良好”的比率
覆盖范围	金融服务	金融服务的种类
	金融产品	金融产品的种类

资料来源：Gaamaa Hishigsuren. Evaluating Mission Drift in Microfinance：Lessons for Programs with Social Mission[J]. Evaluation Review，2007，31(3).

(二)微型金融使命漂移产生的原因

使命漂移产生的原因大体可归纳为四种。

第一，市场化运作的结果。在市场价格机制的作用下，激烈的市场竞争必然会导致微型金融机构改变自身的经营宗旨，即从扶贫到追求利润最大化，以保持自身的可持续发展。这种市场化运作下服务宗旨的改变，会使其服务对象由最底层的贫困者转向中高收入阶层。McIntosh 和 Wydick(2005)指出，在商业化引致的日益激烈的竞争下，微型金融机构的信息更不对称，这会导致一些借款人可以从不同的微型金融机构多次申请贷款，不仅使得贷款的成本和平均贷款规模升高，也使得赤贫人群被挤出信贷市场。并且，微型金融机构之间的布兰特竞争(Bertrand Competition)导致以“社会扶贫”为目标的微型金融机构的利润降低，从而无法继续向最无利可图的赤贫群体贷款。

第二，规模扩张的结果。Hishigsuren(2007)指出，尽管理论上规模扩大有助于向更多的穷人提供金融服务，但现实中当微型金融机构努力扩大规模时，将更倾向于向较富裕的客户提供更大额度的贷款，并采用更为严格的贷款筛查程序将风险较大的穷人排除在外。

第三，交易费用过高的结果。由于微型金融额度低，且没有正规的抵押担保和完整的信用档案，不得不依赖于信贷人员逐户调查，因此，金融机构会面对过高的交易费用，迫使其逐步将还款能力弱、贷款额度低的客户排斥在外。

第四，来自穷人的自我排斥。生活在社会最底层的穷人，往往认为微型金融提供的信贷服务是不包括他们的。而且，欠发达地区的农民因为长期被主流金融边缘化，导致其产生了对金融机构的不信任。于是，这类群体主动把自己排除在正规金融机构服务对象的范围之外。此外，中国农户还具有强烈的“内源融资”偏好，即通过自身生产活动创造积蓄或亲朋之间的无息亲情借款获取资金。

（三）使命漂移问题的破解办法

对使命漂移问题，大部分学者都从制度与机制的设计上给出解决之道。

首先，微型金融机构应尽可能多地通过增加客户，实施市场化的利率，以及设计完善的储蓄和贷款机制，来获取更多的收益。与此同时，要通过建立有效的执行机制、控制非现场信贷员数量和重点关注高密度的贫穷地区等措施来控制营运成本。

其次，强化社会绩效管理可以有效防止使命漂移。具体可以从两个方面加强社会绩效管理：一是改进微型金融机构的目标设定和战略规划（专注于短期的抑或长期的社会扶贫目标），并对其客户的贫困状况进行日常监测；二是对引起微型金融机构的偏好（社会扶贫还是可持续发展）发生不明变化的因素进行定期审查。

再次，完善微型金融机构的信贷筛选机制和员工激励计划。对借款人的财富状况进行随机审计，并根据贷款回收率对信贷人员给予红包奖励，促使信贷人员在筛选客户时既考虑其还款能力又考虑其贫困水平；如果对潜在客户的财富进行审计的费用过高，则可通过地理位置的选择（将信贷机构设置在贫困集中的地区），以及设计仅能吸引穷人的金融产品，来防止微型金融机构发生使命漂移。

最后，降低微型金融机构的成本压力。从防止使命漂移的角度看，微型金融机构应专注于降低每位客户的成本。因为随着时间的推移，微型金融机构在开展贷款业务及保证贷款偿还方面所花费的成本会不断降低。

（四）使命漂移理论的研究发现

作为一种将贫困群体包含在内的制度安排，“社会扶贫”是 MFIs 的初始使命。然而，20 世纪 90 年代初，随着商业化浪潮渐次展开，部分 MFIs 开始强化可持续发展的重要性，呈现偏离贫困群体的使命漂移倾向。1992 年，玻利维亚一家非政府 MFI 转变成股份制商业银行，首次揭示了 MFIs 存在使命漂移的风险。此后，有关 MFIs 使命漂移的案例陆续涌现（Coleman，2006）。不断暴露的使命漂移案例对整个微型金融行业产生负面影响：公众对 MFIs 给出负面评价，专注于社会扶贫的捐赠者不再对发生过使命漂移甚至是所有的 MFIs 进行捐赠（唐柳洁，2012）。徐淑芳和彭馨漫（2013）同样指出，因为一些 MFIs 呈现过度追逐利润的倾向，微型金融行业正面临着失去社会信誉的风险。并且，印度安德拉邦的小额信贷危机表明，MFIs 过于关注财务绩效而发生使命漂移，对机构自身的可持续发展也极为不利。因此，商业化演进中，哪些因素影响 MFIs 使命漂移、如何抑制 MFIs 使命漂移引发了各方的广泛关注。

部分学者的研究表明，商业化演进中，追求可持续发展是 MFIs 使命漂移的重要动因。这些学者认为，可持续发展与社会扶贫目标之间存在冲突，追求可持续发展的结果将导致使命漂移的结局(Schreiner，2002；Cull 等，2007；Hermes 和 Lensink，2011)。Copestake(2007)用无差异曲线和有效前沿边界分析了两者之间的关系后，也得到同样结论：可持续发展与社会扶贫之间存在权衡关系，难以同时达到最优。

但也有学者提出，商业化演进中，追求可持续发展的 MFIs 有更强大的动力去降低成本和提高效率，从而能够为更多的贫困群体提供服务，而不是发生使命漂移。例如，Serrano-Cinca 和 Gutiérrez-Nieto(2014)发现，如果用平均贷款规模作为衡量微型金融使命漂移的代理指标，则平均贷款规模与平均利润正相关，与平均资产费用率(成本代理指标)负相关，并且平均资产费用率的影响程度更大，这意味着降低成本可抑制 MFIs 使命漂移。而随着客户信用档案的建立，MFIs 的成本确实会不断降低。因此，他们认为，长期而言，MFIs 并不会发生使命漂移。不过，与 Mersl 和 Strom(2010)认为降低资产费用率能够抑制使命漂移不同，Serrano-Cinca 和 Gutiérrez-Nieto(2014)则认为资产费用率与使命漂移并不相关。

Bos 和 Millone(2015)认为，可持续发展与成本效率因素影响微型金融机构使命漂移与 MFIs 经营目标显著相关。他们运用投入产出法对 2003—2010 年 1 146 家 MFIs 的数据进行分析后发现，可持续发展①和社会扶贫②之间存在权衡关系，但成本效率③高的 MFIs 受这种权衡关系的影响较少。他们还指出，坚守社会扶贫与可持续发展双重底线的 MFIs 就是效率较高的 MFIs。此外，学者们较为一致的意见是，商业化演进下，驱动 MFIs 使命漂移的主要因素还包括：追求更高的利润(McIntosh 和 Wydick，2005；Hermes 和 Lensink，2011)；持续扩大规模，向较富裕的客户提供更大额度的贷款(Hishigsuren，2007)；主流化(Mainstreaming)趋势，非政府组织(Non-government Organizations，NGOs)向正式的法律组织形式转变和接受更为审慎的监管(Copestake，2007)；风险(Mersl 和 Strom，2010；Louis 等，2013；Serrano-Cinca 和 Gutiérrez-Nieto，2014)。

综上可以发现，商业化演进下追求可持续发展、成本和效率因素对 MFIs 使命漂移具有重要影响。

三、特殊代理人理论

特殊代理人(Special Agent)理论认为，社区性质、居民或地理位置问题可能会阻碍金融机构向被排斥的人群提供金融服务。因此，需要利用特殊代理人为被排斥社区的成员提供金融服务。根据这一理论，特殊代理人具有以下特征：高技能和专业的代

---

① 以资产收益率作为代理指标。

② 分别以平均贷款余额/人均 GNI 和贷款笔数作为社会扶贫深度和社会扶贫广度代理指标。

③ 分别以单笔贷款成本、单位客户成本和财务费用率、人工费用率作为代理指标。

理人；了解被排斥人群的特殊性；了解被排斥人群所在社区现有的非正规金融体系；可以通过创新改善金融服务；能够将当地的金融体系与正规金融部门整合起来。

特殊代理人有能力将被排斥的人群带入正规金融部门，使他们能够获得正规的金融产品和服务。根据这一理论，代理人与委托人之间存在特殊的代理关系。委托人通常是本国政府、外国政府或外国组织，而特殊代理人往往是为实现金融包容目的而设立的当地银行、非银行机构或特别机构。金融机构和科技公司也可以发挥特殊代理人的作用。

特殊代理人理论有以下优点：第一，它利用特殊代理人的服务促进了金融包容；第二，特殊代理人有能力为被排斥的人群提供金融服务，特殊代理人由与其他专门机构有联系或合作的个人和专家组成，可以通过合作投入来实现金融包容的共同目标；第三，特殊代理人知晓金融包容目标，并且在个人报酬驱动下会努力实现目标；第四，特殊代理关系不受委托代理问题的影响。委托代理问题发生的主要原因是，作为代理人的公司经营者，会在自身利益驱使下，牺牲股东利益来占用资源。与之不同的是，特殊代理人打交道的是人而非资金，故不受此影响。

特殊代理人理论也存在一些缺陷：政府作为委托人时，可以选择自己的机构作为特殊代理人，而政府不应同时成为委托人和特殊代理人，因为政府机构本身就受到公共部门效率低下的困扰；如果违反合同条款或违反服务条件，那么特殊代理人将放弃金融包容性项目，这可能源于委托人（通常是政府）对特殊代理人的补偿不足或委托人未能提供商定的资金。

四、社区阶梯理论

社区阶梯（Community Echelon）理论指出，应通过社区领导者给被排斥的对象提供金融服务。社区阶梯理论认为，社区领导者在社区中具有影响力，可以利用他们的影响力来说服社区成员参与正规金融部门的服务，即社区领导者与社区成员之间牢固的关系使其能够说服其成员参与，尤其是在社区领导者也参与正规金融部门的情况下。

社区阶梯理论的优点是，社区领导者可以影响社区成员的行为选择，从而改善其福利。

社区阶梯理论也有一些缺陷：当存在自利和腐败情况时，社区领导者可能会起反作用；如果社区领导者面临金融创新推动的压力，可能会做出与社区成员利益最大化不相符的决定，由于社区领导者是值得信任的，因此这一决定可能对社区成员的福利产生负面影响；领导风格具有多样性，因此很难确定哪种领导风格最能影响社区成员。

五、合作干预理论

合作干预(Collaborative Intervention)理论指出,可以通过多个利益相关者的合作干预来实现金融包容,使被排斥的人群获得正规金融服务。

合作干预理论有以下优点:第一,它鼓励多方利益相关者的合作来实现金融包容;第二,合作的利益相关者愿意成为公共项目的重要贡献者。

合作干预理论也存在一些缺陷:一是很难确定实现金融包容目标所需的合作者数量,而且合作者数量多并不能保证实现金融包容的可能性更大;二是一些合作者可能会变得不活跃,从而将任务留给少数积极的合作者。

六、公共物品理论

公共物品(Public Goods)区别于私人物品,指不能由私人部门通过市场方式提供,而必须由公共部门以非市场方式提供的物品,如国防、治安、灯塔等。公共物品具有三个特征:一是效用的不可分割性,公共物品是向整个社会提供的,具有共同受益或联合消费的特点,全社会的人可以共同享用,而不能将其分割为若干部分分别归属于不同的人;二是消费的非竞争性,某个人对公共物品的享用并不影响他人的同时享用;三是受益的非排他性,在技术上无法将拒绝付费的人排除在外。

普惠金融的公共物品理论认为普惠金融具有公共物品的特征:主张金融应该为全社会服务,而不是只为其中一部分人服务;一个人享用金融服务并不妨碍他人对金融服务的可得性,说明所有人都应该被录入普惠金融的受益人名单,而且每个人的境况都会因此得到改善;基础金融服务是公共物品,任何人都可免费享用。

公共物品理论主张,任何人或小企业,只要其拥有银行账户,就可免费获得借记卡,并免费使用自动柜员机(ATM)进行交易。此外,金融服务的提供方将承担提供金融服务的成本,而承受业务的沉没成本。政府可以为金融机构提供适当补贴,作为补偿。同时,政府也可考虑为每一个拥有银行账户的人一次性现金存款。

一旦普惠金融被视作公共物品,那些没有能力偿还债务或没有办法满足基本生活需要的人就可获得经济上的帮助,从而改善生活状况。

国内也有学者持这样的观点。周立等(2016)认为,与公共物品类似,农村基础金融服务(包括存款、贷款、汇兑结算和代理)具有基础性、迫切性、广泛性和可行性四大特征,因而,可将农村基础金融服务视作同医疗、教育和社会保障等一样的公共物品。鉴于公共物品的非排他性和非竞争性,政府应在基础金融服务的供给方面居主导地位。要解决中国农村金融排斥问题,需要构建农村普惠金融体系,其关键在于实现基础金融服务的全覆盖、普惠化和机会均等化。

七、公共责任理论[1]

公共责任(Public Responsibility)理论认为,普惠金融是政府对其民众所负的一种公共责任。民众期待政府推动普惠金融事业的发展。政府通过公共机构,运用公共资金,为全体国民(包括被金融排斥的人)提供普惠金融服务。该理论认为,在为全体国民提供普惠金融服务方面,只有政府才能发挥出重要作用,其他机构既缺少资源,也缺乏意愿。例如,针对偏远地区人们的金融需求,政府可以简单地通过设立一家国有银行予以满足。该理论的一大特点是,强调政府在推进普惠金融中承担全部责任,排斥私人部门的参与。但是,由于普惠金融计划往往耗资巨大,在实践中会面临公共财政资金的不足问题。同时,由政府承担责任,可能会导致政治权力被用于社会控制:政府只愿意为顺从并支持政府的民众提供服务,当民众选择反对或反抗时,政府可能会停止服务。

本章小结

普惠金融理论关注的主要问题有四个:难点在哪、为谁服务、谁来服务和谁来出资。

信息不对称理论主要研究与解决逆向选择与道德风险两大问题。

关系型贷款区别于交易型贷款,强调金融机构要建立并维持与客户的长期稳定关系,以此解决信息问题。

金融排斥是普惠金融的对立面,消除金融排斥就是推进普惠金融,而普惠金融的重点服务对象就是那些被金融排斥的主体。

社会网络理论认为人是活在社会网络中,网络的存在及其特征会影响其行为,因而可被用来控制信贷风险。

由于微型金融机构出现"使命漂移"现象,普惠金融应运而生。

公共物品理论将普惠金融服务视作公共物品,主张人人都应平等享有。

思考题

1. 普惠金融理论旨在解决哪些重要问题?
2. 一般而言,金融机构降低信息不对称的方法有哪些?
3. 请举出身边的具体事例,分别阐明逆向选择与道德风险对于金融机构的不利影响。
4. 你认为政府在普惠金融的推进中应扮演什么样的角色?如何处理政府与市场的关系?

---

① 在 Ozili(2020)的表述中,这一理论的准确称谓为"普惠金融的公共服务理论"(Public Service Theory of Financial Inclusion),但在我们看来,公共服务与前面的公共物品在语义上有混淆之嫌,故改称为公共责任理论。

5. 在我国，推进普惠金融的主要障碍有哪些？

6. 关系型贷款具有哪些特征？其适用于什么样的情形？

7. 社会网络理论具体有哪些应用场景？请举例加以详细论述。

8. 微型金融机构出现使命漂移有必然性吗？为什么？为什么中国跳过了微型金融，直接从小额信贷过渡到普惠金融阶段？

参考文献

1. 贝多广. 微弱经济与普惠金融：中国普惠金融发展报告（2020）[M]. 北京：中国金融出版社，2020.

2. 贝多广. 攻坚“最后一公里”：中国普惠金融发展报告（2018）[M]. 北京：中国金融出版社，2018.

3. 贝琪兹·阿芒达利兹，乔纳森·默多克. 微型金融经济学[M]. 罗煜，袁江译. 北京：北方联合出版传媒（集团）股份有限公司，2013.

4. 陈利. 从泰国前总理他信治国政策解读泰国政治风波[J]. 东南亚纵横，2009(7)：35－38.

5. 胡国晖，王婧. 金融排斥与普惠金融体系构建：理论与中国实践[M]. 北京：中国金融出版社，2015.

6. 彭向升. 中国农村普惠金融发展研究[M]. 北京：经济科学出版社，2018.

7. 唐柳洁. 微型金融机构使命偏移研究[J]. 华东经济管理，2012(6)：79－82.

8. 星焱. 普惠金融：一个基本理论框架[J]. 国际金融研究，2016(9)：21－37.

9. 徐淑芳，彭馨漫. 微型金融机构使命偏移问题研究[J]. 经济学家，2013(5)：85－94.

10. 张伟. 微型金融理论研究[M]. 北京：中国金融出版社，2011.

11. 周立等. 金融排斥、金融排异与农村金融普惠[M]. 北京：中国农业出版社，2016.

12. Aggarwal S, Klapper L. Designing government policies to expand financial inclusion: Evidence from around the world[J]. The Journal of Finance, 2013(3): 1029－1051.

13. Arun T, Kamath R. Financial inclusion: Policies and practices [J]. IIMB Management Review, 2015(4): 267－287.

14. Barnea A, Guedj I. Director Networks and Firm Governance. Working Paper, University of Texas at Austin, 2009.

15. Berger A N, Udell G. F. Small business credit availability and relationship lending: The importance of bank organizational structure[J]. The Economic Journal, 2002(477): 32－53.

16. Berlin M, Mester L J. On the profitability and cost of relationship lending[J]. Journal of Banking and Finance, 1998(6): 873－897.

17. Bhandari B S. Life Insurance-Social Security & Financial Inclusion[J]. Bimaquest, 2018(2).

18. Bos J W B, Millone M. Practice What You Preach: Microfinance Business Models and Operational Efficiency[J]. World Development, 2015(70): 28－42.

19. Braggion F. Managers and (Secret) Social Networks: The Influence of the Freemasonry on Firm Performance[J]. Journal of the European Economic Association, 2011(9): 1053－1081.

20. Burt R S. Structure Holes：The Social Structure of Competition[M]. Orlando：Academic Press，1992.

21. Butler A W，Gurun U G. Connected Companies′ Compensation. Working Paper，Rich University，2009.

22. Coleman B E. Microfinance in Northeast Thailand：Who Benefits and How Much? [J]. World Development，2006(34)：1612—1638.

23. Copestake J. Mainstreaming Microfinance：Social Performance Management or Mission Drift? [J]. World Development，2007(35)：1721—1738.

24. Demirguc-Kunt A，Klapper L，Singer D. Financial inclusion and legal discrimination against women：evidence from developing countries[R]. The World Bank，2013.

25. Ellison G，Fudenberg D. Word-of-Mouth Communication and Social Learning[J]. Quarterly Journal of Economics，1995(110)：93—125.

26. Fafchamps M，Gubert F. Risk Sharing and Network Formation[J]. American Economic Review，2007(97)：75—79.

27. Gabor D，Brooks S. The digital revolution in financial inclusion：international development in the fintech era[J]. New Political Economy，2017(4)：423—436.

28. Ghatak M. Group Lending Local Information and Peer Selection[J]. Journal of development Economics，1999(60)：27—50.

29. Ghatak M，Guinnane T W. The Economics of Lending with Joint Liability：Theory and Practice[J]. Journal of Development Economics，1999(60)：195—228.

30. Ghosh S，Vinod D. What constrains financial inclusion for women? Evidence from Indian micro data[J]. World Development，2017(92)：60—81.

31. Greif A. Contract Enforceability and Economic Institutions in Early Trade：The Maghribi Traders' Coalition[J]. American Economic Review，1993(83)：525—548.

32. Hermes N，Lensink R. Microfinance：Its Impact，Outreach and Sustainability[J]. World Development，2011(39)：1—7.

33. Hishigsuren G. Evaluating Mission Drift in Microfinance：Lessons for Programs With Social Mission[J]. Evaluation Review，2007(31)：203—260.

34. Kandori M. Social Norms and Community Enforcement[J]. Review of Economic Studies，1992(59)：63—80.

35. Kempson E，Whyley C. Kept out or opted out? Understanding and combating financial exclusion[M]. Bristol：Policy Press，1999.

36. Kim D W，Yu J S，Hassan M K. Financial inclusion and economic growth in OIC countries [J]. Research in International Business and Finance，2018(43)：1—14.

37. Marshall J，N. Financial institutions in disadvantaged areas：a comparative analysis of policies encouraging financial inclusion in Britain and the United States[J]. Environment and Planning A，2004(2)：241—261.

38. McIntosh C，Wydick B. Competition and microfinance[J]. Journal of Development

Economics，2005(78)：271—298.

39. Mehrotra A N，Yetman J. Financial inclusion-issues for central banks. BIS Quarterly Review，March 2015.

40. Mersl R，Strom R. Microfinance Mission Drift? [J]. World Development，2010(38)：28—36.

41. Mohiuddin S. Private sector leadership in financial inclusion. Corporate Citizenship Center，U. S. Chamber of Commerce Foundation，2015.

42. Ozili Peterson K. Theories of Financial Inclusion. Article in SSRN Electronic Journal，January 2020，https://www.researchgate.net/publication/338852717.

43. Schreiner M. Aspects of Outreach：A Framework for Discussion of the Social Benefits of Microfinance[J]. Journal of International Development，2002(14)：591—603.

44. Serrano-Cinca C，Gutiérrez-Nieto B. Microfinance，the Long Tail and Mission Drift[J]. International Business Review，2014(23)：181—194.

45. Stigliz J E. Peer Monitoring and Credit Markets[J]. The World Bank Economic Review，1990(4)：351—366.

46. Stiglitz J E，Weiss A. Credit rationing in markets with imperfect information[J]. American Economic Review，1981(3)：393—410.

47. Tirole J. Hierarchies and Bureaucracies：On the Role of Collusion in Organizations[J]. Journal of Law，Economics & Organization，1986(2)：181—214.

48. Tsaael E V. Group Lending Under Asymmetric Information[J]. Journal of Development Economics，1999(60)：3—25.

49. World Bank. Global Financial Development Report 2014：Financial Inclusion[R]. World Bank Publications，No. 16238，September 2014.

第四章　普惠金融的测度

发展普惠金融，首先需要对普惠金融的发展现状进行合理的评价。构建普惠金融指标体系，有利于合理评估普惠金融发展的现状，对明确普惠金融发展的方向具有重要意义。本章首先阐述构建普惠金融指标体系的必要性及原则，然后介绍普惠金融指标体系的构建方法，最后对国内外现有的普惠金融指标体系进行梳理，并对未来普惠金融指标发展方向进行展望。

第一节　构建普惠金融指标体系的必要性及原则

一、构建普惠金融指标体系的必要性

普惠金融指标体系具有监测、度量、评估等功能，可以量化普惠金融的发展水平，为普惠金融的发展提供有效支持。目前，已有多个国内外组织研究设计的普惠金融指标体系投入应用。

普惠金融指标体系的必要性体现在三个方面：衡量普惠金融发展现状、为政策决策提供参考、开展国际比较。首先，普惠金融指标体系作为量化的衡量标准，可以避免定性描述存在的主观性、模糊性等弊端，更客观、更科学地反映普惠金融发展的实际情况。其次，政策实施者可以通过普惠金融指标体系的评估结果，找出与目标值之间的差距，针对重点领域、薄弱领域制定针对性措施，更有效地推动普惠金融发展。最后，具有可比性的普惠金融指标体系能够反映不同国家、地区之间的差距，有利于开展国际比较、学习先进经验。

二、构建普惠金融指标体系的基本原则

（一）综合性原则

现代普惠金融理念内涵丰富、外延较广。要想全面、合理地评价普惠金融发展的程度，在指标纬度的选择上要尽量做到全面，计算综合评价指标时，各维度指标权重的

选择要科学合理。当指标数量较多时，可以考虑构建多维度、多层次的指标体系。

(二)可靠性原则

普惠金融指标体系要有用，必须以可靠为基础。可靠性要求普惠金融数据来源真实、统计准确，能够客观地反映普惠金融的发展现状。

(三)可比性原则

可比性要求普惠金融指标体系具有一定的稳定性，提供的信息应当相互可比，保证同一地区不同时期可比、不同地区同一时期可比。这主要包括两层含义：同一地区不同时期可比，便于政策实施者了解普惠金融的发展趋势，评价过去、预测未来，从而做出决策；不同地区同一时期可比，便于评价、比较不同国家/地区的普惠金融发展水平，开展交流合作与经验借鉴。

(四)动态性原则

普惠金融的概念是在不断发展、演变的，如最近数字支付也被纳入普惠金融领域。这就要求普惠金融指标体系动态调整，以反映普惠金融最新的理念和实践。

(五)开放性原则

开放性原则要求普惠金融指标体系在整体统一可比的基础上，允许各地区的不同使用者结合实际情况进行调整，如增减相关指标，以反映当地特色。

(六)可操作性原则

可操作性原则要求普惠金融指标体系工作的开展具有统计上的可行性和经济上的可行性。普惠金融指标应当定义清晰、口径明确，数据具有可得性，能够通过科学、简便的方式采集到。采集、统计工作应当成本可负担，具有经济上的可持续性。

第二节 普惠金融指标体系的构建方法

一、层次分析法

(一)方法简介

层次分析法[①]是一种系统分析与决策的综合评价方法，它较合理地解决了定性问题定量化的处理过程。其基本原理为：将与决策有关的元素分解成目标、准则、方案等层次，构造层次分析模型，通过比较不同因素之间的重要性，形成判定矩阵，进而确定

---

① 层次分析法(The Analytic Hierarchy Process，AHP)，20 世纪 70 年代初期由美国匹兹堡大学运筹学家托马斯·塞蒂(T. L. Saaty)在为美国国防部研究“根据各个工业部门对国家福利的贡献大小而进行电力分配”的课题时提出。它是一种应用网络系统理论和多目标综合评价方法的层次权重决策分析方法。

各因素的权重。

(二)主要步骤

步骤1:建立层次分析模型。

运用层次分析法解决问题时,首先要把问题条理化、层次化,构造一个多层次的结构模型。这些模型可以分为三类:最高层(目的层)、中间层(准则层)、最底层(方案层)。一般来说,层次的数量不受限制,每一层的指标个数不超过9个。

步骤2:构造判断矩阵。

定性确定各层次各因素的权重往往存在主观模糊性,误差较大。层次分析法运用了一种巧妙的方法解决了这个问题,即不把所有因素放在一起比较,而是两两相互比较,采用相对尺度(见表1)进行衡量,以提高准确度。例如,对于目标层的不同准则,进行两两对比,按照重要性程度评定等级,形成判断矩阵。同样的,对于准则层的不同方案,也按照相同的方法构造判断矩阵。判断矩阵中的元素 a_{ij} 表示因素 i 与因素 j 的重要性之比,$a_{ji}=\frac{1}{a_{ij}}$。

表4—1　判断矩阵标度定义

标度	含义
1	表示两个因素相比,具有相同重要性
3	表示两个因素相比,前者比后者稍重要
5	表示两个因素相比,前者比后者明显重要
7	表示两个因素相比,前者比后者强烈重要
9	表示两个因素相比,前者比后者极端重要
2,4,6,8	表示上述相邻判断的中间值

步骤3:计算权重。

对于每一判断矩阵 P,可以采用特征向量法来求权重向量:构建非零向量 W,使其为 P 对应于特征值的特征向量,即

$$PW=\lambda_{\max}W$$

其中,$\lambda_{\max}$ 为判断矩阵的最大特征值,W 为权重向量。

步骤4:一致性检验。

(1)计算一致性指标 CI:

$$CI=\frac{\lambda_{\max}-n}{n-1}$$

其中,$\lambda_{\max}$ 为判断矩阵的最大特征值。

(2)查找一致性指标 RI：

表 4—2　　一致性指标 RI

n	1	2	3	4	5	6	7	8	9
RI	0	0	0.58	0.90	1.12	1.24	1.36	1.41	1.45

(3)计算一致性比例 CR：

$$CR = CI/RI$$

当 CR 小于 0.1 时，认为判断矩阵的一致性可以接受；否则，应对判断矩阵进行修正。

综合来说，层次分析法通过两两比较标度值的方法，把定性分析和定量分析有机结合起来，使决策过程既包括主观的逻辑判断和分析，又包括客观的精确计算和推演，具有较强的条理性，能够处理绝大多数实际问题，应用范围较广泛。

但层次分析法也有不可避免的缺陷：一是依赖主观判断，层次分析法过程中的两两比较因素的重要性依赖专家的经验与判断，如果判断不合理或前后出现矛盾，那么得到的结果也就不准确；二是需要满足一致性要求，层次分析法得到的结果能否接受取决于一致性比例的数值，如果不满足一致性指标要求，则层次分析法就会失去效果；三是层次分析法只能在给定的策略中选择最优，而不能给出新的策略。

方法举例
CASES

假设小李决定要购买一套新住宅，经过初步调查研究确定 A、B、C 三套候选的住宅，影响小李买房的因素为地理位置、居住环境、每平方米建筑面积单价，那么，小李如何从三套住宅里选一套较为满意的呢？

运用层次分析法分析确定各影响因素权重。

步骤 1：建立层次分析模型。

购房决策的层次分析模型如图 4—1 所示。

步骤 2：构造判断矩阵。

地理位置和交通、每平方米单价、居住环境分别为因素 1、2、3，小李通过对三个因素进行重要性比较，构造如下判断矩阵：

$$P=\begin{bmatrix} a_{11} & a_{12} & a_{13} \\ a_{21} & a_{22} & a_{23} \\ a_{31} & a_{32} & a_{33} \end{bmatrix}=\begin{bmatrix} 1 & 4 & 8 \\ 1/4 & 1 & 5 \\ 1/8 & 1/5 & 1 \end{bmatrix}$$

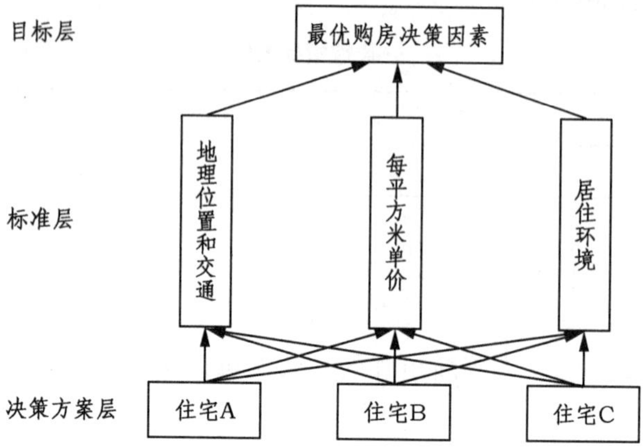

图 4—1 购房决策的层次分析模型

元素 $a_{23}=5$ 表示小李认为每平方米单价比居住环境明显重要。

步骤 3:计算权重。

根据公式 $PW=\lambda_{max}W$,计算得:

$W=(0.698\ 6,0.237\ 0,0.064\ 3)$,$\lambda_{max}=3.094$。

步骤 4:一致性检验。

$$CI=\frac{\lambda_{max}-n}{n-1}=\frac{3.094-3}{3}=0.047$$

$$CR=\frac{CI}{RI}=\frac{0.047}{0.58}=0.08<0.1$$

通过一致性检验,地理位置和交通、每平方米单价、居住环境的权重分别为 0.698 6、0.237 0、0.064 3。

(三)层次分析法构建的普惠金融指标体系

焦瑾璞、黄亭亭等(2015)在分析几个国际普惠金融指标体系的基础上,结合中国实际情况,设计了包括金融服务的可获得性、使用情况及服务质量三个维度的普惠金融指标体系,具体包括 19 个指标。使用层次分析法确定的可获得性、使用情况、服务质量三个维度的权重分别为 0.443 4、0.387 4、0.169 2。研究结果显示,中国各地区普惠金融发展水平存在较大差异,并与经济发展水平基本呈现正相关关系,上海、北京、天津的普惠金融发展指数在全国处于领先地位,而西藏、青海等西部地区排名靠后。

其建立的普惠金融指标体系及权重如表 4—3 所示。

表 4—3　　普惠金融指标及其权重

维　度	指　标	权　重
可获得性（权重：0.443 4）	银行网点乡镇覆盖率（$A1$）	0.143 3
	助农取款服务点覆盖率（$A2$）	0.091 8
	银行网点密度（$A3$）	0.052 8
	ATM 密度（$A4$）	0.052 8
	POS 密度（$A5$）	0.052 8
	银行卡联网通用率（$A6$）	0.030 4
	金融从业人员密度（$A7$）	0.019 5
使用情况（权重：0.387 4）	银行个人结算账户人均开户量（$B1$）	0.057 2
	银行卡人均持卡量（$B2$）	0.052 9
	银行卡渗透率（$B3$）	0.052 9
	农户贷款获得率（$B4$）	0.028 6
	小微企业贷款获得率（$B5$）	0.042 0
	农户贷款户均贷款额（$B7$）	0.031 9
	农业保险普及率（$B8$）	0.038 9
	商业保险普及率（$B9$）	0.037 7
服务质量（权重：0.169 2）	个人信用档案建档率（$C1$）	0.091 3
	企业信用档案建档率（$C2$）	0.050 3
	金融服务投诉率（$C3$）	0.027 6

二、变异系数法

（一）方法简介

变异系数法是直接利用各项指标所包含的信息，通过计算得到指标的权重。在评价指标体系中，变异系数法认为取值差异越大的指标越能反映被评价单位，赋予的权重越大。

（二）主要步骤

步骤 1：计算各指标的标准差。

这反映各指标的绝对变异程度。

$$S_j = \sqrt{\frac{\sum_{i=1}^{n}(x_{ij} - \overline{x}_j)}{n}}$$

其中，S_j 表示第 j 个指标的标准差。

步骤 2：计算各指标的变异系数。

这反映各指标的相对变异程度。

$$V_j = \frac{S_j}{\bar{x}_j}$$

步骤 3：得到各指标的权重。

对各指标的变异系数进行归一化处理，得到各指标的权重。

$$\omega_j = \frac{V_j}{\sum_{j=1}^{m} V_j}$$

变异系数法的基本原理在于变异程度越大的指标对综合评价的影响就越大，权重大小体现了指标分辨能力的大小。该方法虽计算简单，但不能体现指标的独立性大小以及评价者对指标价值的理解，因而适用于评价指标独立性较强的项目。

方法举例
CASES

假设我们选取 20 家白酒与葡萄酒上市公司，用 8 个指标来衡量公司的财务状况，需要用变异系数法来确定各项指标的权重。财务数据来源于 Wind 数据库，如表 4—4 所示。

表 4—4　　20 家酒类公司的 8 个财务指标数据

公司简称	销售净利率	净资产收益率	股东权益比	流动比率	应收账款周转率	流动资产周转率	营业收入增长率	净利润增长率
泸州老窖	35.78	28.27	65.91	2.57	1 681.96	0.92	5.29	28.35
古井贡酒	17.95	19.53	66.13	2.57	189.35	0.93	−1.20	−14.36
酒鬼酒	26.92	18.63	65.88	2.45	362.38	0.60	20.79	64.15
五粮液	36.48	24.94	75.25	3.96	651.58	0.58	14.37	14.73
顺鑫农业	2.75	5.54	35.72	1.54	277.35	0.89	4.10	−47.90
皇台酒业	32.93	29.86	29.29	0.71	11.41	0.58	2.67	−50.90
百润股份	27.79	23.82	82.75	2.81	17.08	1.46	31.20	78.37
古越龙山	11.44	3.56	83.41	4.37	12.45	0.37	−26.06	−29.29
伊力特	18.90	10.83	77.70	3.81	535.46	0.68	−21.71	−25.60
金种子酒	6.80	2.43	75.02	3.19	14.01	0.43	13.55	134.64
海南椰岛	3.01	4.48	47.07	1.19	9.04	1.25	29.18	109.06
贵州茅台	52.18	31.41	75.60	4.06	0.00	0.57	11.10	12.63

续表

公司简称	销售净利率	净资产收益率	股东权益比	流动比率	应收账款周转率	流动资产周转率	营业收入增长率	净利润增长率
老白干酒	8.70	9.26	53.60	1.22	78.90	1.02	−10.73	−22.55
金枫酒业	2.86	0.63	86.25	6.12	4.77	0.39	−35.61	−35.58
舍得酒业	22.46	17.36	55.47	1.88	16.63	0.58	2.02	12.80
水井坊	24.33	34.44	48.91	1.47	195.23	0.95	−15.06	−11.49
山西汾酒	22.27	35.09	49.43	1.64	3 534.09	0.98	17.63	47.25
会稽山	26.19	8.94	75.49	2.12	10.42	0.58	−5.36	72.56
口子窖	31.80	18.10	73.81	2.73	1 497.75	0.59	−14.15	−25.84
金徽酒	19.14	12.53	78.66	2.45	155.62	1.09	5.89	22.44

运用变异系数法确定权重的具体步骤。

步骤 1：计算各指标的标准差。

以 $X1$—$X8$ 分别代表每一个指标的名称，根据公式计算每一个指标的均值和标准差。计算结果如表 4—5 所示。

表 4—5　　各财务指标均值及标准差

指标	$X1$	$X2$	$X3$	$X4$	$X5$	$X6$	$X7$	$X8$
均值	21.54	16.98	65.07	2.64	462.77	0.77	1.40	16.67
标准差	12.75	10.92	16.03	1.28	845.70	0.29	17.50	51.60

步骤 2：计算各指标的变异系数。

根据公式 $V_j=\frac{S_j}{\bar{x}_j}$ 计算出 8 个指标的变异系数，如表 4—6 所示。

表 4—6　　各指标变异系数

指标	$X1$	$X2$	$X3$	$X4$	$X5$	$X6$	$X7$	$X8$
变异系数	0.59	0.64	0.25	0.49	1.83	0.38	12.54	3.09

步骤 3：计算权重。

根据计算公式 $\omega_j=\frac{V_j}{\sum_{j=1}^{m}V_j}$ 求得销售净利率、净资产收益率、股东权益比、流动比率、应收账款周转率、流动资产周转率、营业收入增长率、净利润增长率的指标权重分别为 2.99%、3.25%、1.24%、2.45%、9.23%、1.90%、63.31%、15.63%。

(三)变异系数法构建的普惠金融指标体系

王婧、胡国晖(2013)根据2002—2011年中国银行业数据,在运用变异系数法确定权重的基础上构建普惠金融指数,对中国普惠金融的发展状态进行综合评价。该研究从金融服务的范围、金融服务的使用两个维度衡量普惠金融发展水平,包括地理维度的服务渗透性、人口维度的服务可得性、存款服务的使用情况、贷款服务的使用情况4个方面共6个指标。计算结果显示,每万平方千米银行业金融机构从业人员数、每万人拥有的银行业从业人员数两个指标所占权重最大,分别为0.283、0.264。

刘亦文、丁李平等(2018)从金融服务渗透性、服务可得性、使用效用性和可负担性四个维度出发,结合中国国情构建了中国普惠金融指标体系,基于变异系数法对2005—2015年中国各地区普惠金融水平进行了测度。研究发现,中国各地区普惠金融发展程度整体还比较低,各区域发展不均衡,但各地区普惠金融发展的势头良好。

罗斯丹、陈晓(2015)在金融服务的供给、需求、基础设置及制约因素四个维度下,建立包含保险深度、银行金融机构数、人口自然增长率、征信人数比例、小额贷款公司贷款余额比等20个指标的普惠金融指标体系,运用变异系数法建立普惠金融发展指数,衡量中国部分省市普惠金融发展水平。

三、主成分分析法

(一)方法简介

主成分分析法的基本原理为将原来彼此具有相关性的变量通过线性变换转成另一组新的相互无关的几个综合变量,然后将这些新的变量按照方差依次递减的顺序排列,同时根据实际需求提取出几个较少但尽可能代表原来全部变量信息的变量。

(二)主要步骤

步骤1:将原始数据进行标准化处理。

假设有n条数据,p个变量,标准化变换公式为:

$$Z_{ij}=\frac{x_{ij}-\overline{x}_j}{S_j},\quad i=1,2,\cdots,n;\ j=1,2,\cdots,p$$

其中,$\overline{x}_j=\frac{\sum_{i=1}^{n}x_{ij}}{n}$,$S_j=\sqrt{\frac{\sum_{i=1}^{n}(x_{ij}-\overline{x}_j)^2}{n-1}}$。

步骤2:求相关系数矩阵。

对标准化矩阵Z求相关系数矩阵R。

步骤3:求特征根,确定主成分。

解样本相关矩阵 R 的特征方程 $|R-\lambda I_p|=0$ 的 p 个特征根，确定主成分。按 $\frac{\sum_{j=1}^{m}\lambda_j}{\sum_{j=1}^{p}\lambda_j}\geqslant 85\%$ 确定 m 值，使信息的利用率达 85% 以上，对每个 $\lambda_j(j=1,2,\cdots,m)$，解方程组 $Rb=\lambda_j b$ 的单位特征向量 b_j^o。

步骤 4：将指标变量转换成主成分。

将标准化的指标变量转换成主成分，U_1 成为第一主成分，U_2 称为第二主成分，依此类推。

$$U_{ij}=Z_i^T b_j^o,\ j=1,2,\cdots,m$$

步骤 5：对主成分进行综合评价。

对 m 个主成分进行加权求和，即得最终评价值，各主成分的权重为它的方差贡献率占 m 个主成分总计的方差贡献率的比例。

主成分分析法的优点在于：第一，通过变换将原始数据指标转成彼此相互独立的主成分，既从根本上解决了信息重叠问题，又大大简化了指标结构，减少了计算工作量；第二，主成分分析法各综合因子的权重是根据贡献率大小确定的，避免了人为主观确定权重的缺陷，使得评价结果客观合理。

主成分分析法也存在一些缺陷：首先，主成分分析法假设指标之间为线性关系，但在实际应用中，若指标间的关系非线性，那么可能导致评价结果产生偏差；其次，主成分的含义带有模糊性，不像原始变量那么清楚、确切，主成分变量可能空有信息量而无实际含义；最后，主成分分析法的计算过程比较烦琐，且对样本量的要求较大。

方法举例
CASES

沿用 20 家上市公司的数据，用主成分分析法确定指标的权重。

首先，将数据进行标准化处理并求变量间的相关系数矩阵。此处不再赘述。

其次，得到相关系数矩阵后，根据公式 $|R-\lambda I_p|=0$ 解特征值和对应的特征向量。特征值及其主成分的贡献率如表 4－7 所示，前 4 个主成分的累积贡献率超过 85%。

表 4—7 特征值及主成分贡献率

主成分	特征值	贡献率(%)	累积贡献率(%)
$F1$	2.829	35.361	35.361
$F2$	1.808	22.602	57.963
$F3$	1.570	19.623	77.586
$F4$	0.818	10.220	87.806

再次，对应第一个特征值 2.829 的特征向量为 0.202 1、0.394 8、−0.361 6、−0.464 3、0.249 3、0.389 3、0.451 3、0.199 1，则第一主成分的公式为：

$$F1=0.2021X1+0.3948X2-0.3616X3-0.4643X4+0.2493X5+0.3893X6+0.4513X7+0.1991X8$$

$F2$、$F3$、$F4$ 用同样的方法求得。

最后，求每个主成分的权数，即方差贡献率占比。

第一主成分的权重 $W1=\frac{0.3536}{0.8781}=40.27\%$，第二、第三和第四主成分的权重分别为 25.74%、22.35%、11.64%。

(三)主成分分析法构建的普惠金融指标体系

杜朝运、李滨(2015)构建了包含 12 个指标的普惠金融指标体系，利用主成分分析法确定各指标权重、计算普惠金融指数，对我国 31 个省(直辖市、自治区)2012 年的普惠金融发展程度进行分析、比较，为未来普惠金融的发展提供了针对性的建议。研究结果发现，普惠金融发展水平最高的三个地区为上海、北京、天津，最低的三个地区为西藏、青海、内蒙古。

李建军、彭俞超等(2020)提出了一个包含广泛的包容性、特定化配比程度与商业可持续性三个维度的普惠金融指标体系，把支持农户、中小企业、贫困人群情况的指标纳入，进行主成分分析，以各自的载荷作为权重，加权平均得到普惠金融发展的指数。进一步探讨了普惠金融与经济增长、区域不平衡发展、城乡收入差距的关系。

四、熵值法

(一)方法简介

熵值法的基本思路是根据指标变异性的大小来确定权重。与变异系数法类似，熵值法认为变异程度越大的指标提供的信息量越多，在综合评价中所能起到的作用也越大，其权重也就越大。

（二）主要步骤

步骤 1：数据标准化。

假设有 m 个指标 n 个样本，则 X_{ij} 为第 i 个样本的第 j 个指标的数值（$i=1,2\cdots,n$；$j=1,2\cdots,m$）。数据标准化后得到 Y_{ij}，公式为：

$$Y_{ij}=\frac{X_{ij}-\min(X_j)}{\max(X_j)-\min(X_j)}\text{（正向指标）}$$

$$Y_{ij}=\frac{\max(X_{ij})-X_j}{\max(X_j)-\min(X_j)}\text{（负向指标）}$$

步骤 2：求各指标变异大小。

$$P_{ij}=\frac{Y_{ij}}{\sum_{i=1}^{n}Y_{ij}}$$

步骤 3：求各指标的信息熵。

$$E_j=-\ln(n)^{-1}\sum_{i=1}^{n}p_{ij}\ln p_{ij}$$

如果 $p_{ij}=0$，则定义 $p_{ij}\ln p_{ij}=0$。

步骤 4：确定各指标的权重。

$$W_j=\frac{1-E_j}{m-\sum E_j}$$

步骤 5：计算每个样本的综合评分。

$$S_i=\sum_{j=1}^{m}W_jX_{ij}$$

熵值法根据各项指标的值的变异程度来确定指标权重，是一种客观赋权法，避免了人为因素带来的偏差。但熵值法的缺点在于忽略了指标本身的重要程度，有时确定的指标权数会与预期的结果相差甚远，同时熵值法不能减少评价指标的维数。

方法举例
CASES

继续选取 20 家上市公司的数据，运用熵值法确定各因素的权重。

步骤 1：标准化的决策矩阵。

表 4—8 为标准化决策矩阵。

表 4—8　　20 家上市公司的财务数据

公司简称	销售净利率	净资产收益率	股东权益比	流动比率	应收账款周转率	流动资产周转率	营业收入增长率	净利润增长率
泸州老窖	0.668 3	0.802 1	0.642 9	0.344 2	0.475 9	0.502 0	0.612 1	0.427 1
古井贡酒	0.307 6	0.548 5	0.646 8	0.344 2	0.053 6	0.514 6	0.515 0	0.196 9
酒鬼酒	0.489 0	0.522 3	0.642 3	0.322 5	0.102 5	0.210 7	0.844 1	0.620 0
五粮液	0.682 5	0.705 5	0.806 9	0.600 8	0.184 4	0.185 9	0.748 1	0.353 7
顺鑫农业	0.000 0	0.142 5	0.112 8	0.153 6	0.078 5	0.475 9	0.594 4	0.016 1
皇台酒业	0.610 5	0.848 2	0.000 0	0.000 0	0.003 2	0.190 4	0.572 9	0.000 0
百润股份	0.506 7	0.673 0	0.938 5	0.388 8	0.004 8	1.000 0	1.000 0	0.696 7
古越龙山	0.175 9	0.085 0	0.950 2	0.677 1	0.003 5	0.000 0	0.142 9	0.116 4
伊力特	0.326 9	0.296 0	0.850 0	0.573 9	0.151 5	0.280 8	0.208 1	0.136 3
金种子酒	0.082 0	0.052 2	0.802 8	0.459 2	0.004 0	0.052 8	0.735 7	1.000 0
海南椰岛	0.005 4	0.111 7	0.312 2	0.090 0	0.002 6	0.808 0	0.969 7	0.862 1
贵州茅台	1.000 0	0.893 2	0.813 0	0.621 0	0.000 0	0.179 0	0.699 2	0.342 4
老白干酒	0.120 5	0.250 4	0.426 7	0.095 6	0.022 3	0.592 7	0.372 4	0.152 8
金枫酒业	0.002 2	0.000 0	1.000 0	1.000 0	0.001 3	0.011 1	0.000 0	0.082 5
舍得酒业	0.398 8	0.485 5	0.459 6	0.216 6	0.004 7	0.185 4	0.563 2	0.343 3
水井坊	0.436 6	0.981 1	0.344 5	0.142 0	0.055 2	0.532 4	0.307 6	0.212 4
山西汾酒	0.395 0	1.000 0	0.353 6	0.173 1	1.000 0	0.560 4	0.796 9	0.529 0
会稽山	0.474 3	0.241 1	0.811 1	0.261 2	0.002 9	0.192 4	0.452 7	0.665 4
口子窖	0.587 9	0.507 0	0.781 7	0.374 1	0.423 8	0.202 2	0.321 2	0.135 1
金徽酒	0.331 7	0.345 3	0.866 8	0.321 6	0.044 0	0.662 1	0.621 1	0.395 2

步骤 2:根据 P_{ij} 的计算公式,计算各指标的变异大小。

本例中共有 20 家上市公司 8 个财务指标,得到的矩阵应有 20 行 8 列,由于篇幅原因此处不展示。

举例来说,$P_{56}=\frac{0.4759}{(0.5020+0.5146+\cdots+0.2022+0.6621)}=0.0259$,其他计算类似。

步骤 3:计算信息熵。

根据信息熵的公式,在本例中 $n=20$,计算出各个指标的信息熵如表 4—9 所示。

表 4—9　各指标信息熵

指标	X1	X2	X3	X4	X5	X6	X7	X8
信息熵	0.905	0.914	0.955	0.924	0.632	0.904	0.953	0.897

步骤 4:确定各指标的权重。

各指标的权重如表 4—10 所示。

表 4—10　各指标权重

指标	X1	X2	X3	X4	X5	X6	X7	X8
权重	10.39%	9.45%	4.89%	8.26%	40.17%	10.54%	5.10%	11.22%

步骤 5:计算各方案的综合得分。

根据公式,可以计算出 20 家上市公司中排名前三位的分别为山西汾酒、泸州老窖和百润股份,排名末三位的公司分别为古越龙山、顺鑫农业、金枫酒业。

综合来看,四种计算权重的方法各有优劣。层次分析法结合了定量分析和定性分析,使得计算结果既包括主观的判断又包括客观的推理,应用范围广泛。缺点在于依赖专家打分及需要满足一致性要求。变异系数法以指标的变异程度大小来确定权重,计算简单,但不能体现指标的独立性大小及评价者的主观理解,适用于指标独立性较强的项目。主成分分析法通过变换将指标转成独立的主成分,解决了信息重叠的问题,根据累计的贡献率选择排名靠前的主成分,减少了工作量;缺点在于不仅主成分变量无实际含义,很难解释,而且主成分假设在指标之间为线性关系,若实际为非线性关系将会导致结果的偏差。熵值法的原理也是与变异系数法类似,根据指标的值的变异程度来确定指标权重,避免了主观的偏差,但忽略了指标本身的重要程度。

在普惠金融领域,最普遍运用的方法是层次分析法。大多机构和学者在测度普惠金融水平时先分几个大类,再在每一大类里选取具体的指标。例如,二十国集团(G20)从金融服务使用情况、可得性和服务质量三个方面衡量普惠金融的发展水平,在每一个类别里再选取具体的指标。运用层次分析法构建普惠金融指标体系,条理性强,具有逻辑性。应用较为广泛的是主成分分析法和变异系数法,这两个方法在学术文献里运用的较多。目前来看,运用熵值法衡量普惠金融发展状况的文献较少。

第三节 国内外主要普惠金融指标体系

一、国外机构的普惠金融指标体系

（一）G20 普惠金融指标体系

普惠金融在减少贫困和实现包容性经济增长方面发挥着重要的促进作用，而这一事实也促使越来越多的人关注普惠金融相关的政策和措施。可靠的普惠金融数据是保证普惠金融可持续发展的重要因素，对制定政策和监测进展至关重要，是实现普惠金融宏伟目标的起点。

全球普惠金融合作伙伴（GPFI）是由 G20 国家、部分非 G20 国家和相关利益方组成的致力于推进普惠金融工作的平台。2011 年戛纳峰会上，GPFI 提出建立普惠金融指标数据库和指标体系，该建议得到 G20 领导人的一致同意。2012 年洛斯卡沃斯峰会上，G20 通过了《G20 普惠金融指标体系》（简称“指标体系”），这是 GPFI 最初建立的普惠金融指标体系。

2012 年首次建立 G20 普惠金融指标体系后，该指标体系经历过 2 次更新。第一次更新是 2013 年，在俄罗斯担任二十国集团主席国期间，GPFI 拓展了原有的普惠金融指标体系，增加了有关金融素养和金融服务质量的指标，得到 G20 圣彼得堡峰会的核准。第二次更新是 2016 年，在中国担任二十国集团主席国期间，数字金融业发展迅速，GPFI 扩充和修订了原有指标，用来衡量数字支付的使用情况和数字基础设施的可得性。新指标涵盖了大部分支付工具、传输方式（即访问渠道）和用途。用于支付的基础账户既可以开立在银行或者其他金融机构中，也可以是电子货币账户。支付方式包括网络支付、移动支付（即通过移动电话或者可连接 WIFI 网络的设备进行支付）和 POS 终端支付。

指标体系设置 35 个指标，涵盖供需两侧，主要从金融服务的可得性、金融服务的使用情况、金融产品与服务的质量三个维度衡量普惠金融。金融服务的可得性包括 4 类 9 个指标；金融服务的使用情况包括 10 类 20 个指标，从个人和企业两个角度分别进行衡量；金融产品与服务的质量包括 5 类 6 个指标，分别从金融素养和能力、市场行为和消费者保护、使用障碍三个角度设置指标进行衡量。

G20 普惠金融指标的设置，考虑到可得性、可持续性和可靠性，同时也兼顾适当性和全面性。其数据来源包括：世界银行全球普惠金融数据库、国际货币基金组织金融可得性调查、盖洛普全球调查、世界银行企业调查、经合组织国家金融素养和普惠金融调查、经合组织中小企业计分板、世界银行全球营商环境报告、世界银行全球消费者保护和金融素养调查、世界银行金融能力调查、世界银行全球支付系统调查。

G20 鼓励各国在指标体系的基础上结合本国实际情况和特色，制定本国的普惠金融指标体系，这说明该指标体系具有较强的开放性、包容性。同时，指标体系不断更新升级，说明具有较强的时效性。

但该指标体系也存在以下问题：一是数据缺失问题，指标体系的数据主要来源于国际组织数据库或调查，但这些调查或数据库并不能提供充足的指标数据，仍有一些国家存在数据缺失的情况；二是可比性问题，各国对指标的理解不同，导致指标的统计口径并不完全一致，可比性存在局限。

（二）世界银行全球普惠金融数据库及常用指标

根据孙天琦等（2017）的研究，世界银行在普惠金融方面开展了 8 项调查（见表 4—11），其中应用最多的是全球普惠金融调查（Global Findex）。

表 4—11　　世界银行普惠金融的 8 项调查

指标名称	数据属性	覆盖国家和地区数	调查频率	主要内容
全球普惠金融数据库	需求侧数据	144	三年一次	账户、储蓄、支付、信贷、应急基金
企业调查	需求侧数据	145	灵活	中小企业金融
金融能力调查	需求侧数据	20+	灵活	金融知识、态度、技能、行为
生活水平评估调查	需求侧数据	50+	灵活	账户、信贷
全球支付系统调查	供给侧数据、政策环境数据	135	2008 年、2010 年、2012 年、2015 年、2016 年	支付系统建设、转账账户
全球普惠金融责任调查	政策环境数据	110+	2010 年、2013 年、2016 年	金融消费者保护、多样化的金融服务
经商调查	政策环境数据	185	每年	信贷报告系统
农业经营调查	政策环境数据	61	每年	农业金融

全球普惠金融调查是在比尔及梅琳达·盖茨基金会的资助下于 2011 年启动的，覆盖全球 140 多个经济体。2011 年第一轮调查之后，于 2014 年进行了第二轮，于 2017 年进行了第三轮。

在 2017 年的调查中，世界银行对全球 140 多个经济体的 15 万名 15 岁以上的成年人进行了调查，汇总了成年人储蓄、借贷、支付和管理风险的数据。2017 年全球普惠金融数据库包括 765 个指标，分为金融机构账户拥有率、账户使用情况、支付、储蓄、借款、应急资金六大类，各类别包括众多指标。全球普惠金融调查的指标体系如图 4—2 所示。

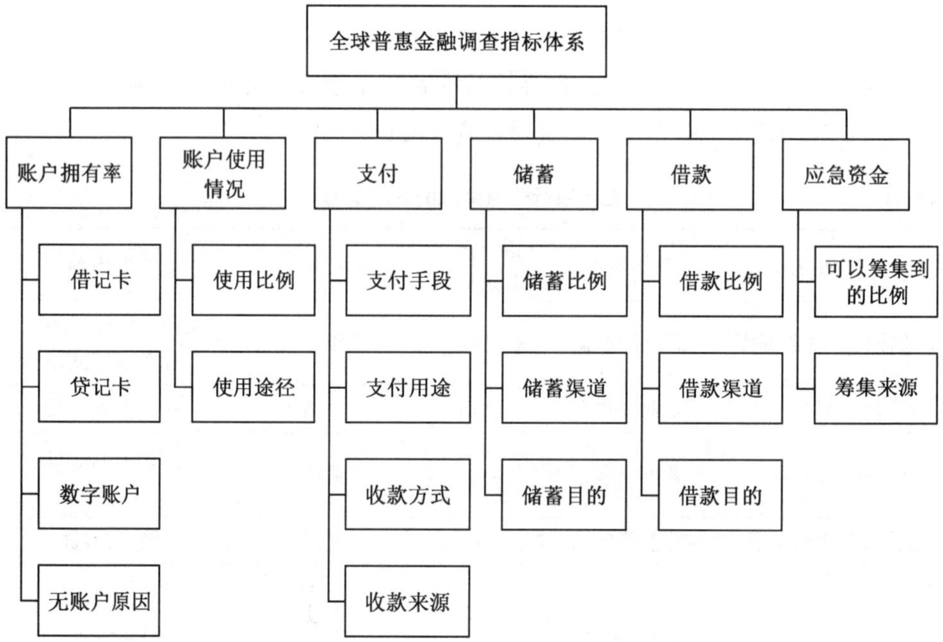

资料来源：世界银行。

图 4—2　全球普惠金融调查指标体系

世界银行的全球普惠金融调查指标体系通过问卷调查形式从金融服务的使用者处采集数据，并对各指标按年龄、性别、收入、受教育程度、农村地区等维度进行细分，呈现内容细致。问卷调查的一大好处是可以根据实际需要变动问卷内容，十分灵活；但也存在耗费的经济成本高、样本数量不足，调查三年进行一次导致数据连贯性和及时性有所欠缺等问题。

专栏 4－1

SPECIAL COLUMN

《全球普惠金融数据库 2017：衡量普惠金融及金融科技进程》主要发现

(1)账户拥有率、使用情况

全球普惠金融数据库显示，2014—2017 年 69％的成年人拥有账户，高于 2014 年的 62％和 2011 年的 51％。账户拥有率与地区经济发展程度、性别、家庭富裕程度有关。在高收入国家，94％的成年人拥有账户；在发展中国家，这一比例为 63％。性别方面，72％的男性有账户，65％的女性有账户。在经济体中家庭富裕程度占前 60％的成年人中，74％拥有账户；但在后 40％家庭的成年人中，只有 61％的人有账户。根据调查，没有账户的最主要原因是资金不足、用不着开账户。

在全球范围内，约有五分之一的账户拥有者在过去的 12 个月内既没有存款，也没有以数字形式或其他形式取款，被认为是不活跃账户。

(2)支付情况

发达国家和发展中国家使用数字支付的成年人比例分别为 91％(97％的账户拥有者)、44％(70％的账户拥有者)。发达国家和发展中国家的成年人在过去一年中用手机或互联网进行金融交易的比例分别为 51％(55％的账户持有者)、19％(30％的账户持有者)。

(3)储蓄情况

全球约有一半的成年人在过去的一年中有存款行为。在高收入经济体中，存款比例为 71％，而发展中经济体中，这一比例为 43％。人们常使用的储蓄方式是通过金融机构账户储蓄。储蓄模式也因性别和收入而异：发展中国家成年人储蓄的可能性男性比女性高 6％，富裕人群比贫困人群高 15％；在发达国家，富裕人群储蓄的可能性比贫困人群高 23％。

(4)借款情况

高收入经济体的成年人借款比例比低收入经济体的更高，并且更多依赖金融机构借款或信用卡支付。发展中经济体的主要借款途径是向家人或朋友筹借。借款的主要目的为购买土地或房屋，2017 年高收入经济体中 27％的成年人有未偿住房贷款，发展中经济体的这一比例小于 10％。

(5)应急资金筹集情况

高收入经济体的人相比于发展中经济体的人更容易筹集到应急资金，且主要依赖于储蓄，发展中经济体的人更多求助于家庭或朋友，或通过工作筹款。

（三）国际货币基金组织的普惠金融调查及其数据库

国际货币基金组织（IMF）于 1995 年就开展了金融服务可得性调查（Financial Access Survey，FAS），针对各国金融服务提供和使用情况，从供给端评估普惠金融发展状况。目前的最新调查结果更新至 2020 年。该调查的数据来源于各国中央银行、监管部门和相关的统计机构，并且为 G20 普惠金融指标体系提供 9 项指标。

FAS 目前涵盖了 189 个国家/地区的数据，按照物理服务点和金融服务使用情况两大类形成 242 个指标。其中，物理服务点包括金融机构数量、分支机构数量、代理网点数量、ATM 机数量等；金融服务使用情况类指标分为储蓄的人数和账户数、贷款的人数和账户数、保单持有人数量、移动货币账户数、交易余额等。

图 4—3 为金融服务可得性调查的关键性指标。

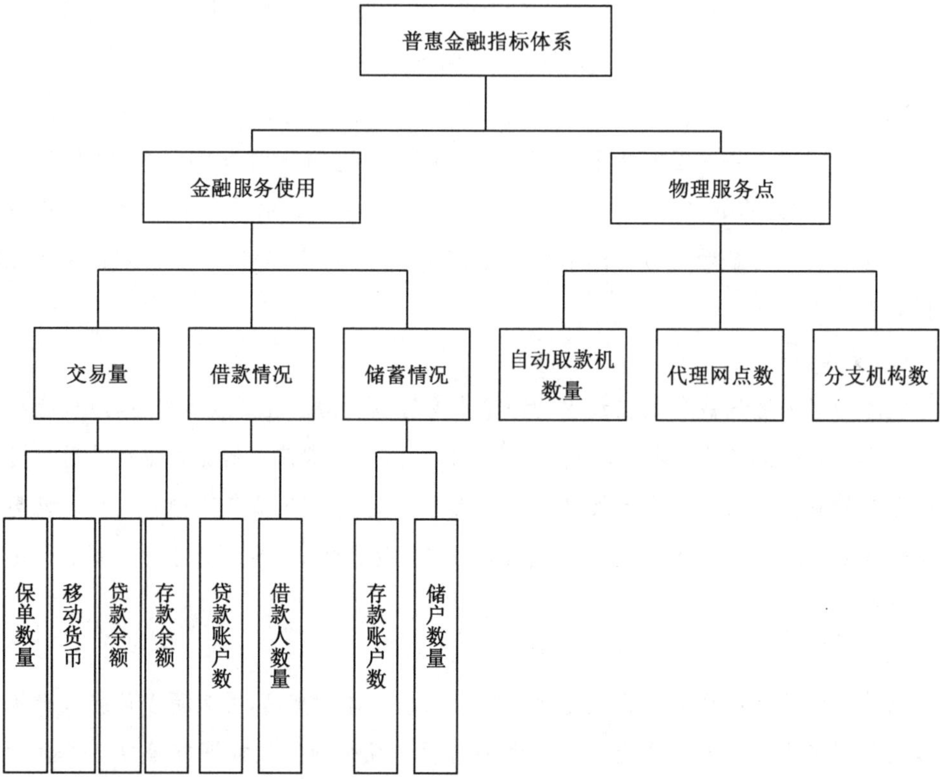

资料来源：国际货币基金组织。

图 4—3　国际货币基金组织的普惠金融指标体系

专栏 4－2
SPECIAL COLUMN

2020 FAS 调查与趋势

(1)银行提供的金融服务

数据表明,低收入和中等收入经济体的传统金融服务的可得性和使用情况不断深化。2013—2019 年,中低经济体中每 10 万名成年人的自动取款机数量和每千名成年人拥有的存贷款账户数量都有所增长,而商业银行分支机构数量与 2013 年持平,这反映了中低经济体中移动货币和代理网点的崛起。对于高收入经济体来说,银行分支机构的数量在 2013—2019 年有所下降,这可能是采取成本削减措施和数字金融的普及造成的。

(2)数字金融服务

低收入和中等收入经济体的数字金融服务可得性和使用情况显著增加。例如,2019 年加纳和柬埔寨的移动货币交易量分别接近 GDP 的 70%和 90%。

(3)女性获得的金融服务

最近的 FAS 数据表明,过去的几年里各国在提高对女性的金融包容性方面取得的进展各不相同。在智利和摩尔多瓦,妇女持有的商业银行存款账户数量超过了男子持有的账户数量。在孟加拉国,小额信贷机构 90%的借款人都为女性。

(4)中小企业获得贷款情况

中小企业在融资方面比大企业面临更大的限制,这一情况在高收入地区有所改善。2014—2018 年,中低收入经济体中商业银行对中小企业的贷款占 GDP 的比例一直停滞在 6%左右。

二、国内机构主要的普惠金融指标体系

(一)中国人民大学普惠金融研究院构建的普惠金融指标体系

中国人民大学普惠金融研究院(CAFI)2016 年正式启动“数字普惠金融指标与监测体系建设”项目,旨在建立一套中国的普惠金融指标体系。在 2017 年和 2018 年,CAFI 分别在浙江省、兰州市进行问卷调查,形成地区普惠金融发展监测报告。该普惠金融指标与监测体系从可得性、使用情况、质量、满意度、金融能力、障碍、预期、数字化程度八个维度出发,计算普惠金融指数,共包括 59 个指标(见表 4—12)。

表 4—12 CAFI 普惠金融指标与监测体系

维　度	说　明
可得性	包括当地的基础设施、公共服务项目的数量、互联网、电信服务、银行服务网点等指标
使用情况	包括需求方对银行账户、支付、理财、融资、保险、征信、ATM 及 POS 机等的使用情况，旨在全面地度量被访者的金融服务运用状态
质量指数	包括汇款成本、贷款年化利率、除利息外的额外成本、贷款获批时间长度、遭受金融诈骗等
满意度指数	从传统金融服务和数字金融服务两个方面反映客户的满意度：传统金融服务包括银行柜台、ATM 机、POS 机、便民金融服务、资金互助社、定期存款、银行理财产品等客户主观感受指标；数字金融服务包括网上银行、手机银行、第三方支付、电商消费信贷等客户主观感受指标
金融能力指数	反映客户自身金融素养、技能、金融行为、态度等方面的状态，主要包括对单利和复利计算、是否主动学习金融知识及向外界寻求帮助、对数字技术适应度、家庭财富管理自我评价等指标
障碍指数	反映阻碍客户使用金融服务因素，包括银行柜台、网上银行、手机银行、ATM 机及 POS 机、便民金融服务站、资金互助社、第三方支付机构等方面的障碍
预期指数	反映客户对未来的信心和展望，包括对个人未来财务状况、金融服务、宏观经济、利率、食品价格、房价等的预期和判断
数字化程度	反映传统与数字化金融服务比值，主要包括传统与数字支付方式比值、传统与数字汇款方式比值、移动支付频率比值、使用传统银行服务等

资料来源：中国普惠金融研究院。

《中国普惠金融发展监测报告——2017 浙江》的结果显示：第一，浙江省普惠金融达到国际先进水平。银行及移动支付账户渗透率逼近高收入国家水平；信用卡持有率低于高收入国家，但高出中国平均水平 50%；从金融机构获取贷款的比例超过高收入国家，且远超民间渠道；移动支付使用率高达 70%，通过手机或互联网渠道使用账户的成年人比例显著高于高收入国家。第二，金融能力是短板。浙江省普惠金融发展水平高且分布均衡，不同区县金融排斥率不存在显著差异；金融能力和使用情况是普惠金融发展的短板；低收入者受金融排斥的可能性大；高龄人群容易被排斥。

《中国普惠金融发展监测报告——2018 兰州》的结果显示：兰州市普惠金融综合发展居于中等水平；城乡普惠金融综合发展相对平衡；金融可得性良好，但城乡差别明显；金融服务在使用情况上的排斥度相对严重；金融服务质量评价高；对服务的不满意引起一定的金融排斥；数字化在兰州市普惠金融发展中发挥重要作用；金融服务的障碍处于很低水平，兰州市民对未来经济及金融的前景信心高。

（二）北京大学数字普惠金融指标体系

北京大学数字金融研究中心构建了包括互联网金融服务的覆盖广度、使用深度和数字化程度三个维度的普惠金融指数，共计 33 个指标（见表 4－13）。截至目前，北京大学数字金融研究中心已经发布两期数字普惠金融指标体系报告。

表 4－13　　北京大学数字金融研究中心数字普惠金融指标体系

一级维度	二级维度		具体指标
覆盖广度	账户覆盖率		每万人拥有支付宝账号数量 支付宝绑卡用户比例 平均每个支付宝账号绑定银行卡数
使用深度	支付业务		人均支付笔数 人均支付金额 高频率（年活跃 50 次及以上）活跃用户数占年活跃 1 次及以上用户数比
	货币基金业务		人均购买余额宝笔数 人均购买余额宝金额 每万支付宝用户购买余额宝的人数
	信贷业务	个人消费贷	每万支付宝成年用户中有互联网消费贷的用户数 人均贷款笔数 人均贷款金额
		小微经营者	每万支付宝成年用户中有互联网小微经营贷的用户数 小微经营者户均贷款笔数 小微经营者平均贷款金额
	保险业务		每万支付宝用户中被保险用户数 人均保险笔数 人均保险金额
	投资业务		每万人支付宝用户中参与互联网投资理财人数 人均投资笔数 人均投资金额
	信用业务		自然人信用人均调用次数 每万支付宝用户中使用基于信用的服务用户数（包括金融、住宿、出行、社交等）
数字化程度	移动化		移动支付笔数占比 移动支付金额占比
	实惠化		小微经营者平均贷款利率 个人平均贷款利率
	信用化		花呗支付笔数占比 花呗支付金额占比 芝麻信用免押笔数占比（按全部需要押金情形） 芝麻信用免押金额占比（较全部需要押金情形）
	便利化		用户二维码支付的笔数占比 用户二维码支付的金额占比

资料来源：《北京大学数字普惠金融指数（2011—2020）》。

区别于其他机构的普惠金融指标体系，北京大学主要关注数字金融的发展。相比于传统的金融业务，数字金融业务无地理障碍、覆盖面广，且成本低廉，是未来发展的趋势。当前，新型数字金融模式已经成为普惠金融的重要动力和增长点。

专栏4－3
SPECIAL COLUMN

《北京大学数字普惠金融指数(2011—2020)》主要发现

根据《北京大学数字普惠金融指数(2011—2020)》报告，当前数字普惠金融的发展呈现如下特点：

第一，经历了早期的高速发展后，数字普惠金融发展速度近几年有所放缓，但仍然维持了一个可观的增速，特别是新冠肺炎疫情暴发以后，数字普惠金融服务依然增长。近十年来数字普惠金融的实践初步证明了这种模式的可行性、商业可持续性和可复制性。

第二，与前几年的指数相比，近几年指数增长的驱动力发生了非常明显的变化，数字金融使用深度的增长已经成为数字普惠金融指数增长的重要驱动力，这与2011—2015年第一期的指数形成鲜明对照。这证明中国的数字普惠金融事业已经走过了粗放式的圈地时代，进入了深度拓展的新阶段。

第三，前几年数字普惠金融区域间差异收敛速度明显，但近两年有所放缓。未来差异能否进一步缩小，主要取决于使用深度的地区差异能否进一步缩小。

第四，中国北方和南方的数字普惠金融发展水平的差距由前两年的快速缩小转为近两年的速度放缓。北方地区和南方地区的数字普惠金融发展差异，主要体现在使用深度上。

第五，在城乡层面，总体而言，城市化水平与数字金融发展正相关，但具体到比较核心、发展水平较高的都市区内部，其人口集中度与数字金融发展是负相关关系。

三、中国人民银行的普惠金融指标体系

中国人民银行早在2014年就开始研究建立中国的普惠金融指标体系，2016年中国人民银行首次下发中国普惠金融指标体系。2018年中国人民银行对普惠金融指标体系进行修订，发布新版中国普惠金融指标体系，如图4－4所示。参照G20普惠金融指标体系，现行的中国普惠金融指标体系包括使用情况、可得性、质量三个维度，使用情况包括12类指标、可得性包括4类指标、质量包括5类指标，共计21类51项指标。

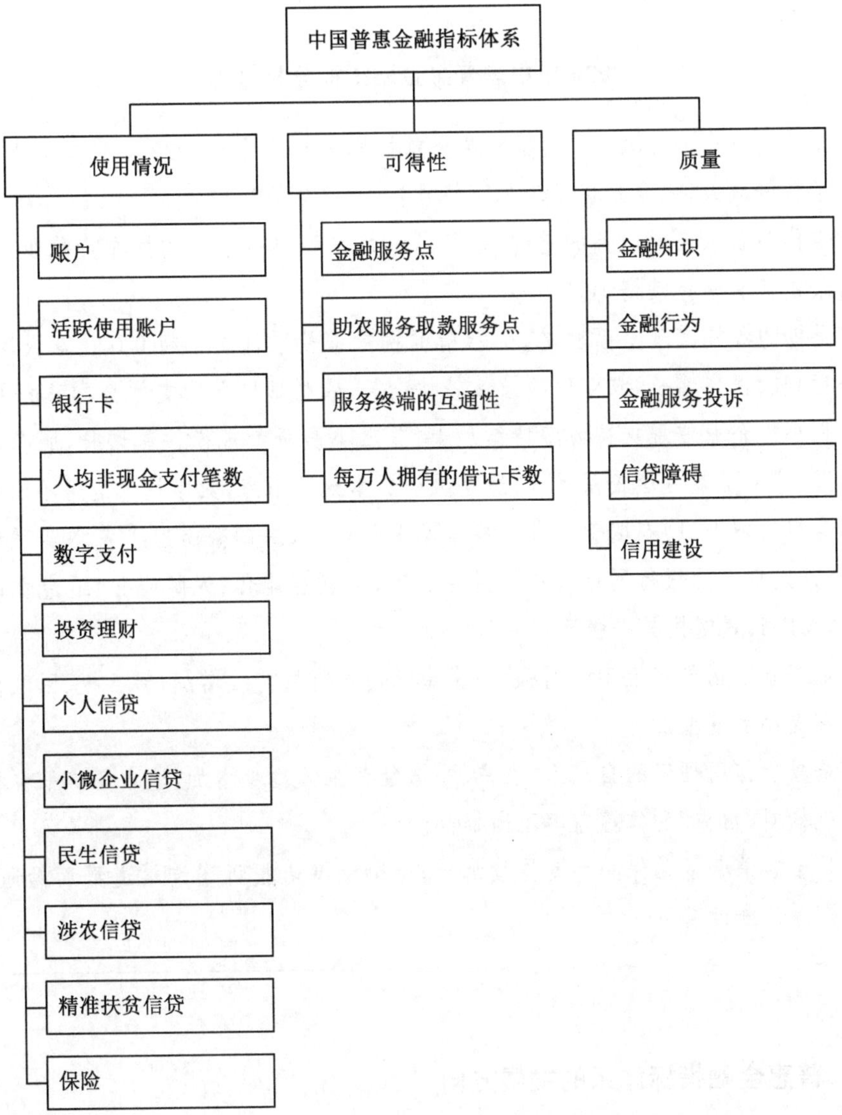

资料来源:中国人民银行金融消费权益保护局。

图4—4　中国普惠金融指标体系(2018年版)

相比于G20普惠金融指标体系,中国普惠金融指标体系有以下特点:第一,从维度上看,中国的普惠金融指标体系同G20普惠金融指标体系完全一致;第二,中国普惠金融指标体系的数据来自供给端,数据连续性强、质量可靠,而G20指标体系数据大多来自世界银行、国际货币基金组织等的需求端调查;第三,中国普惠金融指标体系充分考虑数字金融的发展,具有前瞻性;第四,中国普惠金融指标体系充分考虑实际情况,如设计了"民生信贷""精准扶贫信贷"等特色指标。

专栏 4－4
SPECIAL COLUMN

2020 年中国普惠金融指标分析报告

根据央行发布的《2020 年中国普惠金融指标分析报告》，2020 年我国普惠金融发展取得了良好成效，主要指标呈现如下特点：

一是作为获取金融服务的基础，银行结算账户和银行卡人均拥有量稳步增长，活跃使用账户拥有率持续增加。

二是助力如期实现全面脱贫，金融精准扶贫贷款累计支持超 9 000 万人次，农户生产经营贷款保持增长，农业保险继续较快增长，农村地区电子支付普及率快速提升。

三是小微企业信贷支持力度持续加大，普惠小微贷款规模快速增长，服务覆盖面持续扩大，信用贷款占比较快提升，综合融资成本继续下降，数字技术运用不断深化。

四是银行网点、助农取款服务点覆盖率继续提升，基础金融服务基本实现城乡全覆盖，每万人拥有的银行网点数总体保持稳定，网点智能化、无障碍化、适老化改造持续推进，ATM、联网机具平稳运行。

五是资本市场包容性不断增强，小微金融债发行量持续增加，新三板、区域性股权市场支农支小力度增加。

六是具有信用档案的自然人、农户、小微经营主体稳步增加，地方征信平台和市场化征信机构对“白户”群体覆盖率不断提高。

七是金融消费权益保护力度持续加大，金融消费者投诉咨询渠道更加畅通，金融消费者素养不断改善。

四、普惠金融指标体系的发展方向

目前，国内外都已经建立起较完善的普惠金融指标体系对普惠金融发展状况进行监测、衡量。国内外主要普惠金融指标体系在评价纬度上并没有本质区别，但是在数据来源及反映地方特色指标的选择上存在差异。随着普惠金融的不断发展，评价指标体系应该与时俱进、不断完善。从普惠金融的发展趋势来看，未来普惠金融指标体系应该在以下几方面进行完善。

一是应当进一步提升数据可得性。国际普惠金融指标体系和数据库为开展国际比较提供了重要参考，但从现有的数据库来看，不少国家存在数据缺失情况，制约了国家间的相互比较和学术研究的开展。应当鼓励各国加强部门间的数据合作和分享，积极给世界银行、国际货币基金组织提供数据。

二是应当进一步提升数据质量。相关国际组织应当明确指标定义，采用统一的标准收集数据，提高数据采集的质量，以便各国开展比较。

三是应当拓展数字金融相关指标，更全面地反映数字金融服务的使用广度和基础设施的可得性。数字金融是未来发展的趋势，这一点是毋庸置疑的。但仍有一些普惠金融指标体系并未包含相关指标。各普惠金融指标体系应当及时更新，增加有关数字金融的衡量指标，以便反映最新的发展趋势。

本章小结

构建普惠金融指标体系的必要性和原则。普惠金融指标体系的必要性体现在三个方面：衡量普惠金融发展现状、为政策决策提供参考、开展国际比较。构建普惠金融指标体系的基本原则为综合性、可靠性、可比性、动态性、开放性、可操作性。

建立普惠金融指标体系常用方法及其原理和实践，包括层次分析法、变异系数法、主成分分析法，并且对各种方法的优缺点进行概括。

国内外机构在建立普惠金融指标体系方面的实践和普惠金融指标体系的未来发展方向。

思考题

1. 除了本书提到的构建普惠金融指标体系的方法之外，你认为还有哪些方法也适用于构建普惠金融体系指标？

2. 比较G20普惠金融指标体系、世界银行普惠金融指标体系、国际货币基金组织普惠金融指标体系的异同点。

3. 从数据获得成本、数据质量、数据可得性方面比较供给端数指标数据和需求端指标数据。

4. 对于构建中国普惠金融指标体系，你认为应当增加哪些符合中国特色和现状的指标？

参考文献

1. 焦瑾璞等．中国普惠金融发展进程及实证研究[J]．上海金融，2015(4)：12—22.

2. 王婧，胡国晖．中国普惠金融的发展评价及影响因素分析[J]．金融论坛，2013，18(6)：31—36.

3. 刘亦文等．中国普惠金融发展水平测度与经济增长效应[J]．中国软科学，2018(3)：36—46.

4. 罗斯丹，陈晓．基于普惠金融综合指数的我国区域普惠金融发展水平测度[J]．长春师范大学学报，2015，34(10)：10—16.

5. 杜朝运，李滨．基于省际数据的我国普惠金融发展测度[J]．区域金融研究，2015(3)：4—8.

6. 李建军，彭俞超，马思超．普惠金融与中国经济发展：多维度内涵与实证分析[J]．经济研究，

2020,55(4):37—52.

7.孙天琦,汪天都,蒋智渊．国际普惠金融指标体系建设及中国相关指标表现[J]．西部金融,2016(6):4—8.

8.《中国普惠金融发展监测报告——2017 浙江》。

9.《中国普惠金融发展监测报告——2018 兰州》。

附录

G20 普惠金融指标体系

类　别	指　标	来　源	频　率
使用情况指标:成年人			
拥有账户的成年人	在正规金融机构或移动支付服务提供商处拥有账户(由本人开立或与其他人一起开立)的成年人(年满 15 周岁)比例	世界银行全球普惠金融调查	三年一次
账户数	每千成年人拥有的存款账户数	国际货币基金组织金融服务可得性调查	每年
	每千成年人拥有的电子货币账户数	世界银行全球支付系统调查	每年
	每十万成年人移动支付交易笔数	国际货币基金组织金融服务可得性调查	每年
在正规金融机构发生信贷业务的成年人	过去一年在银行或其他正规金融机构至少有过一次未偿贷款的成年人(年满 15 周岁)比例	世界银行全球普惠金融调查	三年一次
	每千成年人未偿贷款笔数	国际货币基金组织金融服务可得性调查	每年
购买保险的成年人	每千成年人中保单持有人数(分寿险和非寿险)	国际货币基金组织金融服务可得性调查	每年
非现金交易	每千成年人非现金零售交易笔数包括:支票、贷记转账、直接借记、支付卡交易、(借记卡、信用卡)以及通过电子货币工具(卡基类电子货币工具、移动支付产品和在线货币产品)支付的数量	世界银行全球支付系统调查	每年
使用数字支付的成年人	使用交易账户(在银行或其他正规金融机构或移动支付服务提供商处开立)进行数字支付或接收数字支付的成年人(年满 15 周岁)比例	世界银行全球普惠金融调查	三年一次
高频率使用账户	高频率使用账户的成年人(年满 15 周岁)比例	世界银行全球普惠金融调查	三年一次
储蓄倾向	过去一年在银行或其他正规金融机构存款的成年人(年满 15 周岁)比例	世界银行全球普惠金融调查	三年一次

续表

类　别	指　标	来　源	频　率
使用情况指标：企业			
享有正规银行服务的企业	拥有账户（在银行或其他正规金融机构处开立）的中小企业比例	世界银行企业调查	3～5年
	中小企业存款账户数（在非金融公司借款人中的占比）	国际货币基金组织金融服务可得性调查	每年
在正规金融机构有未偿贷款或授信额度的企业	在银行或其他正规金融机构有未偿贷款或授信额度的中小企业比例	世界银行企业调查	3～5年
	中小企业贷款账户数（在非金融公司借款人中的占比）	国际货币基金组织金融服务可得性调查	每年
企业进行数字支付或接收数字支付	从某一账户进行数字支付或接收数字支付的中小企业比例	世界银行企业调查（预期指标）	3～5年
可得性指标：物理服务网点			
服务网点	每十万成年人拥有的商业银行分支机构数	国际货币基金组织金融服务可得性调查	每年
	每十万成年人拥有的ATM数	国际货币基金组织金融服务可得性调查	每年
	每十万成年人拥有的支付服务代理商数	世界银行全球支付系统调查	每年
	每十万成年人拥有的移动代理网点数	国际货币基金组织金融服务可得性调查	每年
	每十万成年人拥有的POS终端数	世界银行全球支付系统调查	每年
	拥有移动电话、设备或家庭网络连接的成年人（年满15周岁）比例	盖洛普全球调查	三年一次
借记卡持有	每千成年人拥有的借记卡数	世界银行全球支付系统调查	每年
企业服务网点	拥有POS终端的中小企业比例	世界银行企业调查（预期指标）	3～5年
服务网点的互通性	ATM网络的互通性和POS终端的互通性：如果绝大多数或所有的ATM网络（或POS终端）互通，选值为“1”；如果不互通，则选值为“0”	世界银行全球支付系统调查	每年
质量指标：金融素养和能力			
金融知识	正确回答有关基本金融概念的问题，将得分相加计算总分，如通货膨胀、利率、复利、货币幻觉①、风险分散、保险的主要目的	世界银行金融素养调查和经合组织国家金融素养和普惠金融调查	周期性

① 货币幻觉的概念最早由美国经济学家欧文·费雪提出，是指货币政策的通货膨胀效应。它是指人们只是对货币的名义价值做出反应，而忽视其购买力变化的一种心理错觉。

续表

类别	指标	来源	频率
金融行为	将存款用作应急资金，即回答下列问题中“存款”的成年人比例：如果遇到紧急情况需10美元（或人均GDP的1/25），你会从哪里获取该笔资金？(1)向朋友或亲戚借款；(2)干更多的工作；(3)出售资产；(4)存款；(5)从“储蓄俱乐部”贷款；(6)从银行贷款；(7)无法获取	世界银行全球普惠金融调查	三年一次
质量指标：市场行为和消费者保护			
信息披露要求	信息披露指数结合现存的若干披露要求	世界银行全球金融者保护调查	每年
纠纷解决机制	反映内、外部纠纷解决机制的指数	世界银行全球金融消费者保护调查	每年
质量指标：使用障碍			
信贷障碍	在上一笔贷款中被要求提供抵押物的中小企业比例（反映信贷条件紧缩）	世界银行企业调查及关于中小企业和企业家融资状况的报告——OECD打分板	3～5年
	信贷可得性，即信用报告系统的效力、担保的有效性和促进放贷的破产法，可用“边界距离”衡量	世界银行全球营商环境调查	每年

资料来源：中国人民银行官网。

第五章　大型商业银行的普惠金融

发展普惠金融，有利于促进金融业可持续均衡发展，引导更多金融资源配置到经济社会发展的重点领域和薄弱环节。大力发展普惠金融，是金融业支持现代经济体系建设、增强服务实体经济能力的重要体现。大银行是我国金融体系的支柱，是货币政策传导的主渠道，发展普惠金融不仅是责任和使命所系，也是市场机遇和转型方向所在。事实上，大银行发展普惠金融具有不可比拟的独特优势，更有利于提升服务效率，降低服务成本，推动"普"和"惠"的可持续。

近年来，在宏观政策支持与金融科技助力下，中国普惠金融快速发展，大银行普惠金融保持"增量，扩面，降价，提质"，重点群体的普惠金融服务实现优化，普惠金融产品创新取得突破，体系建设与制度流程优化联动协同。截至 2020 年年末，普惠金融领域贷款余额 21.5 万亿元，普惠小微贷款余额 15.1 万亿元，两项余额分别同比增长 24.2%、30.3%。普惠金融领域贷款余额排名前 5 位的银行分别是建设银行、农业银行、邮储银行、工商银行、中国银行，其中，建设银行、农业银行、邮储银行的普惠金融领域贷款余额均超过 1.2 万亿元，工商银行、交通银行、建设银行、农业银行增速超过 50%。同时，普惠小微贷款共支持小微经营主体 3 228 万户，比 2019 年增长 19.4%。单户授信小于 1 000 万元的小微企业贷款客户数排名前几位的银行分别是建设银行（104.3 万户）、农业银行（29 万户）、工商银行（13.8 万户）、中国银行（11.6 万户）。①

第一节　优劣势分析

一、优势

传统观点认为，由于普惠金融面临着成本高、利润薄等难题，大银行不具备发展普惠金融的优势。事实上，大银行网点多、覆盖广、员工队伍大，具有发展普惠金融的天

① 中国人民银行《2020 年金融机构贷款投向统计报告》。

然优势。特别是随着信息技术的进步,大银行不仅能很好地解决普惠金融信息不对称的问题,同时也能发挥规模经济和范围经济,具有成本优势、管理优势和技术优势,从而实现普惠金融的可持续发展。

1.“线上+线下”的网络渠道优势

普惠金融业务量大而分散,金融服务“最后一公里”落地难的问题较突出。与中小金融机构相比,大银行网点数量众多、覆盖面广、功能齐全,能够辐射到广大小微、“三农”等目标客户群体。近年来,在监管部门的支持推动下,大银行相继成立普惠金融事业部,建立专门机制,对普惠金融业务进行垂直管理,进一步促进服务重心的下沉。同时,大银行的IT建设走在行业前列,“实体网点+自助银行+网络银行+手机银行”的立体化金融服务网络较为成型,促进金融服务进一步突破时空制约,向社会经济体系的远端末梢延伸,有效提升金融服务的可触达性和覆盖率。特别是大银行运用金融科技赋能普惠发展,构建起“金融+小微”“金融+民生”“金融+‘三农’”等场景生态,拓展了普惠金融的深度和广度。

2.“资金+风控”的成本优势

破解普惠融资难题,核心是风险定价。风险定价由资金成本、运营成本、风险溢价等构成,而大银行更具有比较优势。一方面,大银行客户基础雄厚,资金来源稳定,核心存款在负债中的占比较高,资金成本相对较低,这既能避免存款分流制约信贷投放能力,又能避免资金端成本上升向资产端传导。另一方面,大银行与政府、行业协会、社会团体、大企业等联系广、业务合作多,可以打通产业链上下游,汇集庞大的客户、账户、交易、行为、偏好等基础信息,结合征信、税务、工商、司法等各种公共数据的多维交叉验证,对客户更能“看得清”“把得准”,从而有效控制小微贷款的风险溢价。而一些缺乏风控能力支撑的机构采取“以高利率覆盖高风险”策略,在缓解融资难的同时加剧了融资贵问题。

3.“信贷+非信贷”的综合服务优势

虽然当前对小微金融的关注焦点集中在融资层面,但实际上,小微企业所处的生命阶段不同、生产经营特点不同,其金融服务需求也存在明显差异。金融机构既要做好信贷基础服务,也要善于创新整合,围绕支付、结算、理财、交易、托管,以及信息咨询、风险管理等服务需求,做好全流程、全产品、全周期的金融服务。大银行通常建有涵盖公司、个人、金融市场、资产管理、投资银行等全功能业务体系,可以充分利用这些业务积累的专业优势,针对普惠金融重点服务对象建立与之相适应的管理机制、业务模式、产品、服务和技术支撑体系,进而实现信贷与非信贷之间的相互配合、协同推进。

二、劣势

从实践来看,普惠金融体系的主力仍是具有草根性质的社区性小型金融组织,如社区银行、信用合作社等,究其原因除了普惠金融成本高、风险高、收益低的制约外,与小机构相比,大银行发展普惠金融也存在一些劣势。

1. 面临更大的信息不对称问题

相对于城市地区,大银行在农村地区的机构非常少,很难及时了解农村金融服务信息;而农民对大银行的了解也很少,认为大银行门槛高,不敢贷款。由于农民总体贷款历史记录少,缺乏贷款的信用记录,信用软环境建设长期不足,再加上缺乏有效的抵押担保,严重影响信贷业务决策的软信息,而这类信息的收集处理更依赖人力和人际关系,因此与农村型社区型小机构相比,大银行在这方面显然处于劣势。

2. 面临更大的财务压力

普通农户、小微企业资金需求相对较小,大多只有几万元、几十万元,但贷款的调查成本并不比大额贷款低。银行信贷员为了一笔几万元的贷款需要上门调查,有的甚至需要多次上门,成本通常比较高。对大银行来说,由于农村网点缺乏,调查成本相对更高,普惠业务规模越大,越容易拉低金融效率,导致资产效益降低,影响财务绩效。

3. 面临更大的人员和网点扩张问题

为了有效解决发展普惠金融所遇到的信息不对称问题,大银行需要在农村地区增设物理网点,延伸服务半径,但从国内大银行的发展历史来看,普遍都经历过在农村地区广设网点又大规模撤销网点的曲折历程,对重新增设农村网点有心理抵触。同时,新设网点成本高,通过增点、增员的方式显然无法满足各家大银行的财务业绩要求。

三、存在的问题

在普惠金融尤其是小微企业信贷实践中,大银行还存在续贷业务占比低、准入门槛高、风险防控弱等问题,信息不对称、抵押续期难等也在一定程度上束缚了银行续贷业务的开展。

1. 续贷业务推广力度不够

一是部分银行对续贷政策理解和认识不到位,主动创新和主动作为意识不足。有的银行担心续贷会诱导部分企业"有钱不还",刻意回避对续贷业务的宣传,续贷业务客户数和余额占比均较低。二是部分银行考核激励机制不健全,尽职免责未落地。由于办理续贷的客户通常经营周转已面临一定困难,最终贷款出现风险的概率相对较高，有的银行对续贷业务简单理解为常规意义的借新还旧并进行责任追究，基层银行不敢办理续贷、担心受到处罚的情况较普遍。

2. 续贷准入门槛较高

目前，部分银行审批续贷趋于谨慎，有的银行在续贷业务实际办理过程中设立担保方式、结算资金量等限制条件，导致许多本应符合续贷标准的小微企业被拒之门外。此外，部分银行未能按照监管要求，对申请续贷企业进行充分授信风险审评，存在对所有续贷业务“一刀切”下调授信风险等级的现象。

3. 续贷业务不良率偏高

银行创新小微企业贷款还款方式，在满足小微企业融资需求的同时，也带来了风险管控难度加大、贷款用途监管困难等实际问题。有的银行未能建立和完善区别于一般贷款的续贷业务贷后分析和风险监测机制，而小微企业信息披露相对不规范，银行仅从外部信息难以判断其资金需求的真实性及信用风险，造成续贷产品的不良率明显高于正常贷款产品。

4. 配套制度尚不健全

一是抵押物续贷确权登记时间长，导致续贷空档期银行债权悬空。按照贷款管理办法，办理续贷业务需要重新办理抵押登记手续，为新的债务期间提供担保。尽管相关法律对抵质押变更进行了规定，但实际操作中，由于涉及抵质押权利行权顺序先后问题，抵质押物对应的贷款合同变更时，登记部门要求先解押再重新办理抵质押登记，解押后重新登记前原贷款出现担保悬空，造成银行对抵押物的优先处置权丧失，加大了贷款风险控制压力。二是风险分担机制有待加强。银行开展续贷业务风险程度偏高，既需担保机构、评估机构和政府部门形成合力，也亟须形成风险分担机制，提高银行风险缓释能力。然而，部分地区政策性担保机构发展相对滞后，担保能力不足，而商业担保机构不愿为续贷继续提供担保，导致续贷担保难落实。

第二节　组织保障

2017 年《政府工作报告》指出，“鼓励大中型商业银行设立普惠金融事业部，国有大型银行要率先做到。”2017 年 5 月 23 日，原银监会牵头有关部门按照商业化运作、条线化管理、专业化经营、差异化发展、分步骤实施、配套政策支持的原则，稳步推进大银行设立普惠金融事业部，并通过逐步建立完善事业部体制机制，进一步提高大银行普惠金融服务水平和能力。

一、普惠金融事业部的总体特点

1. 搭建组织架构，实现条线管理

大银行建立普惠金融条线型垂直管理体系，提高市场反应能力和审批效率，实现经营战略的有效传导和落实。例如，农业银行、建设银行在董事会和管理层增加普惠金融管理职能，总行和一级分行设立普惠金融事业部，二级分行视情况设立普惠金融事业部。

2. 理顺经营机制，提高运行效率

大银行按照监管要求，逐步完善普惠金融事业部经营机制，加强普惠金融差异化政策建设，确保有专门政策和资源服务普惠金融群体。例如，建设银行建立专项评审机制，区分行业、区域、业务种类建立审慎精准的业务转授权机制；交通银行通过构建普惠金融事业部差异化考核体系，阶段性调整利润考核权重。

3. 突出特色经营，加强业务协同

大银行立足现有客户基础和业务特点，发挥各自优势，突出服务重点，明确普惠金融事业部业务边界，形成各具特色的普惠金融服务模式。例如，工商银行普惠金融事业部致力于做好小微客户的"三农"、扶贫、"双创"等金融业务，由公司金融部协同承接发展壮大后不再符合小微客户信贷准入标准的公司客户营销和管理。

专栏5－1
SPECIAL COLUMN

大中型银行设立普惠金融事业部

2017年5月23日，原银监会牵头发展改革委等11个部门联合印发《大中型商业银行设立普惠金融事业部实施方案》，推动大中型商业银行设立聚焦小微企业、"三农"、创业创新群体和脱贫攻坚等领域的普惠金融事业部。

原银监会着重引领大中型银行注重顶层设计，督促大中型商业银行董事会承担普惠金融发展的第一责任，制定普惠金融的长期发展战略，特别是要求董事会及管理层新设专门委员会或指定现有委员会，负责指导全行普惠金融业务发展和经营管理，全面推进相关工作。针对各大中型商业银行不同的实际情况，指导各行充分整合、利用现有资源，形成各具特色的普惠金融服务模式。

资料来源：《中国普惠金融发展报告(2018)》。

二、普惠金融事业部的组织架构

(一)中国工商银行[①]

2017年6月,中国工商银行在原小企业金融业务部的基础上成立普惠金融事业部,统筹规划和推动各项普惠金融业务发展,承担小微金融业务市场规划、产品创新、流程优化、专营机构和专业队伍建设等职能。

总行层面,指定董事会下设的战略委员会负责制定普惠金融业务发展战略等相关事宜。同时,在总行成立普惠金融推进委员会,成员部门包括普惠金融事业部、公司金融业务部、授信审批部等近20个部门,负责落实董事会相关决议,审议、审阅全行普惠金融业务的发展规划及业务报告、重要制度办法,协调解决普惠金融业务发展中的重大事项,指导全行普惠金融业务发展和经营管理。

一级分行层面,组建普惠金融事业部,作为分行内设机构或直属机构管理,接受总行普惠金融事业部的指导,承担辖内普惠金融业务的区域规划、市场营销和风险管理职能,指导辖内二级分行在授权范围内拓展相关业务。目前,38家分行均已设立普惠金融事业部。

二级分行和重点支行层面,设立小微金融业务中心,组建小微信贷专家队伍,推行集约化运营、专业化分工、标准化作业,实现小微金融业务的"一站式"服务。截至2020年年末,全行小微金融业务中心达324家,比2019年末增加36家。其中,"中国制造2025"首批试点示范城市(群)涉及的31个城市实现全覆盖。

(二)中国农业银行[②]

2017年,中国农业银行在不改变"三农"金融事业部现有架构的基础上成立普惠金融事业部,主要负责"三农"以外的普惠金融服务,从而形成具有农行特色、覆盖城乡、"'三农'金融事业部+普惠金融事业部"双轮驱动的普惠金融服务体系。

普惠金融事业部负责全行普惠金融服务体系的统筹规划、制度建设、管理推进、统

---

① 中国工商银行成立于1984年1月1日。2005年10月28日整体改制为股份有限公司,2006年10月27日在上海证券交易所和香港联合交易所同日挂牌上市。该行已经迈入世界领先大银行之列,拥有优质的客户基础、多元的业务结构、强劲的创新能力和市场竞争力,向全球超860万公司客户和6.8亿个人客户提供全面的金融产品和服务。连续八年位列英国《银行家》全球银行1 000强和美国《福布斯》全球企业2 000强榜单榜首、位列美国《财富》500强榜单全球商业银行首位,连续五年位列英国Brand Finance全球银行品牌价值500强榜单榜首。

② 中国农业银行的前身最早可追溯至1951年成立的农业合作银行。自1979年2月恢复成立以来,相继经历了国家专业银行、国有独资商业银行和国有控股商业银行等不同发展阶段。2009年1月整体改制为股份有限公司,2010年7月15日分别在上海证券交易所和香港联合交易所挂牌上市。该行是中国主要的综合性金融服务提供商之一,致力于建设经营特色明显、服务高效便捷、功能齐全协同、价值创造能力突出的国际一流商业银行集团。2014年起连续七年被纳入全球系统重要性银行名单。2020年,在美国《财富》世界500强中位列第35位,在英国《银行家》全球银行1 000强中位列第3位。

计报告等工作，同时具体负责普惠金融领域中非涉农法人小微企业的营销与管理。“三农”金融事业部负责全行县域业务的统筹管理和县域市场的统筹推进，并负责涉农业务的专业化经营管理。中后台管理部门按照各自职责分工分别承担普惠金融业务相应领域的经营管理职责。

总行层面，在原董事会和管理层“三农”委员会的基础上增加小微等普惠金融管理职责。将总行原小微企业金融部门改建为普惠金融事业部，包括综合管理处、系统支持处、市场营销处、业务管理处、专营机构处、风险合规处、产品研发处、网络融资处。在原“三农”金融事业部中后台“八中心”基础上设立普惠金融“八中心”[①]。

一级分行层面，37 家一级分行已全部设立普惠金融事业部。

二级分行和支行层面，规模较大的省会城市行将单独设立普惠金融事业部；其他二级分行根据辖内小微企业发展情况，确定普惠金融事业部机构设置的不同模式；支行通过设立普惠金融服务专营机构、建立普惠金融服务专业团队等方式开展普惠金融服务工作。

（三）中国银行[②]

2017 年 6 月，中国银行成立普惠金融事业部。中银集团的普惠金融服务主体不仅包括商业银行法人机构，还包括专门从事普惠金融服务的中银富登村镇银行以及中银消费金融公司，形成中国银行法人与中银富登村镇银行、中银消费金融公司“1＋2”的普惠金融架构。

总行层面，董事会指定董事会战略发展委员会负责普惠金融业务，管理层层面成立普惠金融管理委员会。同时，在总行成立普惠金融办公室，作为普惠金融管理委员会的秘书机构，挂靠普惠金融事业部。

中国银行法人层面，一级分行成立普惠金融办公室，作为各分行的普惠金融事业分部，与中小企业部实行“一套人马，两块牌子”。分行普惠金融事业分部负责辖内普惠金融的业务规划与业务推动，数据报告及当地监管沟通，向总行普惠金融事业部汇报。目前一级分行已全部成立普惠金融事业部。二级分行和管辖支行成立普惠金融服务中心，并配置专人负责普惠金融业务，同时全行所有营业网点都作为普惠金融基

---

① “八中心”包括资本与资金管理中心、核算与考评中心、风险管理中心、信用管理中心、信用审批中心、人力资源管理中心、渠道管理中心、互联网金融管理中心。

② 中国银行于 1912 年 2 月正式成立，先后行使中央银行、国际汇兑银行和国际贸易专业银行职能。1994 年改组为国有独资商业银行，全面提供各类金融服务，发展成为本外币兼营、业务品种齐全、实力雄厚的大型商业银行。2006 年 7 月 5 日在香港联合交易所和上海证券交易所挂牌上市，成为国内首家“A＋H”上市银行。2011 年，中国银行在新兴经济体中首家入选并在此后连续 10 年入选全球系统重要性银行，国际地位、竞争能力、综合实力已跻身全球大型银行前列。2020 年，在美国《财富》世界 500 强中位列第 43 位、英国《银行家》全球银行 1 000 强中位列第 4 位、美国《福布斯》全球企业 2 000 强中位列第 10 位。

础服务网点，并筛选部分网点作为普惠金融信贷发起特色网点。

中银富登村镇银行通过“1拖3”模式（即一个县建立一家法人行，围绕法人行在乡镇设立3～4家支行），加大机构网点下沉乡镇、延伸金融服务范围。目前，已在全国12个省市82个县域共设立82家法人行，其中78%分布在中西部，贫困县占比达33%。

中银消费金融公司专注于二三线城市金融服务弱势群体的小额金融贷款服务。目前已覆盖全国近200个城市，合作商户及网点逾千家，已为超过200万客户提供便捷、专业、灵活的消费融资服务。

（四）中国建设银行①

2017年4月，中国建设银行成立普惠金融发展委员会及普惠金融事业部。普惠金融发展委员会负责全行普惠金融业务发展规划制定、政策制度建设、业务统筹推进等。普惠金融事业部牵头普惠金融业务相关工作。

董事会层面，由董事会下设社会责任与关联交易委员会监督指导管理层推进普惠金融相关工作。总行层面，成立普惠金融发展委员会，由19个相关部门组成；同时，成立普惠金融事业部，小企业业务部加挂“普惠金融事业部”牌子，负责普惠金融业务牵头工作，落实普惠金融发展委员会相关决策，衔接和推动普惠金融政策落实，推进普惠金融业务发展等。

分支机构层面，推动普惠金融事业部垂直机构建设。目前，37家一级分行已全部设立普惠金融事业部。并且，在“中国制造2025”国家级示范区所涉及30个城市中的12个城市所在机构设立普惠金融事业部。同时，加强小微企业专业机构建设，在全国主要城市和百强县设立小企业中心288家，覆盖85%以上的中心城市行。开展基层机构特色化布局，挂牌784家普惠金融特色网点，深化网点效能提升，开办小微企业信贷业务的网点占比超过90%。

（五）交通银行②

2017年，交通银行成立普惠金融事业部，形成针对普惠金融业务的垂直化、专业化经营管理体系。

董事会层面，在董事会战略委员会的基础上挂牌成立普惠金融发展委员会。高管

---

① 中国建设银行是一家中国领先的大型商业银行，成立于1954年10月。2005年10月27日在香港联合交易所挂牌上市，2007年9月25日在上海证券交易所挂牌上市。2020年，在美国《财富》世界500强中位列第30位、英国《银行家》全球银行1 000强中位列第2位。

② 交通银行始建于1908年，是中国历史最悠久的银行之一，也是近代中国的发钞行之一。1987年4月1日，重新组建成为中国第一家全国性的国有股份制商业银行。2005年6月23日在香港联合交易所挂牌上市，2007年5月15日在上海证券交易所挂牌上市。2020年，在美国《财富》世界500强中位列第162位、英国《银行家》全球银行1 000强中位列第11位。

层层面，成立普惠金融管理委员会，落实董事会战略委员会相关决议和计划，统筹管理、协调和推动全行普惠金融业务的经营和发展。普惠金融管理委员会下设办公室，统筹协调和推进分布在不同条线、不同层级、不同业态的普惠金融业务，确保小微、“三农”、扶贫、“双创”及其他各类普惠金融业务全面达成目标。

总行层面，在总行小企业金融部基础上成立普惠金融事业部一级部，并承担普惠金融管理委员会办公室职能，负责落实普惠金融业务的统一规划、统筹管理，部门内增设统计核算二级部，承担统计与核算等相关工作。分行层面，37 家省直分行全部成立普惠金融事业部；省辖分行层面，在小企业金融部或主要负责小微授信业务的部门基础上，挂牌成立普惠金融事业部。

第三节　内部机制建设

经营机制是实现普惠金融事业部专业化经营、垂直化管理的重要前提，也是实现普惠金融事业部保本微利、可持续经营的根本保障。为提升商业银行普惠金融服务能力，提升主动性和专业性，原银监会持续引导商业银行加强专业化经营机制建设，指导大银行设立普惠金融事业部时建立“五个专门”[①]经营机制，指导银行制定小微企业授信尽职免责制度，2018 年进一步将相关要求扩展到普惠型涉农贷款、扶贫小额信贷和精准产业扶贫贷款。目前，大银行围绕普惠金融业务制订了专门的信贷计划，安排了专项激励费用，提高了考核分值权重，制定了尽职免责办法，对普惠金融重点领域贷款[②]给予相应内部资金转移价格优惠。

一、中国工商银行

（一）综合服务机制[③]

近年来，中国工商银行积极推进小微金融专业化经营，建立了一套区别于大中型公司客户、完全独立的小微企业信贷评级、授信体系，弱化对企业财务数据和指标的要

① “五个专门”是指专门的综合服务、统计核算、风险管理、资源配置、考核评价。

② 普惠金融重点领域贷款指单户授信总额 1 000 万元以下（含）小微企业贷款和普惠型其他组织及个人经营性（非农户）贷款、单户授信总额 500 万元以下（含）的普惠型农户经营性贷款。

③ 综合服务机制是指拓展普惠金融服务广度和深度，开发多元化、全方位金融服务。除融资、支付结算等基础金融服务外，综合运用多种方式和手段，满足多层次、多样化普惠金融需求。制定符合普惠金融需要的信贷管理政策，细化准入政策和标准，建立专项信贷评审机制。根据各地经济金融发展状况和普惠金融事业部风险管理能力，区分业务种类下放信贷审批权限，简化业务流程，缩短决策链条。借助互联网等现代信息技术手段，延伸服务半径，拓宽服务渠道，提高服务效率和质量。

求，更加重视对企业实际生产经营情况和资金结算行为分析，设计了以定性评价和定量评价相结合的客户评级模型，以及以经营现金流为测算依据的授信模型，较好解决了小微贷款准入门槛高、授信额度不足等问题。

将评级、授信、押品、审批四个原本独立的流程进行“四合一”整合改造，允许调查、审查和审批人对上述流程进行合并处理，缩短了近30%的业务处理时间，尤其是小微中心信贷业务从尽职调查到完成审批的时间压缩至7个工作日以内，续贷业务最快2天即可办完。同时，结合各地市场环境和客户需求特点，从区域、金额、准入条件等维度出发，探索实施产品营销、尽职调查、业务审批的差异化授权，更好地发挥分行经营主体作用，着力提升营销服务效率和实质性风险管控能力。

(二)统计核算机制①

为真实反映普惠金融条线的成本、收益和风险状况，中国工商银行在总行组建了由财务会计部牵头，普惠金融事业部、管理信息部、信息科技部、资产负债管理部等相关部门参与的工作组，开发普惠金融事业部统计核算报表功能。

(三)风险管理机制②

中国工商银行在小微金融领域大力推进市场规划和客户优选、专业高效的尽调和评审、非现场与现场结合的贷后管理等全流程风险管理机制建设，构建科学的小微金融风险管理体系。对小微信贷业务设置差异化的风险容忍度(对不良率不高于各项贷款2个百分点以内的分支机构不作为绩效考核的扣分因素)。对小微信贷业务足额计提减值准备，并执行差异化核销政策。

(四)资源配置机制③

从2018年起，中国工商银行在全行贷款计划总量额度内设置单独的普惠贷款专项计划，专门用于小微企业贷款投放，各级机构不得挪用，其他业务产品不得挤占。资产负债管理部结合全行贷款计划，按照高于各项贷款平均增幅的原则确定底线计划额度；普惠金融事业部负责分解和调整分地区小微贷款计划，实行下限指令性计划管理。

经济资本方面实施单独的经济资本计量政策、配置政策和评价政策。为普惠金融事业部核定单独的部门费用指标和工资费用，并根据机构设置情况配置相应的固定资产资源。

---

① 统计核算机制是指明确普惠金融事业部与其他部门之间成本分摊、收益分享的方法，合理确定内部资金转移价格，真实反映普惠金融事业部的成本、收益和风险状况，定期生成事业部统计核算报表。

② 风险管理机制是指根据银行风险管理战略和政策，构建科学的普惠金融事业部风险管理制度和体系，足额计提减值准备金，覆盖资产减值风险。强化内部审计功能，防范普惠金融业务风险。对普惠金融业务确定合理的风险容忍度，落实授信尽职免责制度。

③ 资源配置机制是指专门配置普惠金融事业部各项资源，专门下达信贷、经济资本、费用、固定资产、用工等资源计划，为普惠金融服务提供强有力的资源保障，有效控制成本，合理定价。

（五）考核评价机制[①]

工商银行将普惠金融业务与经营机构主要负责人评优及提拔任用挂钩；对一级分行普惠金融事业部采取双线考核，对增长差的分行实施考核降档，同时将业务发展情况与分管行领导绩效挂钩，并探索推进对小微金融业务按照客户贡献维度考核到客户经理。

专栏 5－2
SPECIAL COLUMN

中国工商银行的内部资源保障制度

中国工商银行坚持为普惠金融业务发展提供充分的资源保障。在信贷规模上，及时为业务发展较快的分行追加规模，不设上限、优先保障。在统一的经济资本计量标准框架内制定了普惠金融经济资本计量优惠政策，对小微企业贷款专门设置了75%的经济资本调节系数，低于一般贷款100%的调节系数水平。在资金价格上，从2018年起对普惠金融重点领域贷款给予25BP的内部资金转移价格优惠，鼓励分行降低普惠贷款利率。

资料来源：《中国普惠金融发展报告（2018年）》。

二、中国农业银行

（一）综合服务机制

中国农业银行在基本信贷政策框架下，按照零售化、小额化、标准化、批量化的思路建立小微企业信贷管理体系，逐步解决小微企业信贷业务运作成本高、效率低的问题。

（二）风险管理机制

根据风险管理战略和政策，不断完善普惠金融事业部风险管理制度和体系，有效防范业务风险。

（三）资源配置机制

建立单独的普惠金融事业部资源配置机制，确保资源配置与业务发展相适应。

（四）考核评价机制

优化普惠金融事业部专项考核方式和考核内容，体现监管要求和银行发展战略，

① 考核评价机制是指逐步建立符合普惠金融业务特点的专项绩效考核制度，完善差异化考核指标体系，构建有效的绩效薪酬管理和激励约束机制。

加强普惠金融事业部考核结果运用，引导各级机构提升普惠金融服务能力。

三、中国银行

（一）综合服务机制

中国银行在普惠金融事业部的推进下，各相关业务条线进一步明确普惠金融客户定位，开发适应客户需求的多元化金融产品与服务，就普惠金融产品体系、服务机制等提出系统的落实措施，同时制定普惠金融信贷发起网点的选择及退出标准，提出信贷发起网点5年建设规划的原则性框架。网络金融部等部门制定数字普惠金融发展规划，利用互联网与大数据手段，加快数字普惠业务发展。

（二）统计核算机制

根据普惠金融事业部“1+2”的特点，建立集团统一的统计核算体系，在满足监管报表要求的基础上，增加用于内部管理的指标。同时，成立跨部门的普惠金融数据治理小组，进一步细化标识规则，加强数据质量管理，明确指标口径、数据来源、加工逻辑、责任部门与时效要求，推进统计核算相关事项。

（三）风险管理机制

普惠金融相关部门根据客户需求和风险特点，建立差异化的风险管理体系，中银富登村镇银行和中银消费公司均建立了独立的风险管理体系。同时，根据最新的监管要求，各业务部门梳理客户准入、授权管理、授信审批、客户评级、风险分类、拨备计提、贷款核销及问责等主要环节的风险管理要求，提出适合普惠金融战略的、系统的风险管理政策措施。

（四）资源配置机制

根据监管要求，为普惠金融事业部专门下达信贷、经济资本、费用、固定资产、用工等资源计划，为普惠金融服务提高资源保障。财务管理部、司库等部门给普惠金融业务提供充足的信贷额度、流动性等支持。

（五）考核评价机制

普惠金融事业部与人力资源部和财务管理部沟通，制定普惠金融事业部的业务目标与考核方案。对于分支机构，普惠金融业务的考核与一级分行领导班子，特别是分管副职的考核挂钩，以实现有效的传导和落实。

四、中国建设银行

（一）综合服务机制

普惠金融信贷政策方面，加大对扶贫、小微、涉农等普惠金融领域的资源倾斜，进一步优化产业结构、精准对接贫困地区基础设施建设和特色产业发展需求。同时，根据普惠金融客户群体特点，制定普惠金融差别化信贷管理政策。

差别化授信审批机制方面，区分行业、区域、业务种类等，建立审慎精准的业务转授权机制。在小企业转授权金额方面，既考虑是否设立信贷工厂，也考虑不同业务类型及相关分支机构的小企业信贷资产质量。并且，积极开展小企业审批专业化试点，加大审批资源向普惠金融业务倾斜力度。目前，已在18个分行开展小企业审批专业化试点，建立与小企业业务量相匹配的小企业审批专业化队伍，促进实现小企业审批的专业专注，确保有专门审批资源用于支持普惠金融业务发展。另外，开展小企业授信流程优化工作。研究批量授信系统需求，完善评分卡续贷业务、小微快贷业务自动审批流程。

（二）统计核算机制

根据银保监会"普惠金融重点领域贷款统计指标体系"，数据管理牵头相关部门对27项指标进行逐项梳理，明确普惠金融业务范围和统计口径。并且，制定普惠金融事业部的成本分摊参数、收益分享规则，合理确定和动态调整内部资金转移价格，客观反映普惠金融业务的成本、收益和风险状况。

（三）风险管理机制

完善全面风险管理机制，将对业务、机构、人员、风险种类等的全覆盖作为全面风险管理的基本原则之一。同时，完善小企业客户评级体系，采用大数据分析方法，客观勾画企业风险全面，启动《客户信用评级工作管理办法》的修订工作，以适应当前客户准入评级的新特征。而且，制定信贷业务责任认定制度及小微企业授信业务尽职免责制度，明确小企业信贷业务管理责任、直接管理责任和直接经营责任的问责要求和相关免责情形。

（四）资源配置机制

一是加大信贷资源支持力度。在年初综合经营计划中积极满足小微企业贷款需求，单列信贷计划，并要求分行实行刚性管理，不得调减、挤占、挪用相关信贷计划。并且，对部分产品统一由总行单独配置贷款资源，不占用分行贷款规模。

二是强化营销激励费用配备。为激励有效客户增长，设置客户增长挂钩政策，对公司机构有效客户增长分别配置了人力费用和非人力费用。

（五）考核评价机制

将普惠金融发展纳入一级分行KPI考核体系，对小企业大数据产品及助保贷贷款、涉农贷款、个人创业及经营类贷款进行考核。在一级分行KPI考核指标中，设置小企业不良贷款率容忍度加分项，小微企业不良贷款率高出各项贷款不良率2%（含）以内，或者小微企业不良率不高于3.5%的加分。在综合经营计划中，充分考虑小企业业务（普惠金融业务）的特性，提高风险容忍度，相关指标目标值高于其他业务条线

(如新暴露不良率)。

五、交通银行

(一)综合服务机制

首先,建立差异化的小微授信政策和投向指引。针对不同地区、不同客群、不同担保方式,制定差异化的准入策略安排以及总量管理方案,指导分行因地制宜制定政策细则,结合当地产业特色、区位优势及政策导向发展业务。制定小微专项融资授权方案,针对小微项目制和小微产品进行差异化业务授权和产品授权。

其次,建立自上而下的客群规划、筛选和推进机制。建立内部联动和外部合作的营销拓展机制,创新项目制批量营销模式,批量开发、集群管理,扩大服务客户的覆盖面,实现规模效应。通过优化项目制下的单笔业务快捷审批流程,提高审批效率;通过集群风险管控,实现银行小微融资业务健康可持续发展。

再次,推动小微专营团队建设。通过优化体制架构和网点布局,更好地聚焦小微、服务小微、扶持小微。按照“专业的人,专业的事,专门的考核”的要求,组建小微专营团队。

最后,推进小微信贷流程优化。推行“双人调查,平行报告,派驻审批”的管理模式,探索“客户经理+风险经理”平行作业。实施“限时服务承诺”,监控全信贷流程的效率,以及管控时效偏离度,对偏离度大、效率低的分行专项督导。修订无还本续贷管理办法,加快续贷办理流程,简化续贷手续。对借款企业主观还款意愿良好,但出现短期经营或资金困难、贷款偿还能力暂时不足的,一户一策调整还款计划,在到期额度内发放重组贷款偿还原贷款本金,实施“原状重组”,以缓解企业当期偿债压力。

(二)统计核算机制

总行普惠金融事业部下增设统计核算二级部,明确人员编制及配置要求,强化统计核算管理的制度化、常态化和体系化建设。研究开发与普惠金融相匹配的基础业务统计表、损益表、资产负债表。

(三)风险管理机制

一是建立全流程的小微业务风险管控机制。形成总分辖三级管理,行业客群、项目制、单户三层风险过滤,行业准入、内评管理、区域管理、授权审批、授信流程、贷后管理等全方位风险管理体系。完善担保公司分级分类管理体系,推进担保公司总量控制和结构调整。

二是加强重点领域风险防控。持续推进小微风险管控专项行动,对重点分行和重点风险领域实施“一户一策”“一行一策”专项行动。强化重点领域风险管控,总行主导开展常态化排查和管控,强化重点风险遏制。

三是加强风险管控工具运用。制定小微业务贷前“十必查”与贷后“六必检”授信管理工具，梳理小微业务相关制度文件中禁止性要求形成负面条款清单，提醒分行政策红线。利用系统报表动态监控投向比例，搭建担保公司主要信息“一站式”综合视图，利用贷后监控系统及内设的监控规则，自动识别并预警风险信号。

（四）资源配置机制

第一，建立包括专项规模、FTP补贴、专项行动等全方位的资源支持政策体系，推进全员全产品计价系统建设与推广。加强人力资源配置政策，总行普惠金融事业部内增设统计核算二级部，增配相关人员编制，并要求分行同步落实条线岗位和人员配置。

第二，制定包括“三个不低于”在内的各类普惠金融业务发展规划，单列小微信贷计划，并分解到各条线、各分行作为必达任务。明确小微实质性贷款投放不受规模管控限制。

第三，加强定价指导和动态调整，根据市场定价情况，坚持“一行一策”管理，灵活调整分行定价政策，同时进一步规范收费管理。

（五）考核评价机制

建立符合普惠金融业务特点的专项绩效考核制度，完善差异化考核指标体系，构建有效的绩效薪酬管理和激励约束机制。建立对分行、分行行长考核和条线考核的“双轮驱动”、正向激励和负向惩罚相结合的绩效考核模式，提升分支行经营机构对普惠金融业务的重视程度。

第四节　普惠金融模式

大银行开展普惠金融主要采取全国规模化推进模式。采取总成本领先战略，银行需要具备规模化的网点和员工数量，能够依托其大规模的客户基础获取低成本存款、规模化推广金融业务，借助集约化的中后台支撑以及较为领先的信息科技水平等降低成本，实现全国范围内普惠金融服务。

具体而言，中国工商银行致力于做好小微客户的“三农”、扶贫、“双创”等金融业务，形成以“融资＋融智＋融商”为核心的普惠金融服务模式。中国农业银行发挥“三农”金融事业部优势，采用“三农＋小微”双轮驱动的普惠金融服务模式。中国银行依托中银集团的资源，以中银富登村镇银行为基础，分条线落实普惠金融业务经营管理要求，形成“普惠金融事业部＋村镇银行”双线并进的普惠金融服务模式。中国建设银行采取金融科技支持下的“双小”战略，形成以“批量化获客、精准化画像、自动化审批、智能化风控、综合化服务”为特色的普惠金融服务模式。交通银行通过建立“专营团队

＋传统网点”机制、逐步推进事业部制派驻模式、试点“客户经理＋风险经理”平行作业模式等，不断完善普惠金融业务运行模式。

一、中国工商银行

(一)模式

中国工商银行主要以数字化为手段，通过线上线下协同，构建一站式、立体化、全方位的综合金融服务体系，打造以“融资＋融智＋融商”为核心的普惠金融服务模式。

为实现数字化普惠金融服务升级，中国工商银行持续推进渠道转型发展，通过完善“智能＋人工”“线上＋线下”“远程＋近场”等服务供给，不断深化线上线下渠道的一体化建设。在健全普惠金融产品体系方面，构建“一个平台，三大产品”的普惠金融综合服务体系，实现服务覆盖面和便利性的有效提升。

2019 年年底，中国工商银行发布“万家小微成长计划”和以“融资＋融智＋融商”为核心的“普惠金融服务 2.0”。“万家小微成长计划”是基于对未来目标市场的定位，计划 3 年内优先支持 10 000 家“产品有市场，行业有潜力，企业有信誉”的小微企业，提供“滴灌式”精准服务，培育一批客户成为细分行业的领军企业，打造一批具有影响力的知名品牌，支持一批企业发展壮大成长为中型企业，带动千千万万小微客户共同成长。“融资＋融智＋融商”的服务体系是该行发展普惠金融的商业模式技术方案，在产品、渠道、目标市场等因素方面进行有效结合。

(二)实践成果

1. 构建“数字普惠”金融服务新模式

中国工商银行按照“数据有价值，信用可变现，融资高效率”的理念，创新运用互联网思维，重构普惠产品体系，打造经营快贷(信用方式)、网贷通(抵质押模式)和线上供应链融资三大网络融资产品，不断提升小微融资便利性和可获得率。例如，经营快贷基于客户的开户、结算、资产等信息，以及海关、税务数据，结合交易链、合作平台等各类交易场景，为小微企业、个体工商户、小微企业主个人主动核定贷款额度，无需抵押担保，客户线上自助办理，随贷随还、便利快捷、节约成本。

2. 探索普惠金融风险缓释新方式

中国工商银行针对银企信息不对称、缺乏有效抵押、风险控制弱等小微信贷发展的“疑难杂症”，大力开展业务创新，寻找破题路径。例如，2015 年推出小微企业“银政通”业务，采用“企业互助保证＋政府风险补偿”新型担保结构，建立银企风险共担、客户共管的合作模式，降低了贷款担保要求，提高了小微金融的覆盖面。

3. 打造普惠金融综合服务新体系

中国工商银行根据企业不同发展阶段的特征和金融需求，延伸服务链条，从小微企业开户开始,提供全流程、全产品、全生命周期的综合金融服务。例如,中国工商银行推出的"工银小微金融服务平台",通过对接工商信息、整合线上资源和柜面服务优势,创新打造线上预约、线下面签的便捷开户新模式。客户仅需到店一次,半小时即可完成开户与基础支付结算产品的一站式办理,吸引了23万小微客户使用。此外,还运用"融e购"电商平台,帮助小微客户特别是贫困地区商户扩大销路、拓展市场、提升经营能力。

截至2020年年末,普惠型小微企业贷款7 452.27亿元,比年初增加2 737.06亿元,增长58.0%;客户数60.6万户,增加18.3万户。新发放普惠贷款平均利率4.13%,比2019年下降0.39个百分点。普惠型农户经营性贷款和普惠型涉农小微企业贷款1 521.87亿元,比年初增加406.11亿元,增长36.4%;客户数9.8万户,增加1.5万户。①

专栏5－3
SPECIAL COLUMN

中国工商银行普惠金融获客与运营模式

中国工商银行根据小微客户特点,将金融科技手段的创新运用与线下传统优势有机结合,优化普惠金融获客与运营模式。

一是打通内外部数据链接。顺应"数字普惠"趋势,依托API、金融生态云等平台,进一步打通内外部跨条线、跨机构、跨领域的"数据孤岛",形成客户统一视图,搭建以数据为驱动,对外开放交互、内部充分整合的普惠金融服务新平台,构建"金融＋产业互联网"的跨界服务新业态,更深度融入企业生产、销售、交易及内部管理场景,融服务于日常,获客户于无形。

二是提升小微专营机构效能。目前中国工商银行在一级分行层面均已设立普惠金融事业部,成立小微中心324家,累计服务小微客户超百万户、投放贷款9万多亿元。按照"集中运营"和"经营下沉"两个方向,持续推动小微中心运营优化,体现"专门做""专业做"的特点,在做实和提效上下功夫。

三是合力共创支持民营和小微发展的生态圈。联动全行各级机构,联手社会各方力量,深入开展"工银普惠行"活动,主动走进园区、走进市场、走进企业,让普惠金融覆盖"千行百业",泽及"千家万户"。自2018年9月该活动开展以来,累计现场营销推介2 000余场,调研走访小微客户超过6万户。

资料来源:作者调研整理。

① 中国工商银行2020年年报。

二、中国农业银行

(一)模式

2019年初,中国农业银行制定"推进数字化转型再造一个农业银行"的战略构想,积极推进普惠金融数字化转型,实施小微金融数字化转型"四个一"工程,即构建一套产品品牌体系、建设一个经营管理系统、打造一个客户服务平台、搭建一个智能化风控体系,深化"三农+小微"双轮驱动的普惠金融服务模式。

在产品体系方面,推出"农银e贷"数字化产品体系,包含"惠农e贷""小微e贷""个人e贷""产业e贷"四大系列,为农户、小微企业、个体工商户、小微企业主提供方便快捷的线上化信贷支持。

在管理体系方面,上线小微企业客户服务平台,为客户提供快捷的线上服务;在企业掌银、门户网站、微信银行等渠道布放普惠专属客服机器人,为客户提供多渠道服务体验;建设线上小微用户注册体系、引入电子营业执照服务、推出本外币一体化开户系统,优化线下业务流程,提升客户服务效率。

在风险治理方面,建设普惠金融数字化风控体系。运用金融科技手段搭建全面风险防控体系,在线开户风险识别、客户行为风险识别、贷中组合风险管理、贷后预警指标体系、催收系统五个风控子系统全面上线,精准识别客户风险。实现对小微企业信贷业务贷前、贷中和贷后的全流程风险管控,提高风险管理主动性、精准度和有效性,确保普惠金融业务资产质量稳定。

在"三农"金融特色服务方面,实施三农和县域业务数字化转型,建立适应业务特点的"三农"事业部管理模式。以"县域和涉农"确定管理边界,以"部门+中心"搭建组织架构,以"双委员会+双线考核"(在董事会、高管层设置"三农"/普惠发展委员会与管理委员会)建立治理机制,以"六个单独"[①]作为管理机制,以"外部政策+内部政策(事业部实施单独配置县域信贷计划、单独安排'三农'固定资产投资预算、单独核定工资总额等倾斜政策)"增强发展动力。

(二)实践成果

1. 创新普惠金融产品与服务

一是创新"三农"金融产品与服务。推出了农民安家贷、专业大户(家庭农场)贷款、农村土地承包经营权抵押贷款、水利贷款等"三农"特色产品,"三农"产品总数达到190个。二是创新小微特色产品与服务。研发推广"税银通""政府增信"等小微企业

---

① "六个单独"是指单独的信贷管理机制、资本管理机制、会计核算机制、风险拨备与核销机制、资源配置机制、考评激励约束机制。

特色金融产品，开发“中小企业贷款在线申请平台”。推进“单位账户在线开户”系统建设，实现网上预约、网上客户信息采集等功能，提高中小企业客户开户效率。

2. 探索网络融资服务有效模式

推出“数据网贷”产品，采用数据挖掘技术对核心企业中下游的小微客户集群提供融资服务。利用互联网技术拓宽小微企业贷款申请渠道，小微企业足不出户即可向农业银行申请贷款。

3. 利用新技术搭建电商服务平台

推出“农银 e 管家”电子商务服务平台，向小微企业提供供应链金融管理、多渠道支付、线上交易线下体验、云服务等一系列服务，使小微企业无须自行搭建平台即可完成向电商的转型。利用“农银 e 管家”打造互联网＋农业产业化龙头企业、互联网＋农产品交易市场、互联网＋县域流通、互联网＋惠农通工程四类应用场景和模式，为广大“三农”客户提供超级收银台、供应链管理、惠农网贷、惠农理财、惠农保险、惠农缴费等一揽子互联网综合解决方案。

截至 2020 年末，普惠型小微企业贷款余额 9 615.20 亿元，较 2019 年末增加 3 692.13 亿元，增长 62.3%，高于全行贷款增速 48.8 个百分点；有贷客户数 157.08 万户，较 2019 年末增加 46.16 万户；全年累放贷款平均利率 4.18%；普惠型小微企业不良贷款余额 90.58 亿元，不良贷款率 0.94%。央行降准口径普惠贷款增量占全行人民币新增贷款的比重超过 10%。[①]

专栏 5－4
SPECIAL COLUMN

中国农业银行“单位开户在线预填”系统

为解决小微企业开户及产品签约业务流程冗长、客户手工填写的资料内容繁多的问题，提高开户效率，农业银行研发了“单位开户在线预填”网页版和掌银版系统，通过“线上预填”及“对公业务预约”两项功能，以“网上信息采集，客户预约办理，超级柜台快速处理，中心集中审核”的业务模式，将开户业务的柜台处理流程缩短到 30 分钟，显著改善了小微企业开立银行结算账户的体验。

资料来源：《中国普惠金融发展报告(2018)》。

① 中国农业银行 2020 年年报。

专栏5－5
SPECIAL COLUMN

中国农业银行“数据网贷”业务

中国农业银行“数据网贷”通过“核心企业推荐＋历史数据分析”的方法，解决传统供应链融资模式下银企信息不对称、贸易真实性难以核查等问题，向核心企业上下游小微集群客户提供全流程线上化的供应链融资服务。“数据网贷”实现了系统自动授信审批、客户自助提款、风险在线检测、贷款资金封闭管理的经营模式，构建了小微企业信贷业务批量营销、批量授信、批量管控的运营流程。

资料来源：《中国普惠金融发展报告(2018)》。

三、中国银行

(一)模式

中国银行按照“建设新时代全球一流银行”战略目标要求，积极贯彻落实国家支持小微企业发展的政策措施，以普惠金融事业部为统筹，持续改进完善普惠金融服务，形成包括商业银行、中银富登、中银消费金融、中银通支付“四驾马车”普惠金融板块，核心业务包括信贷工厂模式支持小微企业授信、个人金融产品服务个体工商户和农户等微贷业务，通过旗下子公司中银富登村镇银行服务“三农”客户等。

在产品创新方面，中国银行完成普惠线上模型开发与投产，升级“中银 e 贷”产品功能，持续加强社保、公积金、税务数据对接，创新推出“中银企 e 贷”线上融资产品体系，有“中银企 e 贷・信用贷”“中银企 e 贷・银税贷”等产品。借助互联网与大数据技术，依托风控模型对小微企业进行综合评价，实现客户申请、审查审批、提款还款等在线服务，提高普惠金融服务效率。为中国个体工商户量身打造产业链线上贷款产品，入选“2019 金融创新服务实体经济十大案例”。提供“跨境撮合”特色普惠服务，为全球中小企业搭建互联互通合作平台，帮助中小企业融入全球资金链、价值链、产业链。

中银富登战略目标为“建设新时代全球一流村镇银行”，始终坚持“立足县域发展，坚持支农支小，与社区共成长”的目标定位。通过规模化发展、集约化管理、专业化运作的模式，中银富登逐步建立起一套行之有效的机制，兼顾业务增长、风险管理和成本节约，支持县域经济成长。同时，不断推进数字化普惠金融模式的创新，搭建满足数字普惠金融要求的数据治理体系，升级数字普惠商业模式，规划业务架构与数据应用架构，打造线上与线下一体化模式。

（二）实践成果

1. 创新小微企业贷款模式和服务

2007 年，中国银行推出“中银信贷工厂”模式，贴合小微企业“短”“小”“频”“急”的资金需求规律和特点，优化贷款业务流程，提高审批效率。“中银信贷工厂”模式将授信流程从 200 多个步骤减少至 23 个，审批时间从 2～3 个月缩短至 5～7 个工作日，最快当天即可完成审批。首创推出“中银全球中小企业跨境撮合服务”，创新“六步走”业务流程，帮助国内外中小企业“走出去”和“引进来”。2014 年以来，累计举办 72 场跨境撮合活动，吸引来自全球 125 个国家和地区的 3 万家中外企业参加，行业涉及信息科技、生物医药、高端制造、人工智能、现代农业、新能源、环保、教育、医疗和旅游，帮助企业成功实现贸易、投资、技术引进等一系列商务合作。

2. 支持“创业创新”

针对创业创新和科技型中小企业特征和需求，中国银行创新推出“中关村模式”，为科技型企业提供初创期、快速成长期和稳定发展期的全生命周期服务。同时，积极开展投贷联动试点，创新业务流程和服务模式，与试点地区管委会签署投贷联动业务框架合作协议，大力支持科技创新企业持续发展。

截至 2020 年末，普惠型小微企业贷款余额 6 116.62 亿元，较年初新增 1 987.14 亿元，较 2019 年末增长 48%，高于全行各项贷款增速；客户数超过 48 万户，高于年初水平。全年新发放普惠型小微企业贷款平均利率 3.93%。[①]

专栏 5－6
SPECIAL COLUMN

中国银行助力“专精特新”小微企业成长

“专精特新”[②]小微企业具有高速成长的特点，资金需求日益增长，但其轻资产的特点让企业融资举步维艰。为此，中国银行依托为小微企业量身定做的“中银信贷工厂”业务模式，创新推出“专精特新”工企贷服务方案，为“专精特新”小微企业提供分类别、分阶段、特色化的菜单式融资方案。例如，中国银行广东省分行针对“小升规”及其培育库企业、国家级“专精特新小巨人”、实施技术改造的“专精特新”企业、有结算业务的“专精特新”企业四类，分别推出成长快贷、高成长贷、技改成长贷和流量贷四项专属融资产品，企业只要符合条件即可获得 150 万～500 万元的信用贷款，免收评估、中介等费用，享受优惠利率。

---

① 中国银行 2020 年年报。

② “专精特新”是指专业化、精细化、特色化、新颖化。

中国银行还主动全面对接“专精特新”企业，提供咨询、融资、培训等一揽子服务。例如，中国银行浙江省分行与浙江省经信厅联合推出三年总授信额度1 000亿元的“雏鹰助飞”专项金融服务计划，建立合作推进、培训服务、伙伴银行、交流评价四大机制，推动“专精特新”企业高质量发展。中国银行江苏省分行举办“百场千户”银企对接活动，为“专精特新”企业提供债权和股权融资、财务顾问等一站式金融服务。中国银行上海市分行主动为“专精特新”企业代为申报“专精特新企业信用贷款贴息项目”，两年内共落实贷款贴息近500万元，帮助企业有效降低融资成本。中国银行江西、湖南、四川、陕西等省分行深入“专精特新”企业集中的园区、厂区，举办了一系列政策宣讲、业务对接、培训交流等活动，促进金融资源与企业需求有效对接。

资料来源：刘桂平. 中国普惠金融典型案例[M]. 北京：中国金融出版社，2021.

专栏5－7
SPECIAL COLUMN

中国银行“皖江英才抗疫贷”

安徽某水务股份有限公司是一家从事水务行业的高新技术企业，专营供水和水污染处理的设备和全套方案设计，拥有一支具备专业知识和技能的研发、销售和服务团队。该企业实际控制人是安徽省特支计划入选人员，属于省内高层次人才，多次参与行业标准制定，企业拥有89项发明专利、12项发明授权、103项实用新型专利、11项外观专利和9项软件著作权，核心部件自主研发，成套设备自给率高，有明显的高科技企业优势和较高的管理水平。

“皖江英才抗疫贷”业务方案推出后，中国银行合肥北城支行积极与客户主动对接，推荐产品，迅速为客户申报1 000万元授信并成功放款，资金用于企业经营周转，担保方式纯信用，采用共同借款人模式。3天拿到批复、3天成功投放，解决了客户资金周转问题。客户利用贷款资金及时采购生产需要的物资，快速复工、复产，同时在疫情期间保障员工工资正常发放，加大防疫物料采购，以保证员工队伍稳定，确保生产经营稳步提升。

本案例的成功经验有三点。一是把握优质客户。该客户实际控制人为省内特支计划人才，不仅契合“皖江英才抗疫贷”目标客户，且该客户为水务环保行业，属于优先支持的行业范畴。二是主动营销，制定针对性计划。疫情特殊期间，业务端主动营销、充分把握客户资金需求，有针对性地为客户量身计划、推荐合适的产品。三是客户可享受资金优惠。该授信客户可享受3.85%的优惠利率，为客户节省了财务费用，受到客户青睐。

资料来源：作者调研整理。

四、中国建设银行

（一）模式

2018年5月，中国建设银行宣布实施“双小”（行业细分演进状态下的“小行业”，小微企业和个体工商户等“小企业”）战略。面对“双小”的海量需求，中国建设银行提出金融科技解决方案。加强大数据技术及新一代系统应用，探索出以“批量化获客、精准化画像、自动化审批、智能化风控、综合化服务”为特色的普惠金融新模式。

推进“惠懂你”（线上贷款）、“惠助你”（移动办公平台）、“惠点通”（可视化营销平台）三惠合一，打造普惠金融运营管理一站式平台，实现普惠客群、银行同业、地方政府、核心企业、第三方服务机构等实时交互。融入客户生产生活场景，通过“金融＋场景”的方式，大幅拓宽客户覆盖，提升服务效率和客户体验。

丰富数字化产品体系，形成“小微快贷”“裕农快贷”“交易快贷”“个人经营快贷”等系列产品。推出“创业者港湾”，打造创业创新孵化平台；提出“劳动者港湾”模式，将“劳动者港湾”打造成融入周边社区的惠民服务平台。持续提升风控能力，构筑“数字化，全流程，标准化”的普惠金融智能化风控管理体系，信贷资产质量保持稳定。

（二）实践成果

1. 创新“小微快贷”线上信贷模式

这种模式可以提高小微客户贷款服务效率。利用历史积累的小微企业数据信息，创建小微企业评分卡模型，确定客户准入评价标准，建立有别于大中型企业贷款的评价流程，有效拓宽客户范围、控制不良贷款发生。在这种模式下，中国建设银行依托“新一代”核心系统和金融科技优势，在小微企业客户申请贷款时，广泛收集整合客户各类经营数据、交易数据，包括资金结算、交易流水、工资发放、存款投资等，并自动导入评分卡模型，对客户进行在线评价、准入和贷款审批。客户通过互联网银行、手机银行等线上渠道，进行贷款申请、签约、支用、还款等线上自助操作，贷款全流程只需几分钟即可完成，有效契合小微企业“短小频急”的资金需求，实现“多快好省”（即客户多、速度快、体验好、费用省）的服务。

2. 引入税务数据创新“云税贷”业务模式

这种模式利用公共信息破解小微企业信用瓶颈难题。中国建设银行与国家税务总局开展“线上银税互动”，开创政务信息共享机制。对接政府相关数据平台，利用中国人民银行征信、税务、工商、海关、司法等公共信息，对企业经营情况进行评价，突破小微企业融资服务中的信息、信用“瓶颈”，使得信用风险模型信息更全面、更完整、更真实。通过对小微企业精准“画像”、提前授信(授信额度为1～200万元)，不需客户提供抵质押物，即可为其在线发放信用贷款，实现“以税授信，以税促信”。

3. 创新推出“龙支付”

积极拓展微信银行，利用移动客户端为客户提供支付结算、信贷业务、生活服务等一站式金融服务。同时，对“云快贷”“庆安模式”“科技金融”“裕农小微”四个模式进行复制推广。“云快贷”模式已选定12家试点分行进行推广；针对“庆安模式”，已下发“助农富通”涉农金融综合服务方案。

截至2020年年末，普惠金融贷款余额1.45万亿元，较2019年增加4 892.00亿元；当年新发放普惠型小微企业贷款利率4.31%，较2019年下降0.64个百分点。普惠金融贷款客户170.03万户，较2019年新增37.52万户。①

专栏5－8
SPECIAL COLUMN

中国建设银行“沪惠贷”

上海TW公司主营办公家具、办公设备等生产、销售及技术进出口业务，成立近20年来，始终与中国建设银行保持密切业务往来。该公司日常上下游订单稳定，应收账款周转天数较短，经营性现金流比较充裕。2020年，突如其来的新冠肺炎疫情搅乱了整个上下游产业链的正常运转，账款延期，购买原材料、员工工资等资金需求增加，企业现金流压力激增。

中国建设银行上海市分行组织客户经理排摸名下企业受疫情影响情况。客户经理在得知企业实际困难后，建议企业主通过建行“惠懂你”APP的“精准测额”功能了解自己的信用贷款额度。企业主下载“惠懂你”APP后，通过勾选“政府公共数据查询企业授权书”，授权建设银行获取其在大数据中心的公共数据，最终获得了95万元的“沪惠贷”授信额度。无须任何抵质押，也不需要跑网点，全程线上办理，直接支用到公司结算账号，随借随还。2021年年初，公司通过“惠懂你”APP又对该笔贷款进行续贷。企业主表示，中国建设银行通过大数据增信为小微企业提供信用贷款的模式非常好，真正解决了小微企业融资难问题，通过手机就能随借随还的模式不仅非常方便，而且降低了企业的融资成本。

---

① 中国建设银行2020年年报。

2019 年 12 月 23 日，中国建设银行作为首批试点银行，与上海市大数据中心签署公共数据战略协议，并在年末上线特色金融产品“沪惠贷”。该产品的初始设计理念为：融合上海市社保信息、公积金信息、科创及知识产权信息、市法院信息等多维度数据，借助建行“惠懂你”APP，对初创、科创等轻资产小微企业，提供普惠融资服务。

资料来源：金融时报，2021-04-21。

专栏 5－9
SPECIAL COLUMN

中国建设银行网点特色服务——创业者港湾

普惠金融之“创业者港湾”，是中国建设银行总行打造的小微企业创业创新孵化平台，旨在落实国家创新驱动发展战略，履行大行社会责任，发挥金融资本和社会资源连接优势，为中小微企业提供创业创新相关服务。上海市分行按照总行整体规划，聚焦科技创新领域，通过旗舰店、联盟店和服务点三种模式，积极推动“创业者港湾”在上海科创中心建设六大承载区等重点区域落地。同时，持续探索“创业者港湾”营运模式，通过 G 端连接、B 端赋能，打造科技金融生态圈，实现对科创企业的批量获客活客。

创业者港湾的重点服务对象包括：科创企业，特别是早中期科技型企业，成为科技型企业创业伙伴；制造企业，促进科研成果转化运用，支持产业转型升级；个人创业，为大学生、自雇人事、退役军人、专业技术人员等自主创业提供融资和融智服务，解决创业者痛点，提高创业成功率；核心企业，联合开展专业领域内、产业链相关的科研成果转化、项目孵化等。

“创业者港湾”提供的服务功能包括金融服务和其他服务。

1. 金融服务。

(1)基础金融服务

一是为入湾企业提供开户结算、代发工资、个人理财等日常金融服务；二是根据企业经营需要，提供 ERP 财务管理和现金管理、职工住房租赁等增值服务。

(2)信贷融资服务

一是根据客户经营特征和资金需求，匹配使用现有线上小微快贷系列产品，线下担保基金贷、科技履约贷和建知贷等特色产品；二是根据港湾合作方资源、入湾企业产业特征和所处生命周期等，“一群一策”量身定制贷款方案。

(3)投贷联动服务

一是发挥母子公司联动优势,探索投贷联动等“直融+间融”服务模式,从贷款端和投资端同时对企业予以支持;二是对接第三方天使基金、创投基金、战略新兴产业发展基金和专业咨询机构等,为入湾企业搭建路演和获取直接投资的平台。

2. 其他服务。

(1)企业开办辅导

一是为有创业计划的个人客户,提供企业开办咨询,帮助客户降低企业开办费用、提高办事效率;二是联动“创业者港湾”合作机构,为新成立企业的场地租赁、物业管理、工商注册、税务筹划、法律咨询、人员招聘等提供便利。

(2)商业经营服务

线上,运用“建融智和”平台为企业提供交易伙伴撮合、产业链资源对接等,借助“善融商务”平台为企业打通电商销售渠道;线下,利用遍布全国的网络和客户资源帮助企业拓展商业网络。

(3)教育融智服务

一是依托建行大学开展金智惠民工程,在“创业者港湾”定期组织开展“百万创业者培训计划”,有针对性邀请科委、创投机构、行业专家等担任讲师,加速企业成长;二是发挥建行大学师资力量,整合财政、税收、工商、科技、法律等专业智慧,为企业提供咨询服务,推动科技成果的产业转换与技术转移。

资料来源:作者调研整理。

专栏5-10
SPECIAL COLUMN

中国建设银行网点特色服务——劳动者港湾

中国建设银行的“劳动者港湾”模式,旨在充分发挥“劳动者港湾”的纽带作用,结合政府、企业、户外劳动者和社区居民的多样化需求,实现与老百姓生活息息相关的民生服务场景对接,通过网点内部环境的升级改造,不断丰富和扩展“劳动者港湾”线上、线下服务功能,将“劳动者港湾”打造成融入周边社区、直接触达百姓的惠民服务平台。

“劳动者港湾”的服务内容主要包括惠民服务、人文关怀服务、公众宣教服务三大类。惠民服务主要是为广大劳动者(特别是户外劳动者)及社会公众提供临时歇脚休息、饮水、如厕、失物招领、饭菜加热等服务；人文关怀服务主要为老弱病残孕等特殊群体提供人性化无障碍服务及走失儿童关怀、考生关怀、母婴关爱等服务；公众宣教服务主要指为广大劳动者及社会公众提供消费者权益保护知识、普惠金融知识、党建知识等公益宣教服务。

2020 年提出的“劳动者港湾＋”要求：结合网点客群、业务等特征，深耕并引入网点周边社区资源，聚焦民生领域，不断丰富和扩展“劳动者港湾”服务功能，打造有亮点、有文化的“特色港湾”。“劳动者港湾＋”模式包括：“劳动者港湾＋党建”“劳动者港湾＋政务”“劳动者港湾＋乡村振兴”“劳动者港湾＋消费者权益保护”“劳动者港湾＋老年客群服务”“劳动者港湾＋扶贫助贫”“劳动者港湾＋生活便民”“劳动者港湾＋医疗”“劳动者港湾＋教育”“劳动者港湾＋司法”“劳动者港湾＋无障碍服务”“劳动者港湾＋文化特色”。

资料来源：作者调研整理。

五、交通银行

（一）模式

交通银行通过加强产品创新，探索投贷联动，优化业务流程，推进小微专营机构建设等各项措施，有效缓解薄弱行业、重点领域、重点客群的“融资难，融资贵”难题，形成特色化、差异化的普惠金融服务模式。交通银行重点实施四大举措，即加强金融科技运用、加强产品创新和渠道建设、坚持四个“到位”保障支撑普惠金融发展、防控金融风险实现可持续发展。

在加强金融科技运用方面，交通银行通过整合内外部数据资源，提高数据挖掘应用能力；通过准确“画像”，实现精准营销；通过构建“金融＋场景”综合生态圈，实现交通银行系统与政府部门、核心企业、重点商圈、征信平台、第三方服务机构有效对接；通过数据运用，实现传统融资模式向产业链“交易金融”转变，实现资金流、信息流、物流闭环运行。

在加强产品创新和渠道建设方面，交通银行以客户为中心，着力搭建基于客户视角的金融产品超市，满足普惠客户开户、结算、代收、代发、代缴、理财、融资、线上线下结合的一站式金融需求。创新存款类、结算类等不同种类产品体系，服务小微企业。同时，重点加强渠道建设，充分发挥机构多、人员多、触点多的优势，通过基层营业机构转型发展，实现零售、普惠、公司服务全覆盖。利用网上银行、手机银行、自助银行、集中外呼等线上渠道，实现“线上线下”一体协同。

在坚持四个“到位”保障支撑普惠金融发展方面，交通银行着力推进普惠金融业务一体化经营、综合化服务和系统化管理。在考核机制设计上，总行还大幅提高省直分行经营绩效考核体系中普惠金融权重，没有完成普惠业务监管指标的省直分行不能参评优胜单位。

在防控金融风险实现可持续发展方面，交通银行针对普惠金融业务制定差异化的风险管控方案，自上而下精准监控潜在风险，防止出现系统、区域性风险。在加强信用风险管理的同时，重视普惠金融业务的合规风险，按照监管要求做好小微企业贷款成本管控。

（二）实践成果

成立小微业务全线上项目工作组，搭建适合小微业务特点的“全线上金融服务平台”。同时，借助网银、银企直联等渠道，与核心区域系统对接，整合线上线下资源，降低信息的不对称性，为核心企业及其上下游小微企业提供结算、融资和信息管理等一揽子金融服务。与国家税务总局合作创新推出“税融通”产品，借助小微企业纳税记录，综合评估其真实经营情况，给予其一定金额的贷款额度；设计“在线税融通”产品，实现通过交通银行官网或国税电子网厅申请完成企业涉税信息引入和预授信额度测算。针对封闭支付的小微企业客户，推进线上自助提款功能的有效应用，提升客户服务质量和效率；打造小微企业手持移动终端，完善线上、线下相结合的产品服务渠道，提升业务处理效率。

加强与客户聚集、具备金融场景优势的第三方互联网平台合作，创新开发出一套行业内领先的展业模式与全流程用款还款方式，实现小微业务的批量化与集约化发展。例如，总分行协同推进的浙江网盛生意宝项目，通过应用B2B交易平台掌握生产企业（主要是大中型企业）与采购企业（主要是小微企业）的商流、物流、信息流、资金流，形成了四流的环环相扣，打造出一套相对稳固的平台方、上游企业、下游企业和银行四方共赢商业模式。

开展以融资服务为主，覆盖结算、理财、个人客户等全方位金融服务，形成多渠道营销、跨条线转介、专兼职客户经理拓展普惠金融业务的客户服务模式，延展普惠金融服务广度和深度。

通过细化准入标准及分类策略，引导分行加大对优质涉农企业的扶持力度。例如，为支持黑龙江“两大平原”现代农业综合实验区建设，交通银行专门成立项目推进小组，聚焦现代示范奶牛场建设项目，形成“奶牛＋养殖场＋养殖户＋银行”的四位一体新型金融服务模式。同时，与畜牧局携手合作，由畜牧局抵押登记、保险公司全额赔付的双重保险，降低银行风险，有效促进黑龙江省奶牛养殖信贷业务发展。

截至2020年年末，普惠型小微企业贷款余额2 607.53亿元，较2019年末增加

968.02 亿元，增幅 59.04%，其中线上产品余额较 2019 年增加 752.84 亿元；有贷款余额的客户数 15.84 万户，较 2019 年末增加 5.4 万户，增幅 51.72%；不良贷款率 1.91%，较 2019 年末下降 1.31 个百分点。普惠涉农贷款余额 348.24 亿元，较 2019 年末增长 21.97%。发放贷款的平均利率为 4.08%，小微客户综合融资成本下降 96 个基点。[①]

专栏5－11
SPECIAL COLUMN

交通银行的"抵押＋担保"增额模式

为满足小微企业更多的融资需求，使其有足够的资金用于生产经营，交通银行借助与国家融资担保基金体系担保机构的合作，不断推进服务定制与应用。例如，交通银行无锡分行携手江苏省再担保公司、无锡市政府中小微信用补偿基金，充分发挥"银、政、担"三方力量，合作推出"抵押＋锡信贷"组合担保方案，给予企业超出抵押物全值的授信额度，最大限度满足企业融资需求。

2020 年 3 月，无锡某主营黏合剂树脂的化工贸易企业在复工复产后，急需补充流动资金，但该企业抵押物总价仅 720 万元，与其 1 000 万元的资金缺口尚有差距，交通银行为客户推荐国担下"抵押＋担保"方案，以较低的综合融资成本满足了客户融资需求，受到了客户高度认可。

资料来源：刘桂平. 中国普惠金融典型案例[M]. 北京：中国金融出版社，2021.

专栏5－12
SPECIAL COLUMN

交通银行的科创企业全生命周期金融服务方案

交通银行上海市分行围绕产业发展规划针对科技成长型企业的政策导向，根据科创企业从初创、成长再到成熟的全生命周期提供一系列金融产品服务方案（见表 5—1）。

---

① 交通银行 2020 年年报。

表 5—1　　交通银行的全生命周期金融服务方案

	企业痛点/需求	金融服务方案	方案特点
初创期	(1)企业产销量不大,单位产品制造成本较高; (2)部分企业处于亏损,亏损随着销售量的增加有减少的趋势; (3)企业现金流不充足,净资产较小	线上抵押贷	住房抵押,授信额度不超过1 000万元,授信期限10年,循环额度,随借随还,按月付息,到期还本
		线上税融通	本市企业,税务信用记录良好,授信额度不超过200万,随借随还,按月付息,到期还本
		创业担保贷款	市担保中心对单笔贷款本金的90%承担风险责任,免收担保费,单户贷款金额可达300万元
成长期	(1)产品和服务具备一定的销售渠道; (2)销售收入稳步增长,急需扩大生产或扩展渠道; (3)缺少业务发展规划,易出现"欲速则不达"	担保基金贷	通过"政策担保＋银行"的风险分担模式对中小微企业贷款支持,贷款金额1 000万元以下仅需提供个人的担保
		科技微贷通 科技履约贷	交通银行与市科创中心及保险公司、担保公司开展合作,为科创企业提供专业化的科技信贷服务,缓解科创企业资产轻、融资难的困扰.科技微贷通最高200万元额度,科技履约贷首贷最高500万元、续贷最高1 000万元额度
		专业发展辅导	定期邀请行业、税务、财务等方面专家进行专业的企业发展辅导,为企业发展赋能
		定制化 融资产品	根据不同企业的行业特性、业务场景、供销模式等提供定制化的融资产品
成熟期	(1)企业经营活动相对稳定,产品或服务具备一定市场竞争力; (2)酝酿模式创新,投资性现金流支持较多; (3)谋求扩张,引入战略合作伙伴及上市	贷股双融	交通银行与交银科创股权投资基金开展业务联动,银行贷款与股权投资双向驱动,提供科创企业急需的中长期稳定资金支持
		综合金融服务	多元化、全方位、规范快捷的公司信贷、贸易链属、结算及法人理财业务,以及体系成熟的本外币结算、跨境服务、风险管理等国际金融服务,随时等候企业的需求

资料来源:作者调研整理。

本章小结

大银行开展普惠金融业务具有网络渠道优势、成本优势、综合服务优势，但在信息不对称、财务压力、人员和网点扩张方面存在一些劣势。

大型商业银行组建普惠金融事业部，搭建组织架构，建立普惠金融条线型垂直管理体系。中国工商银行、中国建设银行和交通银行在原有关部门基础上成立普惠金融事业部，中国农业银行采用“三农＋普惠”金融事业部，中国银行以村镇银行为平台搭建普惠金融事业部。

大型商业银行的普惠金融事业部主要体现条线化管理体制和“五专”经营机制。各银行根据普惠金融业务发展情况，建立了专门的综合服务机制、统计核算机制、风险管理机制、资源配置机制以及考核评价机制。

大型商业银行在开展普惠金融业务中形成了各自特色的普惠金融服务模式。中国工商银行通过数字化升级普惠金融服务，形成以“融资＋融智＋融商”为核心的模式；中国农业银行形成“三农＋小微”双轮驱动模式；中国银行采用“普惠金融事业部＋村镇银行”双线并进模式；中国建设银行采取金融科技支持下的“双小”战略，形成以“批量化获客、精准化画像、自动化审批、智能化风控、综合化服务”为特色的模式；交通银行通过“专营团队＋传统网点”，推进事业部制派驻模式，采用“客户经理＋风险经理”平行作业模式。

思考题

1. 大型商业银行开展普惠金融业务有何优劣之处？
2. 大型商业银行的普惠金融事业部有何特点？
3. 大型商业银行的内部经营机制有哪些？
4. 大型商业银行的普惠金融模式有何典型特征？

参考文献

1. 刘桂平. 中国普惠金融典型案例[M]. 北京：中国金融出版社，2021.

2. 罗明雄，侯少开，于进勇. 普惠大脑[M]. 北京：中国财政经济出版社，2018.

3. 魏鹏. 商业银行普惠金融事业部经营管理机制研究[J]. 金融监管研究，2017(9).

4. 中国人民银行. 2020 年金融机构贷款投向统计报告[R]. 2021.

5. 中国银行保险监督管理委员会. 中国普惠金融发展报告[M]. 北京：中国金融出版社，2018.

6. 中国银行业协会，《中国银行业》杂志社. 中国上市银行分析报告[M]. 北京：中国金融出版社，2018.

第六章　中小商业银行的普惠金融实践

当前，中小银行已成为开展普惠金融的主力军。在推动“双循环”新发展格局大背景下，无论是从宏观导向还是从商业驱动来看，中小银行深化普惠金融服务已成行业共识。本章围绕中小银行的普惠金融实践展开，主要包括四个方面的内容：一是简述中小银行发展普惠金融的动因与现状；二是概括并总结中小银行践行普惠金融的主要特点；三是梳理中小银行普惠金融的主要业务模式；四是介绍中小银行发展普惠金融的典型案例。

第一节　发展现状

中小银行[①]是服务中小微企业、发展普惠金融的主力军，支持中小银行的健康发展是中国金融供给侧结构性改革的重要内容。[②]

一、中小银行的普惠金融发展动因

（一）中小银行的独特优势

中国中小银行在自成立之初就因特殊的市场地位和天然的自身条件，具备了提供普惠金融服务的独特优势。

一方面，中国设立中小银行就是为了服务当地实体经济，服务“三农”、民营企业、中小微企业群体。例如，城市商业银行由城市信用社改制而来，其市场定位是服务地方经济、中小微企业和城市居民，主要任务是为地区经济发展，特别是为中小微企业提供金融服务；农村信用合作社初期以互助为主要原则，目前已发展为以支持“三农”经

---

① 中小银行是指纳入中国银保监会监管范围的股份制商业银行、城市商业银行、农村信用合作社（包括农村商业银行、农村合作银行）和村镇银行等金融机构。根据中国银保监会公布数据，截至 2020 年 6 月末，我国共有银行业法人机构 4 607 家，其中国有大型银行 6 家、股份制商业银行 12 家、城市商业银行 134 家、农村商业银行 1 478 家，以及其他农村中小金融机构 2 424 家，后三者是中小银行的主要构成部分，共计 4 036 家。

② 2019 年 5 月 30 日，中国人民银行副行长潘功胜在参加由北京市人民政府主办的“2019 金融街论坛年会”时的表述。

济、各种形式的合作经济和社员家庭经济为重要职责的农村金融组织；村镇银行由原中国银监会于20世纪末提倡设立，以推动农村经济发展为目标，其任务是为当地“三农”经济发展和小微企业提供金融服务。

另一方面，相较于大型银行，中小银行具有的地缘优势、组织结构优势、文化优势和客户资源优势等，为软信息的生产和应用提供了必要条件，帮助中小银行在开展关系型借贷方面建立起比较优势，从而更高效地服务金融弱势群体。

（二）中小银行提供普惠金融服务的必然性

结合长尾理论[①]，中小银行服务于中小微企业也是顺应经济规律的必然选择。在信贷市场上，“从头到尾”依次分布着大型企业（户均贷款数千万元及以上）、中型企业（户均贷款小几千万元）、小微企业（户均贷款1 000万元以下）、个体工商户（户均贷款100万元以下）、自营劳动者和生产性农户（户均贷款40万元以下），这其中除了大中型企业外均为小微经济体。特别地，大中型企业是信贷市场的“头部”，优质小微企业和优质个人客户是小微经济体的“头部”。

小微企业数量众多，经营范围多样，信贷风险高，融资具有“短”“急”“小”“频”“散”的特点，融资需求差异化突出。由于资金是稀缺资源，在卖方市场下，大中型银行占据主导地位，为小微企业提供信贷动力不足。相反，小银行在争夺大中型企业客户过程中的最大劣势是资本金不足，无法满足企业融资需求。《商业银行法》规定，银行对单一客户贷款余额与资本金比例不得超过10%，小银行资本金一般不超过4亿元（安青等，2020），其对单一客户最大授信额度低于4 000万元，而大中型企业的资金需求往往在几千万元以上。由于难以争取大中型企业，小银行只能将目标瞄准信贷长尾市场，从中筛选合格的信贷对象。为此，从1997到2007年，工、农、中、建等大型银行纷纷退出农村市场，并裁撤县域网点。大中型银行贷款集中于大中型企业，出现“垒大户”现象，并于2009年达到高峰——信贷总量中80%以上投给了大中型企业，符合“二八定律”。而城商行、农信机构等小银行则占领了农村市场，“三农”和小微领域成为其信贷支持的重点，小银行的小微企业贷款比例也普遍高于大中型银行。

二、中小银行的普惠金融实践现状

在中国，中小银行正逐渐成为向中小企业提供融资服务的主力军。表6－1是2016—2020年中国银行业金融机构普惠型小微企业贷款情况，从中可以看出，中小银行

---

①　长尾理论是由美国人克里斯·安德森提出的网络时代兴起的一种新理论。由于成本和效率的因素，当商品储存、流通、展示的场地和渠道足够宽广时，商品生产成本急剧下降以至于任何人都可以进行生产，并且当商品的销售成本急剧降低时，几乎任何之前看似需求极低的产品，只要有卖就会有人买。这些需求和销量不高的产品所占据的共同市场份额，与主流产品的市场份额相当甚至更大。

(即包括股份制银行、城市商业银行和农村中小金融机构)对小微企业的贷款占银行业金融机构的比重通常都在50%以上。特别是自2018年起,为进一步聚焦小微企业中的相对薄弱群体,中国人民银行重点监测统计普惠型小微企业贷款,即单户授信总额1 000万元以下(含)小微企业贷款,凸显了中小金融机构在普惠型小微金融中的主要地位。

表6—1 **银行业金融机构普惠型小微企业贷款情况** 单位:亿元

年份	股份制银行		城市商业银行		农村中小金融机构		合 计
	贷款余额	占比(%)	贷款余额	占比(%)	贷款余额	占比(%)	占比(%)
2016	151 358	14.90	169 127	16.65	183 887	18.10	49.65
2017	163 545	14.00	202 347	17.32	226 679	19.40	50.73
2018	178 133	13.63	235 673	18.04	265 739	20.34	52.01
2019	80 924	18.54	64 706	14.83	165 464	37.92	71.29
2020	99 601	17.69	82 037	14.57	196 556	34.90	67.16

注:(1)自2019年起,邮政储蓄银行纳入"大型商业银行"汇总口径;(2)2015—2018年农村中小金融机构仅代表农村商业银行,2019—2020年农村中小金融机构包括农村商业银行、农村信用社、农村合作银行和新型农村中小金融机构。

数据来源:中国银保监会官网。

关系型借贷是中小银行发展小微金融的重要手段。中国人民银行2013年对中小企业贷款行为的一项调查显示:超过半数的被调查企业的金融资源主要来自同一家银行;超过2/3的被调查企业在过去三年内未更换也未考虑过更换开户行;超过90%的被调查企业的融资银行的信贷管理人员每月至少到企业调查一次,以了解企业的运作和资金使用情况。① 以上数据说明,中国的中小银行与中小企业之间正在形成相对牢固的银企合作关系,这种合作关系正是发展关系型借贷的基础。银企之间的业务往来使得银行能够搜集到"软信息",从而降低银行对企业财务报表和抵押品足值的硬性要求以及对贷款的定价。

与此同时,中小银行也面临挑战。随着金融供给侧改革的不断深入,监管要求加码、利率市场化、金融脱媒和数字技术的拓展应用等带来的叠加影响正重塑中国金融市场的竞争格局。大型银行正凭借资金成本、风险控制和技术手段应用等优势,逐步下沉金融服务,不断蚕食中小银行的市场份额。相比之下,中小银行机构少、规模小、消化不良资产能力差、资金成本高、品牌影响力低、产品同质化严重和创新能力较差等问题愈发凸显。为此,如何更好地发挥比较优势,寻求普惠金融业务广度和深度上的突破,是中小银行面临的重要课题。

① 中国人民银行网站调查统计司。

第二节　主要特点

一、信贷技术——软信息与关系型借贷

第三章已介绍，金融机构的信贷技术一般有四类（Berger & Udell, 2002），分别为财务报表型信贷（Financial Statement Lending）、资产保证型信贷（Asset-based Lending）、信用评分型信贷（Credit Scoring）和关系型借贷（Relationship Lending）。前三者统称为交易型信贷技术（Transactions-based Lending），主要利用在贷款行为发生时比较容易获取、便于量化和传递的硬信息（Hard Information）进行信贷决策，如企业的财务报表、业绩报表和优质的可抵押资产等。

应用交易型信贷技术的前提是目标企业需具备较为丰富的硬信息。硬信息容易度量和传递，具有标准化的特征，适用于具有规范的财务信息、足够抵押品的企业，包括大型企业及一些优质的中小企业。然而，由于缺乏合格的抵押品和相对完善的财务信息，这类技术很难适用于小微企业。

相较而言，关系型信贷技术是指银行通过与客户长期、多方位的合作，获取软信息（Soft Information），据此进行信贷决策。软信息是指非数码式信息，主要体现为企业及其所有人的特有信息而非企业的公共信息，如企业主的人品、能力、声誉、与上下游客户之间的关系、在社区中的形象等，通常难以被量化和传递。对于缺乏必要财务信息和抵押担保的小微企业而言，软信息是用以评判借款人还款意愿和还款能力的重要依据，它可以缓解银企间的信息不对称，有助于解决小微企业融资问题。

软信息与硬信息主要有三点不同（Liberti 和 Petersen, 2019）。第一，记录形式不同。硬信息几乎都是以数字形式记录的，这意味着它可以很容易地以电子方式收集、存储和传输。也正因为此，随着计算机、互联网和大数据的出现，人们更频繁地使用依赖硬信息的生产技术（如量化贷款、量化交易和金融科技等）。而软信息则通常以文本形式传达，它包括意见、想法、传言、经济预测、管理层未来计划的声明和市场评论等。第二，对环境的依赖性不同。对于硬信息来说，数据的接收者能够明白发送者知道的所有相关内容，其含义仅取决于发送的信息，而不依赖于搜集的方式。相反，软信息的搜集环境和搜集者同样是信息的一部分，很难将二者分开，这也意味着如果在搜集信息时不知道信息的用途，或者信息的哪些部分是相关或有用的，就难以对其进行编码和编目，供后续使用。例如，某些时候，在进入环境并收集数据（如与潜在借款人交谈等）之前，决策者（如贷方）知道他们需要收集哪些变量、这些变量又具有哪些可能的值

(如信号是好的还是坏的等),以及它们在特定决策中的确切使用方式(如值大于"2"就能批准贷款);而另一些时候,在收集信息之前,贷方可能并不确定他们会发现什么或为什么某些信息可能有价值,从而这些知识将会被视为一种经验。在面临决策时,贷方可以回忆信息的收集过程和经验,此时,软信息的价值得到体现。第三,信息收集和决策的关系不同。硬信息对环境的低依赖性意味着对其展开的搜集和决策行为可以分开,分工和专业化能够因此创造出更大的价值。反之,软信息的搜集和决策过程难以分开,信息收集者和决策者往往是同一个人。

硬信息的一个重要优势是交易成本低。一方面,就其性质而言,依赖硬信息的决策(如贷款发放)更容易实现自动化。另一方面,硬信息更容易标准化,在处理中更能产生规模经济,带来成本上的节约,因此大型金融机构更乐于使用交易型贷款技术。不过,银行的决策者(如贷款审批委员会)用于每项决策的时间和精力都是有限的,因此随着机构规模的扩大,银行需要处理的信息不堪重负,从而会丢失一部分重要信息。信息的标准化在提高信息传递、处理效率的同时,也降低了小微企业的信息准确度,造成对小微企业的排斥。例如,如果使用刻板的信用评分决策,只有评分高于临界值,贷款申请才会获批,那么一些小企业和个人虽然具有良好的信用,但只考虑硬信息的话,他们的纸面记录可能不足以支持他们获得银行贷款,最终导致信息在凝练的过程中产生对微弱群体的排斥。

此外,由于硬信息标准明确,借款主体出于自利动机,存在提供虚假信息的可能。例如,企业可能粉饰自己的财务报表以获取更低成本的信贷资金。又如,为获取更高的信用评级、融资便利或监管套利,企业从能够给自己提供虚高评级的评级机构购买服务。相比于硬信息,软信息具有人格化特征,几乎难以作假,因为其能够通过多方面信息予以验证。故而,长期积累的企业软信息的价值可能超过财务数据等硬信息。在实际应用中,仅仅基于公司财务信息的评级模型的拟合度比较低,而使用软硬信息混合的评价模型将可能成为更好的选择。

表 6—2　　硬信息与软信息的比较

	硬信息	软信息
包含	财务报表、可抵押资产等	企业主性格、能力、声誉等
获得途径	企业公开信息	银企长期的合作与交往
特性	较容易获取、量化和传递	难以被标准化和传递
	可以做假	难以做假
应用	交易型信贷技术	关系型信贷技术
适合企业	大中型企业	小微企业

资料来源:作者自行整理。

小微企业的发展与企业主的个人情况高度关联，所以企业主的性格、人品、声誉以及其核心团队的经历等都是影响银行信贷决策的重要因素，其重要性甚至高于其负债水平、资产流动性和流动资产占比等为代表的企业基本面因素（Donelson、Jennings 和 Mclnnis，2014）。大部分研究表明，基于软信息的关系型融资能够显著改善银企关系，使银企双方共赢。银行通过与企业相关工作人员长期的、多方位的接触从而获得企业的专有信息，可以缓解银行与企业间的信息不对称。银行据此分析企业的信贷风险，能够做到贷前防范、贷后的跟踪和监督，大大减少不良贷款率，降低银行风险。此外，关系型信贷可以实现信贷合约的自我实施。通过影响"欺诈"企业向诚信企业的演化，可以不断提高企业群体的诚信水平，从而促进社会信用建设（徐晓萍、张顺晨和敬静，2014）。

不同的金融机构在给不同规模的企业提供金融服务时具有各自的比较优势。中小银行信贷的重要特点之一就是更适合使用关系型信贷技术，这也被称为"小银行优势"理论。早期的研究（Berger 和 Udell，1998）将其归纳为两点：一是中小银行与企业的私人接触更多，也更善于处理由接触得来的软信息；二是中小银行相对于大银行更为简单的组织架构有利于获取客户的"人格化信息"并依此发放关系型借贷。在中国，现有的以大银行为主的金融体制是在"赶超"战略指导下建立起来的，大银行天然不适合为中小企业服务，从而导致了中国中小企业融资困难的现状（林毅夫和李永军，2001）。众多研究对"小银行优势"理论进行了检验和证明，文献研究表明（刘畅、刘冲和马光荣，2017），国有大型商业银行贷款每增加 1 元对中小企业的贷款会增加 0.056 8 元；而股份制商业银行、城市商业银行和农村中小金融机构等的贷款每增加 1 元对中小企业的贷款分别会增加 0.1 元、0.199 元和 0.248 元，这意味着中小金融机构能够更好地满足中小企业的融资需求。因此，本章重点介绍中小银行在地域环境、组织结构和信贷文化上的特点是如何与关系型信贷相匹配的。

专栏 6－1
SPECIAL COLUMN

背景知识——小微信贷技术的发展与变迁

2005 年以前，交易型贷款是小微信贷技术 1.0 的主要内容（线下零售模式）。

当时，银行贷前审查的重点是企业经营、收益情况（第一还款来源）、抵质押和担保情况（第二还款来源）。长期以来，担保贷款一直是中国中小企业的主要信贷方式。2008 年，仅抵押贷款占比就超过 80%；即使到了 2019 年 6 月末，小微企业担保贷款占比仍在八成以上。

银行设置担保条件无疑是有效的。首先，担保条件容易识别，可有效降低业务成本；其次，可通过信号显示机制、勉励机制、补偿机制达到降低风险的目的。不过，虽然交易型贷款在技术上是有效的，且利率水平也不高，但由于小微经济主体硬信息缺失，因此存在“惠而不普”的问题。

2005—2014年，以信贷员技术、“信贷工厂”、关系型担保与群组贷款为代表的小微信贷技术2.0兴起（线下批发模式）。

1. 信贷员技术与“信贷工厂”

德国IPC技术[①]、法国沛丰与印尼人民银行小贷技术统称为信贷员技术，也称为关系型贷款。该技术基于软信息判断第一还款来源的可靠性，但运营成本高。信贷员熟练掌握、运用该技术，需要学习1年时间。规模较大的银行运营成本更高，容易出现发展瓶颈，因此，该技术适用于小银行和小微经济体，或已经建立小微事业部的大中型银行。

中国于2005年引进该技术，结合实际对其进行“本土化”改造，将软信息通过“书面化”固定下来，制作信用评分卡，并多渠道交叉验证判断信息的真实性。随着金融科技的发展，银行开始重视数据挖掘，尝试开启以信用评分卡为主导的数据驱动风险管理技术（即信用评分型贷款）。2007年，中国建设银行首推淡马锡“信贷工厂”，贷前审查、贷中管理、贷后跟踪相互分离以控制风险，批量化办理信贷业务，其经验后在全国推广。此外，由于银行重视小微企业股东、高管的信用，因此银行通过个人为企业提供担保，将个人信用货币化，来降低风险控制成本。

2. 关系型担保

基于小微经济体的软信息，关系型借贷衍生关系型担保。担保公司为小微经济体提供担保的同时，要求企业主整个家庭提供反担保，为小微经济体融资增信。因此，商业性担保公司得到不断发展。如2002—2010年，山东民鑫担保公司开展关系型担保和过桥融资业务，累计为500余家小微企业提供担保130亿元。

3. 群组贷款

群组贷款（Group Lending），也称小组贷款。由于单个小微经济体信用不足，群组贷款通过信用捆绑和规模经济为其融资增信提供了新思路。群组贷款是零售业务批发的典型，有利于实现做大规模、节约成本和控制风险，农户小额联保贷款、产业链金融、“商圈”贷款、整村授信模式、担保圈贷款是其重要展现形式。例如，2010年中国民

① IPC技术是指德国国际项目咨询公司（IPC公司）基于小企业贷款技术形成的一套特色鲜明、行之有效的公司信贷技术。

生银行率先将“大数法则”运用到小微金融领域，对产业链上下游小微企业和“商圈”内小微经济体开展批量化授信探索。此外，2006年金融信用信息基础数据库建立，一定程度上解决了有贷户的申贷问题，但无法解决首贷问题。而小微企业一旦获得首贷，再次获贷的概率高达76%。

2015年至今，传统信贷技术与物联网、云计算及大数据等信息科技相结合催生小微信贷技术3.0（“线上+线下”模式）。

第三次科技革命[①]让小微企业融资难问题有了新转机，物联网、云计算及大数据等技术实现了非结构化的海量数据存储、处理和分析，其与传统金融技术的融合，使得小微经济体的软信息慢慢“书面化”“硬化”。此外，由于部分地区出现了恶意逃废债行为，使银行注意到还款能力并不代表还款意愿，因此越来越倾向通过收集证据来判断客户的还款意愿，从而降低风险。

金融科技的发展，场景金融的出现，使得触达难题得到有效解决。海量客户交易信息和信贷结果修正决策引擎有助于解决风控难题。小微信贷技术3.0的应用，使银行贷款的边际成本下降，理想状态下贷款难将不复存在。阿里、京东对其平台上电商授信额度一般不高于其年利润，且由于电商的客户均来自阿里、京东营造的生态圈，违约成本很高，这有助于网商银行[②]、京东金融控制贷款风险。2014年，民营银行试点获批，此后各家互联网银行相继开业，服务“长尾客户”，并为其精准“画像”。

由于传统银行没有互联网银行的场景优势，通常会选择引进征信、税务、工商、司法、环保等公共数据开展“线上+线下”信贷创新。此外，完善“震慑”机制，将恶意逃废债人员纳入失信被执行人名单，通过曝光、限制其出境和高消费等方式提高其违约成本等。

资料来源：安青等（2020）。

---

① 第三次科技革命是人类文明史上继蒸汽技术革命和电力技术革命之后科技领域的又一次重大飞跃。它以原子能、电子计算机、空间技术和生物工程的发明和应用为主要标志，涉及信息技术、新能源技术、新材料技术、生物技术、空间技术和海洋技术等诸多领域的一场信息控制技术革命。这次科技革命不仅极大地推动了人类社会经济、政治、文化领域的变革，而且也影响了人类生活方式和思维方式，使人类社会生活和人的现代化向更高境界发展。

② 网商银行是由蚂蚁集团作为大股东发起设立的中国第一家基于云计算架构的商业银行。它作为中国首批5家民营银行之一，于2015年6月25日正式开业。

专栏 6－2
SPECIAL COLUMN

九江银行久营贷——“烟商贷”项目

2020年9月，九江银行携手第三方金融科技平台——网新新云联金融信息服务(浙江)有限公司(简称“云联金服”)，推出“烟商贷”信贷产品，专门为持有“烟草零售专卖许可证”的烟商客户提供日常店铺经营流动资金。

该项目的合作方云联金服是中国烟草旗下中烟新商盟(中国烟草指定订烟平台)的长期合作伙伴，具有权威性、可靠性。与该平台合作有助于九江银行获得该行业相关企业的专有信息，即软信息，降低银企间的信息不对称。截至2021年9月末，该项目累计服务小微企业主/个体工商户近1万户，共提供普惠信贷资金11亿余元，户均金额12万元。

该产品特色主要体现在五个方面。

一是个性化、场景金融定制产品。该产品是烟草商户的“个性化”定制金融产品，客户需满足同时持有“烟草零售专卖许可证”和“营业执照”，授信的核心主要在于客户订烟数据及场景，且数据来源具有合法性、完整性、可靠性。

二是扶持小微经济，推动普惠金融业务发展。该产品主要面对商超、小店、夫妻店、个体工商户等，最高可贷30万元，最长期限1年。

三是纯线上、产品便利度高。该产品从客户申请进件到合同签署提款，全线上操作，通过“非接触式”金融服务手段，实现了高效、便捷、标准的信贷服务。

四是符合数字化转型要求。该产品先后通过九江银行的反欺诈云平台、智能风控平台，对客户进行全流程风控模型审批。通过全流程风控模型实现有效辨别，提高了风险控制水平。

五是线上线下联动、人机结合的智能风控体系。在贷前风控方面，依托行内现有数据及互联网大数据，从企业主和企业维度双重对贷款进行审批，对贷款构建授信审查模型、风险评分；建立定额定价模型，实现小微互联网贷款业务的全流程智能化审批。在贷中风控方面，利用大数据定期对客户进行贷后风险识别，并进行风险等级分类，对不同风险等级采取不同的贷中策略；结合贷款的还款表现加强对贷款策略的分析，不定期优化贷前、贷中风控策略。在贷后风控方面，加强线上线下联动，结合江西、安徽、广东三省本地资源，抽取客户进行电话回访，并针对优质客户进行二次营销；对于有风险倾向客户，进行现场贷后走访，积极开展资源优化催收工作；同时可以将获取到的行业动态信息及客户经营数据反馈至风控模型中心，为风控策略的优化迭代提供支撑。

资料来源：根据九江银行提供的材料整理。

专栏6－3
SPECIAL COLUMN

背景知识——数字足迹

金融科技对私有信息的挖掘能够降低信息不对称。通过提供包含私有信息的信用清单，可以有效改善借款人的信用状况。在互联网时代，频率极高的网络交易使每个用户处处留痕，如使用上网设备的类型、上网的动机(社交、网页浏览、交易等)，这些痕迹称为数字足迹(Digital Footprints)。观察并利用客户的数字足迹，可以输出用户的信用画像，甄别出信用等级较高的客户，便于为其提供金融服务。

Berg等(2020)对一家销售家具的德国电子商务公司2015—2016年的270 399件商品的销售数据分析后就发现，订单来自Android系统(如三星等)的违约率为1.79%，来自iOS系统(苹果)的仅有1.07%；来自移动端的订单违约率达2.14%，来自电脑网页端只有0.74%。相应地，信用得分排在后1/4的违约率为2.12%，而排在前1/4的违约率只有0.39%。此外，该研究还提出，数字足迹对于有信用得分和缺乏信用得分的人群预测能力相似。通过对数字足迹进行分析，能够有效解决信用信息获取不完善的问题。而使用征信部门的信用报告叠加采集来的数字足迹，可以更好辅助信贷决策。

资料来源：上财小企业融资研究中心公众号.数字足迹：有用的信用信息.2020-10-09.

二、地缘特征

中小银行的设立初衷就是为本地企业、居民提供多方位、多层次的服务，因此其业务范围具有一定的地域性。地方性中小银行多为土生土长的本地银行，它们更了解当地经济、文化和风土人情等，这使得它们具有根植于地方经济、社会和文化的地缘优势，以及地理分布广、业务范围全的地理优势，同时也意味着它们与地方政府的关系可能更密切，经营服务更适合地方企业，所辖网点也更贴近当地百姓。进一步，中小银行长期服务于本土社区，熟悉当地经济发展情况和中小微企业经营状况，加之天然的地缘和人员优势，可以通过发达的社会关系网络，更容易掌握当地中小微企业及其业主的信用品质、财务状况、产品市场销路等信息，从而通过产品创新形成自身的核心竞争力。

中小银行所具有的地缘优势与软信息的固有特性是分不开的。在信贷活动中，软信息作为一种专有知识，具有显著的异质性和非标准化特点，这导致基于软信息的信贷契约受“距离”的影响非常明显。

具体来看，第一，地理空间距离会对关系型借贷造成影响。软信息的生产与获得需要建立在与客户频繁的接触和交易的过程中，而随着银行与企业地理距离的拉长，软信息的生产成本势必会变高，传输的难度也会增加，从而显著影响关系型借贷的开展。在此情况下，大型机构为了追求规模经济，会逐渐摒弃以私人接触为主的关系型信贷技术，转而使用更标准化的交易型信贷技术。早期的研究（Berger、Miller、Petersen 和 Rajan，2004）发现，相比于更多从事关系型借贷的小银行，大型银行更有可能向物理距离较远的企业放贷，并且在与借款人的交流方面更间接，如通过邮件或电话而不是面对面交流。从而，交易型信贷也称为保持距离型（Arm's Length）信贷。当信息不透明的企业（通常是小企业）拥有多个融资渠道时，其会倾向于从较小的银行借款。由此，正确的规模匹配减轻了信贷配给现象。由于软信息对环境的依赖度高，需要在特定的语境下进行理解，关系型借贷的异地拓展会受到影响。

第二，时间距离也会对关系型借贷造成影响。例如，在进行信贷决策时，继任的信贷发放人员通常需要依赖其前任留下的记录。但在关系型借贷中，一些关键信息会随着人员的离开而丢失，很难被保留与继承，导致软信息的长期价值难以有效体现。在信贷活动中，当搜集软信息的人不再参与信贷决策时，由于难以有效传递给下一个决策者，软信息效力会大打折扣。

三、组织架构

软信息的主观性与异质性决定着银行组织架构安排对于关系型借贷的开展非常重要。有研究指出，大型的、管理层级更多的银行在处理硬信息时具比较优势，相比之下，软信息的处理更适合分权制的结构。这可以从层级距离、经验距离两个方面理解。

一是层级距离。前文提到，软信息的一个重要特征是信息搜集者与决策者往往是同一人，这就需要银行决策链条更短或组织更扁平化。换句话说，决策距离短是从事关系型借贷的前提条件，而中小银行正好具备这一条件。研究表明，规模较小、组织层级简单的企业能够更好地在决策中使用软信息，而在规模更大、层级复杂的企业中，信息可能由一个人（或一组人）收集，由另一个人（或一组人）做出决定，决策者离信息收集者更远。为了保证组织内信息的有效传递，信息需要有统一的定义和解释，信息搜集过程对环境的依赖性也要足够低，所以大型机构更有可能使用依赖于硬信息的生产技术（Stein，2002）。这表明中小银行在发放关系型贷款方面效率更高。

二是经验距离。在进行关系型借贷时，一线信贷人员与企业接触越密切，获取信息的能力越强，信息成本就越低。不过，代理成本（包括监督成本和激励成本）也会随之提高。例如，信贷员和基层分支行为追求个体效用最大化，可能存在过度授信的冲动，也可能在收受借款人的贿赂后发放低质量贷款，或因与借款人的私人关系等原因隐瞒其财务状况恶化的信息。高管在对小微企业经营特征的了解和对小微企业信用风险的判断方面，与基层的差异越小，就越能理解基层上传的软信息，也越有能力设计更具针对性的监督政策和措施，降低风险。

在结构不同的组织中，解决代理问题的成本不同。大银行的高管不易掌握不同区域和不同行业小微企业的经营状况以及小微企业信贷业务的关键风险点，其设计的内控制度针对性也就不同。因此，层级越多、结构越复杂的组织，其代理成本越高。这样一来，企业内部的决策权配置问题就成为如何在决策所耗费的信息成本与分散所产生的代理成本之间进行权衡以寻找最优决策点的问题（张捷，2002）。其结果是，大型银行往往需要合理地设置分支机构的贷款审批权（如决策权下放）以适应软信息的生产和关系型借贷的开展，并设计相应的激励机制来控制基层分支机构的道德风险。相较而言，中小银行更简单的层级结构在代理成本的降低方面拥有天然优势。

实际操作中，人们发现了组织架构会影响关系型借贷的经验证据。例如，对于大型金融机构，信贷员与其上级之间的等级距离越大，对软信息的依赖就会越少，与此同时，信贷员和作为决策者的上级之间的个人互动有助于减轻等级距离对信息使用的影响，并最大限度地减少软信息的损失（Liberti 和 Mian，2009）。而当大银行合并小银行时，由于组织架构的变化，对中小企业的贷款就会减少，尽管这些被缩减的中小信贷对银行有利润贡献（Berger、Demsetz 和 Stranhan，1999）。大银行可能会尝试模仿小银行的组织架构或管理环境，以便更有效地收集软信息，从而提高与小银行竞争的能力。例如，大型银行分支行的贷审权会随着中小微企业的占比上升而增加，即通过将决策权下放给组织的较低层级来复制小型银行的组织架构。

四、信贷文化

信贷文化是信贷管理工作中形成的价值取向、行为规范的总称。商业银行传统的信贷文化存在许多制约小微信贷和关系型信贷发展的因素，如重视抵押担保的风控模式、消极的考核激励机制和较为普遍的抽贷行为等。因此，为适应小微金融业务发展需要，中小银行需建立起具有以责任为核心的价值取向、以小微为本的服务意识、以预防为主的风控手段、以人才为要的制度建设等典型特征的信贷文化（程书华，2014）。

商业银行小微信贷文化可通过以下几种途径构建：

（一）效益增长与责任担当

普惠金融的本质还是金融，商业可持续是普惠金融的重要原则之一。尽管小微信贷成本较高，但如果能实现业务规模的扩张，信贷成本就能得到控制，从而实现效益增长。商业银行作为金融市场的主体，对经济正常运行与社会进步发挥着重要作用。因此，商业银行的健康发展，不仅是自身稳健经营的过程，更是落实社会责任的具体体现。近年来，随着小微企业的不断发展，普惠金融的需求不断增加，但金融供给侧动力不足，小微企业面临“融资难”的问题。商业银行应积极响应国家政策，引导资金流入小微企业、“三农”等领域，回归金融服务实体经济的本原，为国家的经济转型、社会稳定、人民收入提高做贡献。

（二）服务文化

服务文化需要以满足小微群体需求为核心。资源配置方面，为小微群体提供专门的信贷额度与人力资源配置，增加小微贷款业务受理网点，使小微企业申请贷款更便捷。产品开发方面，研发小微信贷产品要突破传统金融产品框架，研究小微企业的不同生命时期的成长特性和需求，创新与小微企业自身相适应、多元化的信贷产品和服务。在还款方式方面，根据企业的软信息为其制定灵活的还款方式，如一次性还本付息、分期还本付息、循环贷款随借随还等；为前景明朗、经营正常但资金暂时出现困难的小微客户，适度延长还款期限；尝试无还本续贷，或在贷款到期前提前着手续贷工作，避免续贷客户出现资金的“断档”。在信贷流程方面，银行应简化小微信贷流程，标准化贷前调查、贷款审批和贷后检查的内容及方式，提高小微贷款的办理速度，以满足小微企业用款急的需求。在营销推广方面，中小银行需组建营销团队，变等待客户上门为主动营销，深入商户和小微企业聚集地，提高产品的市场知晓度（程书华，2014）。

（三）风险防范文化

风险防范文化需要以积极有为的预防为主，加强贷前调查、贷中审查、贷后检查的力度。在贷前调查方面，选择符合国家产业政策的小微企业作为目标客户，警惕主营业务受国家产业政策限制、无实业经营、具有明显投机行为的小微企业；通过软信息判断企业经营状况与前景是否明朗，考察其现金流；通过走访、调查企业实际控制人的邻居、客户、企业员工等人群，了解企业主的信用状况和综合素质，判断其还款意愿。在贷中审查方面，对贷前调查所获资料的真实性、合法性进行审查；督促借款人补充不完善的信贷资料；信贷必须按照调查、审批、放款的流程进行，防止出现逆程序操作，加大信贷风险。在贷后检查方面，建立专业、科学的贷后管理机制。对企业的车间、基地进行深入地实地考察，走访上下游客户，动态掌握企业的生产经营状况；严格控制贷款用途，监控企业资金流向与第一还款来源；加强与协作单位、工商、税务等部门的信息沟通与交流（段斌和王中华，2008）。

（四）制度文化

制度文化需要体现对人才的培养。第一，培养具有文化认同的管理人才。专注于普惠金融的中小银行在业务模式、企业文化等方面，与大型银行之间存在巨大差异，从外部引入专业的管理者可能会导致“水土不服”。因此，应重视内部人才的培养与选拔，在中小银行内部成长起来的管理者对本行企业文化的理解更深刻，能够更好地践行普惠金融的宗旨。第二，培养业务过硬的专业人才。对于小微信贷业务来说，一线的信贷员/客户经理往往需要同时扮演信息搜集者和决策者的角色，因此人才队伍建设至关重要。小微企业、农民和城镇低收入人群等单次金融需求额度虽然相对较小，但需求类型却是多样化的，因此需要信贷人员具备多方面的知识。银行应举行定期的培训活动，提供人才学习和交流的平台：一是定期进行工作总结，总结成功经验，发现问题，布局以后的工作重点；二是加强信贷人员的培训，如操作流程、宏观经济形势、国家信贷政策等，重视员工的创新能力，同时要适应科技的发展，快速掌握金融科技的基本原理和应用技能，与时俱进，提高信贷业务水平；三是定期开展警示教育活动，讲解近期从业人员违规案例，提高信贷人员的风险意识，加强职业道德修养，筑起思想防线。第三，建立完善的考核激励机制。这是面对激烈竞争的商业银行吸引人才、留住人才的关键。首先，绩效奖励应向小微信贷一线营销人员倾斜；其次，对小微信贷人员应该有专门的考核指标，如新增授信户数、新增贷款额、营销覆盖面等，激励其工作的积极性（程书华，2014）。此外，应设置"尽职免责"措施，对客观原因造成的不良贷款予以免责。

专栏 6－4
SPECIAL COLUMN

泰隆银行的制度文化

浙江泰隆商业银行是一家专注于服务小微企业的城市商业银行，其独到的小微业务经营模式和出色的普惠金融服务成果一直为业界所称道。这背后是有一整套以员工为中心的制度和文化做支撑。泰隆银行奉行"员工第一，客户第二，股东/董事第三"的文化理念。

首先，规章制度松紧有度。一方面，泰隆每次在行内开会都强调"三誉三感"和"三个自己"，[①]对员工的道德风险行为采取"零容忍"的态度，设置严厉的处罚机制；另一方面，针对小微业务的高风险性保留"尽职免责"的措施。

其次，考核制度人性化。对于客户经理，泰隆设置了不同级别的目标并配套有不断加大的奖励措施。个人考核的指标设计不仅较为多元、等级细分科学合理，而且与全行整体业绩挂钩，使得每位员工都能享受到总行/支行的经营成果。

再次，激励制度深入人心。泰隆积极倡导职工持股，这极大地调动了员工的积极

① "三誉三感"指信誉、名誉、荣誉；认同感、责任感、使命感。"三个自己"是把泰隆当作自己的家、把泰隆的钱当作自己的钱、把泰隆的事业当作自己的事业。

性。此外，泰隆还非常注重保证员工权益。以泰隆银行上海分行为例，其设置了专门的联络员队伍，人力资源部设置专人岗位，主动了解基层的动态及需求，包括如何设置员工考核维度、如何组织员工活动、如何提升员工的收入与感受等；行长与支行间时常进行互动，掌握基层的需求与想法；基层也会主动向分行进行汇报，进而有针对性地解决问题，保持分行的上下信息传导畅通。

最后，培养制度完备有效。泰隆坚持90%以上的员工自主培养，为此专门设立了泰隆学院，从新员工到管理层，所有员工都纳入培训体系，为期2个月的培训包括军训、文化教育、基层见习等，培训的课程和教材全部自主研发设计，并穿插大量的案例和经验分享。值得一提的是，培训的第一课不是介绍企业的辉煌历史，而是一堂传统文化课。

除了学院培训，早会、“学习夜”、“百家讲坛”等形式也切实提高员工的专业素养、强化员工的职业道德与操守。基层员工有内在的学习动力，各个分支行、职能部门、业务团队是学习的主要组织者与参与者。以温岭支行为例，除了每周例行的“学习夜”外，还有各种定期、不定期的培训与交流会，以及行长与每批新员工的定期座谈会。通过各种学习培训活动，前辈们在市场营销及管理工作中的先进经验和做法，以最有效的形式在行内传播、传承。对于正在急速扩张、不断有新人加入的泰隆来说，这种学习方式简单实用，效果显而易见，由此逐步形成一支热爱微贷工作、认同微贷文化、有激情有活力的干部员工队伍。

资料来源：上财小企业融资研究中心泰隆项目组多项访谈及调研报告，2019—2021年。

第三节　主要模式

从演进的视角看，中国银行业的小微信贷模式大致可分为三类：“全手动”的IPC模式、“半自动”的信贷工厂模式、“全自动”的互联网金融模式。本节重点介绍IPC模式和信贷工厂模式，它们都是发达国家开发的较成熟的小微信贷模式。中国近几年的“台州模式”和“社区模式”都是基于IPC模式，再结合中国本土现实情况发展起来的、较成功的小微金融模式。互联网金融模式在第八章专题讨论。

一、IPC模式

IPC来源于德国，IPC技术是由德国国际项目咨询公司（IPC公司）基于小企业贷款技术而开发的一套系统地在线下开展小微信贷业务的工作方法,具体包括业务流程分解、组织架构、业务人员的招聘和培训、展业工具等。该模式的核心理念是,基于现金流,运用大量的交叉验证和实地考察,最大限度还原客户财务情况,了解风险和资金需求。IPC技术于2015年引入中国,目前已有多家城商行、农商行运用IPC技术开展小微金融业务。

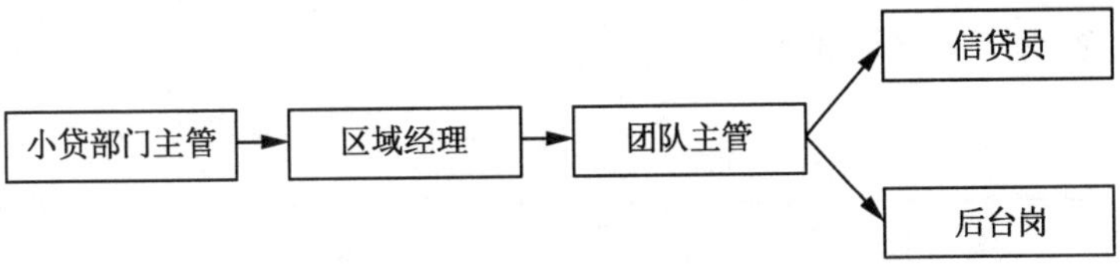

图6—1　IPC模式组织架构

(一)以交叉验证为核心

交叉验证是IPC技术的核心,即对从两个不同方面获取的数据进行核对,如果数据偏差在一定范围以内,就认为是合理的。客户经理及管理者通过交叉验证了解借款人或保证人的相关信息,这能够很好地解决财务信息和非财务信息的真实性问题,使调查结果更接近事实真相。交叉验证有两个作用:一是获取精确的关键数据;二是用于验证申请人的诚信。

(二)以还款意愿和还款能力为放贷依据

IPC模式以还款意愿和还款能力作为放贷依据,重视实地调研和交叉验证,结合软、硬信息来分析。第一,还款意愿主要运用软信息来分析判断,内容包括年龄、家庭、经营场所、信用历史、保证人等,可使用丁/洪格/萨博堡分析法[①]进行分析,该方法可帮助业务员迅速发现潜在风险点。第二,还款能力则根据财务数据来分析判断,由于小微企业通常没有合规的财务报表和账本,因此,需要通过多种途径获取信息并进行交叉核对和逻辑检验,验证数据包括毛利率、营业额、权益等。

(三)IPC模式的优点

首先,IPC模式的信贷流程包括市场营销、贷款申请、信贷分析、信贷审批、贷款发放、贷款收回六个过程,与我国传统信贷没有本质区别,易于国内银行学习和运用。其次,放贷违规概率低,微贷客户本身贷款较少,客户挪用贷款可能性较低,客户经理逐笔调查,精力比较集中。再次,由于客户经理从贷前决策到贷后管理全程跟踪,对客户的了解程度较高,信息对称程度高,不易发生信贷风险。最后,贷款较为灵活,可以根

① 丁/洪格/萨博堡分析法,即不对称偏差分析法,是交叉检验的理论分析基础之一,它同时运用不可量化的软信息与可量化的硬信息,来试图还原、验证客户真实的社会经济状态。

据客户不同的资质采取不同的定价方式。

(四)IPC模式的缺点

首先,采用单户调查分析的方式,对信贷人员的数量、能力要求比较高,需要银行投入大量的资金来招募、培训及激励员工。其次,无法为客户提供全面的金融服务,市场竞争能力较弱,不利于锁定客户。再次,逐笔操作,对客户的走访分析需要大量的时间,较快的放款也要3~5天,效率较低,业务规模增速较慢。最后,决策过于依赖从业人员的判断,容易产生道德风险。

专栏6-5
SPECIAL COLUMN

常熟农商银行的微贷模式

江苏省常熟市是乡镇企业"苏南模式"的发祥地之一。2000年后,从乡镇企业延伸出的小微企业、个体经营户蓬勃发展,叠加城镇化提速,催生了大量小额、分散的金融需求。常熟农商银行改制成立于2001年,坚守"支农支小"的初心,推行"做大户数、做小客户"的经营战略,锻造微贷核心技术,形成了具有可持续、可复制、独具特色的"常农商微贷模式"。

从贷款流程来看,常熟农商银行自2008年起就确立了"做大户数,做小客户"的小微金融经营战略,通过率先引进并迭代创新德国IPC微贷技术,探索形成"望闻问切"四步工作法①,并从六个维度②构建并完善小微金融工作机制。

常熟农商行不断创新,主要通过三种方式推动信贷模式的持续迭代升级。

一是引进微贷技术,实现会贷敢贷。2008年引进德国IPC微贷技术,以"真人,真事,真交易"为底层逻辑,用"乡土味道"赋能微贷业务发展,对借款人15个非财务信息进行不对称偏差分析,并建模分析借款人现金流,解决小微客户经理不会贷、不敢贷的问题。

二是打造微贷工厂,实现流水作业。2013年,对IPC技术进行二次开发,形成了"微贷工厂"模式,将信贷流程细分,形成前台营销调查、中台审批、后台管理操作的流

---

① 一是"望"表知里。看生意,了解客户从事行业是否符合当前经济发展方向、区域发展特色;看生产,从营业执照、经营账本、租赁合同及员工风貌等维度,确保"三真",即经营权属真实性、经营场所真实性、员工队伍真实性;看生活,走进千家万户,了解客户真实需求,精准对接产品服务。二是"闻"声知意。通过客户上下游、邻里周边、村委社区等渠道,重点了解"三个有无",即有无不良嗜好、有无资金拖欠、有无违法记录。三是"问"数知情。问家底,了解客户资产负债情况;问收支,确保对客户月可支配资金"清晰明了";问用途,问客户贷款的真实用途,确保客户是真交易。四是"切"象知类。运用IPC技术综合定性评估还款意愿和违约成本,决定"贷不贷";评估还款能力,重视客户第一还款来源、现金流和持续经营能力,决定"贷多少"。

② 六个维度指构建支农支小的顶层机制、构建敢贷愿贷的激励机制、构建文化认同的人才体系、构建量身定制的产品体系、构建渠道融合的资金组织体系、构建智能化管理服务体系。

水线作业，实现微贷业务批量化生产，突破客户经理单人放款瓶颈，每人每月放款金额和人均管户金额均提升近3倍。

三是推进数字转型，加强精细管理。2020年，将微贷业务从线下纸质、PC端办理转为线上移动端办理，并运用大数据、人工智能等技术，提升工作效率、强化风险管控。

资料来源：常熟农商银行微信公众平台。

二、台州模式[①]

（一）背景介绍

浙江省台州市是中国民营经济发祥地之一[②]，民营经济发达，小微企业众多。截至2021年4月末，台州市市场主体累计71.96万家，其中企业22.80万家、个体户48.10万家。另有统计，2019年小微、民营企业数量占台州市全部企业数的99.5%，吸纳了90%以上的就业人口，创造了92%的税收和77.5%的地区生产总值（GDP），后两项数据分别比全国平均高出42%和17%[③]。相对发达的民营经济为台州探索合适的小微金融服务体系提供了天然条件。

台州是全国唯一拥有三家地方城市商业银行的地级市。台州模式就是指以浙江台州商业银行、浙江泰隆商业银行和浙江民泰商业银行等中小银行为代表的小微金融经营模式。20世纪90年代中期，针对城市信用社经营不规范、定位不准确等问题，国务院要求清理整顿，组建城市合作银行。台州市委、市政府经过反复论证，决定对民营经济发达的台州实行例外管理，保留台州市银座城市信用社、泰隆城市信用社等城信社。2002年3月，台州市银座城市信用社改制为台州市商业银行，成为全国首家政府没有控股的城市商业银行，并于2010年9月更名为台州银行；泰隆城市信用社、温岭城市信用社于2006年分别改制为浙江泰隆商业银行和浙江民泰商业银行。由此，台州小微金融进入规范发展阶段。通过改制，台州城商行在业务模式、风险控制、管理模式、公司治理等方面实质性向商业银行转型和演进。

---

① 数据和资料主要来自《台州市小微企业金融服务改革创新试验区终期评估汇报材料》及上海财经大学小企业融资研究中心在浙江台州的调研（2019—2020年）。

② 20世纪80年代以来，温州地区形成了“温州模式”，也称“温台模式”，是以市场为导向、以民间诱致型制度创新为动力、以农村工业化和小城镇发展为主线的内发型区域经济发展模式。但是，进入21世纪以来，温州模式式微，而台州经济不断发展壮大，台州模式成为浙江地区经济发展模式的典范。

③ 数据来自《台州市小微企业金融服务改革创新试验区终期评估汇报材料》。

(二)模式特点

台州模式是目前中国最成功、最下沉的小微金融服务模式之一。发展初期主要依靠“全手动”的人海战术开展业务,被称为“客户经理制”,即通过业务员人工采集客户多维度信息,包括未被书面化、标准化的软信息,后由人工(通常为一线业务员)基于经验判断是否予以放贷。这种模式的优势是,它与关系型借贷的开展条件天然相称,能充分发挥软信息在小微信贷中的作用,能够对客户进行更及时、更紧密的跟踪,充分掌握信息,在控制风险的同时提升客户体验。发展到今天,台州模式与时俱进,从 1.0“全手动”版到逐步利用金融科技手段,简化业务链条和服务流程,更高效地为客户提供服务。

总体来看,台州模式的主要特点可总结为三个方面。

1. 独特的服务方式

以三家城商行为代表的台州小微金融服务机构,坚持定位并深耕小微群体、服务小微客服,以“小客户”挖掘“大市场”,因地制宜地探索出一套适合本土情况的小微金融商业发展模式和微贷技术。

从信贷类型来看,由于小微企业往往缺乏抵质押品,为其提供贷款需要以信用和保证类为主。以台州银行为例,截至 2021 年 6 月,其信用和保证类贷款占比达到 80%,抵质押只占 20%,纯信用贷款户数占比超过 50%,授信金额占比超 20%。

从产品设计角度看,小微企业的资金需求具有“短”“小”“频”“急”的特征,这对银行的信息搜集和风险控制能力都提出了较高要求。为全面、充分、及时地收集小微客户信息,台州模式下的商业银行都建立起了足够贴近市场的网点和信贷员队伍,推出了专门针对低收入人群和初创业者的“小本贷款”和面向“三农”群体的“村聚易贷·兴农卡”等产品。

在风险控制方面,台州模式是关系型信贷技术应用的典范,各代表性中小商业银行都有自己的独特实践。例如,泰隆银行关注的“三品三表”(产品、押品、人品,电表、水表、报关/纳税申报表)和“两有一无”(有劳动意愿、有劳动能力,无不良嗜好),台州银行的“下户调查,眼见为实,自编报表,交叉检验”的信贷调查技术和“三看三不看”(不看报表看原始,不看抵押看技能,不看公司治理看家庭治理)的风险识别技术,以及民泰银行的“风控九字诀”(看品行、算实账、同商量)等。与此同时,台州模式下的商业银行普遍具备良好的风险文化,每一位员工都有强烈的、高度负责的风险意识,最终转化为防范风险的自觉行动。

2. 超前的服务理念

银行业金融机构坚持“客户至上”的服务理念,为客户提供高质量的金融服务。三家城商行推行“客户经理制”,客户经理占员工总数均超 40%,将客户经理的服务半径划定在半小时以内；在国内率先推出“金融夜市”，柜面业务实行错时当班弹性工作制，满足了小微企业需求。

3. 良好的金融生态

台州市是“有为政府，有效市场”的典型案例。政府对于国有和民营经济一视同仁，平等对待大、中、小企业，并重点关注中小微企业融资困境。政府针对中小微企业融资难的两大主要原因[①]，对症下药，建立金融服务信用信息共享平台[②]和信保基金。

专栏 6－6
SPECIAL COLUMN

台州市金融服务信用信息共享平台

首创金融服务信用信息共享平台，构建数字化征信体系。

浙江省台州信用信息平台汇集市场监管、税务、法院、社保、电力、水务等 30 个部门 118 大类 4 000 多细项，72 万家市场主体 4.14 亿条信用信息。与浙江省级金融综合服务平台、台州市公共信用信息平台等协同互补，免费提供给银行使用，使贷前调查成本从户均 20 小时、400 元左右降至几乎为零。

2020 年 9 月，该平台接入“长三角征信链”，并开设“掌上数字金融平台”“融资通”线上融资对接系统，发布信贷产品 595 个，线上融资总额 377.8 亿元。利用平台数据建立无贷户名录库 12.6 万家，绘制企业五色融资需求图，有针对性地推进首贷户拓展工作。截至 2021 年 5 月末，平台已开设查询用户 2 614 个，累计查询量 1 171 万次。平台已成功复制推广到浙江、四川、福建等地。

资料来源：《上海财经大学小企业融资研究中心访谈纪要(2020)》。

---

① 两大主要原因：一是银企间的信息不对称问题；二是中小微企业抵质押物缺乏，且找不到互保。

② 台州市金融服务信用信息共享平台是全国首个正式接入“长三角征信链”的地方性平台。它是在台州市委、市政府支持和主导下，中国人民银行台州市中心支行创建的金融服务信用信息共享平台。其发展经历了从一期的“信息关联整合”，到二期的“信用评分预警”，再到三期的“银企融资对接”和全功能集合于手机 APP 的“台州融资通”，形成了集政、银、企服务为一体的数字金融服务“旗舰”。类似地，苏州地方企业征信平台是由苏州市金融办、中国人民银行苏州中心支行共同牵头，苏州企业征信服务有限公司负责实施建设的平台。该地方企业征信系统通过与信息源单位（政府、公用事业单位等）的专线对接实现数据的自动采集。与台州金融服务信用信息共享平台不同的是，银行等使用单位在苏州地方企业征信平台查询和获取企业信息时，需获得被查询企业的授权。

专栏 6－7
SPECIAL COLUMN

台州市信保基金

首创小微企业信用保证基金，构建地方政府融资担保体系。

2014 年台州市政府采取"政府出资为主，银行捐资为辅"的方式，设立中国首个小微企业信用保证基金。基金年担保费率不超过 0.75%，且不附加收取额外费用或增加第三方担保。其做法是，客户由银行推荐并分担 20%风险，基金承担 80%担保风险并与浙江省再担保集团分摊，即省再担保集团分享基金 40%收益并承担 50%风险。截至 2020 年 12 月末，基金规模为 11.7 亿元，在保余额 105.06 亿元，放大倍数 9 倍。累计服务企业 2.46 万家(在保企业 1.26 万家)，承保 448.82 亿元，平均担保费率仅 0.68%，累计代偿率 0.53%。

资料来源：《上海财经大学小企业融资研究中心访谈纪要(2020)》。

(三)台州模式的形成逻辑：经济、文化传统的影响

台州模式的形成与当地文化传统息息相关。近山则诚，近水则灵，自然环境会影响一个区域的文化性格。台州以丘陵山谷和滨海地区为主，平原水乡面积有限。历史上，由于地理位置相对偏僻，耕地稀少，人地矛盾突出，自然灾害频发，导致当地居民不得不背井离乡寻找经济机会，或冒险到海上拓展生存空间。逐渐地，求生存行为内化为地方精神，因此，台州比其他地区更具有冒险开拓的精神。同时，台州人还具有较强的商品交换意识和互助合作精神。

家族传统也是台州文化的一部分。家庭至上主义(Familism)是指将家庭奉为社会关系中最重要的部分，对家庭的责任胜过所有其他责任。在台州，家庭至上主义的传统有许多表现，如对祖坟修葺、宗族祠堂修缮和族谱延续更新的热衷等。牢固的家庭能够帮助台州人应对无保障的私有产权和险恶多变的环境，而以家庭为核心的网络还成为信息分享、知识传递和模仿的低成本渠道，奠定了台州地区产业集聚和高效分工的基础。

对于资金需求方来说，开拓精神和经济传统造就了台州当地相当浓厚的自主创业氛围和自主创业群体[①]。以家庭为基础的网络和熟人社会成为信息分享、知识传递和模仿的低成本渠道，使得一些具有潜力的发展机会能够被很快发现。在正规制度歧视和排斥私有产权的情况下，家庭至上主义传统在一定程度上取代了正规的制度安排，

① 2020 年统计数据显示，台州人口总量为 662.7 万，市场主体超过 70 万，即平均不到 10 人就有 1 人创业。

形成了对私有产权的有效保护，这进一步激励了当地居民的创业积极性，从而导致以家族为基础的私有制在台州中小微企业中占据主导地位。众多的私营中小微企业在起步和成长过程中产生大量的资金需求，推动了小微金融的发展。

对于资金供给方来说，一方面，开拓进取的传统和探索精神，使本地居民在资金供给方式上敢于根据经济生活的需要进行创新和试验；另一方面，台州"重工商，崇自由"的经济传统在很大程度上为资金供给方式的创新提供了宽容的环境。更为重要的是，浓厚的"家庭至上"主义传统使得家庭通过血缘和亲缘关系织成一张普遍联结的关系网络，为软信息的生成创造了有利条件，大大减少资金供给者与需求者之间的信息不对称，也有助于控制逆向选择和道德风险等问题带来的成本，从而增加资金供给意愿。

台州模式的成功与当地政府的治理模式是分不开的。台州深受"浙南功利主义学派"思想的影响，该学派主张应该"以利和义"，即通过拓展"利"来促进"义"，认为国力的繁荣应该建立在工商业基础上，反对政府对经济生活的过多干预，主张实行比较自由放任的经济政策。在这种经济文化传统的影响下，台州当地政府成为有名的"服务型政府"、国家"放管服"改革的示范区。例如，对银行经营坚持"参股不控股，参与不干预"的原则，不派驻高管、不摊派项目、不干预具体经营管理。

三、社区模式

(一)背景介绍

社区银行(Community Banking)的概念源自美国，泛指资产规模小于10亿美元，主要为经营区域内中小企业和居民家庭提供金融服务的地方性小型商业银行。其中，"社区"并不是一个严格界定的地理概念，既可以是一个市、县，也可以是城市和乡村居民的聚居区域。凡是资产规模较小、主要为经营区域内中小企业和居民家庭服务的地方型小型商业银行都可以称为社区银行。

社区银行打破了传统银行"等客上门"的模式，通过走进社区、贴近客户的亲民形式，在增强客户黏度的同时，实现区域金融资源的高效调配，成为西方国家金融体系的重要组成部分。美国联邦存款公司2019年6月的统计数据显示，总资产低于1亿美元的6 129家社区银行发放的小企业贷款，占美国全部小企业贷款额的35%，单笔金额10万美元及以下的小额贷款中，社区银行占近40%。如今，美国的社区银行代表主要有科罗拉多州联邦储蓄银行(Colorado Federal Savings Bank，专业型模式，只做住宅抵押贷款业务)、美国第一银行(Chase Manhattan Bank，并购重组、做大做强模式)、美信银行(MBNA American Bank，采用联名发卡的创新型模式)和富国银行(Wells Fargo，全能型模式)。

(二)模式特点

一是有明确的服务对象。社区银行主要面向当地家庭、农户及中小企业。例如,在富国银行的企业客户中,年销售额100万美元以下的企业数量占比达90%以上,年销售额50万美元以下的企业占85%,员工数量在5名以下的企业占70%。

二是低廉的资金成本。社区银行大量的客户是个人和小企业,议价能力较低,社区银行可以通过低于大企业客户的利息吸纳存款,从而获取廉价且稳定的资金来源。

三是个性化的优惠服务。基于对社区情况比较了解,社区银行能够为客户提供个性化且价格优惠的服务。

四是深入基层的关系维护。社区银行的员工往往能融入社区内各项事务,与社区居民打成一片。例如,富国银行捐助资金为社区修建一些公用设施,并组织员工为社区提供志愿服务,以此拉近与社区居民的关系。2011年,富国银行捐助了21.4亿美元用于教育改善、社区发展,员工的志愿服务时间达到1 500万小时,塑造了良好的企业形象,并真正融入了社区。

五是灵活高效的放贷模式。社区银行一般会综合考虑借款人的性格、品质、家族历史和个人可自由支配的收入等个性化因素,采取灵活高效的审批方式。例如,富国银行针对小微客户改进了放贷模式,基于平时搜集的信息,社区居民和小企业可以通过邮件、电话申请贷款,审批过程采取自动化模式,无须定期审核,也不需要财务报表,极大地方便了客户。

需要注意的是,中国社区银行的概念与西方国家定义存在较大差别。根据西方国家定义,中国的村镇银行、农商行及部分城商行等都可称为社区银行;但在中国,社区银行主要是社区支行、小微支行,是指定位于服务社区居民和小微企业的简易型银行网点,属于支行的一种特殊类型。与传统银行网点相比,社区支行实行有限牌照经营①,功能设置简约、定位特殊区域和客户群体、服务便捷灵活。

(三)中国实践

自2013年下半年起,中国股份制商业银行掀起了设立社区银行的热潮,并逐渐发展出三类主要模式:以中国民生银行为代表的"服务主导"模式、以中国平安银行为代表的"产品主导"模式和以兴业银行为代表的"储蓄所"模式。

1. 中国民生银行"服务主导"模式

作为社区银行发展的领头羊,中国民生银行曾提出"小区"金融战略,快速推进社区银行建设,尝试在居住地、工作地、生活地、交通地等居民聚集的区域设立社区支行,

---

① 关于社区银行有限牌照经营相关信息,可见中国银保监网站:http://www.cbirc.gov.cn/cn/view/pages/index/jiansuo.html? keyWords=%E6%9C%89%E9%99%90%E7%89%8C%E7%85%A7.

开展金融服务与社区关怀活动。截至2020年末，中国民生银行社区支行达1 106家，覆盖全国132个城市，社区（小微）支行金融资产总额3 148.52亿元，储蓄存款1 141.76亿元，客户数达743.20万户，其中有效级（含）以上客户87.65万户[①]。从时间维度看，中国民生银行的网点扩张速度已领先于业务发展速度。社区银行网点主要以社区化的服务手段提高客户黏合度，服务属性强于产品属性。例如，为了方便上班族办理业务，中国民生银行社区支行打破了传统网点的服务时间限制，实行错峰经营，营业时间从早上9点至晚上8点，最大限度为小区居民的经济、金融活动提供便利。与此同时，社区支行还根据周边小区居民的特点，提供发卡、理财、缴费等与小区居民生活息息相关的便民类金融服务，居民无需东奔西跑，在家门口就可以办理银行卡、购买理财产品、缴纳物业水电费等，高效便利。

2. 平安银行"产品主导"模式

平安银行的社区银行布点采取跟随策略，网点多在别的银行的社区支行附近设立。社区银行定位为金融产品的销售渠道和展示场所，为中国平安集团的银行、保险、信托等产品提供销售服务。平安银行目前已在全国范围内设立众多社区支行，均坐落于大中型居民社区，从家到网点只需几分钟步行路程，使社区客户用碎片化的时间即可完成业务办理。平安银行社区支行网点内设固定VTM远程机（即远程柜员系统），客户进店后即可自助办理开户、转账等业务。此外，新一代移动VTM突破了地理位置的限制，将固定VTM的基本功能整合进一个小小的9寸平板电脑里，社区支行工作人员可以随身携带，为社区客户上门办理业务。

3. 兴业银行"储蓄所"模式

兴业银行的社区银行布局和一般的网点相似，但重点突出了布局的社区性——定位大社区，包括居民社区、写字楼、专业市场主要出入口附近。所提供的服务也与一般网点相似，是依托于社区支行来满足客户的综合性金融需求，类似于国有银行储蓄所的设置。截至2020年末，兴业银行共开设863家社区支行。

（四）未来发展

近年来，在金融科技和互联网转型的冲击下，中国社区银行的数量规模正在不断缩减。社区支行逐渐式微的原因主要有：一是定位不明确，缺乏核心竞争力。社区支行不能办理现金业务，经营范围相对狭窄，单靠辐射周边小区居民或小企业客户很难实现盈利。当前，社区银行主要体现在理财产品问询及售卖上，定位较为尴尬，盈利能力差，竞争力明显弱于综合性网点。二是随着金融科技的快速发展，社区银行的一些便民服务项目逐渐被线上服务替代，如越来越多的客户开始选择在网上进行水电费缴

---

① 中国民生银行2020年年报。

纳等。

四、信贷工厂模式

信贷工厂是一种仿照工厂的流水线，批量化生产中小企业融资产品的运营模式，由新加坡淡马锡金融控股集团首创，致力于解决中小企业融资难题。具体而言，信贷工厂就是将中小企业间接融资的共性与个性相结合，以“流水线”的形式处理中小企业的贷款申请、审批、发放和风险控制，并将中小企业信贷业务划分为营销、销售、业务申报、审批、支用、客户维护和贷后管理等环节，每一个“生产”环节都有专人负责，批量发放，批量“生产”，且有专人定期对“准次品”进行预警，对“次品”进行“软回收”再组合或通过法院渠道“硬回收”。与传统的小企业贷款管理相比，信贷工厂模式摒弃了以产品或办理效率或客户发展为主的、单向的、分散的经营管理做法，将机构设立、人员配置、产品开发、风险控制等方面合理联结，从而打造出全新的小微信贷业务模式。

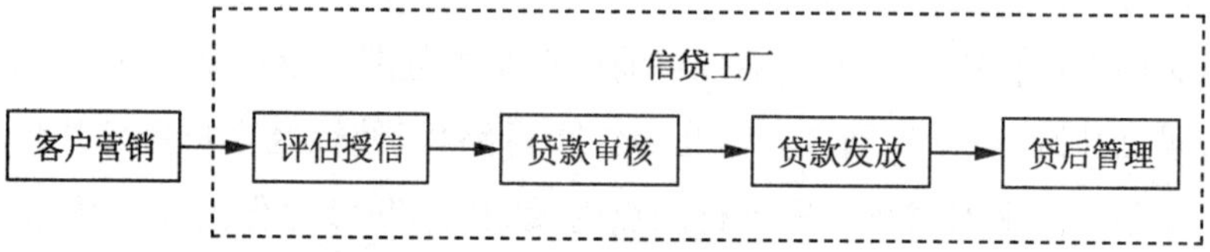

图6—2 信贷工厂模式业务流程

（一）产品和流程趋向高度标准化

信贷工厂模式的核心是将信贷业务流程中的各个环节进行标准化和批量化操作，产生规模效应，提升工作效率，降低运营成本，满足小微企业“短”“频”“急”的贷款需求。首先，信贷产品通常是标准化的（较难满足某些企业的定制化需求）；其次，贷款申请、审批、发放、贷后管理等，乃至小微信贷业务专门团队的内部管理，均是高度标准化的，整个流程仿佛制造业企业里的流水线。

（二）客户营销和贷款管理分离

由于小微企业本身的经营与管理并没有高度标准化，前期仍然需要银行专门团队的业务员拓展客户。另外，客户营销与中后台管理相分离，有利于银行提高交叉销售能力，有效控制操作风险和道德风险。

（三）评分卡的开发与应用高度自动化

相对于IPC模式依赖人的决策，信贷工厂则是根据事前设定的标准进行自动化的审核，减少人为判断。评分卡的开发有多种方法，最主要的方式是逻辑回归，通过样本分析寻找核心变量，然后构建评分模型。评分卡的参数设定需要经验累积，对于每个行业、每个业务环节开发不同的评分模型，并根据业务进展不断更新。

（四）信贷工厂模式的优点

概括地讲，信贷工厂模式具有“六化”特点，即产品标准化、作业流程化、生产批量化、队伍专业化、管理集约化、风险分散化。主要优势有以下几点：首先，资源配置更优。该模式能将分散于各业务部门和支行的小企业岗位人员、审批权限、风险管理等信贷资源整合再造，变分散为集中，化兼顾为专业，以事业部制的管理方式优化了信贷资源配置，形成市场销售、风险管控和人才利用的整体优势。其次，服务更便捷高效。信贷工厂模式简化了信贷受理、评价等各环节的流程，构建起标准化作业、流水式审核的业务运作流程，自业务受理到正式放款的平均时间通常为 5 个工作日，部分甚至只需 1～2 天即可办结，效率高于一般业务模式。再次，审批更自主。信贷工厂模式往往放宽了信贷政策的强制约束，下放了部分信贷业务审批权，使办理中小企业信贷业务的分支行具有了更大的审批权限，从而提高运行效率。最后，规模效应更明显，成本更节约。

（五）信贷工厂模式的缺点

首先，信贷工厂模式前期需要投入大量的成本，包括平台的搭建、客户评分模型的开发及其他针对性的研发。其次，需要的岗位较多，人员管理难度大，成本高。最后，信贷工厂模式不能做到对每位客户进行精细审查，缺乏对贷款客户差异化调查，容易忽视潜在风险点，恶意逃债等使其风险增加，风险的监控能力以及坏账的处理要求较高。

（六）中国应用

在信贷工厂组织架构的设置上，我国主要有战略事业部制和准事业部制两种模式。战略事业部制，即小企业信贷专营机构模式，可申请单独颁发金融许可证和营业执照，一般需要在商业银行总行设立专门的管理机构，负责对下辖小企业专营机构的管理。这个模式的主要代表是招商银行 2008 年在苏州获批设立的小企业专营机构。准事业部制是在总行设立的小企业业务部，负责小企业业务的经营和管理，可下辖专营机构，但主要依托现有分支机构开展小企业金融服务。与专营机构相比，其最大优点是能充分利用现有资源，在不失专业化服务的同时发挥“点多面广”的优势。目前，采用信贷工厂模式的国内商业银行，一般均为此种组织体制模式，如中国建设银行、中国银行和杭州银行等。

正是因为信贷工厂模式提供了一种标准化的小微信贷方法，使其备受大型商业银行的青睐。2007 年 10 月，中国建设银行总行指定江苏省镇江分行作为试点机构，率先引进淡马锡信贷工厂模式，并结合自身专业化经营要求，改革管理机制，自主创新了具有建行特色的“小企业业务镇江模式”品牌。该机构于 2008 年 6 月试运营，到 2018 年末建行镇江分行小企业贷款客户、贷款余额分别比年初增长 62.5%、114.24%，当年新增额相当于2017年的2.34倍，在全省建行系统和全市同业均为第一。[①] 除此之外，中国银行也将信贷工厂模式进行了全国推广。

与国有大行相比，股份制商业银行在信贷工厂的引入和应用方面步伐相对缓慢。不过，信贷工厂模式的出现并未让中小银行在关系型借贷上的优势丧失，相反，“小银行优势”理论得到进一步佐证。例如，在管理上，中国银行实行“双线管理”，也就是营销团队要同时受到中小企业中心和县支行的管理，业务任务指标、日常培训指导等由中小企业中心负责，但人员和团队的业绩考核仍按行政层级操作。而区域性质的杭州银行，则对小企业信贷中心和公司信贷部实施了分离，小企业信贷实行总行、支行两级管理机制，并实行单线审批、直接授权。与中国银行不同的是，在这一机制下，杭州银行支行信贷经理和总行信贷经理具有同样的权限，信贷审批速度更快。可见，大型银行虽然总行和分行能为“信贷工厂”下放一定审批权限，但效率仍不及组织扁平化的区域性中小银行。在风险控制上，中国信贷工厂模式大多采用的“产业链交叉印证”是一种软信息的应用，如杭州银行风险测评中的“31项重要信息”就含有软信息，而软信息的处理正是中小银行的优势所在。

技术手段的应用让信贷工厂模式发挥出更大的作用。2017年，地处安徽省的亳州药都农村商业银行(下称“药都银行”)基于大数据技术推出了信贷工厂项目，面向18～70周岁的商户、小微企业等客户群体，提供最高达500万元授信金额、最长达5年授信期限的贷款。该项目是药都银行在线下信贷产品管理的基础上，结合大数据分析，借助互联网平台，利用移动PAD上门办理信贷服务的授信系统。在工作原理上，信贷工厂借助客户个人金融数据、政府大数据平台和药都银行存量数据对客户真实情况进行分析，并通过互联网系统自动授信，实现从“人工填表”过渡到“数据填表”，从“肉眼识别”过渡到“数据验证”，从“人控”转换到“人控＋机控”模式。同时，信贷工厂利用互联网技术，对业务流程进行最大程度的简化，对中小企业贷款的调查、审批、发放、贷后、风控等业务进行“流水线”的作业方式，实现PAD批量操作，构建专门的业务运行机制，以纳税情况和企业所属行业进行信用分类，为客户提供全方位的金融服务。在风险控制方面，信贷工厂借助政府大数据平台激发内生资源，由科技公司帮助建立风控体系与模型，重点关注客户的个人金融数据、资金数据以及行为数据的变化，并对各数据赋予不同权重从而使用。同时，让客户经理跟进贷款项目获得的客户软信息与数据仓库的硬信息进行完全整合，从而提高风险控制能力。截至2019年末，信贷

---

① 2019年9月末，中国建设银行镇江分行普惠型小微企业贷款余额36.88亿元，较年初增长11.20亿元，超额完成全年计划，增长率达44%，普惠金融客户数4 472户，比年初新增1 183户。到2019年年末，该分行普惠金融贷款余额39.58亿元。数据来自2020年镇江年鉴。

工厂已完成授信户数20 863户，授信金额145.51亿元。[①]

第四节 典型案例

一、兴业银行

兴业银行基于“联网合作，互为代理”的理念，于2007年推出国内首个银行合作品牌——“银银平台”，这是银行同业合作发展普惠金融的典型。该平台通过与拥有区域网点优势的城商行、农村中小金融机构（含村镇银行）合作，形成业务涵盖支付结算、融资服务、财富管理等的互联网金融和线下金融相结合的完整服务体系，在不必大规模开设新网点的情况下，实现了在二、三线城市和农村地区的服务延伸。

近年来，兴业银行“银银平台”持续升级转型。围绕“一朵金融云＋支付结算、财富管理、资产交易三大平台＋银银平台国际版”战略，持续丰富与农村中小金融机构合作内涵，更突出交易化、综合化，不断创新和丰富特色产品，助力中小金融机构服务区域经济与民生。其“财富云”合作模式依托银银平台底层先进基础架构服务平台，将兴业银行强大资管能力与合作机构销售渠道相对接，为合作机构提供财富管理、运营支持、人员培训、市场推广等特色金融服务，有利于合作机构增强服务能力、提高市场竞争力、优化收入结构，实现互利双赢。同时通过输送丰富的金融产品下乡，解决当地居民“理财难”的问题，践行普惠金融。

兴业银行是业内少数拥有核心业务系统自主知识产权的商业银行，而对于村镇银行等微型金融机构而言，由于技术力量较弱、业务规模较小，直接接入中国人民银行现代化支付系统难度大且成本高。为此，兴业银行的“银银平台”提供了代理接入现代化支付系统的服务。例如，桂林国民村镇银行是经中国银监会批准于2010年成立的全国首批地市级村镇银行，在与兴业银行达成合作后，2016年正式切换至兴业银行的信息系统，电子银行系统的上线填补了该行的业务短板。借助兴业银行帮助开发的便携式自助发卡机，桂林国民村镇银行得以将业务开展到农户家中，甚至是田间地头，避免了农户来回奔波。此外，兴业银行在广西地区还先后为南宁江南国民村镇银行、广西区联社[②]下辖法人机构田东农商行和百色右江农合行发起设立的村镇银行提供了科技输出服务，支持合作银行更精准有效地服务于当地的实体经济。

---

① 亳州药都农村商业银行官方网站。

② 广西区联社的全称为广西壮族自治区农村信用社联合社。

中小银行受限于业务资格及资产管理能力，财富管理业务起步较晚、业务品种单一，无法满足当地居民日益增长的财富管理需求。兴业银行具备强大的财富管理能力，通过整合各类金融机构的优秀产品以及广大中小银行的庞大销售网络，可以将丰富、正规的金融服务产品从一线城市向三、四线城市及广大农村地区输送。例如，广西区联社于2013年与兴业银行签订了理财门户合作协议，同年底登陆"银银平台"理财门户——钱大掌柜，合作业务涵盖理财超市、基金超市、银证转账、掌柜钱包等，有效提升了广西区联社对个人客户的金融服务能力，更好地满足了当地客户不断增长的理财需求。通过"银银平台"业务合作，兴业银行与广西区联社业务合作也由原有单一的资金业务，逐步延伸至理财合作发行、托管、代理人民币跨境支付、人员交流培训等多领域的合作。

2020年，"银银平台"服务法人机构达到2 177家，支付产品结算量7.06万亿元，同比增长19.58%；通过银银平台面向终端客户财富产品余额1 387.45亿元，同比增长87.45%；实现财富代理类业务收入42.93亿元，同比增长79.70%。截至2020年末，兴业银行已给近200家中小银行授信，为100多家农村中小金融机构授信近2 000亿元，为重点贫困地区（如宁夏、甘肃、贵州、云南、新疆、青海等）中小银行授信约500亿元。① 多年的精耕细作，为"银银平台"赢得了监管层、同业合作伙伴和社会各界的认可。兴业银行计划把"银银平台"打造成对外开放银行服务平台，既连接中小金融机构，又延伸连接中小金融机构商业生态圈，让普惠金融惠及更大客群。

二、亿联银行②

吉林亿联银行股份有限公司（简称"亿联银行"）由中发金控投资管理有限公司（简称"中发金控"）和吉林三快科技有限公司（美团）等七家民营企业，于2017年5月在吉林省发起设立，是东北地区首家民营银行，也是银行与互联网平台合作发展金融科技、推动普惠金融发展的典型。成立初期，亿联银行便认识到科技金融的发展趋势，确立了"数字银行，智慧生活"的战略定位和"打造普惠大众，赋能生活的智慧银行"的发展愿景，充分运用互联网技术，努力提高金融服务覆盖率，践行"微存、易贷"的普惠金融理念。其致力于建立数字化的经营管理体系，用科技赋能金融服务创新，为普通人、小微企业、平台和同业机构提供高效、智能的金融服务和解决方案，用科技缩短人和金融服务的距离，促进金融服务平等化，努力践行普惠金融。

（一）合作模式

作为一家民营银行，亿联银行积极拥抱金融科技，加上互联网企业作为股东支持，

---

① 数据资料来自新华网。

② 内容和数据来自亿联银行官方网站及其他公开报道。

在促进金融科技在普惠金融领域的应用方面有着得天独厚的优势。

第一,利用股东优势挖掘客户资源。亿联银行的主要股东包括中发金控和美团点评。其中,美团点评拥有700万合作小微商户和8亿注册个人客户。利用这一资源,亿联银行开发出了第一款线上信贷产品——“亿联易贷”,这是一款直接面向美团点评白名单用户的消费贷款产品。通过与合作方共同优化业务流程,提升客户体验,推动消费金融业务快速增长。此后,亿联银行又与美团点评合作开发面向小微商户的生意贷产品——美团生意贷。截至2020年6月末,亿联易贷累计授信534万户,累计放款845亿元;美团生意贷累计授信6万户,累计放款28亿元。

第二,与互联网平台合作,建立广泛连接,创新金融服务。在开放银行①方面,亿联银行提出构建开放金融的生态和平台,与美团点评、京东数科、度小满金融等多家平台建立广泛连接,创新金融服务。该模式使亿联银行的产品和服务触及更多线上场景和用户群体,打造出区别于传统银行的差异化竞争优势,并且通过开放API②技术,实现与场景生态方、流量平台的广泛合作,从而输出金融产品和服务能力。

(二)风险控制

在风险控制方面,亿联银行的特色做法主要体现在两个方面:

第一,全流程智能风控破解小微融资难点。亿联银行行长张其广认为,商业银行的小微之难主要在于小微企业的风险难控。信息不对称、缺乏可抵押资产、风险收益倒挂,是小微企业信贷的难点。线上小微信贷业务,相较于传统线下审核模式,在客户信息获取、资质判断及额度利率设定方面的局限性更大。亿联银行在充分评估外部风险、内部资源的基础上,就小微企业信贷业务的开展,强调与合作平台在商业模式和产品风控维度的联合设计,同时强化内部风险模型的数据能力,对资产进行全流程风险把控。

不同于传统银行,亿联银行在小微信贷风控方面,通过对线下信用审核理论及实践进行研究,将线下审核体系进行模块化解析、线上标准化开发,实现小微信贷业务线上审核的落地。线上风控也在一定程度上降低了线下审核主观判断的干扰,力求保证客观性和高效性,也使其能更好地契合小微企业“短、平、快”的融资需求。

第二,金融科技助力风控系统搭建。由于民营银行受“一个网点”的限制,获客与

① 开放银行可理解为一个开放平台,银行可通过API、SDK、小程序等方式与合作伙伴建立连接。在开放银行产业链中,云服务商、数据库等服务商提供底层基础设施支持,金融科技公司、互联网巨头、软件公司等通过第三方开放平台提供IT软件解决方案,第三方开放平台担任开放银行与场景平台(垂直行业)的连接器。商业银行在获取软硬件支持后,将其数据和产品向场景平台开放,从而获得垂直行业企业的数据、流量和场景,最终用户通过场景平台获得无缝的银行服务。

② API(应用程序编程接口)是实现开放银行常见的对外开放接口方式之一,另外还包括H5(超文本标记语言5.0)、SDK(软件开发工具包)等。

业务拓展主要依赖线上，此时将会面临互联网贷款风险控制的挑战。亿联银行借助大数据、区块链、人工智能等技术手段，从科技体系架构与自主研发的风控系统两方面布局，充分发挥智能风控优势。

在科技体系架构建设方面，亿联银行以私有云和分布式为基础技术架构，构建了以人工智能引擎平台为核心的互联网银行科技体系架构。该架构以微服务和平台化的设计思路实现差异化、快速的开放共享及渠道适配能力，通过打造共享能力，实现与各类第三方平台进行快速对接和产品输出。同时，其也在持续完善风险管理系统顶层规划，打造智能化、多模型融合体系，针对不同产品、不同客户属性，差异化资产清收处置策略，完善委外催收管理机制，加强贷后管理有效性。

在自主研发的风控系统上，亿联银行已拥有一套自己的风控系统。借助大数据、人工智能、区块链等前沿技术，实现风险管理循环和数据算法循环的两个闭环，对信用风险和欺诈风险进行有效识别和管理。

（三）产品体系

在普惠金融产品体系方面，亿联银行已开发出多款信贷类与负债类产品。前者包括亿联易贷、亿商贷、亿农贷等，而后者包括利添利、得亿存等产品。其中，亿商贷等产品搭建起了覆盖核心企业上下游供应商及经销商的供应链金融产品体系，解决了小微企业无抵押、无担保、贷款难的问题，累计投放贷款 1 亿元。

在农村金融方面，亿联银行推出了服务“三农”的特色产品——“亿农贷”。目前，在微众、网商、新网与亿联四家互联网银行中，仅有网商与亿联两家银行开发了“三农”专属信贷产品。该产品具有线上申请、实时审批、自动放款、随借随还的特点，额度从 500 元到 20 万元不等，利率只有年化 7.92%，极大地提升了农民贷款的效率。该产品推出 1 年多时间，已覆盖吉林省 5 个地区 1 000 多个村，为近万名农户发放贷款 3.25 亿元。2021 年实现省内全覆盖，服务农户至少 10 万户，解决农民融资的“最后一公里”问题。并且亿联银行已推出 2.0 版本，服务农民的广度和深度将会进一步提升。

三、泰隆银行[①]

浙江泰隆商业银行是一家自创办起始终坚持“服务小微企业，践行普惠金融”的城市商业银行。其前身是 1993 年成立的台州市泰隆城市信用社，于 2006 年改制成为泰隆商业银行，这一阶段也被认为是泰隆银行的第一个发展阶段，主要目标是“尝试定位，合规经营，生存下来”。2007 年 1 月，泰隆第一家跨市中心支行在台州市三门县开

① 资料和数据来自上海财经大学小企业融资研究中心近年来多次实地调研访谈，以及泰隆银行官网、公告、新闻等。

业；同年10月，泰隆银行丽水分行开业。至此，泰隆银行走出台州市中心城区，开始跨地区经营。2010年2月，泰隆银行上海分行成立，标志着泰隆银行从地方性银行向区域性银行的转型。2017年，泰隆开始大力发展村镇银行，在福建、广东两地筹建了6家村镇银行。至此，泰隆银行完成了自身的第二个发展阶段目标，即“坚持定位，与时俱进，跨区域发展”。

2017年至今，泰隆迈入第三个发展阶段。围绕“小微定位，小微服务模式升级、检验，小微服务标准探索，实现商业可持续发展”的主题，泰隆银行已成长为一家布局全国、专注小微的民营银行。2014年11月21日，国务院总理李克强考察泰隆银行时，对泰隆银行长期致力于小微企业金融服务给予高度评价：“小微企业是就业的主力军，我们要发展泰隆这样的银行，才能为中小企业、小微企业提供真正的支持和服务。”现如今，泰隆银行已拥有一万多名员工、13家分行，并在多地发起设立13家泰隆村镇银行，拥有400多家网点。截至2020年，泰隆银行总资产达2 580.73亿元，本外币贷款余额1 663.01亿元，不良贷款率0.95%，资本利润率15.87%，资本充足率15.80%，拨备覆盖率279.29%。

泰隆银行的成功并不是一蹴而就的。成立之初，面对当地金融市场被四大国有银行和农村信用社占领的现实，泰隆银行深感自身实力较弱，无法与大型金融机构正面竞争夺大客户，因此只能“人弃我取”，被动地选择小企业和个体工商户作为主要市场。在经营的过程中，泰隆银行逐渐发现这些小企业虽然规模小，但业主诚实守信，勤勤恳恳做事业，踏踏实实保信誉，反映这一市场具有巨大潜力。于是，泰隆银行正式提出做小企业的伙伴银行，将服务小企业、开展小额信贷业务作为自己的核心目标。

从此，专注和差异化成为泰隆银行最显著的经营特色。泰隆银行一直以来都牢牢坚持小微的市场定位，以小微企业和个体户为目标服务群体。为此，泰隆银行往往会拒绝大客户的贷款需求，同时在多年的服务中，如果有的小企业发展壮大成大公司了，泰隆银行也会选择主动退出信贷服务。甚至在对于新设立的分行级机构的考核上，泰隆银行并不要求当年或第二年必须实现盈亏平衡，以此为分支机构在当地深耕小微市场提供战略缓冲期。泰隆银行坚持定位小微的初心，整体户均贷款额只有28万元，即使在上海这样的一线城市，其户均贷款也仅为60万元。泰隆银行年报显示，在2020年的各项贷款余额中，500万元(含)以下的贷款户数占比为99.81%，余额占比92.02%；100万元(含)以下的贷款户数占比为94.75%，余额占比53.87%。

泰隆银行小微金融的主要做法，可以概括为：在坚持商业可持续性原则的前提下，牢牢抓住小微客户的特征，围绕小微客户的特殊需求，设计和提供针对性的产品和服务，以及在此基础上利用软信息有效地控制风险，并通过其特有的企业文化保证所有过程得以有效充分实现。

(一)产品和服务

1. 主打"信用+担保"产品,定价机制灵活

小微企业缺乏抵质押资产是一个由来已久的现实问题。泰隆银行对此的解决办法就是主推"信用+保证/担保"的贷款模式。在2018年的存量贷款中,泰隆银行的抵押贷款仅占5%,而"信用+保证/担保"的贷款占比则高达90%,其中纯信用贷款量就占到了21%。另外,泰隆银行还创新推出"道义担保""亲情担保""多人担保"等方式。2018年泰隆银行的道义担保贷款在所有贷款中的占比为22%。道义担保由与借款人具有亲情、友情、爱情等道义关系的第三人提供保证,重在考察担保人对借款人创业活动的支持、还款意愿的约束以及经营行为的日常监督而不是担保人的代偿能力(王钧,2019)。

在产品定价方面,泰隆银行遵循小额贷款利率有效覆盖风险和成本的原则,综合考虑风险水平、筹资成本、管理成本、贷款目标收益、资本回报等多项因素,测算出贷款目标保本利率,并建立起灵活的贷款风险定价机制,实现了"一户一价""一笔一价""一期一价"。同时,遵循风险收益匹配的原则,充分考虑资金供求情况、民间借贷利率水平以及竞争对手的利率定价,结合客户的贷款用途和对资金价格的承受力,将利率水平细化设置为60多个档次,并适时根据具体情况进行调整,实现利率浮动幅度内的市场化。

泰隆银行还根据小微企业贷款特点,创新"融e贷"产品。该产品具有长期授信、定期年审、分段计息、随用随借、随借随还、循环使用等功能,按实际利用天数计息,让客户针对自身的生产周期、资金需求和成本效益进行合理的融资安排,提高了客户体验,降低了融资成本。

2. 审批权限下放,提升服务效率

小微企业的资金需求往往"短""小""频""急",因此对银行信贷效率的要求非常高。泰隆银行在成立之初就提出"三三制"的服务承诺,即"新客户三天,老客户三小时",其中,"三天"是指决定要不要贷给客户。当然,随着互联网技术的发展,如今很多互联网贷款产品都达到了秒贷级,这也倒逼泰隆银行的贷款流程更精简、运行更高效。因此,泰隆银行与时俱进地提出了最快三分钟放贷的目标。

泰隆银行对分支机构和客户经理的充分授权是其高效服务的重要保障。在泰隆银行,90%的贷款审批都在分支行。一线的客户经理由于更了解小微企业及其所有人的情况,因此即使客户经理没有审批权,也可以通过与上级、部门领导的沟通,影响银行对于客户放款的决定,以及对不同客户的不同定价。在风控方面,部门架构的设置与同业相比存在差异,泰隆银行采用一体化模式而非单独设立授信管理部门,小企业部和普惠部两个部门的业务审批分别都在各自部门完成。决策权的前移极大地提升

了泰隆银行的灵活度和服务效率。

3. 提供贴心细致的服务，增加小微客户黏性

一是长期实行“裸费裸利”政策。除落实政府定价、政府指导价的25项手续费减免规定之外，泰隆银行还主动减免除利息之外的多项费用，持续推进小微企业减费让利，近六年累计减免手续费近14亿元。特别是2020年新冠疫情暴发后，泰隆银行积极落实相关政策要求，主动把国家对小微金融的优惠政策红利反哺企业，针对受疫情影响较重的行业和企业给予利息减免优惠，共惠及小微企业1.1万户、贷款余额205.4亿元，减免利息1 400余万元。

二是持续优化续贷业务办理流程。为减轻客户还贷周转压力，泰隆银行推出“预审批”功能，在不改变风控要求的前提下，在贷款到期前为客户办理续贷手续，客户还款后实现“T＋0”续贷，真正实现“关口前移，无缝续贷”，从源头上避免倒贷、过桥费用①。

三是推出“党建＋金融”模式。“党建＋金融”模式是泰隆银行的特色之一。泰隆银行党委和地方党委通过各种项目和活动给地方小微企业提供及时的资金支持。例如，在衢州，泰隆银行衢州分行和衢州市委组织部合作，在开化金星村试点“党建＋金融示范村”项目，开展“泰隆日”微孝公益活动，同时，泰隆银行衢州开化支行为金星村授信3 000万元，其中，单独为金星村党支部授信1 000万元。再如，泰隆银行在苏州望亭镇创新推出了“运河先锋贷”，望亭镇内建有非公党组织的企业、企业主或业务骨干为党员的望亭企业、望亭各级党组织认可推荐的企业都可享受这项贷款服务。截至2021年年中，泰隆银行全行发放“先锋贷”42 000多笔，授信近60亿元，余额2.58亿元，户数1 436户；办理“先锋卡”7 819张，授信7.61亿元。此外，泰隆银行还与农办、扶贫办等深度合作，选择投资小、受益面广、见效快的项目，帮助低收入农户“造血”式创业致富。此外，泰隆银行还开发“西瓜贷”“烧饼贷”等特色产品，帮助村民渡过农业转型期。

（二）业务模式

1. 应用软信息缓解信息不对称

---

① 借款人在贷款到期时，如暂时无力偿还，只能寻求向第三方（如小贷公司）临时借一笔资金周转，在归还银行贷款后再向银行申请新的贷款，用于归还小贷公司的贷款并奉上若干利息。在这个过程中，第三方机构提供的贷款就称为“过桥贷款”，而银行与借款人、小贷公司之间相互配合的过程称为“倒贷”。2013年，中国人民银行银川中心支行采取问卷和深度座谈的形式开展了一项调查，对象企业涉及农林牧渔业、制造业、建筑业、批发零售业、运输业和居民服务业。调查显示，在被调查企业中，90％的企业需要靠“借新还旧”维持；企业主个人借贷占“倒贷”资金来源的15％，企业之间商业借贷占35％，非银行类贷款机构借贷占比达50％；加上利息成本和调查费等其他费用后，企业“借新还旧”的月均费率达3％，部分企业的融资成本接近甚至高于企业息税前利润。“倒贷”范围广、数量多、成本高、风险大，是制约中小企业发展的重要因素之一。

泰隆银行依靠建立在软信息基础上的关系型借贷技术开展业务。面对小微企业和个体户的信息不透明和抵押品缺失，泰隆银行通过派遣大量的一线客户经理线下跟客户进行频繁的接触，获取客户多样化的软信息，包括通过客户身边的相关人士(如亲戚、同村人、上下游客户等)了解客户，以此解决信息不对称问题。目前，泰隆银行客户经理占全员的比例接近40%，可以说客户经理团队是泰隆银行的立行之本。

泰隆银行的客户经理遵循"到户调查"和"眼见为实"的原则，并与客户间建立长期稳定的关系。客户经理与客户不仅是生意伙伴，更是知心朋友。因此，泰隆银行将自己的客户经理称为"超级客户经理"。

在此过程中，泰隆银行提出了有名的"三品三表"。"三品"是指人品、产品和物品。泰隆银行在筛选客户时，首先会考察小微客户的人品和有无不良嗜好。据统计，36%的不良贷款与客户的不良嗜好有关。因此，在人品方面，泰隆银行实行一票否决制，只要客户人品有问题，银行就不会提供贷款。由于泰隆银行提供的大多都是小额信贷，因此客户的还款意愿对于贷款能否收回至关重要。其次是看客户产品是否有销路，看车间里是否热闹，看上游原料提供商和下游销售商的口碑、朋友圈的评价等。最后才是物品，即通俗意义上的抵质押品。"三表"不是交易型信贷中财务报表的三表，而是水表、电表和外贸企业的海关报表，通过这"三表"来看企业的生产经营状况。总而言之，"三品"揭示客户的社会化软信息，"三表"揭示客户的数字化硬信息。

2. 通过机制建设加强风险控制

泰隆银行认为，控风险、降成本和增效率是实现小微金融商业可持续的三个关键点。在风险控制方面，泰隆银行一直以来的做法是"管好两个人"，一是客户，二是员工。

管理客户，主要是控制小微客户的信用风险。除了"三品三表"，泰隆银行还提出"两有一无"，即只要有劳动能力、有劳动意愿、无不良嗜好的客户都可成为泰隆银行的目标客群。当然，很多这样的软信息获取并不局限于"面对面"的沟通，还要依靠客户经理"背对背"的侧面调查，多渠道、全方位地搜集客户的经营能力、家庭财产和道德品质等方面信息。例如，客户经理会到客户所在地区的居委会、妇委会等全面了解客户的家庭和人品情况。如果家庭和睦、家庭关系稳定，说明借款人责任心较强，贷款违约的可能性较小；反之，风险就较大。

管理员工的关键在于防控员工出现道德风险与违规问题。泰隆银行有一整套制度来管理和激励其工作人员，特别是一线的客户经理。

首先，泰隆银行在给予客户经理足够权限的同时，也要求其承担相应的责任。一笔贷款是否可行，客户经理的意见至关重要，同样当贷款出现问题时，客户经理将作为第一责任人而承担责任。因此，客户经理向上报批贷款申请时不会有蒙混过关的想法，而是更多的希望上级领导帮助其一起来找贷款可能的问题。因为一旦发生风险，是由他本人而非在贷款审核过程中签字署名的上级领导来负责。

其次，客户经理与客户间有一套“防火墙”系统。泰隆银行在行内施行“双十禁令”“三九条令”等，规定客户经理不能拿客户一针一线、不得接受客户财物和请客吃饭、不得与客户之间存在不正当私人资金往来等。客户送礼如果实在不能推却的，则可以将礼品交到行里，由行里将礼品折价打回到客户账上。

再次，针对小微业务的高风险特征设置“尽职免责”措施。在发放贷款时泰隆银行并不苛求“零不良”，而是对客户经理因客观原因造成的不良贷款予以免责，但对违规行为和主观原因造成的不良贷款实行严惩。截至 2019 年 5 月末，该行小微企业不良贷款共开展责任认定 1 935 笔，其中客观免责及免扣罚 1 671 笔，免责及容忍占比高达 86.36%。同时，泰隆银行建立重大事项双线问责机制，实行重大事项一票否决制、岗位退出制，将资产质量情况作为员工绩效考核的重要指标，全面保障问责机制的落实。

最后，泰隆银行对贷款调查过程强调“四眼原则”，即每笔贷款都有两名客户经理负责，一位负责调查，一位负责审查，二者同步进行，并各自对调查和审查结果负责。其中，负责审查的客户经理会对另一方的正面和侧面调查结果进行审核，做到互相监督和双重保险。而在有些分行，“四眼原则”被进一步细化为客户经理的双重身份“AB 角”，即客户经理对于自身负责的客户业务为“A 角”，同时担任另一客户经理的“B 角”，对其进行监督，形成一个客户管理的闭环。对于 A 角负责的客户业务，B 角需参与业务的各个流程，掌握 A 角的客户信息。如果 A 角离开，B 角即可较快地对接 A 角的客户业务以防止客户流失，也正因为如此，B 角具有一定的动力监督 A 角。在风险处置上，A 的责任占 65%，B 占 30%，管理者占 5%。正是以上这些预防与监督并举、激励与约束并重的机制设计，保证了贷款审批权限和责任的安全下放，创造出了小微金融不良率始终低于 1%的良好风险控制能力。

3. 多措并举促进降本增效

虽然泰隆模式是“客户经理制”的典型代表，但近年来，为了适应不断扩大的业务规模和日趋激烈的行业竞争，泰隆银行也在积极引进社区化和信贷工厂模式，推进批量化、电子化进程。

泰隆银行的社区化是按一定半径辐射范围规划出支行的“根据地”，要求支行的日常营销必须在对应的社区内开展。在支行的“根据地”内，每个客户经理都会分到自己的“责任田”，并被要求进行“精耕细作”，做到充分开发当地客户资源。因此，这种做法也称为“网格化管理”。2014 年，泰隆银行嘉兴分行开始施行社区化管理，是所有分行中最早采取该做法的分支机构。嘉兴的一个村约有 700～1 200 户，嘉兴分行的客户经理开展属地经营，划片规模保持在一个客户经理负责两个村，对接 1 000～2 000 农户,基本可保持业务的可持续性。

小微金融的单笔成本较高,而社区化管理的最大好处是实现了规模效应。特别是在像上海这样的大城市,跨区域经营极大地降低了单个客户经理的作业效率。此外,如果不实施物理划片,员工自主经营容易产生严重的内耗问题,且区域范围越大,内耗问题就越严重。因此,社区化管理有利于资源整合,降低业务成本,提高营销效率。

金融科技也是降低金融服务成本的有力手段之一。泰隆银行认为,首先,金融科技可以提高银行的信息获取能力。虽然过去小微的信息特点是"硬信息"少,但随着互联网信息技术的发展,客户"硬信息"的种类和数量正在变得越来越多,因此,未来解决信息不对称的方法将会随着技术的发展发生很大变化。2018 年,泰隆银行成立了金融科技项目群,与信贷有关的项目包括大数据和数据挖掘、精准贷后监测、互联网金融、客户评级与反欺诈等。其次,金融科技可以降低银行运营成本。如今,很多的业务量通过电子化予以了替代,如客户通过手机银行即可完成业务办理而无须前往柜台。根据泰隆银行的统计数据,近五年来其电子化替代率不断增长,现已达 80%。最后,通过流程化、移动化作业可以提高业务效率。近几年泰隆完成了"Pad 金融移动服务站"的工作,也称为信贷工厂,即客户经理随身带着 Pad,上门到客户所在地实现调查和放款,让客户少跑腿、不跑腿,最快约 4 分钟就可完成一笔放贷。

(三)企业文化

1. 关怀备至"家文化"激发员工归属感

2010 年是泰隆银行企业文化年。该年年初,泰隆银行董事长王钧提出,企业发展不仅要"依靠人的力量管理企业,依靠制度的力量运营企业",还需要"依靠文化的力量驱动企业"。文化兴行,是泰隆银行一贯坚持的理念。

泰隆银行对员工的善待和关怀体现在企业经营的方方面面。在泰隆银行,员工被放在第一位。免费早餐、家庭日、带薪休假、年度旅游、商业保险、快乐儿童节、员工家属体检补贴等一系列具有泰隆银行特色的员工福利保障体系,切实做到知员工所困、解员工所忧。

年轻人在外拼搏,对"家"的感受尤为看重,为了让行内的员工能多回家看看,泰隆银行"家庭日"福利制度应运而生。泰隆银行对员工家人的关怀,让员工及家人倍感温暖。对于转正满两年以上的员工,其父母还可以领到每月 300 元的工资,其中的 100 元从员工工资中扣除,另外 200 元由泰隆银行支付。

2. 完备人才体系强化企业队伍建设

首先是招聘与人才引进模式。

自 2006 年泰隆银行正式改制为城市商业银行后就步入了高速发展阶段,导致其原有人才力量已无法满足当前和未来的发展趋势。

最初，泰隆采用了最为直接的办法——聘请行业内有经验人士加盟，但他们对小企业信贷事业的信心与激情不够，这可能带来泰隆模式在异地扩张时偏离总行导向的问题，即“水土不服”。

经过权衡，泰隆银行选择向应届高校毕业生伸出橄榄枝，看中其“有冲劲，有梦想，可塑性强”的特征。截至目前，泰隆银行已经形成了一套比较完善的人才引进模式，包括高校校园巡回宣讲会、泰隆订单班模式、奖学金项目等。同时，管理培训生项目、“百人工程”项目、各管理梯队项目等都为人才培养提供良好的平台。

其次是用人机制。

泰隆银行坚持“任人唯贤”的用人机制。不求学历、不求资历，但求对泰隆银行小微定位的认同和吃苦耐劳的精神。新聘员工大多来自刚走出校门的应届毕业生，管理者原则上都在行内选拔。目前，泰隆银行在职员工的平均年龄不足 28 岁，30 岁以下的管理者占比超 40%，基层团队负责人的平均年龄仅 30 岁。事实证明，泰隆银行这种信任新人、大胆起用年轻骨干员工的选拔体制有助于实现企业和员工个人层面的双赢。一方面，超员工预期的发展平台，不仅能够激励每一位被重用的员工不断自我提升，同时还在企业内部形成了良性的竞争氛围；另一方面，也有助于解决企业人才短缺的困境。

最后是员工培训体系。

通常，银行的信息成本随决策权分散程度的提高而先升后降，这是由于层级太低的信贷人员往往缺乏必要的整体信息和相关技术知识。因此，泰隆银行一直以来就高度重视对员工的培训和再教育，将培训视作员工成长成才的重要保障和企业持续快速增长的生命线。在泰隆学院正式成立以前，泰隆银行就拥有一套相对完善的员工培训系统，包括针对新员工的“泰隆新秀培训”，针对后备人才及骨干员工的“泰隆千里马培训”，针对基层管理者的“泰隆英才培训”和针对中高层管理者的“泰隆雄才培训”。2010 年 6 月 24 日，泰隆学院在杭州成立，这意味着泰隆银行以台州区域为人才输出基地、以泰隆学院为“人才加工厂”的人才培养模式正式形成。泰隆银行在培训上投入了大量成本，培育出了一支有战斗力、凝聚力的小微金融服务专业队伍，为其可持续发展奠定了坚实的人才基础。

本章小结

中国小微企业的数量庞大，是国民经济的重要支柱。中小银行凭借特殊的市场地位和天然的自身条件，成为服务小微企业和普惠金融的主力军。

基于软信息的关系型信贷技术是中小银行开展小微信贷的重要工具。

从演进和技术进步维度来看，中国银行业的小微信贷模式主要包括“全手动”的IPC模式、“半自动”的信贷工厂模式和“全自动”的互联网金融模式。

IPC技术是基于小企业贷款技术形成的一套系统地在线下开展小微信贷业务的工作方法。

台州模式是以浙江台州商业银行、浙江泰隆商业银行和浙江民泰商业银行等台州当地中小银行为代表的小微金融经营模式。

社区银行模式打破了传统银行“等客上门”的模式，通过走进社区、贴近客户的亲民形式，在增强客户黏度的同时，实现了区域金融资源的高效配置。

信贷工厂是一种仿照工厂的流水线、批量化生产中小企业融资产品的运营模式，该模式将机构设立、人员配置、产品开发、风险控制等方面合理联结，打造出全新的小微信贷业务模式。

随着金融科技的发展和市场竞争度的提高，国有大行逐渐下沉金融服务，蚕食着中小银行的市场份额，对银行业市场格局形成影响。未来，无论是采用何种业务模式，加强技术应用、持续降本增效都将是中小银行普惠金融实践永恒的主题。

思考题

1. 在推动普惠金融发展过程中，中小银行的市场定位是什么？
2. 当前，中小银行普惠金融面临的主要挑战是什么？如何应对？
3. 中小银行开展普惠金融具有什么样的特点？中小银行的优势体现在哪里？
4. 中国现有的小微信贷模式有哪些？它们之间的主要区别是什么？
5. 简述台州模式的形成背景和关键要素。

参考文献

1. 安青等. 小微信贷技术：发展变迁、内在逻辑及未来展望：基于贷款成本加成定价视角[J]. 青海金融，2020(9)：33－40.

2. 程书华. 商业银行小微信贷文化构建[J]. 人民论坛，2014(11)：90－92. DOI：10. 16619/j. cnki. rmlt. 2014. 11. 073.

3. 段斌，王中华. 股份制商业银行中小企业信贷风险管理的研究[J]. 现代管理科学，2008(8)：111－113.

4. 林毅夫，李永军. 中小金融机构发展与中小企业融资[J]. 经济研究，2001(1)：10－18、53－93.

5. 刘畅，刘冲，马光荣. 中小金融机构与中小企业贷款[J]. 经济研究，2017，52(8)：65－77.

6. 上海财经大学小企业融资研究中心调研和访谈纪要(2009—2021).

7. 上海财经大学小企业融资研究中心公众号. 数字足迹：有用的信息. 2020-10-09.

8. 王钧. 专注小微 践行普惠：泰隆银行小微金融服务的探索与实践[J]. 中国银行业，2019(8)：

50－52、6.

9. 徐晓萍，张顺晨，敬静. 关系型借贷与社会信用体系的构建：基于小微企业演化博弈的视角[J]. 财经研究，2014，40(12)：39－50.

10. 徐晓萍. 关系型借贷："泰隆模式"成功因素及其可复制性探讨[A]//2010 中国金融发展报告：中小企业融资与农村金融[M]. 上海：上海财经大学出版社，2010：209－229。

11. 徐晓萍. 关系型信贷在中国的实践. 工作论文，2013.

12. 张捷. 中小企业的关系型借贷与银行组织结构[J]. 经济研究，2002(6)：32－37、54－94.

13. 张立娟. 中小银行差异性贷款技术研究：基于中小企业信贷市场的分析[D]. 长沙：湖南工业大学，2016.

14. Allen N Berger, Rebecca S Demsetz, Philip E Strahan. The consolidation of the financial services industry: Causes, consequences, and implications for the future[J]. Journal of Banking and Finance, 1999, 23(2): 135－194.

15. Allen N Berger, Nathan H Miller, Mitchell A Petersen, Raghuram G Rajan, Jeremy C Stein. Does function follow organizational form? Evidence from the lending practices of large and small banks[J]. Journal of Financial Economics, 2004, 76(2).

16. Berg T, Burg V, Gombovic A, Puri, M. On the Rise of FinTechs-Credit Scoring using Digital Footprints[J]. Review of Financial Studies, 2020, 33(7): 2845－2897.

17. Berger A, Udell G. Small business credit availability and relationship lending: the importance of bank organizational structure[J]. Research Papers in Economics, 2001.

18. Donelson D C, Jennings R, Mclnnis J M. Debt Contracting and Financial Reporting: Evidence From A Survey of Commercial Lenders[J]. SSRN Electronic Journal, 2014.

19. Liberti J M, Petersen M A. Information: Hard and Soft[J]. The Review of Corporate Finance Studies, 2019, 8(1): 1－41.

20. Liberti J, A Mian. Estimating the Effect of Hierarchies on Information Use[J]. Review of Financial Studies, 2009(22), No. 40: 57－90.

21. Stein J. Information Production and Capital Allocation: Decentralized versus Hierarchical Firms[J]. Journal of Finance, 2002(57): 1891－921.

22. Stiglitz J E, Weiss A. Credit Rationing in Markets with Imperfect Information[J]. The American Economic Review, 1981, 71(3): 393－410.

第七章　农村普惠金融

普惠金融的主战场在农村或县域。在中国，被正规金融排斥在外或在金融服务上受到不公平待遇的主体大多生存于农村，如与城镇人口相比，农村人口（也称乡村人口）更难获得融资服务。为农村地区的各类主体（包括农户、农村小微企业等）提供金融服务，属于农村普惠金融的范畴。当然，还有一类群体不容忽视——常住在城市的农民，由于身份和地位的差异性，他们很难融入所在城市，在金融服务的可得性上就差人一等。因此，为居住在城市的农民提供金融服务，也属于农村普惠金融。

从需求方来界定农村普惠金融的概念相对容易。与“三农”（农业、农村和农民）有关的普惠金融属于农村普惠金融。从供给方来界定，则略有困难。农村普惠金融不仅限于农村金融机构（包括传统机构、新型机构和新业态）所提供的普惠金融服务，而且位于城市的金融机构为“三农”提供普惠金融服务也应属农村普惠金融。因此，农村普惠金融的供给是一个相对宽泛的概念，几乎囊括整个国家的金融体系。本章为了凸显农村的特殊性与重要性，不让问题泛化，在供给问题上只讨论农村金融体系。

第一节　概　述

一、发展农村普惠金融的意义

（一）有助于为“三农”提供便利的基础金融服务，提升金融效率

在广袤的农村，金融机构网点相对稀少，农民办理储蓄、转账、挂失等基础金融服务只能去乡镇或县城，途中要耗费大量的时间与精力，有时还面临现场排长队等候现象。发展农村普惠金融，就是要扩大农村地区金融覆盖面。通过在农村地区设置助农取款服务点、布放 ATM 等终端电子服务机器，为“三农”提供便利的基础金融服务，从而提升金融服务的总体效率。

（二）有助于完善市场的资源配置功能，促进经济均衡发展

资源的稀缺性决定了资源配置的重要性。当前我国经济发展呈现明显的区域不

平衡特征，城乡差距大。与发达地区相比，欠发达地区金融资源相对匮乏，资源配置不尽合理，导致"三农"的金融需求难以得到满足。发展农村普惠金融，旨在优化金融资源的配置，有助于解决城乡和地区经济发展不平衡的问题。

(三)有助于提高农民收入，实现共同富裕

中国是一个农业大国，但农民的收入并不能得到保障，这是因为农业具有弱质性且小规模分散经营。农民收入微薄，文化程度也不高，农村经济发展受到制约。农村一直以来都是经济发展薄弱环节，面临着突出的金融服务供需矛盾：一方面，农业需要大量资金；另一方面，出于对农业生产高风险的担忧，金融机构不愿提供资金。农村普惠金融的重点服务对象是低收入农户及弱势产业，金融服务从"不可得"变为"可得"，可以让他们燃起希望，推动共同富裕目标的实现。

(四)有助于推进乡村振兴战略，实现城乡统筹发展

乡村振兴离不开金融支持。普惠金融助力实施乡村振兴战略，是金融服务支持实体经济的有机组成部分。从国内外农业农村发展经验来看，加快推进农业产业升级、做精做细特色产业、做大做强产业集群、促进农村一二三产业融合发展等，都必须以合适的金融支持作为前提。普惠金融与乡村振兴融为一体，普惠金融须依托乡村振兴来发展，也必将为乡村振兴服务。因而，普惠金融发展始终将乡村振兴作为出发点与归宿(吴四龙，2021)。

二、农村普惠金融发展现状

(一)取得的成效

2020 年，银行业、保险业服务"三农"取得积极进展。

1. 涉农信贷目标完成情况

涉农贷款[①]余额持续较快增长。截至 2020 年末，涉农贷款余额达到 38.95 万亿元，较年初增长 11.2%。[②]

全国普惠型涉农贷款[③]增速超过银行业各项贷款平均增速。截至 2020 年末，普惠型涉农贷款余额 7.56 万亿元，较年初增长 17.84%，超过各项贷款平均增速 5.11 个百分点。分机构看，各类型银行机构均实现普惠型涉农贷款增速超过其自身各项贷款平均增速的目标，大型银行普惠型涉农贷款较年初增长 26.73%，超过其各项贷款平均增速 13.44 个百分点。

---

① 涉农贷款的界定见本章第三节。

② 数据来自中国银行保险监督管理委员会，下同。

③ 普惠型涉农贷款的界定见本章第三节。

2. 县域存贷比[1]提升情况

2020 年初，24 个银保监局共确定 268 个资金外流严重县并制定提升计划。截至 2020 年末，所有资金外流严重县存贷比提升至 47.67%，较年初增长 5.24 个百分点，其中 173 个资金外流严重县的存贷比获得提升。

3. 基础金融服务覆盖情况

截至 2020 年末，银行业机构乡镇覆盖率 97.13%；基础金融服务行政村覆盖率 99.97%；保险服务乡镇覆盖率达 100%。全国建档评级农户数约 15 810 万户，占农户总数的 59%；全国授信农户数约 9 192 万户，占农户总数的 34%。

4. 普惠金融重点指标情况[2]

(1)使用情况维度

账户和银行卡使用情况。截至 2020 年末，农村地区累计开立个人银行结算账户 47.41 亿户，同比增长 4.94%。农村地区银行卡发卡量 38 亿张，同比增长 7.26%。活跃使用账户拥有率持续增加。农村地区拥有活跃使用账户的成年人比例为 88.01%，比 2019 年同期高 4.64 个百分点。

电子支付使用情况。电子支付使用普及率继续提升，农村地区使用电子支付的成年人比例为 82.72%，比 2019 年同期高 6.51 个百分点。移动支付业务在农村地区增长迅速，银行业金融机构共处理农村地区移动支付业务 142.23 亿笔，同比增长 41.41%；网上支付业务 118.77 亿笔，同比下降 6.18%。非银行支付机构共处理农村地区网络支付业务 4 670.42 亿笔，同比增长 5.99%。

个人投资理财情况。农村有 33.03%的成年人购买投资理财产品。

农户生产经营贷款使用情况。截至 2020 年末，农户生产经营贷款余额 5.99 万亿元，同比增长 11.5%，增速比 2019 年末高 5.1 个百分点。

保险使用情况。在农村，购买保险产品和服务的成年人比例为 32.41%。农业保险保费快速增长。农业保险保费收入 814.93 亿元，同比增长 21.18%；农业保险参保户次 1.89 亿户，同比下降 1.14%；农业保险保障金额 4.13 万亿元，同比增加 8.57%。

(2)可得性维度

银行网点可得性。截至 2020 年末，全国银行网点乡镇覆盖率达 97.13%，较 2019 年稳步增加。

ATM、联网机具可得性。截至 2020 年末，农村地区 ATM 机具 36.82 万台，同比减少 1.88%。

---

① 存贷比是指贷款余额/存款余额。

② 本部分内容参考了中国人民银行金融消费权益保护局发布的《中国普惠金融指标分析报告(2020 年)》。

助农取款点可得性。助农取款服务点数量有所增加，支付业务量小幅下降。截至2020年末，全国共设置银行卡助农取款服务点89.33万个，同比增加2.27%。支付服务村级行政区覆盖率达99.31%，比2019年高0.1个百分点。农村地区助农取款服务点共办理支付业务(包括取款、汇款、代理缴费等)合计3.99亿笔，金额3 531.24亿元，同比分别下降6.34%和0.51%。

(3)质量维度

消费者金融素养。中国人民银行2021年消费者金融素养问卷调查结果显示，农村地区消费者金融素养水平低于城镇地区，城镇地区金融消费者平均得分为68.06，比农村地区高3.45分，其中金融知识方面的城乡差异最大。

信用贷款情况。截至2020年末，农户信用贷款比例为19.02%，比2019年末高2.05个百分点。

信用建设。截至2020年末，通过农户信用信息系统，已累计为1.89亿农户建立信用档案，同比增长1.61%。建档农户信贷获得率为52%，与2019年基本持平。

金融服务满意度。对于满意度的调查，没有农村的专门数据，只有全国总体的数据。线下排队时间长、线上缺乏在线客服指引是农村消费者认为最需改进的领域。

表7—1　　2020年农村普惠金融重点监测指标运行情况

维度	指标	运行情况
使用情况	账户和银行卡使用情况	开立个人银行结算账户47.41亿户； 银行卡发卡量38亿张
	电子支付使用情况	使用电子支付的成年人比例为82.72%
	个人投资理财情况	有33.03%的成年人购买
	农户生产经营贷款使用情况	农户生产经营贷款余额5.99万亿元
	保险使用情况	有32.41%的成年人购买； 农业保险保费收入814.93亿元
可得性	银行网点可得性	全国银行网点乡镇覆盖率达97.13%
	ATM、联网机具可得性	农村地区ATM机具36.82万台
	助农取款点可得性	银行卡助农取款服务点89.33万个； 支付服务村级行政区覆盖率达99.31%
质量	消费者金融素养	农村地区消费者金融素养水平低于城镇地区
	信用贷款情况	农户信用贷款比例为19.02%
	信用建设	为1.89亿农户建立信用档案
	金融服务满意度	农村消费者最不满意“线下排队时间长” 和“线上缺乏在线客服指引”

资料来源：中国人民银行金融消费权益保护局.中国普惠金融指标分析报告(2020)[R].2020.

（二）存在的问题

1. 农村金融供给与需求不匹配，尚需协调

近年来农业现代化进程明显加快，农村金融需求日益旺盛，但金融供给与需求匹配度较低。随着人们对美好幸福生活日益重视，农村地区居民消费占收入的比重逐渐增加，所余闲钱不多，导致从事生产经营活动时资金周转困难，信贷需求与日俱增。虽然存款、取款、转账等金融服务基本覆盖所有农村地区，但是农村地区居民申请信用贷款时还是遭遇重重阻碍。金融供给不足，大多数金融机构不愿在高风险、低收益的地方设立网点。此外，部分金融机构在农村提供的金融功能有限，甚至“只存不贷”，无法全面满足农村地区居民的金融需求。

2. 农村普惠金融法规内容散乱，体系不完善

中央和地方均出台过不少普惠金融政策，随着政策法规的落实，农村地区的普惠金融发展也逐渐走上正轨。但是从目前发展状况来看，政策法规零星琐碎地分布在各种大大小小的通知、政策文件中，政策体系比较混乱，形式不规范，随意性较强，甚至出现地方政策与国家政策重复、冲突的情况，有损法律法规的严肃性。普惠金融的基本制度尚不完善，农村普惠金融法律法规更是存在诸多盲区和漏洞：部分政策法规仅仅是临时性文件，不具有系统性指导功能；农村普惠金融相关的专项立法相对缺失，在一定程度上制约了农村弱势者对金融权利的维护（顾玲玲，2020）。

3. 农村地区居民金融知识薄弱，宣传力度不够

我国城乡发展差距较大，农村教育水平远低于城市，因此农村地区居民对金融方面的知识了解甚少，金融素养亟须提升（前文已提及城乡在金融素养上的差异）：一是当前在农村从事农业生产的多为中老年人，年龄限制了其快速接受新兴事物的能力；二是多数农村居民学历在初中及以下，主动学习能力较差；三是政府和金融机构宣传普及力度不够。据苏州市农村金融学会在苏州所做的调查，有30%的农村地区居民甚至从未听过“普惠金融”政策，这就导致了普惠金融工作难以在农村全面展开（苏州市农村金融学会课题组，2020）。

4.“三农”特色产品不够丰富，创新力度有待加强

农村地区普惠金融的推进应该结合当地经济社会发展特点，但是金融机构往往在并未了解真正需求的情况下，简单照搬城市金融服务模式，农村地区的普惠金融因此得不到良好发展。首先，农村地区居民出现资金周转困难的根源主要在于疾病、教育和个体生产经营等，需要的资金大多为5万～10万元（苏州市农村金融学会课题组，2020），而金融机构因节省成本，所推出的信贷产品较单一，大多产品金额较大，且贷款审批时间长、手续复杂，满足不了农村地区金额小、用款急的融资需求。其次，部分农业生产投入大、期限长，与之相匹配的中长期信贷支持有所缺位。最后，“三农”信贷主

体普遍缺乏合格抵质押物，如果信贷以此为前提，就难以推进，因此需要机构加快运用金融科技手段，适当提高信用贷款的占比并着力扩大其覆盖面。

5. 农村信用信息收集困难，未能有效整合

供需双方之间的信息不对称是开展各类金融业务的痛点与难点。在农村普惠金融领域，信息不对称更严重，主要体现在四个方面。第一，与城市客户相比，金融机构获取农村客户的信用信息面临渠道少、成本高等问题，如在城市可借助地方征信平台和市场化征信机构来获取相关信息，而农村缺少相关组织。第二，与其他群体相比，金融机构获取普惠群体真实有效的信息更难，可能需要收集“软信息”，而这非一朝一夕之功。第三，一些农村群体可能属于信用白户，他们从未办理过信用卡和银行借款，在征信系统中查不到信用记录。扩大金融服务的覆盖面，就是要向这部分人提供服务，而缺乏历史记录会增加普惠金融推进的难度。第四，农村信用信息呈碎片化状态，银行保险机构获取各类分散信息的成本较高。

三、农村普惠金融的主要特点[①]

（一）服务对象的特殊性与弱势性

金融机构通常以自身利益最大化为目标，因而在发展过程中往往会出现目标对象的倾斜，即选择更具实力的客户进行金融交易（“二八定律”），忽视弱势群体平等享受金融发展成果的权利。

农民由于职业和生活环境的特殊性，成了金融排斥的主要群体。在中国，经济发展长期具有二元结构的特征——与城市相比，农村经济发展严重滞后；加之农业是弱势产业，农业收入低，农产品价格波动大，自然灾害频繁，以农业收入为主的广大农民不仅收入低而且极不稳定，与金融机构的“嫌贫爱富”“厌恶风险”的天性格格不入。农村地区金融服务的可得性、便利性等远不及城市地区，就是一个明证。农民不可避免成为金融服务的弱势群体。因此，中国普惠金融的主战场必然是农村地区，重点为包括农民、农村小微企业，以及残疾人、老年人在内的弱势群体服务。农村普惠金融应基于服务对象的特殊性对产品进行设计和改进，既要保证服务对象获得利益，也要保证金融机构能完全覆盖成本与风险，做到商业可持续。

（二）服务对象的规模性

普惠金融是为解决经济发展过程中的金融排斥而诞生的。与传统金融相比，普惠金融以实现金融体系的公平性为终极目标，理应在发展过程中让农民等弱势群体有平等参与金融交易的权利。根据2020年开展的第七次全国人口普查，居住在城镇的人

---

① 参考戴洛特、张燕和李家华(2019)。

口为 90 199 万人，占 63.89%；居住在乡村的人口为 50 979 万人，占 36.11%。可见，在农村地区，金融弱势群体规模巨大。

服务对象的规模性使得农村普惠金融发展呈现典型的规模经济特征，降低了农村普惠金融服务的成本。随着越来越多的农村弱势群体被普惠金融覆盖，服务对象的长尾化特征日趋明显，普惠金融的良性循环局面得以形成。但服务对象长尾化特征的强化并不能完全杜绝农村金融排斥，在农村总有一部分弱势群体由于负担不起最低的服务成本而受到金融排斥，他们需要的是社会救济，而不是金融支持。

（三）金融产品的低端化

金融机构应根据服务对象或群体的特点来进行金融产品的设计与开发。与更富裕的群体相比，农民群体生活水平较低，金融观念较传统，偏向于低风险的金融活动，因而对高端金融产品表现出低需求，对初级金融产品则需求更多。这种对低端金融产品的普遍需求决定了农村普惠金融的低成本，低成本使得普惠金融对金融排斥具备了一定的抵抗力。较为常见的农村普惠金融产品包括存取款、银行贷款、汇兑以及支付等初级化、低端化的产品。这类初级产品由于使用成本较低，相对容易获得，比较符合农民等弱势群体的金融服务需求。但是，农民等弱势群体对普惠金融产品的需求也会随着其金融知识及素养的提升而发生变化，对存款和银行贷款类基础性产品的需求可能升级为对理财、基金等产品的需求。尽管如此，农民群体的规模性决定了其金融素养的提升是一个相对漫长的过程，因此短期内农村普惠金融产品仍会处于较初级的阶段。

（四）高信用风险与适应性成本控制

长久以来农业的发展基本依赖自然条件，尽管目前农业科技发展已有成效，但低收入农民仍占据农民群体的大部分，这使得以农村为运作环境的普惠金融具有一定的信用风险。具体来讲，首先，天有不测风云，农业遭受自然灾害的风险有时会传染到普惠金融产品上，导致普惠金融产品具有风险难控制的特征；其次，农村普惠金融的服务对象通常是低收入、少财富积累和无合格抵押品的农村弱势群体，其基本物质屏障的缺失使得农村普惠金融产品的风险无法通过资产抵押的方式进行化解；最后，农民居住地相对分散、金融产品需求金额通常较小、相关信息搜集较难及金融机构驻地等问题使得其服务对象的信用信息较零散甚至有所缺失，导致金融机构难以化解农村普惠金融产品信用风险。

信用风险会反作用于普惠金融的成本控制环节。根据传统金融理论，金融产品的价格与风险成正比，高风险往往伴随着较高的产品售价。在较高的信用风险下，农村普惠金融会将一部分风险转嫁到产品成本中，致使金融产品高价，但这与普惠性相违背。因此，农村普惠金融应考虑对象群体的购买力，设定对象群体能接受的价格，这就需要普惠金融机构进行适应性成本控制。此外，适应性成本控制也需要一定的运作条件：其一，对象群体的规模化往往会促使普惠金融在相对广阔的区域经营活动，区域内的同业竞争有利于产品成本维持在较低水平；其二，对象群体对初级金融产品的需求也意味着金融机构不必投入过多的研发费用，为适应性成本控制提供了可能。

第二节　需求分析

一、需求主体

目前，在我国农村地区，普惠金融的主要服务对象为小农户、新型农业经营主体和农村小微企业。

（一）小农户

中国农业长期以"大国小农"的形式存续并发展，即使历经数千年的历史变迁，小农户仍然在中国普遍存在。第三次农业普查数据表明，2016 年我国农户数达 2.3 亿。[①] 小农户占据农业经营的主导地位且长盛不衰是中华民族长期历史进程中优胜劣汰的结果。当前和今后很长一段时期，小农生产仍将是我国农业的主要经营方式与农业发展的重要组织资源。要进一步激发小农户生产经营的积极性、主动性、创造性，使小农户成为发展现代农业的积极力量与有效参与者。要进一步促进传统小农户向现代小农户转变，让小农户共享改革发展成果，实现小农户与现代农业发展有机衔接，加快推进农业农村现代化。

现在理论界对于小农户的界定没有统一标准。张红宇(2017)指出，小农户是指因人多地少等禀赋而产生的以家庭为单位、集生产与消费于一体的农业微观主体，我们讨论的小农户，即指实施家庭联产承包责任制所产生的 2 亿多承包农户，其主体既有自给型小农户，也包括商品型小农户。而温焜(2021)则将中国的小农户定义为：以家庭成员为主要劳动力进行小规模生产，在小块土地上开展自主经营，生产的农业产品优先满足自身消费的农户。

2019 年 2 月中共中央办公厅和国务院办公厅发布《关于促进小农户和现代农业发展有机衔接的意见》，提出加快构建扶持小农户发展的政策体系，加强农业社会化服务，提高小农户生产经营能力，提升小农户组织化程度，改善小农户生产设施条件，拓

---

① 国务院第三次全国农业普查领导小组办公室，中华人民共和国国家统计局. 第三次全国农业普查主要数据公报(第一号)[R]. 2017-12-14. http://www.gov.cn/xinwen/2017-12/14/content_5246817.htm. 需要注意的是，全国农业普查第二次和第三次间隔十年。

宽小农户增收空间，维护小农户合法权益，促进传统小农户向现代小农户转变。

2021年中央一号文件提出要发展壮大农业专业化社会化服务组织，将先进适用的品种、投入品、技术、装备导入小农户，推进现代农业经营体系建设。

(二)新型农业经营主体

新型农业经营主体是建立于家庭承包经营基础上，适应市场经济和农业生产力发展要求，从事专业化、集约化生产经营，组织化、社会化程度较高的现代农业生产经营组织形式。从目前的发展来看，新型农业经营主体主要包括专业大户、家庭农场、农民合作社、产业化龙头企业、农业社会化服务组织等类型，是新型农业经营主体的组织形态。作为主要实施者的家庭农场主、农民合作社理事长、产业化龙头企业法人代表等“领办人”，属于新型职业农民范畴，是新型农业经营主体的个体形态。随着我国农业农村经济的不断发展，新型农业经营主体日益显示出发展生机与潜力，已成为我国现代农业发展的核心主体。

党的十八大报告明确提出，要培育新型经营主体，发展多种形式规模经营。党的十九大明确提出，要培育新型农业经营主体，健全农业社会化服务体系，实现小农户和现代农业发展有机衔接。

根据第三次农业普查数据，2016年末全国共有204万个农业经营单位，其中，在工商部门注册的农民合作社总数179万个(农业普查登记的以农业生产经营或服务为主的农民合作社91万个)；另外，规模农业经营户398万。这些都属新型主体范畴。

新型农业经营主体包括农民合作社和农业社会化服务组织。农民合作社是指在农村家庭承包经营基础上，农产品的生产经营者或农业生产经营服务的提供者、利用者，自愿联合、民主管理的互助性经济组织。农民合作社以其成员为主要服务对象，开展以下一种或多种业务：农业生产资料的购买、使用；农产品的生产、销售、加工、运输、贮藏及其他相关服务；农村民间工艺及制品、休闲农业和乡村旅游资源的开发经营等；与农业生产经营有关的技术、信息、设施建设运营等服务。[①] 农民合作社在传递市场信息、普及生产技术、提供社会服务、组织引导农民按照市场需求进行生产和销售等方面发挥着重要作用，是组织和服务农民的重要组织形式。

把小农生产引入现代农业发展轨道，需要开展多样的社会化服务来服务小农，提升其农业生产经营能力。将小农户的土地委托给农业社会化服务组织进行统一的耕作管理，针对小农户的不同特点推行从种植到收割的全程托管，或者是某一个或几个生产环节的半托管(温焜，2021)。

---

① 《中华人民共和国农民专业合作社法》(2017年12月27日第十二届全国人民代表大会常务委员会第三十一次会议修订)。

(三)农村小微企业

小微企业是小型企业、微型企业、家庭作坊式企业、个体工商户的统称。农村小微企业具有数量庞大、生产经营范围广、产品种类多、生产经营灵活、市场适应能力强的特点,但也面临治理水平低下、抗风险能力弱、融资难等问题。农村小微企业对资金有潜在和现实的需求,但因为种种原因,其资金需求往往难以从正规金融机构得到满足。

二、家庭农场的金融需求

当前家庭农场是发展最快、最典型的一种新型农业经营主体,以农户家庭自身经营为基础,以追求利润最大化为目标,实行专业化、规模化生产经营,融合了金融、农业机械、信息等现代生产要素及经营理念,已经逐渐形成了类似于农业企业的资本积累和再生产的机制(胡筱亭,2013)。

由于农业经营规模较之前联产承包显著扩张,家庭农场对资金的需求显著扩大,主要表现在以下几个方面(邵川,2019):修建与改造农场基础设施的资金需求,如土地整理、河道整治、节水灌溉、高标准农田建设等农业基础设施建设工程;购买农资的资金需求,如农业运输机械、生产及加工机械、农药、种子、化肥、农膜等;土地流转的资金需求;劳动雇佣的资金需求。

家庭农场具有一定的经营规模,农户自有资金远远不能满足其发展过程中日益增加的资金需求,金融体系的信贷支持越来越重要。同时,由于农业自身的经营特质,农业发展面临着自然灾害、价格波动等风险,家庭农场经营更关注农业的保险保障。融资与保险是金融支持家庭农场经营的两个不可分割的方面,在发展现代农业、实现农业生产经营规模化的背景下,融资与保险如何支持新型农业经营主体的培育和发展、适应现代农业发展趋势,是值得深入研究与探讨的重要问题。

三、需求特点

(一)差异性和多样性

我国经济发展的一个重要特征是区域不平衡,东、中和西部存在落差,在农村就体现在以下几个方面:各地的自然环境、资源禀赋和生产条件不同;农业生产方式(种植、养殖等)不同;农户贫富不均;因土地流转农业主体的经营规模存在差异。从而在金融服务的需求也上表现出一定的差异:相对贫困的农户对信贷的需求主要是为了摆脱生活困境或从事小本生意且缺乏抵押物,富裕农户对信贷的需求可能是为了扩大再生产;种植面积小的主体与专业大户在信贷资金的需求上存在明显的差异;喜欢网购的农村居民可能对互联网贷款有一定需求,而不迷恋网络的农村居民可能对互联网贷款有排斥心理。

随着乡村振兴战略的快速推进,农村生产生活方式和农业形态发生了较大变化,农民的观念和综合素质也有了明显提升。在农村普惠金融体系中,需求主体类型逐渐呈多样化分布,所需要的金融产品与服务也多种多样,因此需要多类型金融服务主体、多种金融产品与服务来满足居民的各种需求(何嘉乐,2020)。此外,随着网络设施在农村地区的延伸普及,互联网在农村地区已进入千家万户,信息流、资讯流、物流水平与城市的差距正在快速缩小。互联网的普及带来居民理念和行为的根本性变化:一方面,农村居民开始吸收借鉴城市居民的生活方式,对金融产品与服务的需求迅速向城市看齐靠拢;另一方面,受政策推动与市场环境变化的驱使,农村居民对农业生产方式进行升级调整,农业产业化进程明显提速,产生了很多新的金融需求。

(二)季节性和周期性

自然环境对农业生产影响很大。尽管当前农业技术的发展已使农业生产对自然环境的依赖有所降低,但农业生产仍带有明显的季节性,如春播、秋收等。与此相对应,农业主体的金融需求也有季节性的特点。随着农作物的生长,施肥、除草、打农药等环节都有时间节点的要求。如果这些环节需要资金支持,相关信贷需求就有周期性规律。

(三)急切性

在农村生活的居民,特别是低收入阶层,当遇到家人生病、天灾人祸等突发事件时,急需资金周转。如果银行的贷款审批周期长,他们的资金需求就会转向别的渠道。

此外,农村小微企业在内部管理、信用状况、抵押担保条件等方面先天不足,其金融需求往往规模小、频率高、随意性大、时间紧,呈现出"短""小""频""急"的典型特征(彭向升,2018),这意味着有时农村普惠金融需求带有急切性。

(四)低端性

农村中的普惠群体从事的多是简单的重复生产,这种生产呈现低附加值、低利润的特点,这也使得他们不能负担金融产品和服务的高价格。只能支付较低的价格,意味着其需求是低端的。这种需求,简单的低端产品就可满足。因此,在多数农村地区,适销对路、广受欢迎的普惠金融产品必定是简单、初级或低端的,金融机构不需研发就能提供,而且提供这些产品的成本相对低廉,也不会有过高的风险。为了满足低端需求,金融机构应奉行微利原则,以薄利方式将农村普惠金融产品价格确定在合理水平上,通过搜寻弱势群体信用信息,寻找更多信用达标的弱势群体,通过扩大服务对象实现多销,确保商业可持续(穆争社,2018)。

(五)规模性

普惠金融业务的单笔金额非常低,一般只有几万元,甚至更低。因而,仅从单笔业务来看,金融机构可能无法盈利或利润微薄,但是,由于长尾客户的海量存在,通过规模经济(Economies of Scale)的发挥,完全可以实现商业的可持续。在广袤的农村,绝大多数经济主体都属普惠金融客户,这就是需求主体的规模性,总体规模性的优势超越了个体金额小的劣势。

第三节　供给分析

一、供给主体

目前,在农村普惠金融市场,重要的供给主体有银行业金融机构、保险公司、六类机构、互联网金融平台及金融科技公司等。

(一)银行业金融机构

银行业金融机构是农村普惠金融的主力军。大型银行主要是中国农业发展银行、中国农业银行和中国邮政储蓄银行。中国农业发展银行是政策性银行,主要任务是以国家信用为基础,以市场为依托,筹集支农资金,支持"三农"事业发展,发挥国家战略支撑作用。其经营宗旨是紧紧围绕服务国家战略,建设定位明确、功能突出、业务清晰、资本充足、治理规范、内控严密、运营安全、服务良好、具备可持续发展能力的农业政策性银行。中国农业银行和中国邮政储蓄银行是商业银行,在农村地区和县域广设网点,通过专设机构(普惠金融事业部)为相关主体提供相对全面的普惠金融服务,展现大行的担当。

股份制银行通过设立普惠金融事业部或其他专司普惠金融业务的部门或中心,将业务延伸至县城和部分经济相对发达的乡镇,在农村积极践行普惠金融。各银行按照差异化要求,逐步建立统计核算、资源配置、风险管理、考核评价方面的普惠金融专业化经营机制。

农村中小金融机构(包括农村商业银行、农村合作银行、农村信用合作社和村镇银行等)积极落实支农支小定位,其作为县域法人,在广大农村地区网点众多,具备发展普惠金融的先决条件,具有其他商业银行不可比拟的地缘和人缘优势,在农村普惠金融领域发挥着不可替代的重要作用。但这些机构属于"地方部队",实力不强,资金来源有限,在人才储备、技术投入、风险管理、产品设计等方面均存在诸多不足,受地方政府的干预也较多,有一些还背负沉重的历史包袱。

(二)保险公司

保险公司为"三农"及"三农"金融提供保障作用,其服务"三农"领域的品种主要有农业保险、农村小额人身保险、涉农小额贷款保证保险等。

(三)六类机构

六类机构对银行保险机构起差异化补充作用。六类机构立足主业、回归本源,作为金融“毛细血管”,创新普惠金融服务,促进经济结构转型升级,化解金融风险。2018年末,随着省级金融监管机构相继成立,六类机构的监管体制正式确立,即由中国银行保险监督管理委员会统一制定规则,地方金融监管局实施监管。六类机构中,融资担保公司通过担保发挥信用增进、风险分担和转移的功能;小额贷款公司、典当行、融资租赁公司、商业保理公司通过各自独特业务模式和渠道,直接为实体经济提供融资;地方资产管理公司通过资产处置管理,盘活不良资产,提升资产使用效率。

融资担保公司通过担保为资金需求方增进信用、为资金供给方分担风险,使双方实现有效对接,解决融资难。目前,融资担保行业已形成完整的制度体系、机构体系、监管体系和政策扶持体系。

小额贷款公司在拓宽小微金融服务渠道、缓解小微企业和“三农”融资难、引导民间借贷健康发展、抑制地下金融和非法融资活动等方面发挥重要作用。目前,小额贷款公司行业发展呈良性态势:一是行业结构有所优化,小额贷款公司总体机构数量持续下降,资本实力稳步增强;二是服务能力进一步提升,行业贷款集中度大幅下降,贷款更“小额”“分散”,投向小微企业和“三农”领域的贷款余额占比较高。

典当行是从事“以物质钱”融资服务的特殊工商企业,既有类金融属性,又有绝当品销售、鉴定、保管等商品流通服务属性。典当融资具有小额、短期、快捷、灵活的特点,办理手续简便、放款迅速,能较好适应小微企业、居民个人的短期应急融资需求,发挥拾遗补阙的作用。一些典当行对动产即时发放当金,如汽车典当1小时发放当金、房地产典当8小时发放当金。

融资租赁公司的融资租赁业务是指出租人根据承租人对出卖人和租赁物的选择,向出卖人购买租赁物提供给承租人使用,由承租人支付租金的交易活动。其业务类型主要包括直接租赁、售后回租和转租赁等形式。

商业保理公司的商业保理业务是以应收账款转让为前提,集贸易融资、商业资信调查、应收账款管理及信用风险担保于一体的新型综合性金融和商业流通服务。商业保理有利于在供应链中处于弱势地位的小微企业将应收账款变现,实现资金流与货物流的匹配。基于真实交易合同进行应收账款的转让,属于供应链金融行为。商业保理主要有直接保理、反向保理和再保理等业务模式。

地方资产管理公司主要进行不良资产收购处置业务。目前,地方资产管理公司聚焦本源,专注主业,不断拓展主营业务模式,不良资产收购处置业务已经成为地方资产管理公司的主要收入来源,通道业务、分层嵌套和非标业务等高风险经营行为得到遏制。

随着形势的发展,六类机构在普惠金融领域中的作用与日俱增,它们坚持市场定位，不断创新业务模式，以服务小微企业、“三农”等普惠金融重点领域为使命。

（四）互联网金融平台及金融科技公司

互联网金融平台及金融科技公司作为金融新业态，牢牢抓住互联网时代的机遇，通过网络拓展业务，摆脱了对物理网点的依赖。运用技术手段，整合社会闲散资金，实现金融资源的汇聚和再分配，加速社会闲散资金的流动，为更多的长尾客户提供金融服务，拓宽传统金融服务的边界，从根本上推动普惠金融的发展。

表 7—2　　农村普惠金融的需求与供给主体

需求主体	小农户
	新型农业经营主体
	农村小微企业
供给主体	银行业金融机构
	保险公司
	六类机构
	互联网金融平台及金融科技公司

二、市场结构

农村普惠金融发展状况的一个重要测度是各类型金融机构普惠型涉农贷款业务的开展情况。我们以此业务为例，通过分析各类机构的市场份额，大抵了解农村普惠金融市场结构。

（一）普惠型涉农贷款的界定

涉农贷款是指《涉农贷款专项统计制度》（银发〔2007〕246 号）统计的贷款。如图 7—1 所示，在涉农贷款的分类上，按照城乡地域，可分为农村贷款和城市涉农贷款；按照用途，可分为农林牧渔业贷款、农用物资和农副产品流通贷款、农村基础设施建设贷款、农产品加工贷款、农业生产资料制造贷款、农田基本建设贷款、农业科技贷款等；按照受贷主体，可分为农户贷款、农村企业和各类组织涉农贷款、城市企业和城市各类组织涉农贷款。

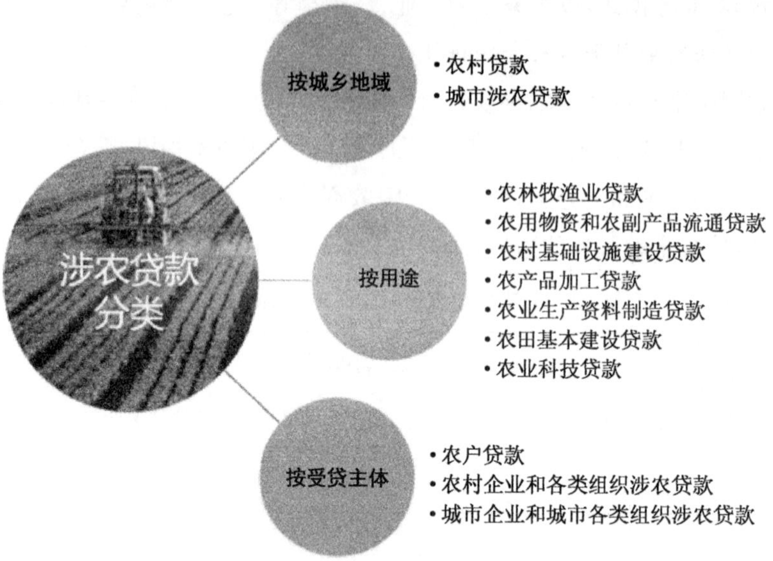

图 7—1　涉农贷款统计口径

2021 年 5 月发布的《金融机构服务乡村振兴考核评估办法》①根据形势的发展，把涉农贷款进一步分为农林牧渔业贷款、农村基础设施建设贷款、新型农业经营主体贷款、单户授信 500 万元以下普惠型农户经营性贷款、单户授信 1 000 万元以下普惠型涉农小微企业贷款、农村承包土地的经营权抵押贷款、林权抵押贷款和农户信用贷款。

普惠型涉农贷款特指单户授信 500 万元以下普惠型农户经营性贷款和单户授信 1 000 万元以下普惠型涉农小微企业贷款。前者指银行向农户发放的用于从事生产经营活动、单户授信总额 500 万元(含)以下的贷款；后者指银行向注册地位于农村区域的各类小微企业法人发放的贷款和向注册地位于城市区域的小微企业发放的用于农林牧渔业贷款以及支农贷款，单户授信总额应在 1 000 万元(含)以下。

（二）各类机构的普惠型涉农贷款占比

各类型金融机构在普惠型涉农贷款上的占比见表 7—3，尽管各类机构都在市场上占有一席之地，但农村中小金融机构（份额为 69.78%）和国有大型商业银行（份额为 20.48%）占绝对主导地位，其他类型的机构合计份额不超过 10%。

① 中国人民银行、中国银行保险监督管理委员会于 2021 年 5 月 31 日公布《金融机构服务乡村振兴考核评估办法》(公告〔2021〕第 7 号)，自 2021 年 7 月 4 日起施行。

表 7—3 2020 年末普惠型涉农贷款

机构类型	余额(亿元)	占比(%)
政策性银行及国开行	188	0.25
国有大型商业银行(含邮储银行)	15 376	20.48
全国性股份制商业银行	1 546	2.06
城市商业银行	5 574	7.43
农村中小金融机构	52 378	69.78
合计	75 062	100.00

注:中国银行保险监督管理委员会对外公布的 2020 年末普惠型涉农贷款余额数据为 7.56 万亿元,与此处的汇总数据不一致,特此说明。

资料来源:中国银行保险监督管理委员会机关依申请公开政府信息答复函,编号为〔2021〕7446 号。数据系本章作者通过该会主页“政务信息”栏目下的“依申请公开”渠道获取,感谢相关工作人员的支持。

专栏 7—1
SPECIAL COLUMN

中和农信:让信贷服务触达社会底层

在相对贫困的农村地区,有相当一部分人长期得不到传统金融机构的信贷服务。他们没有征信记录,也没有线上数据(或从不上网),这使得像蚂蚁集团这样的金融科技公司也无能为力。发展农村普惠金融,重点是让这些人有机会获得基础金融服务,尤其是信贷。

2008 年成立的中和农信项目管理有限公司(下称“中和农信”)天生具有扶贫基因(其脱胎于扶贫项目),将客户群锁定在这些人身上。中和农信主要通过旗下的十几家小额贷款公司为遍布全国 20 个省份的客户提供量身定做的信贷服务。由于其服务的对象具有收入低、财富少、文化程度低、发展机会少等特征,决定了中和农信提供的贷款具有单笔金额少、发放速度快、无抵押要求、期限短(平均为 7.5 个月)、利率高(综合贷款成本为 18.4%,远高于银行贷款利率)等特点。

截至 2020 年末,中和农信拥有 387 家分支机构(县级机构),户均贷款余额 2.86 万元,在贷客户数 42.7 万,其中农户占比 79.68%,女性占比 46.63%,初中及以下文化程度占比 78.45%。因而,称中和农信系小贷公司为“国内最接地气的金融机构”,并不为过。

中和农信坚持走商业化道路,自成立起一直处于保本微利状态,每年的资产回报率(ROA)维持于 1%～2%,成功地实现了商业价值与社会价值的统一。

中和农信的信贷模式主要分线下模式和线上模式两类。

线下模式主要分两种：一是小组模式，在孟加拉国格莱珉小额信贷模式的基础上，进行本土化创新，具有无须抵押、3～5 户联保、额度在 2 万元以下的特点；二是个贷模式，运用德国国际项目咨询公司(IPC)开发的小贷技术(这一技术最早由安信永在拉美探索出来)，目标对象为农村个体经营者，最高额度为 20 万元，由客户经理在熟人社会获取软信息，提供上门服务，让客户享受足不出户的 VIP 待遇。

线上模式即“极速贷”。2018 年，蚂蚁金服(现更名为“蚂蚁集团”，中和农信的最大股东)与中和农信合作研发、推出线上授信平台——中和金服 APP，这使得很多客户体验到了数字金融的便利，偏远地区的客户只要通过手机下载 APP 就可以完成评级授信和贷款。“极速贷”主要用于平滑家庭日常开支，包括临时性支付劳务费、运费、饲料费等。客户上传相关资料，通过蚂蚁金服的人脸识别系统，经授信，10 分钟就可获得贷款，而以往可能需要 2～3 天；单笔贷款额度为 2 000～20 000 元，只要按时还款，在授信额度内可循环使用。“极速贷”瞄准的是中和农信客户群体中线上活动较多、资质较好的小微商户及种养殖户。

中和农信在积极放贷、创新获客手段的同时，牢记“合规与风控是金融企业立身之本”。在合规方面，中和农信通过转身为小贷公司(经地方金融监督管理部门批准设立并受其监管)进行放贷，避免了违规放贷。中和农信具有很强的风控能力，以 2019 年年末的数据为例，30 天以上逾期贷款占比仅为 1.6%。究其原因，主要有三。一是中和农信是国内第一个接入央行征信系统的小贷公司，借助征信系统既有获取潜在借款人信用信息的便利又对失信人员施加了惩戒(“黑名单”)。二是线下业务主要靠人海战术。中和农信从 2008 年开始学习德国 IPC 模式做个人贷款。目前，中和农信客户经理达 3 600 多人，占全部员工的 66%以上，平均每个客户经理管理 120 个客户。中和农信并不要求客户经理有高学历，唯一硬性要求是土生土长的本地人，对当地非常熟悉、能说会道，全面负责上门营销、现场调查、信用评审、贷款管理和贷后催收五项工作。客户经理有人脉，采集信息就容易，进而能有效缓解信息不对称问题。真正专注小微、支农的小贷公司，其实风险很小，因为小微客户所做的事与老百姓的衣食住行密切相关，经济不好对其影响不大。三是线上业务借助蚂蚁集团的力量，对客户进行大数据分析、精准画像，快速筛选出有资质、讲信用的客户，把好入门关。

当然，中和农信在业务开展中也会遇到种种问题。最主要的是资金来源问题，具体体现在：融资渠道受限；融资成本较高(2019 年综合融资成本为 6.3%)；融资杠杆受限。中国银行保险监督管理委员会于 2020 年 9 月发布的《关于加强小额贷款公司监督管理的通知》，将小贷公司融资杠杆上限统一为 5 倍，各地可根据需要降低杠杆倍数，小额贷款公司通过银行借款、股东借款等非标准化融资形式融入资金的余额不得超过其净资产的1倍，通过发行债券、资产证券化产品等标准化债权类资产形式融入资金的余额不得超过其净资产的4倍。

中和农信要拓展业务、扩大覆盖面，需要政策的支持，如对小贷公司采取差异化监管政策等。

中和农信扎根于农村，倾力为社会底层提供信贷等正规金融服务，服务农村"最后一百米"，堪称普惠金融的"弄潮儿"。

注：作者根据中和农信网站（https://www.cdfinance.com.cn/index.html）发布的年度报告、工作简报等资料改编。

三、供给特点

（一）供给不充分、不平衡

供给不充分主要表现在两方面：一是我国农村人口和企业数量众多，普惠金融服务面临供给渠道有限、普惠性金融产品创新不足、服务人性化不足等问题，普惠金融供给总体不充分；二是农村地区的小微企业、低收入人群面临金融服务不足和融资障碍，金融服务可得性与便利性差，部分领域成本过高、期限过短、流程过长，难以与消费者需求相匹配。

供给不平衡表现为农村金融投入水平不平衡。从区域看，中西部地区涉农贷款增速相对缓慢，增量较少，农村基础金融服务还存在一定空白乡镇、村屯；从主体看，对小农户、新型农业经营主体金融服务的广度与深度还有较大提升空间；从期限看，部分农业生产投入大、期限长，与之相匹配的中长期信贷支持有所缺位。

（二）供给主体多元化、多层次

供给主体多元化体现在：银行业金融机构是主力军，保险公司起保障作用，六类机构起差异化补充作用。

供给主体多层次体现在：一是银行业机构内部层次分明，参与农村普惠金融的既有全国性的国有大行、股份制银行，也有地方性的中小银行（农村商业银行、农村合作银行和农村信用社），甚至有体量更小的村镇银行；二是既有政策性银行（中国农业发展银行），也有商业银行。

（三）产品定价难

由于弱势地区、弱势产业、弱势群体发展基础较差，信息不对称和担保抵押不足的问题比较严重，融资活动呈现较明显的低收益、高风险特征，普惠金融商业可持续发展难度较大。金融机构一方面要面对这些普惠重点领域服务对象点多面广而涉及的金额小、成本高问题，另一方面又必须兼顾其价格承受能力，因而常常陷入两难境地——提高利率覆盖成本(风险)会带来融资贵问题，压低利率则可能使融资难问题抬头。

(四)服务有边界

普惠金融服务是有边界的，弱势群体的可负担成本必须能够满足金融机构的商业可持续要求(穆争社，2018)。如果一部分弱势群体的可负担成本很低，金融机构为其服务不符合商业可持续原则，此时就需要外部力量的介入干预(如财政补贴等方式)，提高弱势群体的可负担成本，以达到商业可持续的要求。如果缺乏外部力量的介入，金融机构应有权拒绝为这部分弱势群体提供金融服务，其需求可通过社会救济等方式予以满足。

弱势群体的可负担成本较低，意味着金融机构应提供适合弱势群体能满足其基本需求的性价比较高的普惠金融产品和服务，不应为了自身利益的最大化，有意提供功能过剩、高大上、具有高附加值、价格不菲的金融产品，拉高弱势群体获得金融服务的成本，甚至因此超过弱势群体的可负担成本，迫使其退出市场，成为被排斥对象。如果这样做就违背了普惠金融的本义。

同时，我们不否认金融机构应该承担一定的社会责任，向弱势群体提供包括普惠金融在内的服务，但如果一味强调并人为放大金融机构的社会责任，就会将履行社会责任从自觉自愿、有限行为演变为强迫、强制、无节制行为，这超出了金融机构的社会责任范围(穆争社，2018)，范围外的事情进入了政府的履职边界。也就是说，普惠金融的行为边界清晰可辨。

第四节 各地区与机构的探索

一、进一步做好农村基础金融服务

各银行保险机构立足自身业务经营和服务能力，通过优化物理网点布局、加快设置服务点、开展流动服务等方式，持续扩大农村地区基础金融服务覆盖面。截至2020年末，工商银行在832个国家级贫困县中，网点自助机具服务覆盖率较年初提升1个百分点[①]；农业银行、建设银行分别设立近60万个农村服务点，为广大农户提供“足不出村”的存贷汇兑等金融服务；邮储银行县域网点占全部网点的近70%，建立起一支约2万人的小额贷款信贷员队伍，长期扎根农村；中国人保农村地区服务网络覆盖全

① 数据来自中国银行保险监督管理委员会。本节除特别说明，数据出处与此相同。

国100%的县、98%的乡镇和54%的行政村。

中原银行不断丰富和完善"县域支行抓源头,乡镇支行抓落地,普惠金融服务站点抓延伸"的"三位一体"服务渠道体系,在金融服务需求旺盛村、服务覆盖空白村和偏远贫困村积极布设普惠金融服务站。截至2021年6月底,中原银行已设立县域支行132家(含县域二级支行)、县域小微支行72家、普惠金融服务站6 500余家。其中,普惠金融服务站已覆盖河南全省18个地市70%的乡镇,惠及1 500余万农村居民。[①]农民可足不出村办理助农取款、转账汇款、业务查询、代理缴费、小额信贷和金融理财推介等"一站式"服务,基本实现了"基础金融服务不出村,综合金融服务不出镇",满足农村居民的金融需求。

作为农村普惠金融综合示范区,陕西省铜川市宜君县[②]重点推动普惠金融综合服务站点的建设。按照"五站统建,五员一体"的总体思路,集"农村金融服务站,农村电商服务站,农村商超服务站,农村物流服务站,信息采集服务站"于一体,集"金融服务员,网络推销员,产品销售员,物流配送员,信息采集员"为一人建立了13个普惠金融综合服务站,乡镇级覆盖率达到100%。普惠金融综合服务站吸引多家金融机构入驻,为广大群众提供便捷、安全的现代金融服务。此外,宜君县还加大移动金融设施建设。针对偏远地区金融服务不足问题,布局"背包银行",普惠金融支付服务点代理人利用移动助农取款服务终端,提供上门服务,月均交易330笔、月均交易额4.83万元。开通"夜间流动银行服务车"并延长营业时间至晚上10点,配备移动银行终端、存单鉴别仪等设备,在传统营业时间外实现存款、转账、开卡等功能,应对农户农产品收售季节特殊支付服务需求。[③]

二、加快创新"三农"特色产品和服务模式

中国农业银行建设县域学校、医院、农业产业链、专业市场等"三农"和县域特色智慧场景,推出农村"三资"管理平台以服务农村集体产权制度改革,推进农户贷款全线上运作。中国建设银行创新"裕农快贷"线上产品体系,构建农业全产业链生态场景金融服务体系。中国银行积极发展"益农贷""接力通宝""香菇贷""甘蔗贷"等重点产品,制定"中银惠农通宝"服务方案。上海浦东发展银行搭建农产品互联网销售平台,借助电商及物业融合运营模式,帮助拓宽农产品销售渠道。

面对农村居民贷款难的痛点,中原银行发挥"渠道+科技"的互补优势,创新贷款

① 数据来自服务乡村振兴,打造数据银行标杆形象:专访中原银行董事长窦荣兴先生[J].中国货币市场,2021(7):6-10.

② 2016年4月,中国人民银行批复同意开展陕西省铜川市宜君县农村普惠金融综合示范区试点工作。

③ 见《宜君县农村普惠金融综合示范区试点自评估报告》,2021年10月。

产品和授信模式，设计“农户评分模型”，并借助手机银行建立“中原小象信用分”系统，实现农户信息线上采集，解决了农户信息缺失、数据维度不足、线下信息采集成本较高、风险难以识别等问题，有效推动了农村信用体系建设；创新设计推出“裕农贷”等农户信用贷款；研发上线“银保快贷”产品，探索“银行＋保险”合作新模式，通过银行和保险机构在系统与数据等方面的互联互通，不断挖掘农业生产经营场景和需求痛点，借助中原农险业务场景，开展线上化贷款，引“金融活水”进农村。①

三、扎实推进服务“三农”长效机制建设

中国光大银行、华夏银行、渤海银行将涉农贷款纳入分行综合绩效考核，并与班子成员的绩效考核、评优升职挂钩，激发分支行开展“三农”金融服务的积极性、主动性。广发银行制定尽职免责实施细则，明确普惠性小微企业、普惠性涉农等业务的尽职免责调查、尽职评议、责任认定等工作流程，如无明显证据表明失职的均认定为尽职。

中原银行于2021年4月20日创设乡村振兴金融部，内设客户服务部、渠道运营部、产品研发部、乡村在线部、产业发展部、风险合规部6个二级部门。中原银行根据中央的相关文件，以现有服务机构为基础，优化整合相关业务，成立乡村振兴金融部，推进农村普惠金融服务。通过这次组织架构升级，积极践行国家“乡村振兴”战略，用上网的方式解决下乡的问题；通过数字化转型推进科技创新、产品创新、模式创新，探索高质量、可持续的“乡村振兴”实现路径，努力解决金融服务不平衡、不充分问题。

广东省佛山市南海农商银行通过设置“三农”金融服务机构来强化机制建设。该行在董事会下设“三农”金融服务委员会，在总行普惠金融事业部下设“三农”业务管理部，制定并不断完善《董事会“三农”金融服务委员会工作规则》及《“三农”业务管理部各岗位职责》等相关制度文件，持续强化“三农”金融服务机制建设，加强“三农”金融服务的战略引领，有效提升“三农”服务能力和水平。②

四、先授信再征信，解决农民信用缺失问题

作为中国首个普惠金融改革试验区，河南省兰考县的一条重要经验：围绕破解农民贷款难，创新推出普惠授信。普惠授信从群众基本经济权益出发，针对大部分农户贷款困难的情况，通过“两无一有”（无不良征信记录、无不良嗜好、有正当的生产经营项目）和“先信贷后信用”的制度安排，普遍赋予农户生产性小额信贷的权利。只要农户符合条件，即可无抵押、无担保地使用普惠授信贷款，且一次授信、三年有效、随借随

---

① 相关资料由中原银行提供。

② 见《关于南海农商银行支农支小情况调研的报告》，2021年7月。

还、周转使用。普惠授信打破了传统小额信贷门槛，促进了生产性小额信贷的“应贷尽贷”。围绕破解农民信用缺失，先通过普惠授信把农民与现代金融联系起来，再积累信用记录、培养信用意识，实施“信用信贷相长行动计划”。为了解决传统“信用＋信贷”模式下农民信息收集难、成本高、农民不愿配合等难题，采取普惠授信先让农民有授信，再在农民启用授信时收集农户信息。

专栏 7－2
SPECIAL COLUMN

兰考县普惠金融改革试验区若干经验

围绕破解农民贷款难，创新推出普惠授信。普惠授信从群众基本经济权益出发，针对大部分农户贷款困难的情况，通过“两无一有”（无不良征信记录、无不良嗜好、有正当的生产经营项目）和“先信贷后信用”的制度安排，普遍赋予农户 3 万～8 万元（目前已调整为 5 万～10 万元）的生产性小额信贷的权利。只要农户符合条件，即可无抵押、无担保地使用普惠授信贷款，且一次授信、三年有效、随借随还、周转使用。普惠授信打破了传统小额信贷门槛，促进了生产性小额信贷的“应贷尽贷”。截至 2020 年 11 月末，兰考已发放普惠授信贷款 2.58 万笔、11.03 亿元，农户融资“难贵慢”问题得到大幅缓解，有力地促进了农民稳定增收，得到了群众的欢迎。

围绕破解农民信用缺失，先通过普惠授信把农民与现代金融联系起来，再积累信用记录、培养信用意识，实施“信用信贷相长行动计划”。为了解决传统“信用＋信贷”模式下，农民信息收集难、成本高、农民不愿配合等难题，通过普惠授信先让农民有授信，再在农民启用授信时收集农户信息。一方面，这既解决了前期信息收集难、农民不配合的问题，也使信息收集更具针对性，降低了信息收集成本；另一方面，通过授信将农民与银行联系起来，农民开始积累自己的信用记录、培养自己的信用意识，银行根据农民积累起来的信用情况进行信用评级，再根据信用评级提升授信额度或调低融资成本，从而实现信用与信贷的相互促进。截至 2020 年 11 月末，兰考县共采录农户信用信息 16 万户、中小企业信用信息 1.79 万户，评定信用户 14 万户、信用村 318 个、信用乡镇 15 个。

围绕补齐县域银行网点服务辐射面小的短板，探索将线下金融服务纳入政府公共服务体系，在党群服务中心建设“4＋X”功能的普惠金融服务站，织密农村金融服务网。结合兰考村委党群服务中心的提质改造，不另设场所、不额外增加人员，将普惠金融服务站内嵌于村党群服务中心，为农民提供足不出村的“4＋X”金融服务（“4”即基础金融服务、信用信息采集更新、贷款推荐和贷后协助管理、金融消费权益保护，“X”为银行保险机构特色服务）。同时，在乡便民服务大厅、县政务服务中心设立普惠金融窗口，建立县、乡、村三级普惠金融服务体系，实现县、乡、村三级的层层管理和业务衔接，确保服务站运行合规、风险可控。截至2020年11月末，兰考建成服务站454个，实现了服务站村村全覆盖。服务站既方便了群众，又通过协助金融机构开展贷前审核和贷后管理，发挥了“监控探头”作用，推动风险管理关口前移，有效防控普惠授信风险。

围绕破解金融机构因风险高不愿贷的问题，创新建立分段分担风险防控体系，突破传统信贷风控难题。为解决金融机构开展普惠授信的后顾之忧，运用市场化思维，创新建立了多方参与、分段分担的机制，把风险分为2%以下、2%～5%、5%～10%、10%以上四段。不良率小于或等于2%时，损失由主办银行全额承担；超过2%时，由银行、政府（设立风险补偿金）、保险公司、担保公司四方分别承担，政府风险补偿金随着不良率上升而递增，银行分担比例随着不良率上升而递减且最高风险敞口锁定。此举既压实了地方政府优化信用环境的责任，也解除了银行开展普惠授信的后顾之忧。同时，创新实施信贷隔离机制，有效防止风险扩散。为缓释普惠金融风险，兰考设立风险补偿金7 575万元、还款周转金3 000万元。自普惠授信推出以来，仅出现3笔逾期，涉及金额21万元，逾期率远低于2%，没有触发2%以上的风险补偿机制。

资料来源：中国人民银行郑州中心支行行长、河南省兰考县普惠金融改革试验区工作领导小组办公室主任徐诺金提供。

专栏7－3
SPECIAL COLUMN

宜君模式：农村普惠金融集成创新的先行者

乡村振兴战略目标的实现，离不开农村普惠金融的发展。中国人民银行在历年《中国普惠金融指标分析报告》中均指出，要推进普惠金融试验区建设，探索可复制、可推广的经验。农村普惠金融作为一项系统工程，需要综合考虑使用情况、可得性、质量等维度。如何实现集成创新，一直是困扰农村普惠金融发展的难题。

2016年4月，中国人民银行批复同意开展陕西省铜川市宜君县农村普惠金融综合示范区试点工作，制定印发《陕西省铜川市宜君县农村普惠金融综合示范区试点方案》，宜君县紧紧围绕创新金融产品、普及金融教育、完善基础设施三大主题，探索出农村普惠金融发展的宜君模式，22条经验在陕西全省推广。世界银行将宜君县纳入普惠金融全球倡议（FIGI）中国项目，宜君模式成为我国农村普惠金融集成创新的先行者。

一、主要举措

宜君模式为切实解决困扰农村普惠金融发展的使用情况、可得性、质量等系统性难题，从以下方面重点发力。

1. 丰富普惠金融产品

(1)创新信贷产品和服务。创新推出“苹果贷”“核桃贷”“乡村振兴创业贷”“职业农民贷”等20多种核定方便、随用随贷的信贷产品，精准满足市场主体多样化的融资需求。

(2)有序推进“订单农业＋金融”模式。农发行宜君县支行通过“购货订单＋金融”的方式，为1家企业购买生产原材料发放70万元贷款，为落户宜君“彭镇药谷”的中药材企业购买原材料提供资金41.11万元。

(3)加大对农村经济主体与电商平台合作的金融支持。县域金融机构积极对接辖区与电商平台合作的涉农经济主体，累计发放贷款277.69万元。

(4)创新农业保险产品。首创“保险＋期货”模式保障农户权益，试点以来，累计开展鸡蛋期货保险9 642.18吨，赔付190.58万元；开展玉米期货保险17.77万吨，赔付128.67万元。

2. 切实提升特殊群体金融可得性

(1)设立“绿色信贷标准化网点”。为农户和残疾人等特殊群体提供信贷的“一站式”便捷办理，且将贷款办理时间缩短至3天。

(2)打造普惠金融综合服务站点。建设集金融服务员、网络推销员、产品销售员、物流配送员、信息采集员于一人的普惠金融综合服务站13个，乡镇级覆盖率达到100％。

(3)加大移动金融设施建设。推出“背包银行”“助农E终端”，在传统营业时间外实现存款、转账、开卡等功能，培育农村居民的电子金融消费习惯，应对农户农产品收售季节特殊支付服务需求。

3. 推进农村支付环境建设

(1)打造数字化普惠金融服务平台。与银行网点、惠农支付服务点形成错位发展、空位互补。

(2)深化普惠金融支付服务点功能拓展。在原有助农取款、现金汇款、转账汇款、代理缴费等功能基础上接入水电、通信、社保、医疗问诊等服务，实现“基础金融不出村，综合金融不出乡镇”金融服务体系。

(3)全面实施移动支付便民示范工程。推进无障碍刷卡示范街区、“智慧公交”等移动支付便民示范工程，移动智能终端村级覆盖率达到100％。截至2020年年末，宜君县“云闪付”用户活跃率达到40%，跃居全国移动支付引领县第一名。

4. 推进“金惠工程”①试点工作

实施“六个一”工程，形成合力，农户金融素养普遍提升。“六个一”指围绕一条主线、建立一个规划、打造一批基地、编制一套读本、培养一支队伍、组织一场活动。

5. 精准扶贫

宜君模式不仅实现农村普惠金融的集成创新，更结合脱贫攻坚要求，实施普惠金融精准扶贫。

(1)金融与脱贫项目及产业相协调。协调国开行陕西省分行、农发行铜川分行等，支持宜君县易地扶贫搬迁等项目8个，发放贷款7.68亿元。

(2)以扶贫再贷款为纽带，形成“扶贫再贷款＋银行＋担保基金＋企业＋贫困户”等多种创新融资模式，支持脱贫产业发展。

(3)瞄准涉农主体，提高信贷可得性和覆盖率，持续推广“5321”财政贴息扶贫小额信贷、设立扶贫小额信贷风险缓释基金。

(4)建立健全扶贫开发信息共享及专项评估机制，确保脱贫攻坚路上“不让一个人掉队”。

二、主要亮点

宜君模式更大的亮点在于为农村普惠金融的可持续发展进行了卓有成效的集成创新，最为关键的是公众金融意识的培养与农村普惠金融量化跟踪体系的建设。

1. 公众金融意识的培养

(1)加强金融知识普及宣传。推进将金融知识纳入国民教育体系，宜君县3所中学试用《金融知识伴我成长——农村中学生金融知识普及读本》。

(2)开展形式多样的金融知识普及宣传教育。每年3月15日，在宜君县9个乡镇同步开展“金融消费者保护宣传周”；每年9月开展“金融知识普及月”活动。

(3)运用各种信息媒介开展金融风险宣传教育。通过“人民银行组织＋涉农机构承担＋志愿者常态化帮扶＋农民群众积极参与”模式，加强反假币、征信、支付结算、国债、理财等知识宣传，引导社会公众强化金融风险防范意识，树立“收益自享、风险自担”的观念。

(4)切实维护金融消费者合法权益。在全县的惠农支付服务点公布“12363”投诉电话，设立宜君县农村金融消费投诉受理专员，保障金融消费者合法权益。

2. 农村普惠金融量化跟踪体系的建设

① 2015年5月19日，中国金融教育发展基金会、中国人民银行西安分行、铜川市人民政府三方签订了合作备忘录，明确了将铜川建成“金惠工程”普及区、金融扶贫创新示范区、农村金融生态优质区的目标，2019年底，“金惠工程”普及区完成评估验收。

(1)建立普惠金融信用信息体系。设立宜君县农户综合信用信息中心,采集涵盖农户基本信息、社保、奖惩等14类信息,搭建农户综合信用信息数据库。

(2)开展信用重建工程。通过给予特殊加分、财政担保等措施帮助548户存在不良信用记录的贫困户重获信用。

(3)持续优化县域金融生态环境。开展县域金融生态环境评价,发布宜君县经济主体"红黑榜"。

(4)完善普惠金融统计指标体系。自主研发宜君指数[①],开展县域金融机构支持县域经济发展情况的综合评估。

三、取得的成效

经过多年的持续创新,宜君指数由基期(2015年年末)的18.40上升到2020年年末的56.04。其中,基础建设指数由22.90上升至59.10,金融服务指数由30.21上升至121.30,金融教育指数由10.62上升至26.46,支持经济发展指数由14.13上升至36.68。

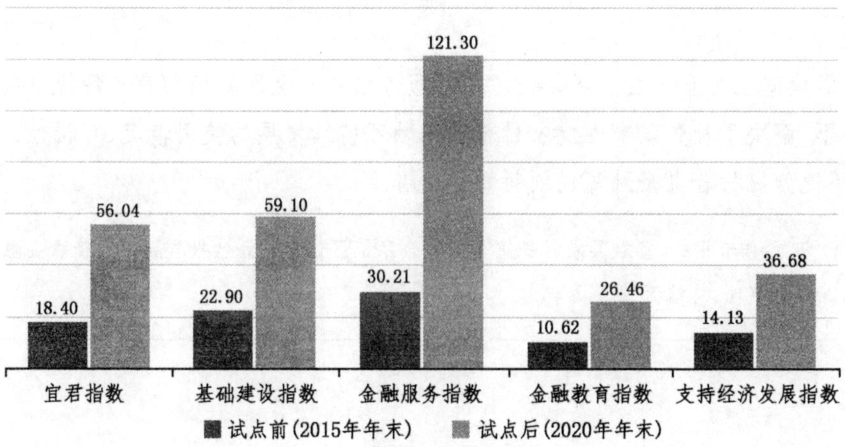

宜君指数对比图

宜君模式在农村普惠金融的集成创新取得了良好的经济效益和社会效益。

1. 金融生态环境得到明显改善

2020年年末,宜君县金融机构贷款不良率降至2.61%,较2015年年末下降6.01个百分点。

2. 农村金融服务供需矛盾趋向缓解

① 结合试点方案内容和宜君县域实际,开发设计了包含基础建设、金融服务、金融教育、支持经济发展四个维度、34项指标的农村普惠金融发展评价体系,运用层次分析法,形成宜君指数。

在试点建设过程中，工行、农发行、君信担保、诸如蚂蚁集团之类的第三方金融服务公司等陆续在宜君设点或开展业务，金融服务供给端的建设颇有成效。

3. 金融服务的可得性和便利性提升

银行卡人均持有量和使用率、人均非现金支付笔数、农业保险普及率等指标较试点前均大幅提升。

4. 精准扶贫补上金融服务最后一块“短板”

2019 年 5 月，宜君县实现脱贫摘帽，退出贫困县序列。

四、展望

2020 年脱贫攻坚实现全面小康后，面对乡村振兴对农村普惠金融提出的新要求、新挑战，宜君模式也面临县域金融服务配套机制不健全、普惠金融综合服务站可持续性不强、数字普惠金融发展不充分等问题。

展望未来，为更好服务乡村振兴战略，宜君模式需在更深层次、更广领域推进普惠金融改革，加强数字普惠金融与数字乡村的融合发展，完善县域配套机制建设，着力在农业供应链金融、县域农村产权交易中心建设、涉农贷款风险补偿基金扩围等方面实现突破。

宜君模式立足宜君县实际，通过“金融服务创新＋金融知识扫盲＋便捷基础设施”多管齐下，解决了长久以来困扰农村普惠金融可持续发展的使用情况、可得性、质量等难题，不愧为农村普惠金融集成创新的先行者。

资料来源：作者根据《宜君县农村普惠金融综合示范区试点自评估报告》《中国普惠金融指标分析报告(2020)》整理、总结而成。

第五节　农村金融基础设施的完善

农村普惠金融的良性运行需要农村金融基础设施的不断完善。农村金融基础设施作为整个国家金融基础设施的有机组成部分和一个子集，不仅与城市共享国家金融基础设施建设的成就，其建设也助推国家金融基础设施建设，而农村的特殊性决定了农村金融基础设施建设有特殊性一面。

金融基础设施是指金融运行的硬件设施和制度安排，是提高金融市场和金融机构整体运行水平的基础保障。主要包括支付体系、法律环境、公司治理、会计准则、信用环境、反洗钱，以及由金融监管、中央银行最后贷款人职能、投资者保护制度组成的金融安全网等(欧阳岚,2005)。张承惠(2013)认为国家金融基础设施应当包括法制环境、信息系统和市场支持系统三个重要支柱,其中,良好的法制环境可以保障金融市场正常运转,是金融基础设施的灵魂;有效的信息系统可以解决信息不对称问题;市场支持系统可以提高金融市场运行效率。彭向升(2018)则认为金融基础设施主要由支付结算体系、征信体系、法规体系和监管体系等构成。

对于金融基础设施的构成,尽管不同的学者认识上有所差异,但大同小异。结合当前我国的实际情况,我们认为农村金融基础设施建设的重点领域和方向是信用体系、支付体系、法规体系、金融素养提升和金融消费者保护、新基建、监管体系以及新型农业经营主体信息直报系统等。

一、加强农村信用体系建设,推动信用贷款发展

信用体系是指由与征信活动有关的法律规章、组织机构、市场管理、文化建设、宣传教育等构成的一个体系。加强农村信用体系建设,有利于增强农村各类主体的信用意识,优化农村信用环境。

农村信用体系的相对落后及由此造成的农村信用缺失,直接导致农村金融资源总体供给不足及配置效率相对低下。例如,一面是某些县存贷比偏低,资金外流严重;一面又是这些地区农村经营主体的融资难题难以破解。因此,推进农村信用体系建设,是改善农村地区融资难、融资贵局面的有效途径。

按照政府主导、人民银行牵头、各方参与、服务社会的整体思路,全面开展信用乡镇、信用村、信用户创建活动,发挥信用信息服务农村经济主体融资功能。强化部门间信息互联互通,推行守信联合激励和失信联合惩戒机制,不断提高农村地区各类经济主体的信用意识,优化农村金融生态环境。稳步推进农户、家庭农场、农民合作社、农业社会化服务组织、农村企业等经济主体电子信用档案建设,多渠道整合社会信用信息,完善信用评价与共享机制,促进农村地区信息、信用、信贷联动。提升农户信息共享程度,逐步推动整合农户土地承包确权信息、大型农机具信息、农业补贴、生猪养殖等数据信息,为提升农户信贷可得性夯实数据基础。

推动发展新型农业经营主体信用贷款。鼓励各地多渠道整合新型农业经营主体信用信息,建成比较完善的新型农业经营主体信用体系,探索开展信用救助。银行业金融机构要充分整合利用共享信息及其他内外部信用信息,积极运用金融科技手段,优化风险评估机制,注重审核第一还款来源,为更多经营稳健、信用良好的新型农业经营主体提供免担保的信用贷款支持。针对不同类型新型农业经营主体的特点,研究制定差异化的信用贷款政策,对符合条件的新型农业经营主体,积极发放农户小额信用贷款、普惠小微信用贷款等。

陕西省宜君县采集农户信用信息的做法值得其他地区借鉴。设立宜君县农户综合信用信息中心，采集涵盖农户基本信息、社保、奖惩等 14 类信息，搭建农户综合信用信息数据库，通过模型自动量化生成每个农户 1～10 级信用评价等级，使农户拥有“信用身份证”。金融机构在保障农户信息安全、维护农户合法权益的前提下，可登录查询农户信用信息和评级情况，根据农户综合信用评级结果实施差别化信贷措施，为农村金融机构改造信贷流程、实施信用救助提供全面客观的信息参考。截至 2021 年 6 月末，该平台共收录农户数 31 290 户、对外提供查询量 548 次、与 2 家机构建立合作关系，通过平台取得银行授信意向农户数 548 户，共提供发放贷款两千多万元。[①]

二、推进农村支付体系建设，优化支付环境

支付服务是银行业机构提供的一项基础性服务，这项服务是由支付体系完成的。支付体系是指一个国家或地区对交易者之间的债权债务关系进行清偿的体系。具体来讲，它由提供支付服务的机构、管理货币转移的规则、支付指令传递及支付专业技术手段共同组成，用以完成债权债务清偿及资金转移的一系列组织和安排。农村地区支付服务是农村普惠金融服务的重要组成部分。完善农村支付体系，有利于改善农村地区支付环境，提升农村普惠金融的整体水平。

相对于城市来说，农村金融基础设施比较落后，支付方面同样如此。大型银行曾在农村裁撤网点，叠加农村传统支付观念的束缚及支付条件的限制，使得农村支付体系无法满足农村金融发展的需要。

为了改变这一状况，须在可持续的前提下提升农村地区支付服务水平。大力推动移动支付等新兴支付方式的普及应用，鼓励和支持各类支付服务主体到农村地区开展业务，积极引导移动支付便民工程全面向乡村延伸，推广符合农村、农业、农民需要的移动支付等新型支付产品。推动银行卡助农取款服务规范可持续发展，鼓励支持助农取款服务与信息进村入户、农村电商、城乡社会保障等合作共建，提升服务点网络价值。推动支付结算服务从服务农民生活向服务农业生产、农村生态有效延伸，不断优化银行账户服务，加强风险防范，持续开展宣传，促进农村支付服务环境建设可持续发展。

陕西宜君县实施的移动支付便民示范工程具有典型意义与标杆作用。该县推动移动支付在便民领域的广泛应用，推进无障碍刷卡示范街区、“智慧公交”等移动支付便民示范工程，移动智能终端村级覆盖率达到 100%。银行业金融机构加大对大型居民社区、产业园区、农房集聚区、工业园区的金融机具布放，推广布放查询机等简易型

① 《宜君县农村普惠金融综合示范区试点自评估报告》，2021 年 10 月。

自助金融设备。宜君县已完成县政府机关食堂、县区主要学校、全县各类公交工具“云闪付”全覆盖，街道商户、菜市场商户等“云闪付”覆盖率达 90%以上。2020 年末，宜君县“云闪付”用户活跃率达到 40%，跃居全国移动支付引领县第一名。加强支付服务网络建设，为普惠金融支付服务点提供免费宽带服务，基于移动网络的普惠金融支付服务设备则由各银行省级分行统一采购添置。宜君县移动支付工作得到了中国人民银行支付结算司充分肯定。①

三、健全农村金融法规体系，完善农村金融改革试点相关法规

完备的农村金融法规体系可以规范农村金融机构的运作，使其在运行过程中有章可循、有法可依，保障这些机构更好地为“三农”服务。农村金融法规体系的完善既能增进农村金融资源配置效率，也能构筑农村普惠金融的安全防护网。

长久以来，农民的法律意识与信用意识不强，契约精神有时不被尊重，导致农村金融发展相对滞后。在调研中，一些金融机构反映，在农村与拖欠债务的客户打官司，有时不得不面对“赢了官司却输钱（要不回来钱）”的尴尬局面，这客观上助长了恶意逃废债行为。目前的状况是，一方面，与农村金融相关的法律法规多是中央有关部门规章制度与地方性法规，其层次不够高，国家立法机关专门为农村金融制定的法律相对缺失，需补齐这一短板；另一方面，已有的法律法规执行效果欠佳，农村的司法环境有待改善，契约精神需要得到尊重。

为了改变这一不利状况，国家有关部门需配合乡村振兴相关法律法规的研究制定，研究推动农村金融立法工作，强化农村金融法律保障。同时，结合农村承包土地的经营权和农民住房财产权抵押贷款试点经验，推动修改完善农村土地承包法等法律法规，使农村承包土地的经营权和农民住房财产权抵押贷款业务有法可依。

四、提升农村居民金融素养，加强农村地区金融消费者保护

金融素养（Financial Literacy）是指理解与金融相关的术语和问题的能力。农村居民普遍存在金融素养不高的问题，这严重制约了其获取基本的金融服务，也因为自身金融意识的淡漠与金融知识的欠缺，导致其容易成为不法分子狩猎的对象。金融素养一般包含金融知识、金融行为、金融态度、金融技能四个方面。②

通过开展“金惠工程”“金融知识普及月”等金融知识普及活动，争取实现农村地区

---

① 《宜君县农村普惠金融综合示范区试点自评估报告》，2021 年 10 月。

② 中国人民银行金融消费权益保护局每两年组织开展一次全国范围的消费者金融素养问卷调查，通过金融知识、金融行为、金融态度、金融技能四个方面的调查来了解消费者金融素养情况。由此可知，金融素养一般从这四个维度来刻画。

金融宣传教育全覆盖。全国各地持续开展多样性金融知识普及教育活动，金融知识宣传内容不断丰富，线上线下渠道有机联动，金融消费者受众覆盖面不断拓展。广东省构建了“一体化，两基地，三人群，四品牌”的金融知识普及新格局，即打造线上线下一体化的教育宣传普及模式，推进金融教育示范基地和“金融读书角”两类基地建设，聚焦老年人、乡村人员、务工人员三类重点群体，持续打造“金声粤韵”“金融知识普及月”“南粤金融 春风化雨”“中国财经素养教育高峰论坛”四大品牌。吉林省开展智慧金融教育示范基地建设，基地配备虚拟讲解员、LED 显示联屏，VR 体验座椅、人像识别系统等智能机具，运用大数据、云计算、人工智能等前沿科技，嵌入金融知识，让金融消费者感受和领略数字技术在金融领域的最新应用。①

人口老龄化使老年群体的普惠金融需求更受关注，如何补齐这一短板被提上议事日程。针对老年群体，需开展有温度的宣教和专项金融知识普及活动，采取老年群体喜闻乐见的宣传普及方式，提升其金融和数字经济素养。②

提升金融素养的同时，需强化农村地区金融消费者权益保护。加大金融消费者权益保护宣传力度，增强农村金融消费者的风险意识和识别违法违规金融活动的能力。规范金融机构业务行为，加强信息披露和风险提示，畅通消费者投诉的处理渠道，营造农村地区良好的金融生态环境。

五、提速数字基础设施建设，推动农村数字普惠金融发展

数字基础设施建设，简称数字基建或新基建，主要包括 5G 网络、人工智能、工业互联网、物联网、数据中心等新一代信息基础设施。与传统“铁公基”相比，数字基建内涵更丰富，涵盖范围更广，更能体现数字经济特征。因此，数字基建带来的发展机遇，不仅在基建本身，而且源自数字化、智能化的升级与经济社会转型需求的叠加，是时与势的结合。

5G 和数据中心是物联网、工业互联网、移动互联网、人工智能等新一代信息技术的重要支撑技术；物联网和人工智能可广泛应用于智慧城市、智能农业、智能交通、智能安防、智能医疗等领域；工业互联网则将设备、生产线、工厂、产品、供应商、客户紧密地连接在一起，形成更高效的生产体系。因此，数字基建已成为数字经济的发展基石、转型升级的重要支撑。

数字基建具有泛在使能性。所谓泛在使能性，是指数字基建能够广泛地赋能社会生产生活的方方面面，大大提升生产效率、生活质量。例如，5G 赋能交通，使智能网联

---

① 中国人民银行金融消费权益保护局. 中国普惠金融指标分析报告(2020).

② 同上。

汽车、自动驾驶汽车成为可能，车联网也将成为5G技术最主要的应用场景；人工智能赋能机器，诞生了工业机器人、手术机器人、仿生机器人、无人系统等各类机器人产品；工业互联网赋能产业，使工业生产全流程的各种要素资源数字化、网络化、自动化、智能化，从而实现效率提升和成本降低；物联网赋能城市，催生了边缘计算，使平安城市、雪亮工程建设迅速普及；数据中心赋能云计算，使后者成为企业和公众获取人工智能能力的重要途径。

数字基建的提速有力地促进了新技术在农村普惠金融领域的应用推广。规范互联网金融在农村地区的发展，积极运用大数据、区块链等技术，提高涉农信贷风险的识别、监控、预警和处置水平。

推动农村数字普惠金融健康有序发展，需平衡好创新和风险的关系。具体来说，一方面，促进数字技术在普惠金融领域的运用，稳步提升支付、理财、信贷、保险等各领域智能化、数字化服务水平；推进线上线下服务协调发展，不断深化银行实体网点服务功能，弥补数字普惠金融的不足和可能出现的失灵，更好实现功能互补、互促。另一方面，加强数字普惠金融风险管理，防控数字技术运用可能带来的算法歧视、诱导不当营销、信息滥用等侵害金融消费者权益的行为；厚植负责任金融理念，持续打造数字普惠金融良好生态。①

六、健全农村金融监管体系，提升监管能力

首先，实施差异化监管。在有效管控风险的前提下，落实好普惠金融业务创新方面的差异化监管和考核制度，补足普惠金融服务短板。完善差异化监管体系，适当放宽“三农”专项金融债券的发行条件，取消“最近两年涉农贷款年度增速高于全部贷款平均增速或增量高于上年同期水平”的要求。适度提高涉农贷款不良容忍度，涉农贷款不良率高出自身各项贷款不良率年度目标2个百分点(含)以内的，可不作为银行业金融机构内部考核评价的扣分因素。

其次，提高监管适应性。一方面，鼓励各类金融机构和组织创新机制体制，利用互联网拓宽服务覆盖面；另一方面，引导新型机构规范发展，积极拓展互联网金融服务创新的深度和广度，鼓励互联网企业依法合规提供创新金融产品和服务。

最后，强化数字金融监管。针对数字金融风险特点，加快健全有效的基础监管制度，加强综合监管、协调监管、功能监管，努力提升数字金融监管的有效性。

七、推动新型农业经营主体信息共享，建设新型农业经营主体信息直报系统

健全新型农业经营主体名单发布制度，由各级农业农村部门定期更新发布上级及

---

① 中国人民银行金融消费权益保护局. 中国普惠金融指标分析报告(2020).

本级认定的农民合作社示范社、示范家庭农场、规模养殖场和农业产业化龙头企业、农业社会化服务组织名单等。建立健全家庭农场名录制度。加快建立新型农业经营主体名录、土地、示范、补贴、信贷、保险、监管等相关数据目录、标准以及共享和比对机制，鼓励各地探索建立以农村土地和生产经营数据为核心的新型农业经营主体信息数据库和融资综合服务平台，依法合规共享数据。加强银企融资对接，各级农业农村部门汇集发展前景好、信贷需求强、信用记录好的新型农业经营主体名单，提供给银行和政府性融资担保机构，为金融机构依法合规支持新型农业经营主体提供便利。

充分利用新型农业经营主体信息直报系统，为新型农业经营主体提供点对点对接信贷、保险等服务，支持农村中小金融机构接入新型农业经营主体信息直报系统。新型农业经营主体信息直报系统由农业农村部负责建设与维护，利用信息化手段，构建包括手机 APP 端、政府管理端、银行业务端、保险业务端和社会化服务业务端在内的前后台业务系统。通过主体直连、信息直报、服务直通、共享共用，将有资质的新型农业经营主体推送给金融机构，同时解决前者融资问题和后者获客问题，实现双赢。新型主体需要信贷时，只需线上申请，当地金融机构线下对接，实现从申请、审核、尽调、放款、还款的全流程记录。有了信息直报系统，当前新型主体贷款难、贷款贵、风险高，而金融机构面对巨大的农村市场需求却找不到、找不准服务对象的问题将得到显著缓解。

本章小结

发展农村普惠金融意义重大，既要肯定中国农村普惠金融发展取得的成绩，也要看到推进中存在的问题与不足。

农村普惠金融的特点可归纳为服务对象的特殊性、服务对象的规模性、产品的低端性和高信用风险。

在当前中国农村，普惠金融的需求主体主要是小农户、新型农业经营主体和小微企业；而供给主体主要是银行业机构（大型银行和农村中小金融机构占据主导）、保险公司和六类机构等。

让供给更好匹配需求，必须把握农村普惠金融供给与需求各自的特征。

在农村普惠金融实践中，不同的金融机构、不同的地区都进行了积极探索，取得了一系列有益的经验，亟须总结，从中提炼出一般规律，并加以推广。

农村金融基础设施的建设与完善对于农村普惠金融的发展十分重要，其重点在于信用体系、支付体系、法规体系、金融素养提升和金融消费者保护、新基建、监管体系以及新型农业经营主体信息直报系统。

思考题

1. 农村普惠金融概念如何界定与理解？

2. 发展农村普惠金融的意义何在？

3. 目前中国农村普惠金融发展取得了哪些显著成绩？又存在哪些主要问题？

4. 可从哪些维度来衡量农村普惠金融？

5. 农村普惠金融的主要特点是什么？

6. 农村普惠金融的需求主体有哪些？供给主体又有哪些？

7. 农村普惠金融的需求与供给各有什么特征？你认为中国农村普惠金融供给与需求的匹配度如何？

8. 推进农村普惠金融可从哪些方面入手？

9. 农村金融基础设施一般由哪些部分构成？如何完善？

参考文献

1. 戴洛特，张燕，李家华. 农村普惠金融的特点及制约因素[J]. 西南金融，2019：66－73.

2. 顾玲玲. 农村普惠金融体系建设的法律保障[J]. 人民论坛，2020(11)：104－105.

3. 何嘉乐. 我国农村普惠金融发展的现状及思考[J]. 新金融，2020(3)：56－58.

4. 胡筱亭. 家庭农场发展与金融支持策略研究：以上海松江家庭农场为例[J]. 农村金融研究，2013(12)：22－27.

5. 穆争社. 农村普惠金融供给侧结构性改革[M]. 北京：中国金融出版社，2018.

6. 欧阳岚. 关于新兴市场经济国家金融基础设施的思考[J]. 江汉大学学报(社会科学版)，2005(3)：68－70.

7. 彭向升. 中国农村普惠金融发展研究[M]. 北京：经济科学出版社，2018.

8. 邵川. 农村普惠金融的可持续发展研究：从新型农业经营主体金融需求的视角[J]. 社会科学动态，2019(9)：43－49.

9. 苏州市农村金融学会课题组. 农村普惠金融发展存在的问题与对策研究[J]. 现代金融，2020(3)：47－49.

10. 温焜. 组织与赋能：促进小农户和现代农业有机衔接的路径研究[J]. 岭南学刊，2021(2)：61－66、105.

11. 吴四龙. 推进乡村振兴需要强化普惠金融担当[N]. 湖南日报，2021-06-21，10.

12. 张承惠. 金融改革须重视金融基础设施建设[J]. 重庆理工大学学报(社会科学版)，2013(10)：1－4.

13. 张红宇. 实现小农户和现代农业发展的有机衔接[N]. 农民日报，2017-11-21，第1版.

第八章　数字普惠金融实践

数字技术的发展与进步为普惠金融的发展带来了更多可能。在促进公平的基础上，数字技术极大地提升了金融机构的经营效率，促进了金融业的变革发展，提高了社会资源的配置水平。从金融机构角度来看，数字普惠金融模式下，业务流程大大缩短，交易环节有效减少，显性经济成本显著降低。另外，数字普惠金融模式显著降低借贷业务中的信息不对称问题。新兴金融科技企业的相继崛起，改变了原有金融机构的竞争格局，给传统金融机构带来了压力，促使传统金融机构加速进行转型升级。从社会资源配置角度来看，数字普惠金融拓展了金融服务边界，使得传统金融模式下不能被充分覆盖的弱势群体也能享受到金融服务。本章重点介绍数字普惠的概念与实践，分为数字普惠金融的定义与发展概述、各数字技术在普惠金融上的作用机制与特点及传统金融机构和科技类机构在普惠金融上的实践三个部分。

第一节　数字普惠金融概述

一、数字普惠金融的定义

数字普惠金融是在移动互联、网络通信服务、移动数据和云计算等数字化技术的基础上，使原金融服务不足人群都能长期享有由各金融机构及类金融机构通过不同方式提供的多种多样的金融服务，包括存款、支付、融资、保险、理财等金融服务。这些服务在客户可负担、服务提供商可持续的价格基础上提供。数字普惠金融既包括传统的金融机构对原有产品的数字创新，也包括一些新兴的类金融机构提供的互联网金融产品(盈灿咨询，2016)。

2016 年 G20 框架下全球普惠金融合作伙伴组织(Global Partnership of Financial Inclusion，GPFI)发布的白皮书对数字普惠金融的定义被广泛接受。GPFI 认为，数字普惠金融泛指一切通过使用数字金融服务以促进普惠金融的行动。数字普惠金融具有共享、便捷、低成本、低门槛的特点，在金融的商业模式、产品服务、组织架构等方面产生了诸多创新，丰富了金融服务提供主体，延伸了金融服务触角，提高了市场竞争性，对解决普惠金融领域的诸多难题提供了新的思路和方法。

G20 杭州峰会发布了《二十国集团数字普惠金融高级原则》（下称"高级原则"），提出 8 项原则和 66 条行动建议。此次提出的 8 项原则，其结构如图 8－1 所示：原则 1 数字技术内容和普惠金融相结合，形成数字普惠金融的核心内涵，即利用数字技术实现普惠金融；原则 2 创新与风险、原则 4 基础设施和原则 7 用户识别是普惠金融目标实现的主要推进内容；原则 5 和原则 6 指导消费者教育和保护；原则 3 法律和监管框架、原则 8 运行监测，指导监管环境。

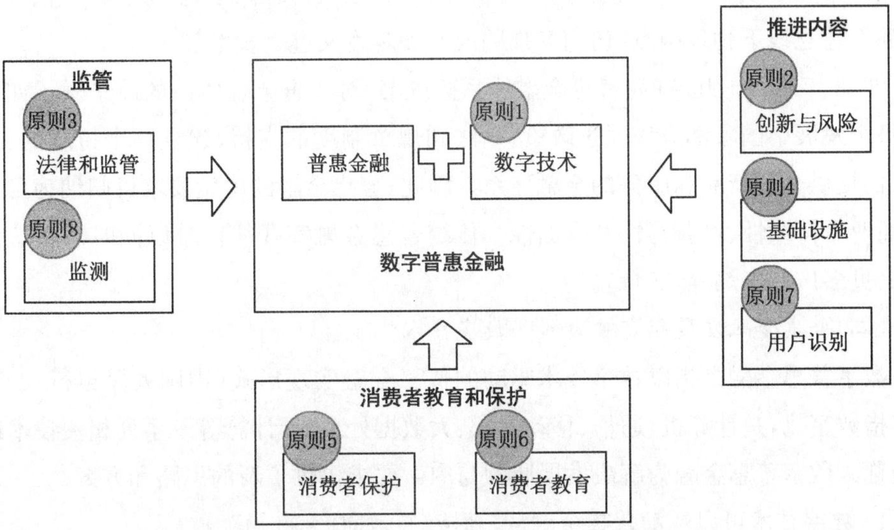

资料来源：互联网普惠金融研究院。

图 8－1　二十国集团数字普惠金融高级原则

二、数字普惠金融的必然性

（一）传统普惠金融模式的瓶颈——"鱼与熊掌不可兼得"

2015 年底，国务院在《推进普惠金融发展规划（2016—2020 年）》的通知中首次明确了普惠金融在我国国家层面的定义：普惠金融是指立足机会平等要求和商业可持续原则，通过加大政策引导扶持、加强金融体系建设、健全金融基础设施，以可负担的成本为有金融服务需求的社会各阶层和群体提供适当的、有效的金融服务。

传统金融机构做普惠具有一定的局限性，要同时实现经济效益和社会效益的双重绩效目标难度较高。由于普惠金融服务对象信息不对称程度通常较高，因此如果传统金融机构想要实现经济效益，必然要收取较高的信贷价格，这无疑将导致社会效益的降低，二者之间的矛盾难以调和。传统金融机构在利润最大化商业动机的驱使下往往表现出“嫌贫爱富”的特点，即着重关注中高收入群体，尤其是高净值人群和大型企业的金融需求，往往忽视普通大众和中小微企业的金融需求。只有当低收入群体不仅有多元的获取资金的渠道，而且获得的资金是充分可负担得起的时候，才算是真正实现了经济效益和社会效益的统一。

传统普惠金融的风险识别、信息收集、客户触达等过程都将消耗大量成本。这主要是由于在传统模式下，金融机构的服务范围在很大程度上依赖于其分支机构的数量和分布位置，服务范围的扩大必然伴随着营业网点的增加，由此产生额外的人工服务成本、办公场地成本。如果想要为弱势群体，尤其是农村和偏远地区人口，提供金融服务，那么建立线下物理网点、访问客户的成本和难度又进一步增加。

2006年联合国起草的《普惠金融体系蓝皮书》对普惠金融体系的前景做了如下描绘：每个发展中国家都应该通过政策、立法和规章制度的支持，建立一个持续的、可以为人们提供合适产品和服务的金融体系。因此，普惠金融的内生要求可归纳为可负担性、商业可持续性、可获得性和全面性。传统普惠金融实践往往难以同时兼顾这四个要求（贝多广和李焰等，2017）。

（二）普惠金融发展新突破口——数字技术

数字普惠金融是指以数字技术驱动的普惠金融实现形式（中国人民银行，2016）。数字指数字化，是计算机、通信、移动互联、大数据处理、云计算等一系列相关技术进步的统称。数字普惠金融为解决发展瓶颈与内生要求提供了新的思路和方案。

1. 数字技术可以帮助普惠金融从“高接触”走向“无接触”

数字普惠金融依托于互联网、网络和通信服务、云计算等数字技术，突破了金融服务的时空限制，这在大幅降低传统普惠金融成本的同时有效提高覆盖速度和广度。数字普惠金融改变了原有的服务提供方式，不论是在偏远地区还是在大城市，客户都可通过手机或电脑操作获得金融服务。借助数字技术，金融机构能够实现自动放贷、随借随还等，这不仅大大缩短了业务流程，减少了人力成本，还更好地满足了客户对资金时效性和灵活性的要求。如此，传统模式下的“双重绩效困境”难题迎刃而解。

2. 数字普惠金融带来信用风险管理方式的变革

通过大数据、云计算等技术对平台上沉淀的海量数据进行挖掘和分析，金融机构能够为用户建立基于信息生成的征信报告。借助数字技术，金融机构能够更准确地评估个人和企业的信用等级，实现差异化定价，并且有效降低传统模式下的线下信息收集和审核成本，以及风险管理的成本。

总的来说，数字普惠金融可以充分满足普惠金融的内生要求。首先，利用技术手段可以大量减少人工干预从而降低金融服务成本，提高金融的“可负担性”；其次，金融服务成本的下降自然会使金融服务供应商更有利可图，因而增强其“商业可持续性”；再次，随着成本的下降，金融需求和供给都将增加，而且借助“数字化”，金融服务供应商可以迅速扩大服务人群和“可触达点”，满足传统模式下的弱势群体的金融需求，将金融触角进一步延伸，从源头上扩大金融服务的覆盖面，提高“可获得性”；最后，数字普惠金融服务的人群更大众化，提供的金融服务的品种更多样，增加金融服务的“全面性”。

数字技术使得金融服务可以更好地普惠到过去被传统金融业忽视的群体。数字普惠金融可以极大程度地弥补传统普惠金融的空白，帮助金融服务迈过瓶颈，让更多人享受到更充分的金融服务。

三、数字普惠金融的特征

（一）客户群体广泛

数字普惠金融依托于互联网、大数据、云计算等数字技术，互联网的广泛性特征可以充分发挥其网络零边际成本效应，实现时间和空间双重维度的可接触性，降低金融服务的门槛，使金融服务更公平广泛地服务于社会大众群体，尤其是在传统金融模式下未能享受或未能充分享受到金融服务和金融产品的群体。例如，只要一部手机连接网络通过移动终端就能实现远程开户、资金发放和回款等金融服务，这有效解决了偏远地区物理网点设置困难等问题，大大降低软硬件设施的运作成本，从而为扩大金融服务覆盖范围和提高包容性创造条件，推动金融服务公平性的有效实现。

（二）风险管理数据化

大数据、云计算等新技术在普惠金融中的应用使得金融机构能更准确全面地分析评价用户，通过获取其资信特质和风险偏好等信息更好地构建模型以把控风险。传统的个人信用数据主要来自个人基本信息、传统金融机构借贷信息和公共信息，来源较单一。利用数字技术进行信用评分、风险管理时，互联网数据成为重要的信息来源。这一数据来源是海量的，覆盖人群巨大。利用互联网数据，辅以传统的结构化数据，金融机构能够为客户描绘更准确的全息画像。

金融行业传统风控的痛点在于，征信管理都是静止地截至某个时点，是一个时点的静态画像，因而数据的时效性较强，无法追索借款人三个月或一年中的行为变化踪迹。而基于“大数据＋人工智能”的智能风控使得风险管理变成动态时间轴上多维度交叉影响的趋势（何平平、黎勇登和彭世文，2019）。运用云计算和大数据技术，基于对日常交易数据、信息流的分析，商业银行可以有效判断客户的信用等级和信用水平，显著提高风险识别能力和授信审批效率。

（三）交易成本低廉

获客成本、资金融通环节成本和交易成本是普惠金融运营成本的主要方面。鉴于互联网具有边际成本低、客户体验好、覆盖面广泛的特点，因此，互联网是解决传统金融机构服务普惠金融时所面临的获客成本高问题的有效途径。通过场景化批量获客的方式，互联网可以帮助金融机构实现规模化的客户增长。数字技术缓解了机构网点铺设成本高问题，通过移动终端，客户可以直接寻找和获取金融资源；同时，借助智能风控技术，金融机构既能够建立风险审批模型，从而实现自动筛选客户并对新客户进行批量审批，又可以通过对小微信贷的电子化、流水化、规模化操作，降低资金融通环节中产生的成本。

四、数字普惠金融的风险

国际清算银行总经理海梅·卡鲁阿纳（Jaime Caruana）在 2014 年第二届全球普惠金融合作伙伴组织会议上指出：数字普惠金融将会为未得到或未充分得到金融服务的低收入家庭以及小微企业带来福音。但随之而来的，是包括标准制定、监督监管在内的巨大挑战。为曾经被排除在外的客户提供数字金融服务，在带来好处的同时也带来风险，部分原因在于金融机构往往具有缺乏正规金融服务经验、不熟悉消费者权益等典型特征。将数字技术应用于普惠金融领域会产生一些新风险，而另一些固有风险在普惠金融背景下又可能有不同表现。

目前，数字普惠金融服务供应商主要可以分为四大类：一是提供基础交易账户的全方位服务银行，用户可通过移动设备或利用卡和 POS 终端进行支付、转账、存储；二是仅提供上述服务的利基银行[①]；三是移动网络运营商（MNO）电子货币发行方；四是非银行非移动网络运营商电子货币发行方。

数字交易平台、代理网络和客户的访问设备构成数字普惠金融模式的三个关键要素。数字普惠金融服务供应商依托于三个要素，向传统模式下未获得或未充分获得金融服务的人群提供支付、信贷、保险、证券等服务。支撑数字普惠金融模式的三个关键要素对应该模式下三个主要的风险触发因素。

（一）数字交易平台相关风险

创新的数字金融服务通常至少涉及一家银行和一家非银机构，同时负责数据存储和管理及客户资金的保管。对客户资金的保护程度取决于许多因素，包括资金持有人是否参保存款保险及持有资金的特定类型账户是否已投保。如果账户汇集多个客户

---

① 利基银行通常只针对特定的市场或客户类型，并根据目标市场的偏好调整银行的广告、产品组合和运营。

的资金，则覆盖限制可能适用于整个账户或客户的个人余额。即使客户的资金已投保，但如果它们共同由第三方（如移动网络运营商）负责存储和管理客户账户余额的记录，则数据的实时准确性和可调节性仍面临风险。

此外，由于数字金融服务往往涉及多个主体，监管者和监管者之间需要保持重要的跨部门协调和沟通。例如，通过数字交易平台提供的信贷、保险和投资需要多个金融监管机构和其他监管机构的关注，并可能需要电信监管机构的参与。

（二）代理相关风险

代理商和代理网络的发展带来了新的操作风险、金融犯罪风险和消费者风险。由于客观距离的存在，供应商往往难以实现对代理商有效的培训和监督。操作风险包括欺诈、代理商现金管理不善及数据处理不当等。就金融犯罪风险而言，代理商除了有可能进行欺诈和盗窃外，还有可能无法遵守反洗钱和打击恐怖主义融资（AML/CFT）规则。此外，代理商还可能故意降低定价、条款和追索权等的透明度，过度收费，以及泄露客户隐私。一旦消费者遭受损失，由于服务交付涉及多方，责任很有可能不明确，从而引发消费者风险。

（三）客户访问设备相关风险

依靠数字技术进行金融服务，不可避免地将面临服务中断和数据丢失的风险，以及因数据数字传输和存储而导致的隐私泄露的风险。由于大量的中间方获得了客户的交易数据，以及以前未被服务或未被充分服务的客户的资料，隐私泄露和安全漏洞的风险将进一步扩大。

五、数字普惠金融的发展现状

近年来，我国普惠金融国际影响力稳步提升，数字普惠金融发展等走在国际前列。根据国际货币基金组织金融可得性调查（FAS）2020 年数据，中国（不含港澳台地区）在物理渠道可得性（包括网点、ATM 机具等）方面总体居于中上水平，加之拥有规模庞大的助农取款服务点，物理渠道可得性整体较好；每千成年人拥有的存款账户数、贷款账户数、借记卡数量，每千成年人网上和移动交易笔数、网上和移动交易金额占 GDP 的比重，以及商业银行存款余额占 GDP 的比重、中小企业商业银行贷款余额占 GDP 的比重等，均居于前列；IMF 的部门论文（Departmental Paper）认为，中国数字支付发展居于领先地位，数字借贷主要集中于中国、英国、美国等地。2020 年博鳌亚洲论坛《亚洲金融发展报告——普惠金融篇》对 27 个亚洲样本国家普惠金融生态体系进行评估，中国排名位居前列（中国人民银行金融消费权益保护局，2021）。

基于数字普惠金融的创新解决方案，个人和小微企业能够享受到更好的信用服务。通过与电商平台等的合作，金融机构可以在征得小微商家同意的情况下，有效抓取他们的运营数据、交易数据等自身数据,结合历史积累和抓取的数据、合作伙伴的数据等,多措并举,生成精准画像,进行实时的信用评估,提供个性化信用解决方案,第一时间解决他们对资金的需求,同时进行有效的风险防范。例如,"银税互动"是小微企业数字普惠金融的代表性实践,银行运用企业主体的纳税信用信息和大数据分析技术,创新产品和服务,为具有良好纳税记录的小微企业提供便捷的线上化、纯信用贷款,支持小微企业"以税促信,以信申贷",满足小微企业"短""小""频""急"的融资需求。

近年来,"银税互动"不断深化。根据银保监会的数据,截至 2020 年 4 月,银行业金融机构"银税互动"贷款余额 5 732 亿元,同比增长 74%;贷款户数 75 万户,同比增长 114%。未来,随着银税信息共享平台搭建的不断完善和出现越来越多的贷款新产品,小微企业的金融服务诉求将得到进一步满足。

在农业方面,数字普惠金融在助力乡村振兴、推动农村经济社会发展上起重要推动作用。过去,农民和小微企业由于信用记录空白、缺乏抵押物、线下校验资产困难三大原因而难以享受信贷服务。如今,利用物联网的技术,金融机构能够精准确定地理位置,实时监测运营状况,实现对贷款全过程的跟踪监控,进行风险防范。大数据物联网技术在金融领域的应用大幅降低了信息不对称,使金融机构摆脱了传统模式下对线下物理网点的依赖,从而降低了成本,让更多农民和小微企业能够便捷地获得资金。例如,在农业规模化生产中,大型农机具购置、农业生产资料购买等都需要大量资金,为解决农民资金不足,农业发展受限的问题,小微租赁模式作为数字普惠金融中的模式创新应运而生。农户可以以租用代替购买农机具,在支付几年的租金后获得农机具的所有权。在此过程中,金融机构借助数字技术对农机具的使用情况、农作物的生长情况等进行监测,从而实现风险控制和管理。

此外,阿里、京东、苏宁等电商巨头布局农村市场,并辅之以农村金融服务。例如,苏宁易购在全国推出 102 家特色馆,通过 O2O(线上到线下)模式推动地方特色农产品"上行",为农产品销售拓展市场。与此同时,苏宁易购推出"企业贷款""任性付"和"苏宁众筹"三大金融产品服务,以帮助农村企业融资和推动农村消费,创新农产品销售渠道。

数字普惠金融的发展离不开监管的完善与政策的支持。在党中央统一领导和有力部署下,在普惠金融发展顶层设计指导下,各有关部门分层次、有梯度地出台了一系列政策,围绕小微、"三农"、扶贫等普惠金融服务重点,通过政策引导、监管引领、指标考核、督导检查等多种方式,综合运用货币信贷、差异化监管和财税政策,引导金融机构提升服务质效。我国政策聚焦于持续深化数字普惠金融发展,推动移动支付便民工程不断向县域乡村下沉,引导金融机构持续创新迭代数字普惠金融产品和服务;优化征信体系建设，降低普惠金融服务对象征信成本，更好发挥地方征信平台和市场化征信机构作用；深入开展普惠金融试验区建设，在数字普惠金融、农村普惠金融等方面探索可复制可推广的经验（中国人民银行金融消费权益保护局，2021）。

第二节　数字技术的作用机制与特点

一、通信与移动互联网技术的作用机制与特点

随着人类社会的不断进步，通信与移动互联网技术逐渐变得密不可分，两者实现融合发展并被应用到金融领域。其共同作用的结果就是催生了互联网金融，并由此带来金融行业的巨大变革，极大地推动普惠金融的发展。“十四五”时期，我国普惠金融迎来一个全面深化改革和创新发展的新阶段。通信与移动互联网技术的结合，为金融领域的发展提供了媒介与信息服务，互联网金融进入了高速发展期。它打破了传统金融服务的一系列限制，深刻改变了行业运营模式，大大拓宽了相关业务范围，为普惠金融的兴起提供了基础性的支持并促进其创新发展。一方面，通信与移动互联网的应用为产品创新和客户精准营销提供了技术支持，金融机构通过网络可以快捷获取用户需求、用户建议、经营数据和从业经验；另一方面，通信与移动互联网的应用提高了信用管理效率，降低了普惠成本，拓展了可服务人群范围。考虑到其所具备的便利性、隐私性、统一性、广泛性、无门槛性等天然优势，通信与移动互联网技术无疑是普惠金融发展的必要条件。

（一）通信与移动互联网技术为普惠金融的发展提供最基本的硬件设施

通信与移动互联网技术作为金融领域不可或缺的基础设施，为普惠金融的发展提供了最直接的技术支持，这得益于通信与移动互联网技术的广覆盖性、便捷性与高渗透性。广覆盖性主要表现为地理覆盖范围广与人口覆盖面广；便捷性体现在通信与移动互联网技术的及时性与易得性；高渗透性主要表现为两种技术可以和金融业实现较好的融合与发展。因此，通信与移动互联网技术和金融业深度融合而形成的金融基础设施为普惠金融的开展提供了良好的接入平台与发展渠道。

1. 扩展金融服务渠道

传统金融业大多将效益作为线下运营的首要考虑因素，其服务主要在实体的银行网点或者办事处等场所进行，偏远地区很难被覆盖到。随着信息通信技术的发展，诞生了以 ATM 机、POS 机等为代表的金融服务终端设备，金融服务的场所得以扩大到商户经营所在地。而如今通信与移动互联网技术的普及，使得许多金融交易活动都转

移到了网上,诞生了诸如网上银行、网络支付等交易行为。伴随着移动终端设备的不断升级与移动支付技术的不断发展,金融服务进一步实现场所无边界化。凡是拥有移动设备并能够接收到网络,都可以进行金融交易,实现了随时随地享受金融服务,大大拓宽了金融行业的服务渠道。

2. 丰富金融产品类别

通信与移动互联网的应用有利于增加金融服务与金融产品种类的多样性,消除传统金融业存在的竞争不充分和政策性垄断等内部问题,倒逼传统金融机构的市场化改革与业务创新。当下,互联网金融进入蓬勃发展时期,国内基于互联网平台出现了多种新兴的金融服务方式,如互联网支付、互联网信贷、在线保险、在线理财、P2P网贷、股权众筹等。大型互联网公司纷纷应势成立综合化金融服务平台。这些平台涵盖支付、理财、保险、信用、小微贷款等多种金融服务业务,活跃用户呈现井喷的趋势。互联网金融平台的小微贷款业务为小微企业的融资提供了新的途径与机遇;在线理财业务则简化了理财程序和投资流程,为普通收入人群提供多样化的理财投资选择;股权众筹推动了普通人群的创业与创新,响应了国家"大众创业""万众创新"的号召。随着通信与移动互联网技术的不断进步,互联网金融持续创新,新的金融服务与产品将进一步满足大众的金融需求,提高普惠金融的覆盖率。

(二)通信与移动互联网技术能够促进普惠金融发展的可持续性

通信与移动互联网技术作为信息生产、传递、交流的平台,具有覆盖面广、透明度高、流动速度快、交易成本低、信息不对称性低的特点。这些特性决定了其可以通过降低金融信用风险、增加金融机构的营利性、扩大金融服务的使用人群、推动金融组织变革等方式来促进普惠金融的可持续发展。

1. 降低金融服务的信用风险

金融信用风险是影响金融可持续发展的重要因素。首先,通信与移动互联网技术通过促进金融服务信息的对称性来降低信用风险。传统金融体制下,客户与金融机构之间信息的不对称性往往使得大众群体无法充分获得所需金融服务。由于普通阶层往往未被纳入征信体系或者征信信息不够完善,金融机构无法对其资信状况进行判断,从而无法决定是否为其提供金融服务或如何为服务进行合适的定价。同时,普通群体也无法提供良好的增信措施和担保条件,其获取信贷等金融业务的可行性受到限制。如今,金融机构大都拥有先进的通信与移动互联网技术,能够对客户的支付行为、交易行为、线上消费行为等进行大数据分析,得出客户真实的收入情况、信用状况、消费水平与消费偏好,双方信息不对称的问题被有效化解。

此外,就金融服务对象而言,低收入人群往往面对更多的金融服务的短缺,因而更容易对可接入的金融服务表现出使用偏好。因此,通信技术的长尾效应在将低收入人群纳入金融服务的范畴时，提高金融使用人群的整体信用水平，降低信用风险。

2. 增加金融机构的营利性

传统金融机构的固定资产和人员投入较大，交易往往要经过严格且繁杂的信贷审批流程，因此负担了较高的经营成本。为了自负盈亏，传统金融机构常常选择提高服务收费标准，相关费用一般都会被转嫁给客户。数字金融则与之不同，作为通信与移动互联网技术不断发展的产物，它摆脱了对线下网点和工作人员的依赖。随着物联网、云计算、大数据的应用，数字金融的规模效应日渐凸显，大大降低支付业务、信贷业务等金融服务的成本。据统计，2011—2020 年，互联网支付及移动支付累计为第三方支付行业节省成本高达 1 万亿元，这大幅降低了第三方支付行业的运营成本，同时也降低了消费者的支付价格，在兼顾双方的商业利益的基础上降低了实体经济的交易成本，使得普惠金融主体受益（张江涛，2017）。

此外，现代信息通信技术能够凭借其信息集成特点来进行大数据分析，抓取金融服务对象的所需信息，减少金融和信贷服务的人工调查成本。根据数据分析的结果，互联网金融机构可以为客户提供定制化业务，做到金融服务的精准推送。同时，通信与移动互联网技术和金融业的融合发展能够扩大金融服务市场，将之前被排斥在金融服务外的人群纳入金融服务的范围，从而达到增加金融服务收益的目的。

3. 扩大金融服务的使用人群

普惠金融的一个重要目标就是扩大金融服务的覆盖面，让所有人都能够享受到所需的金融服务，即获取服务的机会均等。通信与移动互联网技术在金融业中的应用能够很好地实现这一点。一个典型的例子是诞生于肯尼亚的 M-Pesa，其受众群体很大一部分是曾经碍于金融的高门槛而无法享受金融服务的低收入人群，短短数年间其客户量飙升至千万。当下，我国手机普及率已超过 90%，而金融服务的普及率仍处于一个较低的水平，这恰恰说明我国潜在的金融服务人群数量庞大，随着通信技术的不断发展和金融产品的不断创新，普惠金融服务的覆盖人群数量也将不断攀升。

4. 推动金融组织变革

通信与移动互联网技术对金融发展最重要的影响是推动金融创新。创新带来新的产品与服务，而新的产品与服务通过参与市场竞争，导致金融组织结构的变动。例如，在以往的金融服务中金融机构发挥着不可或缺的作用，而如今各种电子化交易与移动金融平台的推广简化了金融交易与分工过程，降低了金融交易成本，使得金融机构在金融信息上的优势逐渐减弱，金融市场去中介化的趋势越来越明显。因此，通信与移动互联网技术通过金融创新的作用推动了金融机构与市场结构的调整，影响着金融组织的变化发展（易敏，2017）。

(三)通信与移动互联网技术为政府支持普惠金融发展提供新路径

通信与移动互联网技术的广泛应用无疑为政府推动普惠金融发展提供一系列新的途径。例如,政府可以进行信息化基础设施建设,利用云计算技术建设统一的云金融平台,通过提供硬件设备、征信数据、服务系统、风控系统等服务,降低小微金融机构的建设与运营成本,使其专注于产品与经营,更好地推动普惠金融的发展。此外,政府应在充分考虑效益与公平的基础上,制定数字金融的政策法规,引导数字金融行业更积极健康地参与普惠金融业务。与此同时,政府可以大力号召和引导传统金融机构应用移动互联网技术,涉猎互联网金融业务,降低营运成本,加速普惠金融的发展(林政和李高勇,2016)。

二、生物识别技术的作用机制与特点

日常生活和工作中最常用的生物识别技术主要有指纹识别、人脸识别、虹膜识别和声纹识别。与传统身份鉴定方法相比,生物识别技术存在如下特点:

(1)随身性,生物特征与人体唯一绑定的固有特征,因此具有随身性;

(2)安全性,人体特征能够很好地证明个人身份,满足高标准的安全需求;

(3)唯一性,每个人拥有的生物特征都不相同;

(4)稳定性,指纹、虹膜等人体生物特征基本不会随时间变化而变化;

(5)广泛性,每个人都具有这种生物特征;

(6)方便性,生物识别技术不需要密码也不需要使用特殊工具(如钥匙等);

(7)可采集性,现如今应用的生物特征都便于测量;

(8)可接受性,使用者对所选择的个人生物特征及其应用都乐于接受。

指纹识别技术是先从获取的指纹图像上找到其总体特征与局部特征,然后根据特征点的特性建立用户指纹特征数据,再将收集到的指纹图像的特征数据与存放在数据库中的指纹特征数据进行模式匹配,计算其相似度,得到两个指纹的匹配结果,根据该结果来鉴别用户身份。指纹识别的特点有:每个人的指纹都是唯一的,而且其复杂程度足以提供鉴别的充分特征;可以通过录入更多的手指指纹来提高可靠性;指纹录入和鉴别速度很快,使用方便;指纹采集头体积小,成本相对比较低廉(蒋昊,2020)。

人脸识别技术是利用计算机图像处理技术提取人像特征点,利用生物统计学原理进行分析建立人脸特征模板,将其与被测者面像进行特征分析进而进行身份识别的一种生物识别技术,其主要特点有:使用时能够在不接触对象且在对象未察觉的情况下完成识别过程;识别精确度高,误识率和拒认率较低;人脸识别较直观,方便再次进行人工确认;不易仿冒,其独具的活性判断能力保证了其他人难以使用非活性的照片、木偶、蜡像等在安全性要求高的场合中欺骗识别系统;使用设备通常是计算机、摄像机等常规设备，用户无须添置专用设备，成本较低，性能价格比较高。

虹膜识别技术是用人体独一无二的眼睛虹膜特征来进行身份识别，其匹配的准确性超过DNA匹配，是世界上公认的识别精度最高的生物识别技术。其主要特点有：匹配准确性高，可能是最可靠的生物识别技术；使用时方便快捷，如不需要携带任何证件或工具便能实现门控；无法复制，虹膜信息难以通过一些简单方法进行复制并盗用；进行虹膜信息录入和鉴别时不需要物理接触。

声纹识别技术是利用人们在讲话时使用的发声器官在尺寸和形态方面的差异使得不同的人的声纹图谱具有差异性的特点来进行身份鉴定的一种生物识别技术。其特点主要有：蕴含声纹特征的语音获取方便快捷，使用者接受度高；语音识别成本低，使用简单，识别工具只需要麦克风即可；适用于远程身份确认；声纹辨认和确认的算法复杂度较低。

生物识别技术早就在金融领域方面得到广泛应用，指纹识别就是其成熟应用的代表。人脸识别因其安全度高、适用性广、方便快捷等特点被广泛应用于金融机构等需要高度安全性的场所。当然，生物识别技术在金融领域的应用是源于市场需求驱动。由于近些年随着新兴互联网金融业务的出现和发展，远程用户身份核实与认证的问题急需解决，加上人们生活节奏变快，安全可靠、方便快捷的电子身份认证技术便成为解决这一问题的最优选择。生物识别技术能够为金融管理和金融服务提供足够的安全保证和优秀的用户体验，如在商业银行中指纹识别可以应用于柜员签到、金库门禁、手机银行快速登录、在线转账支付等，提高办公效率及用户的使用效率；在远程开户中，人脸识别技术必不可少；此外，银行智能机具（如VTM）一般也有人脸识别系统。2015年央行发布《中国人民银行关于改进个人银行账户服务加强账户管理的通知》，提出“提供个人银行账户开立服务时，有条件的银行可探索将生物特征识别技术和其他安全有效的技术手段作为核验开户申请人身份信息的辅助手段。”声纹识别一般被用于电话银行系统。2011年，中国建设银行与北京得意公司合作推出基于说话人识别技术的声纹电话银行系统。2018年10月，中国人民银行正式发布《移动金融基于声纹识别的安全应用技术规范》金融行业标准，声纹识别技术得到金融监管部门的认可，声纹识别技术应用于移动金融领域有了监管标准。与另三者相比，虹膜识别技术虽然有逐步向民用市场渗透的趋势，但相对小众，因而虹膜识别的应用大多集中于安防领域，金融领域的应用只出现在较高端的机具和高保密场景中。

三、大数据人工智能技术的作用机制与特点

大数据采集是指运用大数据技术采集多源数据的过程。大数据分析是对海量原始数据进行分布式大数据自动挖掘，挖掘出隐藏的、事先未知的，但是有潜在关联的信

息。数据库中的原始数据经过数据建模，提取变量特征后，形成不同的特征值。大数据采集和大数据分析能够有效提高信息对称程度，从而大大降低由于逆向选择、道德风险产生的成本，帮助金融机构实现系统化获客、多维度评估信用状况、智能化风控，对于解决小微企业融资难、融资贵的问题有重要意义。

（一）系统化获客

信息在金融市场中起着举足轻重的作用。在传统金融模式下，由于信息存在极大不对称性，金融机构作为连接资金供求双方的最重要平台，能够提供的服务和产品难以满足用户的多元化金融需求。

大数据人工智能技术在金融领域的普及应用有效地改善了这一局面。依托于互联网技术与网民基础，在数字化金融平台汇聚的海量信息的基础上，通过对数据资源进行分析处理，数字技术实现了对用户数据和金融资源的充分整合和连接，从而使金融交易更便捷高效、公开透明，在降低金融交易成本的同时提高效率。同时，借助海量的用户数据，通过平台的运算分析，金融企业能够深度挖掘用户特点，实现对客户的全息画像，通过精准营销把广告投放到特定人群中，匹配客户个性化需求，从而提升精细化经营能力，提高客户转化率，并在此基础上不断丰富金融产品和服务内容。

（二）多维度评估信用状况

鉴于需求的不断累加和技术的飞速进步，目前大数据采集的范围已不仅仅局限于传统征信体系所需的数据信息，还囊括了大量能够反映授信对象信用状况的其他因素，如行为数据、社会关系等，在深度和广度上都有了质的飞跃。同时，获取基础数据的渠道也在不断拓展，如第三方合作伙伴提供的数据、用户授权的数据、互联网公开数据等。由此，金融机构能借助多维数据更深入地挖掘客户的行为特征，进一步评估客户的信用状况，弥补传统模式下的信息空白。

目前，大部分银行的小微企业贷款是无抵押纯信用贷款。银行借助电商平台、电信运营商用户数据、银行卡使用等多种渠道获取客户行为信息，通过大数据信用评估模型最终形成信用的评价标准，实现纯信用贷款。

因此，大数据人工智能技术一方面解决了传统模式下部分个人和小微企业由于信用信息空白、缺乏抵押物等原因难以享受或难以充分享受金融服务的问题，有效拓宽其融资渠道；另一方面，金融机构根据数据分析结果，能够较好地评估借款人的信用质量，从而实现差异化定价，让信用良好且贷款使用习惯较好的小微企业可以获得更低成本的融资。

（三）智能化风控

借助于大数据人工智能技术，金融机构能够更好地实现风控的全流程把握，提升工作效率。结合企业内外部数据，银行等金融机构建立了客户知识图谱，实现了股权投资关系等企业关联关系的自动识别，实现客户风险报告定制化生成和一键分析。基于机器学习，金融机构能够建立起综合智能预警体系，并结合具体场景风险预警模型，构建智能评级体系，从而实现对客户风险更及时、精准的测量。

此外，在线风控平台是在客户场景大数据的基础上开发而成的，通过在线风控平台，金融机构能够实现对风险的动态监控，实现贷款融资的程序化管理，最大限度地减少人工干预，部分甚至可以实现自动放贷，大大降低成本，为解决传统金融机构由于成本较高、向小微企业放贷动力不足的难题提供了新思路。例如，浦发银行的"浦银快贷"，就是通过大数据分析，借助移动互联、评分卡和SDS(战略决策工具)等新技术，实现小微客户全流程在线、全自动审批、全数据化管理。

以大数据人工智能技术为支撑构建的贷后监控平台，能够有效跟踪信息流、资金流情况，对资金流向、还款来源等进行实时监控；跟踪借款人的新闻舆情、涉诉情况、征信情况等，对客户个人信息进行实时监控。通过该平台，银行等金融机构进一步提升了风控能力和水准。

四、区块链技术的作用机制与特点

区块链技术是一种新型去中心化协议，可以自动执行智能合约，无须任何中心化机构的审核。它有着不可伪造、不可虚构、不可篡改的特点。区块链技术已经引起世界各大金融机构重视，如高盛、摩根大通等一系列金融机构都与区块链公司展开合作。世界经济论坛预测，到2027年世界GDP的10%将被存储在区块链网络上。

在普惠金融上，区块链技术的主要落地应用集中在供应链金融。目前，包括中国建设银行、中国工商银行、中国农业银行、平安银行和浙商银行在内的多家银行已开展"区块链+供应链金融"领域的探索。根据对各银行重点"区块链+供应链金融"平台情况汇总，当前银行"区块链+供应链金融"平台业务主要围绕应收账款融资展开，并配合保理、信用证、福费廷[①]等相关功能为供应链上不同环节企业用户提供融资服务。

---

① 福费廷(Forfaiting)，即未偿债务买卖，也称包买票据或票据买断，是一种针对出口企业的贸易融资手段。它指的是在延期付款的大型设备贸易中，出口商把经进口商承兑的，或经第三方担保的，期限在半年至五六年的远期汇票，无追索权地售予出口商所在地的银行或大金融公司，提前取得现款的一种资金融通形式。

专栏8－1
SPECIAL COLUMN

银行"区块链＋供应链金融"平台情况

多家银行已经借助区块链技术积极开展供应链金融业务的探索，具体情况见表8—1。

表8—1 银行"区块链＋供应链金融"平台情况汇总

银行名称	产品名称	主营业务	侧重客户
中国建设银行	BC Trade 2.0 区块链贸易金融平台	应收账款融资、贸易融资	贸易及跨境贸易企业
中国工商银行	工银e信	应收账款融资、数字信用凭据	供应链上由核心客户延伸的各级企业
平安银行	供应链应收账款服务平台	应收账款服务、融资	供应链上占据产业主导地位，有话语权，以赊销为主，业务量较大，供应链数量较多且分散，供应链层级纵深较长、较多的企业
中国农业银行	E链贷	电商融资服务、联盟链	小微企业、"三农"下游经销商客户群体
中国交通银行	链交融	资产证券化、ABS穿透	重点布局企业资产证券化业务需求企业
中信银行	信e链——应付流转融通	标准化电子付款凭证	供应链上核心企业的上游供应企业
浙商银行	应收款链	区块链应收款、应收账款融资	供应链上由核心客户延伸的各级企业
上海银行	上行e链	供应链金融助力普惠金融业务方案	供应链上由核心企业延伸的上游供应商
贵阳银行	爽融链	应付、应收、预付账款管理	供应链上相关企业

资料来源：各银行官网。

此外，还有监管部门、金融机构、企业间合作开发的综合类平台，最具代表性的有粤港澳大湾区贸易金融区块链平台、中国贸易金融跨行交易区块链平台和区块链福费廷交易平台。

资料来源：整理自网络公开资料。

第三节　实　践

数字普惠技术上的要求,导致数字普惠的参与者与传统金融相对单一的金融服务供应主体相比更趋多元化。目前,我国数字普惠主要表现为传统普惠金融机构的数字化及科技类机构的服务普惠化。前者包括传统机构(如各类商业银行和信托公司、消费金融公司等非银行金融机构);后者包括科技类公司(如蚂蚁科技集团、京东金融等)和数字金融机构①(如微众银行、网商银行等)。

一、传统普惠金融机构的数字化

(一)传统金融机构借助互联网平台进行引流获客

受益于网络效应,互联网平台拥有巨大的流量,为了享受巨大的流量红利,大量传统金融机构选择接入互联网流量平台,将互联网作为自己代销工具和宣传渠道,而后续的金融服务都是由金融机构原有的体系负责。在这个过程中,商业银行和保险公司更积极,通过互联网渠道更广泛地接触用户,大大降低获客成本,提高自身营运水平。例如,九江银行的"众惠贷"个人消费贷款服务,由合作的第三方机构(如度小满金融、蚂蚁金服、微众银行、360智信等)引流,九江银行针对线上消费推出的个人信贷产品。

(二)传统金融机构与金融科技公司合作提高业务效率

许多金融机构选择与金融科技公司合作,强强联手,共同参与数字普惠金融。金融机构利用自己的金融专业能力、资金优势、交易数据与互联网思维相结合,放大自身优势,从而打造现象级产品,提高业务效率。例如,九江银行的"烟商贷"小微经营贷款,是与网新新云联金融信息服务(浙江)有限公司合作,为持有"烟草零售专卖许可证"的烟商客户提供日常店铺经营流动资金的经营类信贷产品。"烟商贷"是烟草商户的个性化定制金融产品,客户需满足同时持有"烟草零售专卖许可证"和"营业执照",授信的核心主要来源于客户订烟数据及场景,产品设计基于烟草、工商、法院等行政及司法部门相关数据和九江银行自行设计的大数据风险评分模型,通过线上申请、自动审批、自助放款的模式向符合条件的人员发放。

(三)传统金融机构推出自己的线上平台和产品

随着大数据、人工智能、区块链技术等新一代信息技术在运用场景中不断地验证和迭代,金融科技已成为发展普惠金融的核心力量。面对第三方平台带来的竞争压

---

① 数字金融机构主要指基于数字信息技术的金融机构(贝多广,2019)。

力，传统金融机构纷纷打造自己的线上平台和线上产品。各大银行纷纷进入互联网领域。例如，中国建设银行围绕“数字，平台，生态，赋能”的发展理念，依托金融科技和大数据应用，探索普惠金融新机制、新模式、新空间、新生态。借助“新一代”核心系统，打造数字普惠，实现内外部数据集成和交叉验证，变“负面清单”为“正面清单”，提高服务效率，降低信贷风险。针对小微企业特点，逐步探索出以批量化获客、精准化画像、自动化审批、智能化风控、综合化服务为内容的“五化”普惠金融新模式，实现一分钟融资、一站式服务和一价式收费的“三个一”信贷体验，做到普惠金融“精准滴灌”和穿透落地。从交易、结算、纳税、社会行为等场景切入，形成丰富的数字化普惠金融产品体系，实现新产品按需、快速定制，小微企业信贷投放大幅上升。再如，江苏苏宁银行自2017年成立以来，在发展普惠金融中坚持走“精品银行”路线，即以有限资源打造几款精品业务，切实解决小微客户痛点。“金融科技＋场景金融＝普惠金融”是该行的经营逻辑，也是其深耕小微的“法宝”。

专栏8－2
SPECIAL COLUMN

九江银行的信贷管理

九江银行股份有限公司成立于2000年11月。随着互联网新兴技术的快速突破和应用，九江银行在风险管理上，利用其六大智慧信贷管理工具，全面提升风险管控水准；在合规管理上，建设合约化的内控合规与操作风险管理系统，并运用线上化、数字化手段，提高应对合规风险的反应速度；在运营管理上，构建总、分、支运营大屏等九大模块，利用大屏使经营动态智慧交互展示；在产品设计上，针对个人消费、小微经营和产业供应链分别推出“众惠贷”“久营贷”和“智慧仓储贷”产品。

“众惠贷”——个人消费贷款

“众惠贷”是由合作的第三方机构（如度小满金融、蚂蚁金服、微众银行、360智信等）引流，九江银行针对线上消费推出的个人信贷产品。该产品于2017年5月上线，截至2021年9月，累计放款约1 200亿元，在贷规模约100亿元，单户贷款期限不超过2年，贷款金额最高不超过20万元。

“众惠贷”产品设计以大数据风控为基础，运用移动通信和人工智能等技术，打造从贷前、贷中，到贷后的全流程风险管控体系，实现全线上化自动受理贷款申请、开展风险评估、授信放款和贷后管理等核心业务环节操作。

1. 贷前风控方面

九江银行在合法合规前提下，依据客群属性采集学历信息、公积金信息、法院信息、历史网贷行为记录、手机信息、设备指纹信息、社交信息、位置信息、人行征信等数据，以及三方黑灰名单等，基于机器学习算法（常用的模型有逻辑回归模型、随机森林、KNN 等），识别团伙欺诈风险及拦截个人高风险。在实际作业中，利用政策、技术、人工等手段加强反欺诈的防护。

利用关联网络技术构建复杂关系网络，帮助合作方追踪申请人关联信息异常、识别欺诈团案和中介，如根据客户手机信息、关系人信息、单位、地址、设备等存在的关联关系，形成关联网络，识别黑产和欺诈客户。

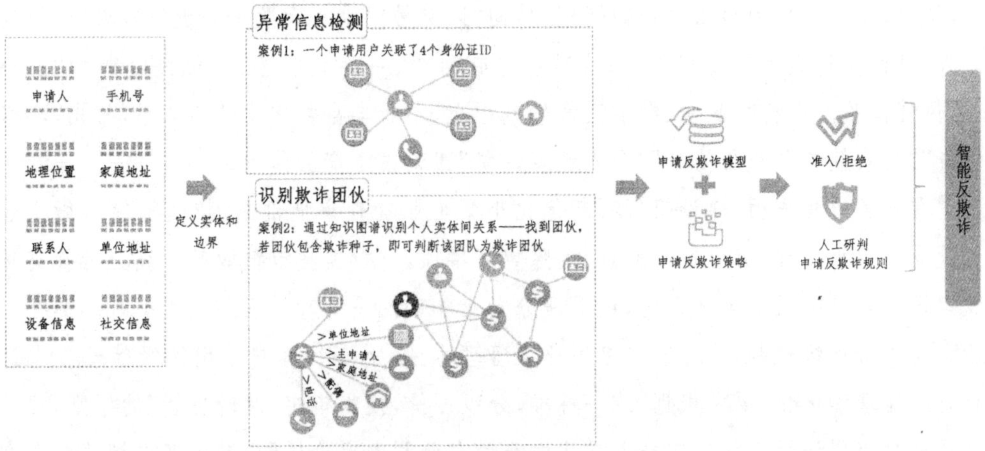

图 8—2　关系网络用于反欺诈

2. 贷中风控方面

建立贷中预警机制，通过对客户本平台用信行为风险管控以及提额降额的管理，适时调控风险。放贷后的风险监测分析主要包括常规报表监测分析和专项分析。常规报表监测主要监测业务风险指标变化情况，如直销银行资产业务数据分析月报，包含各项目时点风险数据汇总、业务趋势分析、首逾率、资产质量分布、迁移率、逾期率、vintage 等。风险专项分析指根据常规报表中发现的异常问题或监管要求或市场重要事件影响，对业务进行专项风险分析，如区域占比趋势统计、业务对比分析、高风险客户冻结方案专项分析、防范欺诈风险，进行业务复盘分析等。

3. 贷后风控方面

建立以“机器人＋人工”的催收模式，可运用短信、IVR 语音、客服电话、上门催收等手段。通过贷后回访，定期抽查贷款用户借款用途，加强逾期案件的分析，寻找共性，反馈贷前贷中风控人员，实现前中后联动。

资料来源：上海财经大学小企业融资研究中心 2021 年 10 月 14 日“数字普惠金融分享会”访谈纪要，由编者整理。

专栏 8－3
SPECIAL COLUMN

中国建设银行的普惠金融战略

2018 年 5 月，中国建设银行全面启动普惠金融战略，从业务流程和风险控制两方面入手，打造新一代核心系统，创新批量化获客、精准化画像、自动化审批、智能化风控、综合化服务的“五化”数字普惠新模式。将小微企业的实际经营状况转变为量化数据，从“以财务指标为核心”的信用评级转向“以交易记录等大数据分析为核心”的履约能力判断，实行线上化流程再造，实现一分钟融资、一站式服务、一价式收费的“三个一”信贷体验。在科技赋能、精准画像的基础上，不断丰富数字化产品体系，推出“小微快贷”“裕农快贷”“交易快贷”“个人经营快贷”四大线上产品体系。

在业务流程方面，建设银行不断优化小微企业贷款审批机制，梳理精简小微企业贷款业务申报流程，突出审核要点、剔除重复事项，有效提高审批效率。线上抵押类贷款审批平均时限压缩至 2 小时，线下评分卡业务审批平均时限压缩至 4 小时。健全小微企业风险评级机制，修订客户信用评级管理办法，对全行客户信用评级管理要求进行系统梳理和优化，要求根据“统一标准，分级评价，授权审定，及时更新”的原则，规范开展客户信用评级工作。实施差异化的小微企业利率定价机制，基于客户相关业务的整体风险收益情况对小微企业实施差异化定价。同时做好贷款利率监测，继续保持稳步降低普惠金融小微企业贷款定价水平。

在风险控制方面，建设银行通过实行智能风险管控，将风险底线嵌入系统，建立大数据选客控险、模型化系统排险、智能化预警避险等全流程风控机制，集效率与安全于一体，为发展普惠金融业务构筑坚实的基础。

截至 2020 年末，建设银行普惠金融贷款余额 1.45 万亿元；当年新发放普惠型小微企业贷款利率 4.31%；普惠金融贷款客户 170.03 万户。

资料来源：整理自网络公开资料。

专栏 8－4
SPECIAL COLUMN

苏宁银行破解普惠金融难题

2017 年江苏苏宁银行建立，作为一家科技驱动的 O2O 银行，苏宁银行在建行之时就将服务小微企业作为资深核心业务之一，利用“金融科技＋场景金融”破解普惠金融难题。苏宁银行针对小微企业服务营销获客、贷款审批、风控预警、逾期催收的业务全流程，形成了一套成熟有效的解决方案。这一方面可以让小微企业更方便快捷获得金融服务，另一方面通过金融科技提高公司提高营销、运营、风控等各环节的营运水平，降低人工成本，做到降本增效。

在营销获客方面，苏宁银行构建“星象”系统，先利用大数据对潜在目标用户进行画像分析、提取客户特征，从而寻找小微客户，再通过短信等触达方式进行精准营销。在小微贷款审批方面，苏宁银行构建“天衡”风控体系，根据小微企业经营数据，结合机器学习技术将小微审批模型分为企业主、企业、行业、信用增强和结合场景五个维度进行风险管理，并实现小微信贷产品的全线上化智能审批。在风控方面，苏宁银行构建“秋毫”风险预警系统，通过挖掘工商、司法、经营异常和资质证书等信息对小微企业进行线上尽调、金融风险穿透监控等风险预警活动。在贷款催收方面，苏宁银行构建“捕逾”智能催收系统，在小微企业贷款发生不良时进行智能化的催收处置，通过构建债务人—催收员评分、不良资产评估等催收策略模型，提升催收管理效率。

资料来源：《金融科技＋场景金融打造普惠金融“精品银行”——专访江苏苏宁银行董事长黄金老》，中国网财经。

二、金融科技公司的普惠金融

金融科技与普惠金融的结合丰富了普惠金融的产品与形式，使得普惠金融服务供给更能满足客户差异化需求，表 8－2 列举了金融科技在支付与清算、借贷与融资、投资理财、风险管理、金融监管及其他领域的具体应用场景。《G20 数字普惠金融高级原则》(GPFI，2016)指出，作为近十年推动普惠金融发展的伟大创新——数字金融，包括移动支付、网上银行、P2P、在线保险、众筹等，成功地提高了低收入人群、老人、年轻人、妇女、农民、中小企业和其他被金融排斥的人群获得金融服务的机会。

表 8—2　　金融科技背景下的普惠金融应用场景

项　目	互联网	人工智能	区块链	云计算	大数据
支付与清算	互联网支付	智能支付系统	跨境交易、数字支付(钱包)	云计算平台	点对点汇款
借贷与融资	网络借贷	智能贷款、决策审批系统	智能合约	云计算平台	大数据征信、信用评分等
投资理财	互联网基金、互联网证券等	智能投顾	区块链资产证券化	云计算平台	量化投资
风险管理	互联网风控	智能风控	区块链风控	云计算平台	大数据风控
金融监管	互联网金融信息服务	智能科技监管	分布式监管	云计算平台	大数据征信、监管
其他	网络金融超市	智能营销、运营、催收等	数字货币	云计算平台	大数据收集、分析等

资料来源:国家金融与发展实验室。

(一)电子支付

随着互联网技术的不断发展成熟,电子支付不断融入人们生活。中国人民银行于 2015 年发布《电子支付指引(第一号)》规定:电子支付是指单位、个人直接或授权他人通过电子终端发出支付指令,实现货币支付与资金转移的行为。电子支付的类型按照电子支付指令发起方式分为网上支付、电话支付、移动支付、销售点终端交易、自动柜员机交易和其他电子支付。

移动支付①为我国消费者选择最多的支付方式。Worldplay 发布的《2021 全球支付报告》数据显示,在所有的支付方式中,我国移动支付的占比达到 50%。中国互联网络信息中心发布的第 47 次《中国互联网络发展状况统计报告》数据显示,截至 2020 年 12 月,我国移动支付用户规模达到 8.54 亿,网民移动支付的使用比例由 2018 年末的 72.5%提升至 86.4%。中国银联 2021 年发布的《2020 移动支付安全大调查报告》显示,移动支付中二维码支付最受消费者欢迎。支付宝 2018 年基于二维码推出的"码商②成长计划"为数字普惠的发展提供了新思路。

由于第三方支付 APP 比其他移动支付方式更活跃,人们逐渐习惯使用第三方移动支付进行支付。根据前瞻产业研究院整理的数据,2020 年我国第三方移动支付市场交易总规模实现 271 万亿元。中国人民银行 2021 年在《非银行支付机构条例(征求

① 移动支付指消费者利用手机等移动客户端进行电子货币支付。

② 码商指用二维码收钱的线下小微经营者。2021 年 10 月 13 日,央行官网发布《中国人民银行关于加强支付受理终端及相关业务管理的通知(银发〔2021〕259 号)》,将扫码支付纳入监管,对个人收款条码的使用规范做出具体规定。通知明确提出,对具有明显经营特征的个人收款条码用户参照特约商户管理,要求为此类个人用户提供商户收款条码,提升对个人经营者的收单服务质量。通知于 2022 年 3 月 1 日起施行。

意见稿)》中将第三方支付机构调整定义为“在中华人民共和国境内依法设立并取得支付业务许可证,从事储值账户运营、支付交易处理部分或者全部支付业务的非银行支付机构”。

目前,我国第三方支付市场主要包含3种商业模式:收取交易佣金、收取服务费用和赚取沉淀资金利息收入。收取交易佣金模式是第三方支付平台向商户收取交易佣金。收取服务费模式通常是第三方支付平台向商户按年度收取服务费用,有些大型第三方支付平台还可为商户提供支付与其他经营活动相结合的综合解决方案,收取综合服务费用。在早期,第三方支付平台可以动用客户备付金进行投资活动,从而赚取利息收益;2017年央行要求集中存管支付机构客户备付金,支付机构不能自由支配客户的备付金,赚取沉淀资金利息收入模式便终结。

第三方支付极大地方便了人们的生活,它已经渗透人们日常的方方面面。不仅在线上线下购物时可以用支付宝、微信等进行支付,还可以进行各种线上缴费充值,节省了大量到线下网点缴费的时间。此外,在金融理财、旅游电商、各种娱乐活动等生活场景中,都不乏第三方支付的身影。第三方支付的应用主要支付企业,见表8－3。

表8－3　　第三方支付的应用与主要支付企业

支付应用	主要支付企业	概　述
消费零售	支付宝、财付通、银联、京东支付等	B2C和C2C电子商务市场是第三方支付最大的市场
充值缴费	支付宝、财付通、快钱等	充值缴费主要包括电信运营商收取固定电话费用、宽带费用及手机费用;公共事业缴费主要包括水费、电费及燃气费
旅游电商	支付宝、财付通、汇付天下、通联支付、易宝等	不仅为旅游产品提供支付服务,还为航空、酒店、景区等提供授信服务、分账、资金回笼等增值服务。
金融理财	支付宝、财付通、环迅、快钱、易宝等	基金直销、保险产品销售、信用卡还款等
电影娱乐	支付宝、微信支付、百度钱包等	票务市场的支付包括电影、演出;娱乐主要是游戏充值等
其他市场	支付宝、首信等	教育市场包括校园一卡通、考试报名缴费等

资料来源:贝多广,李焰.数字普惠金融新时代[M].北京:中信出版社,2017.

未来第三方支付机构可以继续发挥数据和支付技术的优势,应用前沿科技进行支付创新,从现在的网银支付、二维码支付,逐步升级为NFC、指纹支付、刷脸支付甚至声纹支付,更好地便捷人们的生活。此外,在做好自身合规的同时,第三方支付机构还可与监管机构共同合作,遏制洗钱、信息窃取、刷单、套码等犯罪行为。

专栏 8－5
SPECIAL COLUMN

支付宝——码商成长计划

支付宝诞生于2003年，成立的目的是为保障淘宝平台上买方与卖方交易的安全。2018年，支付宝联合生态伙伴推出“码商成长计划”，为线下近1亿户码商提供保障和成长两大方便助力。码商可以通过“多收多贷”获得网商银行等金融机构提供的贷款；通过“多收多赊”享受一站式进货服务并有机会赊购。到2018年年末，已经有超过300万码商通过“多收多贷”获得贷款，用于扩大经营；770万码商通过支付宝“商家服务”直接进货；“多收多保”服务已经覆盖数千万码商，平均每天有2万码商在支付宝上申请门诊报销金；“生意经”每天向数千万码商提供上万篇关于经营知识的文章。小微企业成为码商之后，原来传统方式无法解决的经营痛点被新科技一一破解。例如，在线上货源市场进货，便捷地进行采购备货并进行库存管理；又如，通过外卖平台等线上平台进行智能广告推广，扩大业务半径，降低营销成本等。

资料来源：整理自网络公开资料。

（二）信用评分服务

信用是金融活动的基石，在交易活动中的信用评价自古就有，到了现代又有了量化的信用评分体系。随着数字信息技术的发展，互联网平台将各类信息与数据输入统计模型，利用信用评价算法计算，得到反映个人某种特质的可变数值，作为信用评分。数字技术有助于广泛收集数据，进行大量数据演算，使信用评估更准确及时，反欺诈力更强。目前，现代信用服务体系呈现三个特征。

第一，信用评分的数据来源丰富。相比传统金融机构进行信用评估时所用的较单一的借贷信息和公开信息，现在信用服务大量使用互联网数据。据中国互联网络信息中心（CNNIC）《中国互联网络发展状况统计调查》表明，截至2020年12月，我国网民规模达9.89亿，较2020年3月增长8 540万，互联网普及率达70.4%，得益于线上支付的发展，互联网沉淀了大量交易数据、搜索记录、聊天内容、个人健康信息等，这些数据对得到准确信用评分都有着重要意义。

第二，应用场景更广泛。如今信用评分已经融入人们生活的方方面面，它不仅应用在蚂蚁借呗、蚂蚁花呗等个人金融服务产品中，还应用在酒店住宿、旅行、租房、骑行等各方面。以芝麻信用为例，芝麻信用的合作用户为消费者提供的信用服务主要包括信用租车、信用租房、酒店信用住宿、信用借贷、信用消费等。此外，许多互联网平台都有信用评分机制，这样做不仅可以提供评级服务，还可以利用评级结果进行促销，如达到一定评级的客户可以免押金骑车以及享受先用后付款的活动。企业征信产品也可大量应用到金融机构借贷、投资、供应链金融、咨询、采购与招投标、市场准入和贸易等诸多方面。从应用领域看，目前的征信产品囊括了金融服务类、租赁服务类、交易服务类和社交服务类。征信产品应用场景的增多带来了新的数据来源，有助于拓展新的普惠金融应用场景。

第三，大量使用先进技术。为处理种类多样、数量巨大的数据，获得准确的信用评分，个人征信企业纷纷使用大数据、云计算、人工智能、机器学习等技术开展征信业务。由于开展企业征信业务时所需数据相较于个人征信更简单，企业征信机构大多使用大数据和云计算。在未来为了反欺诈，提高服务质量，将会更广泛地使用如生物识别等更先进的技术。

专栏 8－6
SPECIAL COLUMN

支付宝——芝麻信用分

与传统征信数据不同，芝麻信用数据涵盖了信用卡还款、网购、转账、理财、水电煤缴费、租房信息、住址搬迁历史、社交关系等数据。芝麻信用通过分析大量的网络交易及行为数据，可对用户进行信用评估，主要包含用户信用历史、行为偏好、履约能力、身份特质、人脉关系五个维度。

信用历史(35%)，对用户征信报告的分析、支付宝和淘宝账户使用记录(包括支付宝旗下的花呗、借呗、信用借还等)、用户自己接入的日常缴费信息及罚款信息等。

行为偏好(25%)，对用户支付宝账户和淘宝账户使用行为的分析，即使用频率、消费层次、消费偏好等。

履约能力(20%)，公积金、动产和不动产等，具体包括支付宝账户余额、房产信息、车辆信息及公积金缴存信息。除了支付宝余额，其他都依赖用户主动录入。

身份特征(15%)，学习和职业经历信息，以及实名消费行为。

人脉关系(5%)，用户跟好友的互动程度，以及好友的信用程度。

芝麻信用评估可以帮助互联网金融企业对用户的还款意愿及还款能力得出结论，继而为用户提供快速授信及现金分期服务。目前涵盖的场景有六个方面。

一是信用骑行，用户无须缴纳押金，即可凭芝麻信用分使用共享单车，合作的品牌有哈罗单车和永安公共自行车。

二是信用租车，用户无须缴纳押金或只缴纳部分押金，即可凭芝麻信用分享受租车服务，合作的品牌有神州租车、一嗨租车和安飞士租车等。

三是信用租房，通过租房平台提供的信用租房服务，用户可以享受减免租房押金、房租月付等服务，合作品牌有相寓、春眠和蘑菇租房等。

四是酒店信用住，芝麻信用与飞猪合作，用户通过线上预订酒店就可以享受免押金、免排队、免查房等更便捷的服务。

五是信用社交，在很多相亲交友网站上，用户可以通过芝麻信用分进行诚信交友。

六是消费金融服务，服务于信用借贷和信用消费，代表产品有蚂蚁借呗、花呗，以及马上金融的分期产品等。

资料来源：整理自网络公开资料。

（三）融资与借贷

1. 众筹

众筹指筹款人通过互联网方式发布筹款项目，为其进行创作、创新和生产经营活动筹集资金，并以实物产品或股权作为回报的融资活动。众筹一般由众筹平台、发起者、支持者三方构成。发起者指有创意或能力但缺乏资金的一方，他们根据自己的需求向众筹平台提交众筹计划进行融资。支持者根据自身偏好和投资能力，通过众筹平台找到自己心仪的众筹项目进行投资。众筹平台是连接发起者和支持者的桥梁，也对发起者和众筹项目进行一定的审核。

众筹项目一般分为产品众筹、公益众筹和股权众筹。产品众筹是指支持者将资金投给发起者用以开发某种产品，待该产品已经具备对外销售的条件时，发起者按照约定将开发的产品无偿或约定价格提供给支持者的一种众筹方式。公益众筹指通过互联网众筹平台发布公益项目进行筹资，像“水滴筹”和“轻松筹”都是知名的公益众筹平台。股权众筹是指公司出让一定比例的股份，面向投资者入股，筹资成功后投资者获得公司一定股权作为回报。由于与非法集资相近，股权众筹受到严格监管，如今股权众筹已由证监会监管。

众筹项目必须在发起者预设的时间内筹集到目标金额及以上，才算发起成功。如果筹集失败，发起者要将筹到的资金全额退还给支持者。除公益众筹外，众筹项目完成后，支持者有权根据众筹计划获得相应的回报。

众筹有着普惠性。首先，众筹发起门槛较低，只要有吸引人的想法和实际执行能力，就可以发起众筹项目。其次，众筹项目种类多样，小到一个日用品，大到一部电影制作，都可以发起众筹，如《大鱼海棠》《西游记之大圣归来》等知名影视作品都是众筹项目。最后，众筹参与者范围较广，主要力量是广大普通民众，不是金融市场中的公司或金融机构。

专栏 8－7
SPECIAL COLUMN

京东股权众筹平台——东家

京东金融在众筹领域进行两方面布局：一个是产品众筹，即“京东产品众筹”；另一个是股权众筹平台，即“京东东家”。2015 年 3 月，京东私募股权众筹平台上线，同年 8 月根据监管要求更名为“京东东家”。京东东家采用“领投＋跟投”模式，将融资企业与投资人相连接，为投融资双方提供便利。平台上线一年内，已经帮助 89 家企业完成融资，融资成功率为 92%，总融资额超过 11 亿元人民币。

京东东家创投板中的项目都需要领投人的参与。领投人是至少有 1 个非上市股权投资项目已退出或有自主成功创业过往经历的专业人士。跟投人分为普通投资人和小东家两类。普通投资人的门槛较高，限于收入水平高或金融资产超过 100 万元的个人或企业机构投资者。小东家与普通投资人的区别在于起投金额很低，最低 5 000 元，多为 5 000～10 000 元。领投人的参与一般有常规领投和轻领投两种方式。常规领投中，合伙双方为领投人与跟投人；轻领投中，合伙双方是京东关联方与跟投人。

在京东东家平台上进行股权众筹一般有四个阶段。

第一阶段：预热阶段。融资项目经平台审核后，融资人自愿选择是否需要领投人。如果需要，则要与领投人进行接洽，双方达成协议后向平台提交项目上线申请。

第二阶段：项目上线。领投人协助融资人完善商业计划书，敲定融资细节，协助完成项目路演，以及协助确定投资意向书具体条款。

第三阶段：跟投人投资。小东家名额有限，先到先得。如果在规定期限内认购金额达到目标融资额的项目，京东为投资人注册成立有限合伙公司，并确认打款股东名单；如果没有达到目标融资额，则项目筹资失败。

第四阶段：投后管理及退出。在规定时间内筹足金额，则筹款成功，投资人与融资人签订相关投资协议。京东将协助进行和监督信息披露，领投人对跟投人负责，直至成功退出或项目失败。

东家平台对融资额 1 000 万元以上的项目收取总额 3% 的佣金，1 000 万元以下的项目收取总额 5% 的佣金。为了减少融资企业的现金流支出，东家还将佣金折算成股权，直接投入项目。

资料来源：贝多广，李焰. 数字普惠金融新时代[M]. 北京：中信出版社，2017.

2. 网络借贷信息中介

网络借贷信息中介(P2P)中的网络借贷是指通过互联网平台进行点对点借款,具体是指通过网络借贷平台将小额资金聚集起来借贷给有资金需求的人或机构,其本质是借助互联网的金融脱媒。P2P网络借贷包含中介平台、借款人和贷款人。一般来说,P2P借贷业务流程为:第一,借款人在平台发布借款项目信息,说明项目筹集金额、期限、利率及投资范围,经平台审核后发布;第二,贷款人根据平台发布的信息,找到符合自己偏好的项目借出资金;第三,双方达成交易;第四,借款人按照合同约定还本付息。

一般而言,中介平台提供交易场所,为借贷双方提供相关信息,撮合交易,并收取一定的佣金。值得注意的是,发放贷款的资金不是来自网贷平台,而是源自借款人,并且贷款资金不进入网贷平台账户。

国际上,P2P网络借贷有纯中介、复合中介、非盈利公益三种营运模式。纯中介模式以美国的Prosper平台为代表,网贷平台只发挥信息中介的作用,对借款人进行信用评级,采用竞价的方式撮合交易。复合中介模式以英国的Zopa为代表,网贷平台不仅提供中介服务,还负责监督还款、利率定价,如Zopa平台要求借款人签署法律合同控制风险并按月还款。非盈利公益模式以美国的kiva平台为代表,它以辅助弱势企业、消除贫困为目的,提供集体贷款、住房贷款等小额贷款服务。

然而,在我国P2P行业发展初期,由于行业监管缺失,部分P2P网贷公司并非单纯提供金融信息中介服务,还存在自设资金池和自融自保等违法行为。随着P2P公司不断“爆雷”,我国监管政策逐渐收紧。2017年11月21日,中国互联网金融风险与专项整治工作领导小组下发《关于立即暂停批设小额贷款公司》的通知,要求各级小额贷款公司监管部门一律不得新批设网络小额贷款公司。2020年11月27日,中国银行保险监督管理委员会首席律师刘福寿在“财经年会2021:预测与战略”上正式宣布,我国实际在运营的P2P网贷机构已于2020年11月中旬正式清零。①

3. 消费金融

消费金融是指由金融机构向消费者提供包括消费贷款在内的金融产品和金融服务。消费金融可分为广义消费金融和狭义消费金融。根据美联储的年度消费金融报告(Annual Survey of Consumer Finances,SCF)的定义,广义的消费信贷包括所有与个人生活消费相关的贷款,主要包括住房贷款、汽车贷款、学生贷款及狭义的个人消费信贷。狭义的个人消费信贷,简称消费贷,主要包括汽车贷款、耐用品消费贷款、学生助学贷款、个人信贷额度、无抵押个人贷款、个人资金周转贷款、购物分期等。

---

① 我国对P2P网络平台的监管可见本章附录。

传统消费金融由商业银行主导，但商业银行的消费金融产品门槛较高，产品种类不够丰富。金融机构依托电商平台、分期购物平台，运用科技赋能，加强大数据和智能风控模型运用，为客户提供更多样化的产品（见表 8－4），可服务到传统金融机构尚未覆盖的客户。目前，消费金融行业已形成“消费者＋消费金融服务商＋资金供给方＋消费供给方＋消费金融基础设施”的完整产业链。《中国普惠金融指标分析报告》（中国人民银行金融消费权益保护局，2020）的数据显示，截至 2020 年末，全国人均个人消费贷款余额为 3.51 万元，同比增长 11.8％；其中不含住房贷款的个人消费贷款余额 1.07 万元，同比增长 7.9％；个人经营性互联网贷款余额 5 871 亿元。

表 8－4　消费金融企业类别及代表公司

消费金融企业类别	代表公司
综合性电商消费金融	蚂蚁金服、京东金融、苏宁消费金融、百度有钱等
传统金融综合性消费金融	北银消费金融、马上金融、平安等
3C 消费金融	深圳有用分期（美利金融旗下全资子公司）、买单侠、捷信、招联金融等
租房消费金融	斑马王国、楼立方、房司令、会分期等
二手车消费金融	美利、乐驰金服、惠人贷等
大学生消费金融	分期乐、趣分期、优分期、名校贷、爱学贷、京东校园白条、喵贷、人人分期等
旅游消费金融	呼哧旅游、首付游、京东旅游等
教育消费金融	京东校园白条、蜡笔分期、学好贷、课栈网、百度有钱花等
家电消费金融	苏宁消费金融、海尔消费金融
医疗健康消费金融	蚂蚁花呗医疗分期、美分期等

资料来源：前瞻产业研究院。

综合性电商消费金融机构，主要依托自有的线上消费场景，面向自营商品及开放电商平台商户的商品，提供分期购物及小额消费贷款服务。相比传统的消费金融服务，互联网消费金融服务快捷方便，操作简单。用户在电商平台基于消费目的提出消费信贷申请后，电商平台对用户申请进行审核，待平台批准通过后，用户就可直接享受其消费金融产品或服务。例如，京东金融已布局京东白条、校园白条、旅游白条、租房白条、首付白条、农村金融、京东金采、京东钢镚多类金融产品；蚂蚁金服旗下有蚂蚁小贷、蚂蚁花呗等产品。具体来说，京东金融旗下的京东白条，其对象是满足一定条件的京东客户，场景为在京东商城购买商品。

专栏 8－8
SPECIAL COLUMN

京东白条——先消费，后还款

京东白条是基于京东平台的信用贷款或购物赊账服务。京东白条的核心用户以年轻人群为主，包括大学生、蓝领、农村人口及年轻家庭等。

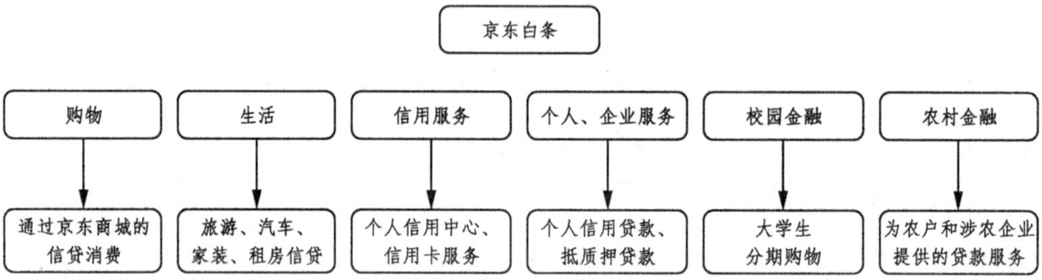

资料来源：京东金融官网。

图 8—3　京东白条服务体系

在用户所选服务方面，以生活消费为目的的小额、短期借贷融资服务较多。一方面，这些用户的资产积累、信用痕迹有限，且大多无央行征信记录；另一方面，他们的稳定性、抗风险能力相对较弱。

在具体的业务运营过程中，京东白条主要是对获得信用额度的用户在京东商城及其他合作平台的消费进行资金垫付，用户可在后期通过京东金融 APP 端口进入京东白条还款。

在风控方面，京东根据用户基础属性信息、购买行为与偏好、支付产生的资金流信息和部分银行信息、物流端产生的地理位置等线下非结构化数据等，对用户收入水平、支付能力、还款能力、还款意愿等进行全方位的综合判断，进行专业化风险控制。

资料来源：整理自网络公开资料。

家电消费金融领域，供给者大多是有产业背景的金融平台（见表 8—5），即以自有产业为核心的并持有消费金融公司牌照的互联网消费金融平台。以金融带动主营业务，为消费者提供类似分期购物的服务。主要代表公司有苏宁消费金融、海尔消费金融等。

表 8－5　　有产业背景的消费金融公司

名　称	产业背景	主要产品
海尔消费金融公司	海尔集团、海尔财务、红星美凯龙、绿城电商	嗨客贷、0 元购
苏宁消费金融公司	苏宁云商集团、江苏洋河酒厂	任性付、零钱贷
马上消费金融公司	重庆百货、物美控股、浙江小商品城	马上贷
华融消费金融公司	合肥百货	好借、闪借

资料来源:《中国普惠金融发展报告:在曲折中前进》,中国普惠金融研究院,2018。

从政策角度看,2017 年起,监管部门针对消费信贷早期快速发展累积的问题进行整顿,多项规范管理通知出台,在鼓励消费金融的同时,对校园贷、"现金贷"、网络小贷等业务及非持牌机构进行严格的管理、整顿、清退。2017 年 11 月,发布了"监管部门不得新批设网络小额贷款公司""对现金贷业务做全面规范"的政令。2020 年,蛋壳公寓、医美、教育培训行业将场景金融推向了舆论的漩涡,我国进一步出台政策明确互联网消费金融的规范发展。截至 2020 年国家出台的有关互联网消费金融的规范政策,见表 8－6。

表 8－6　　截至 2020 年国家出台互联网消费金融规范政策汇总

时　间	政　策	主要内容
2017 年 6 月	《关于进一步加强校园贷规范管理工作的通知》	暂停网贷机构开展在校大学生网贷业务
2017 年 11 月	《关于立即暂停批设网络小额贷款公司的通知》	监管部门不得新批设网络小额贷款公司
2017 年 11 月	《关于整顿规范"现金贷"业务的通知》	对现金贷业务做了全面的规范
2018 年 4 月	《关于规范金融机构资产管理业务的指导意见》	强调资管产品平等地位,进一步明确非标的定义及要求,实行公平的市场准入和监管,最大程度消除监管套利空间
2018 年 4 月	《关于全面推进金融业综合统计工作的意见》	建立统一科学的金融业综合统计管理和运行机制,制定并完善标准和制度体系,建设并运行国家金融基础数据库,建成覆盖所有金融机构、金融基础设施和金融活动的金融业综合统计体系,实现大国金融数据治理
2018 年 8 月	《关于进一步做好信贷工作提升服务实体经济质效的通知》	释放"一手抓风险,一手促发展"的信号

续表

时　间	政　策	主要内容
2020 年 7 月	《商业银行互联网贷款管理暂行办法》	商业银行运用互联网和移动通信等信息通信技术，基于风险数据和风险模型进行交叉验证和风险管理，线上自动受理贷款申请及开展风险评估，并完成授信审批、合同签订、贷款支付、贷后管理等核心业务环节操作，为符合条件的借款人提供的用于消费、日常生产经营周转等的个人贷款和流动资金贷款
2020 年 8 月	最高人民法院关于修改《关于审理民间借贷案件适用法律若干问题的规定》的决定	确定民间借贷利率的司法保护上限，即以一年期贷款市场报价利率 LPR 的 4 倍为标准，以最新发布的一年期 LPR 3.85%计算，民间借贷利率的司法保护上限为 15.4%
2020 年 9 月	银保监会发布《关于加强小额贷款公司监督管理的通知》	规范业务经营，提高服务能力；改善经营管理，促进健康发展；加强监督管理，整顿行业秩序；加大支持力度，营造良好环境

资料来源：前瞻产业研究院。

4. 互联网银行

互联网银行是全面应用大数据、云计算、人工智能实现技术赋能，为客户提供高效、安全互联网金融服务的机构。互联网银行包括直销银行和民营互联网银行。直销银行包括传统商业银行和独立法人直销银行。民营互联网银行主要由互联网企业运营，表 8—7 为目前我国主要的民营互联网银行的基本情况。

表 8—7　　民营互联网银行基本情况

互联网银行名称	基本情况
微众银行	由腾讯、百业源和立业等发起设立，于 2014 年 12 月获得由深圳银监局颁发的金融许可证，总部设于深圳，主要业务有消费金融、大众理财和平台金融，旗下拥有微众银行 APP、微粒贷和微业贷等产品
网商银行	由蚂蚁金服作为大股东发起设立，于 2015 年 6 月 25 日正式开业，主要产品有网商贷、旺农贷、余利宝、票据贴现“网商贴”、企业网银和供应链金融等
新网银行	由新希望集团、小米、红旗连锁等股东发起设立，于 2016 年 12 月 28 日正式开业，主要产品有好人贷、存管业务、小微企业金融服务等
百信银行	由中信银行与百度公司联合发起设立，主要业务重心关注支付、融资、理财等小额高频业务，为创业者及小微企业提供贴心、安全、便捷的金融服务
众邦银行	由卓尔控股、当代集团、壹网通科技、钰龙集团、奥山投资、法斯克能源 6 家企业联合发起设立，于 2017 年 5 月 18 日正式开业，业务涵盖供应链金融、消费金融、互联网金融、支付金融、金融市场业务、投行业务等

续表

互联网银行名称	基本情况
苏宁银行	由苏宁云商集团股份有限公司、日出东方太阳能股份有限公司联合发起设立，苏宁银行定位为“科技驱动的O2O银行”，聚焦于供应链金融、消费金融、微商金融和财富管理平台四大核心业务，业务范围包括转账、理财、贷款、权益等专业化金融服务
亿联银行	由中发金控投资管理有限公司和“美团点评”旗下吉林三快科技有限公司等7家民营企业发起设立，业务涵盖零售信贷、数据风控、财富管理等多项业务领域
福建华通银行	由永辉超市股份有限公司、阳光控股有限公司等8家闽籍企业共同发起设立，于2017年1月16日正式开业，是继深圳前海微众银行、浙江网商银行后的全国第三家完整采用分布式互联网技术的银行

资料来源：整理自网络公开资料。

从表8—7可以看到，互联网银行几乎都由国内的流量大户（即互联网巨头）发起，可以看出互联网巨头和民营银行合作是一大趋势。其合作形式主要是两个方面：一是互联网巨头通过直接入股、发起设立等方式拥有银行牌照；二是互联网巨头通过向民营银行提供用户、场景和金融科技服务，实现与民营银行的合作（于百程，2020）。以微众银行、网商银行、新网银行为代表的基于互联网模式运营的互联网银行，在获客方面，借助数据挖掘、人工智能等技术帮助众多缺乏信用记录和抵质押品的客户获得信贷支持，有效降低融资门槛。例如，网商银行年报显示，截至2020年，网商银行涉农县域贷款服务客户数累计超1 785万，与772个县域达成战略合作，覆盖了大量信用记录缺乏，在传统金融体系难以获得金融服务的群体。在放贷方面，这类银行以数据化的风控系统替代传统银行人工处理，实现自动化、批量化、低成本的流水线式信贷放款，有效减少贷款客户申请和银行审核的时间。例如，新网银行推出的线上信贷产品“好人贷”实现了99.6%的自动化审批率，仅有0.4%的大额信贷和可疑交易需要人工干预，平均审批速度为20秒。

专栏8－9
SPECIAL COLUMN

微众银行——深耕数字银行经营模式

微众银行以普惠金融为目标、个存小贷为特色、数据科技为抓手、同业合作为依托，连接互联网企业和金融机构，共同服务微小企业和普罗大众，支持大众创业、万众创新。其主打模式为：大存小贷，即存款限定下限，贷款限定上限。

不同于传统银行作业方法，微众银行从成立开始，就在金融科技的人工智能（AI）、区块链（Block Chain）、云计算（Cloud Computing）和大数据（Big Data）四大领域连续多年积极投入，发挥金融科技在服务实体经济、助力普惠金融发展的积极作用。实现前、中、后台业务均由大数据、人工智能支撑，如前台服务通过人脸识别、OCR文字识别、线上客服等应用提升服务效率；通过用户画像和AI推荐、AI广告实现精准营销和定制化服务；在中、后台通过AI实现业务流程优化、智能风控等工作。

在前端的获客方面，微众银行依托大股东腾讯的互联网技术、用户基础、数据获取优势，不设任何实体网点或柜台，将互联网作为唯一的服务渠道，并通过无缝接入腾讯的微信和QQ入口，获得大量的潜在客户。腾讯发布的2021年第三季度业绩报告显示，截至2021年9月30日，微信及WeChat的合并月活跃账户数达12.626亿；QQ的移动端月活跃账户数达到5.737亿。作为微众银行的主要获客渠道之一，“微信＋QQ”的强流量入口，不仅为微众银行的客群拓展提供想象空间，而且在用户数据沉淀方面起到重要的作用。

除此以外，微众银行打造全智能化客服系统，如微金小云。微金小云以自然语言处理、机器学习、深度学习等AI技术和大数据平台为基础支撑，以金融业务相关的客服场景为研究对象，实现业务知识库的灵活录入、金融类词汇自动发现、金融知识图谱、金融知识自动抽取、用户情感分析、搜索和推荐系统、上下文语义关联、任务式场景服务等功能模块，为用户提供7×24小时、高效、精准、个性化的在线咨询服务。智能客服能节约大量人力成本，通过机器人客服及8个人工客服，微众银行就能处理日均90万的消息量。

在中、后端的网贷融资领域，微众银行开发并上线试运行基于联盟链的联合贷款备付金管理及对账平台，用于两家银行“微粒贷”联合贷款的结算与清算。在联合贷款模式下，微众银行和数十家合作方银行之间的资金清算比传统银行频率高出许多。在传统的清算模式中，交易和资金结算分开，双方各自记账，当交易完成后，双方需要花费大量的人力对账，又因为数据由对方记录，双方都无法确认数据的真实性。引入“微粒贷”备付金管理与对账平台后，所有信息都记录在区块链网络上，并且无法篡改，交易过程可以并行清算，这就做到了实时清算，合作银行原先“T＋1”天才能得到的数据，现在可以实时调阅和核对。备付金管理与对账平台的具体流程，见图8—4。

在风控方面，微众银行借助传统征信数据源和腾讯特色数据源，构建微众自身专有的征信数据源；再在专有数据源基础上，运用大数据技术开发一系列带有“互联网风控”特色的模型，对客户进行全面信用评估，实行贷前、贷中、贷后全流程风险管控。图8—5是微众银行信用评级数据源，包含微信、QQ、财付通等深度的社交、生活财务数据。

目前，微众银行已发布的普惠金融产品包括微粒贷、微车贷及微业贷等，具体见表8—8。其中，微业贷是微众银行为广大中小微企业提供的线上流动资金贷款服务。该

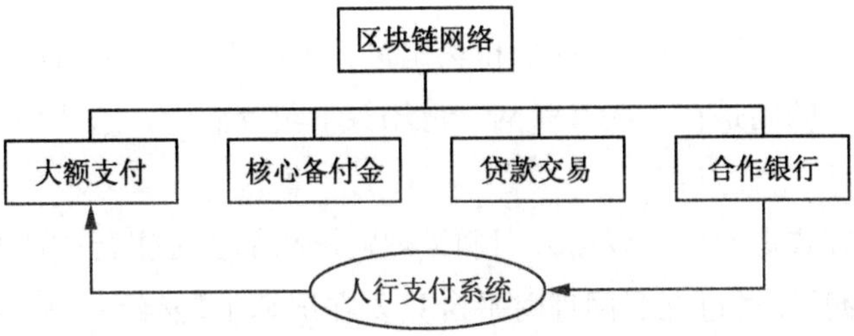

资料来源:万联网,天风证券研究所。

图 8—4　“微粒贷”备付金管理与对账平台示意图

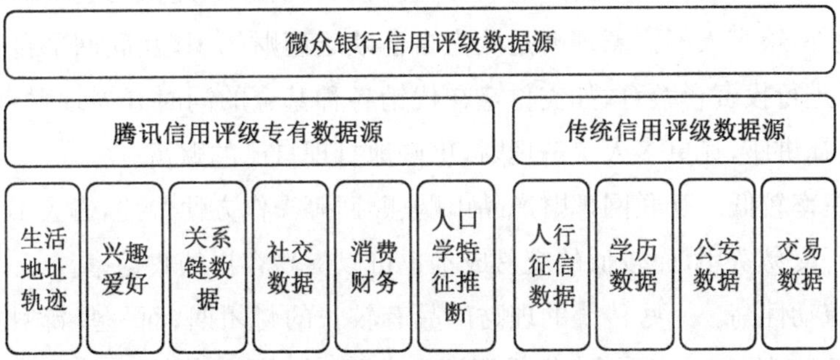

资料来源:微众银行官网,天风证券研究所。

图 8—5　微众银行信用评级数据源

产品结合大数据分析及互联网技术,客户从申请至提款全部在线完成,无须抵质押,额度立等可见,资金分钟到账,按日计息,随借随还。截至 2020 年末,服务中小企业的微业贷触达超过 188 万家小微企业,并为其中超过 56 万家提供授信支持。

表 8—8　　微众银行产品及定位

产　品	定　位	说　明
微粒贷	互联网小额信贷	手机 QQ、微信均有入口,主要与同业合作联合贷款,即微众银行与金融机构合作放贷,通过“联贷平台”,微众银行只发放少量贷款资金,大量的贷款资金由合作银行发放
微车贷	互联网+汽车金融	服务于购车、用车、养车消费者和车商,主要向汽车金融合作方提供资金,目前已与优信、灿谷、瓜子、美利车金融、人人车等一系列汽车金融平台或汽车融资租赁公司合作
微业贷	线上小微企业贷	为中小微企业提供的线上流动资金贷款服务

资料来源:整理自网络公开资料。

(四)理财

如今许多理财产品通过互联网的桥梁走进人们的生活,它们有的是借助互联网的渠道进行销售,有的则是在一些互联网支付场景下孕育而生。这些理财产品相较于传统的理财产品有以下优点:

第一,投资方式更便捷。以前人们购买理财产品都要去银行或证券公司的营业网点,耗费大量时间;而通过互联网理财平台只要在屏幕上轻轻一点就可以完成购买流程。此外,像天天基金网、支付宝理财等"理财超市"汇集了众多理财产品,让人们可以更方便地挑选适合自己的理财产品。

第二,投资门槛较低。在投资金额上,像余额宝这样的理财产品起投额仅需 0.01 元,远低于银行发售的传统理财产品 5 万元的投资门槛,如此低的起投额让更多人参与理财。此外,很多人不愿意理财是认为自己缺乏理财知识,互联网平台在销售理财产品的同时进行投资者教育,如支付宝在代销各种基金的同时开展理财直播,邀请基金经理做直播讲座,让更多人了解理财,更好地打理自己的财富。

第三,费率较低。互联网理财产品申购、赎回等操作方便快捷,省去了大量的营运成本,降低了交易费用,而较低的交易成本也可以提高客户的收益率。

第四,流动性高。一些传统的理财产品有较长的封闭期,而一些新型的理财产品可以进行"T+0"投资,丰富了人们投资资金来源,让短期限资金也有投资对象。

虽然依托互联网的理财发展得如火如荼,但许多理财平台和金融产品在营运方式和产品上同质化严重。在未来,需要各理财平台和产品做好风控管理,提高投资水平,更深入挖掘投资者需求,做到精准营销,从而建立良好的品牌声誉,让投资者信赖。

本章小结

数字普惠金融是指以数字技术驱动的普惠金融实现形式。数字普惠金融具有共享、便捷、低成本、低门槛的特点。

数字技术可以帮助普惠金融从"高接触"走向"无接触",带来信用风险管理方式的变革,使得金融服务可以更好地普惠到过去被传统金融业忽视的群体。

数字普惠金融模式下的风险触发因素有:(1) 涉及账户数据管理和存储以及客户资金持有的新的主体;(2)数字技术;(3)使用代理商作为顾客交互的主要方式。

目前,我国数字普惠逐渐形成以银行类金融机构为中心、科技类企业为支撑、非银行金融机构为补充的数字普惠金融体系。

思考题

1. 简述数字普惠金融的定义及特点。

2. 数字普惠对传统普惠金融有哪些方面的促进作用?

3. 简述大数据人工智能和区块链技术的特点,以及其对数字普惠金融业务开拓起到的作用。

4. 简述通信与移动互联网和生物识别技术的特点,以及其对数字普惠金融基础设施建设起到的作用。

5. 金融科技在普惠金融方面具体的应用场景有哪些?

参考文献

1. 北京大学数字金融研究中心课题组. 数字普惠金融的中国实践[M]. 北京:中国人民大学出版社,2017.

2. 贝多广,李焰等. 数字普惠金融新时代[M]. 北京:中信出版集团,2017.

3. 傅长安,李红刚,杨航. 肯尼亚 M-Pesa 手机银行发展经验及其对我国普惠金融发展的启示[J]. 武汉金融,2015(10):50—52.

4. 何平平,黎勇登,彭世文. 普惠金融背景下传统金额与金融科技融合研究[M]. 北京:中国社会科学出版社,2019.

5. 黄益平. 数字普惠金融的机会与风险[J]. 金融发展评论,2017(8):14—19.

6. 蒋昊. 生物识别技术的发展[J]. 内蒙古煤炭经济,2020(7):155、157.

7. 罗汉堂. 新普惠经济[M]. 北京:中信出版集团,2020.

8. 李鹏飞,淡美俊,姚宇颤. 生物识别技术综述[J]. 电子制作,2018(10):89—90.

9. 林政,李高勇. 互联网金融背景下的普惠金融发展研究[J]. 管理现代化,2016,36(5):17—19.

10. 任文龙. 移动互联网技术特点浅析[J]. 中小企业管理与科技(上旬刊),2013(7):282—283.

11. 许宏波. 信息通信技术与普惠金融融合的经济效应研究[D]. 武汉:湖北大学,2016.

12. 徐铭,沈洋,周鹏飞. 数字普惠金融对经济高质量发展的影响研究[J]. 资源开发与市场,2021,37(9):1080—1085.

13. 滕磊,马德功. 数字金融能够促进高质量发展吗?[J]. 统计研究,2020,37(11):80—92.

14. 汪文斌. 移动互联网[M]. 武汉:武汉大学出版社,2013.

15. 王江汉. 移动互联网概论[M]. 成都:电子科技大学出版社,2018.

16. 王晓. 国际组织对数字普惠金融监管的探索综述[J]. 上海金融,2016(10):75—77.

17. 易敏. 信息通信技术对我国普惠金融发展的影响研究[D]. 长沙:中南财经政法大学. 2017.

18. 张江涛. 基于互联网视角的普惠金融商业可持续性研究[J]. 金融与经济,2017(2):71—74.

19. 赵述涛. 移动通信技术发展简史:为什么第五次迭代(5G)如此引人瞩目?[DB/OL]. 科普中国网,2018(6).

20. 曾燕,张馨月. 中国数字普惠金融热点问题评述[M]. 北京:中国社会科学出版社,2020.

21. 周升学,吴哲. 我国第三方支付行业发展历程及趋势展望[J]. 商业经济研究,2021(21):190—192.

22. 沈仲. 我国互联网金融理财产品发展瓶颈分析及对策探讨[J]. 营销界,2019(48):152—153.

23. 闫春英,张佳睿. 完善我国 P2P 网络借贷平台风险控制体系的策略研究[J]. 经济学家,2015(10):78—83.

附录 1

数字技术概述

一、通信技术

1. 通信技术发展

通信技术，广义上讲，指信息从一个地方传递到另一个地方所采用的技术和方法。我们提到的通信技术，一般是指现代通信技术。

19 世纪中叶以后，随着电报、电话的发明，电磁波的发现，人类通信技术领域产生了根本性的变革。人们实现了利用金属导线来传递信息，甚至通过电磁波进行无线通信。

1844 年，美国人莫尔斯(S. B. Morse)发明了莫尔斯电码，并在电报机上传递了第一条电报，开创了人类使用“电”传递信息的先河。人类传递信息的速度得到极大的提升，由此拉开了现代通信的序幕。

1864 年麦克斯韦从理论上证明了电磁波的存在。

1875 年，苏格兰青年亚历山大·贝尔发明了世界上第一台电话机。

1888 年，德国青年物理学家海因里斯·赫兹用电波环进行了一系列实验，发现了电磁波的存在，用实验证明了麦克斯韦的电磁理论，无线电由此诞生、电子技术开始发展。

1896 年意大利人马可尼第一次用电磁波进行长距离通讯实验，人类开始以宇宙的极限速度——光速来传递信息。从此，人类的信息传递脱离了常规的视听方式，电信号成为新的载体，由此带来一系列技术革新：无线电通信，电视机的发明，传真机的研制，电子计算机的出现，微电子的诞生，卫星通信技术的发展，光纤通信的发展，移动通信的发展，因特网的诞生……开启了人类通信的崭新时代。

现代通信，进入数字信息时代。随着人类科技的高速发展和信息革命的飞速进行，以计算机为核心的信息通信技术渗透社会生活的各个领域。信息通信技术涵盖任何以电子形式存储、检索、操作、传输和接收信息的产品，如个人电脑、数字电视、电子邮件、机器人等，主要包含传输接入、网络交换、移动通信、无线通信、光通信、卫星通信、支撑管理、专网通信等技术，当下热门的技术有 5G、LTE、IPTV、VoIP、NGN 和 IMS 等。

2. 移动互联网技术发展

移动互联网是互联网发展的必然产物，是电信技术和互联网技术相结合的产物，是互联网的技术、平台、商业模式和应用与移动通信技术结合并实践的活动的总称。它继承了移动随时、随地、随身和互联网开放、分享、互动的优势。它是全国性的，以宽带 IP 为技术核心的，可同时提供话音、传真、数据、图像、多媒体等高品质电信服务的新一代开放型电信基础网络，由运营商提供无线接入，互联网企业提供各种成熟的应用。

通过移动互联网，人们可以使用手机、平板电脑等移动终端设备浏览新闻，使用各种移动互联网应用，如在线搜索、在线聊天、移动网游、手机电视、在线阅读、网络社区、收听及下载音乐等。其中，移动环境下的网页浏览、文件下载、位置服务、在线游戏、视频浏览和下载等是其主流应用。目前，移动互联网正逐渐渗透人们生活和工作的各个领域，微信、支付宝、位置服务等丰富多样的移动互联网应用迅猛发展，深刻地改变了信息时代的社会生活。近几年，实现了 3G 经 4G 到 5G 的跨越式发展。全球覆盖的网络信号，使得用户无论身处何方，都可随时随地保持与世界的联系。

3. 通信技术与移动互联网技术的特点

(1)通信技术的特点

作为国民经济的基础结构与先行产业，通信产业的繁荣发展同时推动了其他领域的蓬勃发展和社会的不断进步。通信技术不仅是国民经济发展的“加速器”，更是信息时代和信息社会的“生命线”。

现代信息通信技术与传统的通信技术相比，具备覆盖范围广、使用便利、信息流通快、交易成本低的特点。这些特点决定了现代通信技术能够迅速渗透其他产业，带来生产效率的快速提高，金融业是其典型代表。通信技术最开始被引入金融业，主要是为了处理复杂烦琐的账务信息。随着现代信息通信技术的迅速崛起，其在金融领域的应用逐渐转移到对服务与产品的创新上，克服了传统金融在时间和空间上的物理限制，实现了金融产品和服务的信息化，既提高了金融服务效率，也降低了金融服务成本(许宏波，2016)，对金融业的发展起到了巨大的推动作用。

(2)移动互联网技术的特点

移动互联网是在传统互联网基础上发展起来的。作为移动通信与互联网相融合的产物，它一方面继承了传统互联网开放、分享、互动的优势，另一方面又具备了许多传统互联网没有的新特性。

一是便利性。相对于PC，移动终端具有小巧轻便、可随身携带的特点。用户可以随身携带移动终端，随时使用移动互联网应用服务。利用移动终端设备上网进行沟通和获取信息的便利性是PC设备所无法比拟的。

二是隐私性。移动终端设备的隐私性远高于PC。由于移动性和便携性的特点，移动互联网的信息保护程度较高，对用户私密信息的保护也更完善。

三是统一性。具体是指身份统一，即移动互联用户自然身份、社会身份、交易身份、支付身份通过移动互联网平台得以统一。信息本是四处分散的，随着互联网的不断发展及基础平台的逐渐完善，用户各处的身份信息将得到统一(汪文斌，2013)。

四是广泛性。几乎在当今社会的所有角落都有双向交流的网络存在，形成了广域的泛在网，从而使得随时随地、如影随形成为可能，进而推动大量需要即时通信的业务和技术的发展。移动互联网机制下的信息传播由传统的一点扩散变为多点发散，具备了高速度、广泛性、大范围的特点(任文龙，2013)。

五是无门槛性。由于传统互联网的成本较高，最早的用户群具有高知识水平、高经济水平、高年龄的特点。而移动互联网应用则大大降低了准入门槛，以较低的成本吸引了庞大的用户群，具有更广阔的市场和发展前景。

4. 中国移动互联网技术的发展

(1)萌芽阶段(2000—2007年)

萌芽阶段的移动应用终端主要是基于WAP(无线应用协议)的应用模式。由于受限于移动2G网速和手机智能化程度，中国移动互联网发展处在简单WAP应用期。WAP应用把Internet网上的HTML信息转换成用WML描述的信息，显示在移动电话的显示屏上。由于WAP只要求移动电话和WAP代理服务器的支持，不要求现有的移动通信网络协议做任何改动，因而被广泛地应用于GSM、CDMA、TDMA等多种网络。在移动互联网萌芽期，利用手机自带的支持WAP协议的浏览器访问企业WAP门户网站是移动互联网发展的主要形式。

(2)培育成长阶段(2008—2011年)

2009年1月7日,工业和信息化部为中国移动、中国电信和中国联通发放第三代移动通信(3G)牌照,此举标志着中国正式进入3G时代,3G移动网络建设掀开了中国移动互联网发展的新篇章。随着3G移动网络的部署和智能手机的出现,以及移动网速的大幅提升初步破解手机上网带宽瓶颈,移动智能终端丰富的应用软件让移动上网的娱乐性得到大幅提升。同时,我国在3G移动通信协议中制定的TD-SCDMA协议得到了国际的认可和应用。

在培育成长阶段,各大互联网公司都在摸索抢占移动互联网入口。一些大型互联网公司推出手机浏览器抢占移动互联网人口,一些互联网公司通过与手机制造商合作,在智能手机出厂时预安装企业服务应用(如微博视频播放器等)。

(3)高速发展阶段(2012—2013年)

随着手机操作系统生态圈的全面发展,智能手机规模化应用促进移动互联网快速发展。具有触摸屏功能的智能手机的大规模普及应用解决了传统键盘机上网的众多不便,安卓智能手机操作系统的普遍安装和手机应用程序商店的出现极大地丰富了手机上网功能,移动互联网应用呈现爆发式增长。2012年,由于移动上网需求大增和安卓智能操作系统的大规模商业化应用,传统功能手机进入了一个全面升级换代期,传统手机厂商纷纷效仿苹果模式推出触摸屏智能手机和手机应用商店。由于触摸屏智能手机上网浏览方便,移动应用丰富,因此受到了市场极大欢迎。同时,手机厂商之间竞争激烈,智能手机价格快速下降,千元以下的智能手机大规模量产,推动了智能手机在中低收入人群的大规模普及应用。

(4)全面发展阶段(2014年至今)

移动互联网的发展永远离不开移动通信网络的技术支撑,4G网络建设将中国移动互联网发展推上快车道。随着4G网络的部署,移动上网网速得到极大提高,上网网速瓶颈限制得到基本破除,移动应用场景得到极大丰富。2013年12月4日,工信部正式向中国移动、中国电信和中国联通三大运营商发放TD-LTE4G牌照,中国4G网络正式大规模铺开。

由于网速、上网便捷性、手机应用等移动互联网发展的外在环境基本得到解决,移动互联网应用开始全面发展。在桌面互联网时代,门户网站是企业开展业务的标配;在移动互联网时代,手机APP应用是企业开展业务的标配。4G网络催生了许多公司利用移动互联网开展业务,特别是4G网速大大提高,促进了实时性要求较高、流量较大、需求较大的移动应用快速发展,许多手机应用还开始大力推广移动视频应用(王江汉,2018)。

当下,5G技术逐渐得到推广。5G作为一种最新型的移动通信网络,不仅进一步改善了人与人的通信,为用户提供增强现实、虚拟现实、超高清视频等更身临其境的极致业务体验,而且解决人与物、物与物的通信,满足移动医疗、车联网、智能家居、工业控制、环境监测等物联网应用需求。最终,5G将渗透经济社会的各行业各领域,成为支撑经济社会数字化、网络化、智能化转型的关键新型基础设施。

二、生物识别技术发展

生物识别技术主要是指通过人类生物特征进行身份认证的一种技术。由于人类的生物特征通常具有唯一性、可测量或可自动识别和验证、遗传性或终身不变等特点,因此生物识别技术将计算机与光学、声学、生物传感器和生物统计学原理等结合,利用人体固有的生理特性(如指纹、指静脉、人脸、虹膜等)和行为特征(如笔迹、声音、步态等)进行个人身份验证。与传统的身份鉴定方法相比,生物识别技术更具有安全性、保密性和方便性。

20世纪60年代初,人们开始着手研究利用可以有效处理图形的计算机来处理指纹,自此自动指纹识别系统的研究与应用在许多国家逐渐展开。

20世纪80年代,随着个人电脑和光学扫描两项技术的革新,指纹取象找到适用工具,使得指纹识别在其他领域逐渐展开应用;90年代后期,取象设备的引入、成本的降低及可靠的比对算法,使得个人身份识别的广泛应用成为可能。

三、大数据人工智能

研究机构Gartner将"大数据"定义为需要新处理模式才能具有更强的决策力、洞察发现力和流程优化能力的海量、高增长率和多样化的信息资产。维克托·迈尔一舍恩伯格和肯尼斯·库克耶编写的《大数据时代》指出,大数据不用随机分析法(抽样调查)的捷径,而采用所有数据进行分析处理。麦肯锡全球研究所对大数据给出的定义是:一种规模大到在获取、存储、管理、分析方面大大超出传统数据库软件工具能力范围的数据集合,具有海量的数据规模、快速的数据流转、多样的数据类型和价值密度低四大特征。大数据技术的核心是能够对大量数据进行获取、汇总清洗并进行分析获得商业洞见的技术。大数据技术包含数据采集、存储、预处理及分析等方面。大数据是人工智能算法的基础。

大数据,把全部的历史数据收集起来,统计其规律,进而预测正在发生的事情,即机器学习。人工智能是通过学习得到人类活动产生的数据的统计规律,进而使机器可以模拟人的行为,使机器表现出人类特有的智能。当前,人工智能的应用正越来越广泛。

IBM率先提出大数据的5V特点:大量(Volume)、高速(Velocity)、多样(Variety)、低价值密度(Value)、真实性(Veracity)。

大量(Volume),即数据体量巨大,采集、存储和计算的量都很大。大数据的起始计量单位至少是P(1 000个T)、E(100万个T)或Z(10亿个T)。

高速(Velocity),即时效性要求高,数据增长速度快,同时要求处理速度快。

多样(Variety),即种类和来源多样化,包括结构化、半结构化和非结构化数据,具体表现为网络日志、音频、视频、图片、地理位置信息等。

低价值密度(Value),即数据价值密度相对较低,挖掘更多有价值的信息至关重要。随着互联网及物联网的广泛应用,信息感知无处不在,虽信息海量,但价值密度较低。

真实性(Veracity),即数据的准确性和可信赖度,也就是数据的质量。大数据的内容是与真实世界息息相关的,研究大数据就是从庞大的网络数据中提取出能够解释和预测现实事件的过程。

四、区块链技术

1. 区块链的定义

区块链(Blockchain)是由节点参与的分布式数据库系统,特点是不可更改、不可伪造,也可以将其理解为账簿系统(ledger)。

区块链由一串使用密码学方法产生的数据块组成,每一个区块都包含了上一个区块的哈希值(Hash),从创始区块(Genesis Block)开始连接到当前区块,形成块链;每一个区块都确保按照时间顺序在上一个区块之后产生,否则前一个区块的哈希值是未知的。

区块链概念最早在中本聪的比特币白皮书中提到。区块链技术是众多加密数字货币的核心,包括比特币、以太坊、莱特币、狗狗币等。维护区块链的方式,有工作量证明(Proof-of-work)、权益证明(Proof-of-stake)等。

2. 区块链发展历程

区块链 1.0 是区块链技术的基本版本,能够实现可编程货币,是与转账、汇款和数字化支付相关的密码学货币应用。通过这一层次的应用,区块链技术起到搅动金融市场的作用。

区块链 2.0 是数字货币与智能合约相结合,是对金融领域更广泛的场景和流程进行优化的应用。所谓智能合约,是指以数字化形式定义的一系列承诺,包括合约参与方可以在上面执行这些承诺的协议。智能合约一旦设立指定后,能够无须中介的参与自动执行,且没有人可以阻止它的运行。

区块链 3.0 即智能化物联网时代,它超出金融领域,为各行业提供去中心化解决方案。区块链的应用领域扩展到人类生活的方方面面,不再依靠第三人或机构来获取信任、建立信任,实现信息共享。在司法、医疗、物流等各领域,区块链技术可以解决信任问题,提高整个系统的运转效率。

3. 区块链的关键元素

一是分布式账本技术。所有网络参与者都有权访问分布式账本及其不可更改的交易记录。使用此共享账本,交易仅记录一次,从而消除了传统业务网络中典型的重复工作。

二是不可篡改的记录。在交易被记录到共享账本之后,任何参与者都不可以更改或篡改交易。如果交易记录包含错误,则必须添加新交易以撤销该错误,这两个交易都是可见的。

三是智能合同。为了加快交易速度,区块链上存储了一系列自动执行的规则,又称智能合约。

4. 区块链网络类型

第一种是公有区块链网络。公有区块链是任何人都可以加入和参与的区块链,如比特币。其缺点可能包括需要大量计算能力,交易的隐私性极低或根本没有隐私性,以及安全性较弱。

第二种是私有区块链网络。私有区块链网络与公共区块链网络相似,也是分散的对等网络。但是,在私有区块链网络中,由一个组织来负责管理网络,控制谁被允许参与网络,并执行共识协议,维护共享账本。

第三种是许可区块链网络。建立私有区块链的企业通常会建立需要许可权的区块链网络。

第四种是联盟区块链。多个组织可以分担维护区块链的责任,这些预先选定的组织决定提交交易或访问数据的对象。在所有参与者都需要获得许可且对区块链负有共同责任时,财团区块链是业务开展的理想之选。

附录2

我国对 P2P 网络借贷的监管

监管层最早关注 P2P 网络借贷行业是在 2011 年 8 月 23 日，银监会办公厅下发《关于人人贷有关风险提示的通知》。

表 8—9 是监管层对 P2P 网络借贷的历年主要监管政策。

表 8—9　　历年主要监管政策

时　间	颁布单位	政　策	主要内容及意义
2015 年 7 月	十部委	《关于促进互联网金融健康发展的指导意见》	明确 P2P 网贷行业定位（信息中介）及监管责任，被称为互联网金融的“基本法”
2016 年 4 月	银监会	《P2P 网络借贷风险专项整治工作实施方案》	明确 P2P 网贷合规模式：信息中介、直接借贷、三方资金存管、完善信息披露；明确一些业务红线：资金池、自融、自担保、线下营销、发放贷款、期限拆分、违规债权转让等
2016 年 8 月	四部委（银监、工信、公安、互信办）	《网络借贷信息中介机构业务活动管理暂行办法》	核心：信息中介（非资金池，去担保刚兑、充分信批）、直接借贷、线上模式、小额分散
2016 年 11 月	三部委（银监、工信、工商）	《网络借贷信息中介备案登记管理指引》	备案解决了 P2P 网贷行业合法性问题
2017 年 2 月	银监	《网络借贷资金存管业务指引》	解决了 P2P 网贷行业资金安全问题
2017 年 8 月	银监	《网络借贷信息中介机构业务活动信息披露指引》	形成“1＋3”监管体系
2017 年 12 月	P2P 网贷整治办	《关于做好 P2P 网络借贷风险专项整治整改验收工作的通知》（57 号文）	正式启动备案工作，明确在 2018 年 6 月底前完成备案
2018 年 8 月	P2P 网贷整治办	《关于开展 P2P 网络借贷机构合规检查工作的通知》（63 号文）	重启登记备案工作，统一备案细则
2018 年 12 月	两办（中办、国办）	《关于做好网贷机构分类处置和风险防范工作的意见》（175 号文）	明确 2018 年 8 月文件第六条第（三）点“分类处置”
2019 年 1 月	两办（中办、国办）	《关于进一步做实 P2P 网络借贷合规检查及后续工作的通知》（1 号文）	明确合规检查和验收工作，以及后续推进统计数据监测和信息披露工作（数据接入）
2019 年 9 月	两办（中办、国办）	《关于加强 P2P 网贷领域征信体系建设的通知》	支持在营 P2P 网贷机构接入征信系统；加大对网贷领域失信人的惩戒力度

第九章　国际经验与启示

“普惠金融”的概念于2005国际小额信贷年由联合国正式提出，自此越来越多的发展中国家对普惠金融进行积极探索。与此同时，一系列普惠金融国际组织应运而生，为全球普惠金融体系的构建保驾护航。近年来，中国在推进普惠金融方面取得了显著成效，但同时也面临着一系列的风险和问题。我们需要借鉴国外普惠金融的成熟模式与成功经验，结合我国国情，不断进行金融创新，构建完善的普惠金融体系，推进我国普惠金融持续稳定发展。

第一节　普惠金融国际发展概况

近年来，普惠金融的概念逐渐深入人心。有别于传统金融，普惠金融强调构建一个包容和平等的金融体系，其目的是在任何经济主体有金融服务需求时，为其提供理想的金融服务。人人平等，每个人都有获得金融服务的机会，都可以有效地、主动地参与社会的经济发展，促进经济的均衡发展和共同富裕目标的实现。事实上，普惠金融的理念并非新生事物，许多国家的政府、社会团体及宗教团体长期以来一直致力于为贫困者扩展金融服务渠道，直至2005年普惠金融的概念被正式提出。

一、全球概览

从全球范围看，受各种因素影响，大量弱势群体曾长期被正规金融服务排斥在外。在金融基础设施薄弱的欠发达国家，很多弱势群体没有银行账户，即便有账户也难以进一步获得金融服务；部分弱势群体的贷款需求无法从正规金融机构得到满足，不得不依赖成本和风险都极高的民间借贷；即使在金融体系健全的发达经济体，相对弱势的群体也常常无法得到有效的金融服务。尽管世界上大多数国家都在积极探索普惠金融的新模式，但存在发展不均的情况。

（一）各地区发展环境比较

经济学家和普惠金融中心（2020年）从政府和政策支持、稳定和完整性、产品和网点、消费者保护、基础设施五个维度评估了55个发展中国家普惠金融发展环境，希望以此促进各国均衡发展，进一步完善自身普惠金融服务体系。五个维度中，政府和政策支持包括国家战略、金融和数字扫盲、政府数字化；稳定性和完整性包括市场准入要求、业务需求、客户尽职调查、监管能力、网络安全；产品和网点包括电子货币和快捷账户、信用服务、新兴服务业、保险业务、金融机构；客户保护包括金融服务使用者、保险服务用户、数据保护；基础设施包括支付设施、连通性、数字身份认证、信用信息。

1. 亚洲

总体来看，亚洲与东欧地区普惠金融环境发展较均衡，其中印度和菲律宾表现较突出，柬埔寨和缅甸相对处于弱势，尤其在客户保护方面，见表9—1。

表9—1　亚洲各国普惠金融发展环境评分

	概况	政府和政策支持	稳定性和完整性	产品和网点	客户保护	基础设施
印度	73	87	69	94	81	71
菲律宾	71	71	85	100	75	69
印度尼西亚	68	66	77	86	80	74
中国	64	65	78	80	68	76
泰国	63	59	69	80	69	81
巴基斯坦	58	78	60	68	76	65
斯里兰卡	49	67	71	43	35	66
尼泊尔	45	74	47	34	48	47
孟加拉国	42	39	62	52	32	53
越南	42	48	47	39	44	63
柬埔寨	40	63	69	44	15	46
缅甸	36	50	61	33	23	45
总体情况	54	62	66	62	58	64

数据来源：MIX，Global Microscope 2020. The role of financial inclusion in the COVID-19 response.

印度储备银行（The Reserve Bank of India，RBI）于2020年1月印发《普惠金融发展五年规划（2019—2024）》（National Strategy for Financial Inclusion：2019—2024），指出未来印度普惠金融发展需着力完成以下目标：（1）普及金融服务，每个村庄都可以在5千米半径内找到正规的金融服务提供商，各银行应推动业务流程逐步完成无纸化生态系统升级；（2）提供基本的金融服务，要为每个愿意且有资格的成年人提供所需的基本金融服务，包括基本储蓄银行存款账户、信贷、微型人寿和非人寿保险产品、养老金产品及合适的投资产品；(3)提供获得生计和技能发展的机会，政府应该向任何有资格并愿意接受生计技能发展计划培训的弱势群体提供相关信息，帮助他们提高技能、创收；(4)提供金融素养和教育服务，通过音频、视频、小册子的形式向特定人群(如儿童、年轻人、妇女、家庭成员、即将退休人员、退休人员等)提供易理解的模块化金融知识；(5)提供客户保护和申诉补救，应使客户了解可用于解决申诉的资源，在存储和共享客户的生物特征数据时，应确保采取充足措施来保护客户隐私权；(6)实现有效协调，在政府、监管机构、金融服务提供商、电信服务监管机构、技能培训机构等关键利益相关者之间需要有效、持续的协调机制。除此以外，印度储备银行还计划成立高级委员会，以审查现有的数字化状况，并据此制定增加数字支付的中期战略。因此，印度的政府和政策支持取得较高评分。

菲律宾对数字普惠的支持力度持续加大。2020年菲律宾推出国家生物识别系统(PhilSys)，优化新兴服务监管框架，包括2019年推出的有关众筹平台的运营规范和管理条例。菲律宾中央银行(Bangko Sentral ng Pilipinas，BSP)还建立了一个支持机构，专注于研究如何运用数字金融技术覆盖服务不足的人群，以及如何提升零售支付参与机构的互操作性[①]。

2. 拉丁美洲和加勒比地区

拉丁美洲地区在客户保护和基础设施建设方面得分较高，但两极分化情况较明显，危地马拉、海地和委内瑞拉得分均超过40分，见表9—2。

表9—2 拉丁美洲和加勒比地区各国普惠金融发展环境评分

	概况	政府和政策支持	稳定性和完整性	产品和网点	客户保护	基础设施
哥伦比亚	82	90	82	93	93	78
秘鲁	82	84	84	100	88	83
乌拉圭	78	76	90	80	87	82
阿根廷	74	96	71	80	88	83
墨西哥	74	89	72	95	91	76
巴西	71	74	69	90	75	80
智利	66	70	65	62	78	75
哥斯达黎加	62	57	55	66	76	75
萨尔瓦多	61	80	63	51	63	74
巴拉圭	60	60	75	58	71	67

① 互操作性(Interoperability)又称互用性，指不同的计算机系统、网络、操作系统和应用程序一起工作并共享信息的能力。

续表

	概况	政府和政策支持	稳定性和完整性	产品和网点	客户保护	基础设施
玻利维亚	58	41	58	100	75	71
牙买加	56	69	75	48	40	68
洪都拉斯	55	64	67	64	70	59
巴拿马	55	49	6o	52	76	73
厄瓜多尔	54	45	59	6o	73	74
多米尼加共和国	53	51	54	47	74	71
特立尼达和多巴哥	50	51	69	26	64	65
尼加拉瓜	43	21	57	59	77	57
危地马拉	39	42	57	39	28	49
海地	35	31	36	64	27	46
委内瑞拉	33	35	39	33	55	48
总体情况	59	60	64	65	69	69

数据来源：MIX，Global Microscope 2020. The role of financial inclusion in the COVID-19 response.

自 2014 年 7 月以来，哥伦比亚政府通过机构间委员会实施国家普惠金融战略。该委员会主要探索如何增加人们对银行系统的访问和对金融产品的使用，以及加强金融知识的普及。哥伦比亚还积极探索数字化转型道路。根据哥伦比亚信息通信技术部(TIC)发布的数据，截至 2021 年第一季度，该国互联网宽带连接数达 805 万，移动互联网用户总数达 3 290 万，渗透率约为 64%。哥伦比亚的金融科技监管框架相对灵活高效，旨在创建一个更有利的、平衡创新与风险的发展环境，并于 2019 年 5 月通过了监管沙盒的法律。

秘鲁的普惠金融监管框架主要受普惠金融委员会和 2015 年发布的《国家普惠金融战略》(Estrategia Nacional de Inclusión Financiera，ENIF)影响。2019 年 7 月，秘鲁经济和财政部(Ministry of the Economy and Finances)发布了第 255-2019-EF 号最高法令。该法令对 2015 年的 ENIF 进行修订，并指出普惠金融发展的三个重要支柱：可得性、有效性和优质服务。除此以外，秘鲁金融监管机构，即秘鲁银行保险基金监管局，一直以来都积极倡导金融知识普及和金融消费者保护。

3. 非洲和中东地区

相比其他区域，非洲和中东地区大部分国家普惠金融发展较落后，见表 9－3。坦桑尼亚凭借政府支持和相对完善的客户保护措施，取得了较高分数。2017 年，坦桑尼亚普惠金融国家委员会(Financial Inclusion National Council)发布了《国家普惠金融框架(2018—2022)》(National Financial Inclusion Framework：2018—2022)，该政策旨在优化金融准入和增强平台互操作性。坦桑尼亚政府还于2019年启动了坦桑尼亚即时支付系统(Tanzania Instant Payment System，TIPS)，连接所有银行、电子货币供应商和金融机构。

表 9—3　　非洲各国和部分中东地区国家普惠金融发展环境评分

	概况	政府和政策支持	稳定性和完整性	产品和网点	客户保护	基础设施
坦桑尼亚	73	94	85	80	94	69
卢旺达	68	92	90	77	68	71
南非	64	71	81	30	96	75
加纳	59	57	72	80	46	61
摩洛哥	57	69	76	74	55	68
约旦	56	77	78	55	55	69
肯尼亚	55	65	69	33	74	72
科特迪瓦	53	67	62	48	74	59
莫桑比克	53	72	64	60	64	50
尼日利亚	53	64	56	60	62	57
塞内加尔	48	56	52	49	50	59
喀麦隆	47	47	56	66	65	52
埃及	46	51	64	67	25	62
马达加斯加	43	50	59	35	43	46
突尼斯	43	46	52	51	42	56
埃塞俄比亚	41	54	57	57	45	40
乌干达	38	25	64	63	34	44
黎巴嫩	34	18	45	46	53	55
塞拉利昂	32	39	47	40	14	41
刚果民主共和国	21	30	31	35	7	24
总体情况	49	57	62	54	53	56

数据来源：MIX，Global Microscope 2020，The role of financial inclusion in the COVID-19 response.

(二)疫情对小额信贷机构的影响

自20世纪70年代以来,普惠金融走过了漫长的发展历程。[①] 2020年,突如其来的疫情给小微企业、个体工商户的经营造成较大冲击。受疫情影响,世界各国政府实施封锁政策以减轻病毒的传播,封锁的经济后果对弱势群体的影响更严重。据世界银行估计,疫情将导致1亿人陷入极端贫困,新增穷人中近一半将在南亚,超过1/3在撒哈拉以南非洲。[②]

2020—2021年,世界银行扶贫小组(CGAP)对全球范围内147家小额信贷机构展开调查,试图了解疫情对小额信贷机构的影响及小额信贷机构本身如何应对危机,并为各国疫情后的普惠金融战略规划提供依据。根据CGAP的调查结果,小额信贷机构大多采取四种应对措施。

1. 予以客户特殊处理

小额信贷机构对疫情最常见的反应是给予客户特殊处理。约85%的小额信贷机构采取该措施,其中,近2/3的小额信贷机构为应对疫情允许客户延期偿付贷款或重组贷款[③],见图9－1。这些措施一定程度上可纾解客户困难,为其提供重要的调整空间。

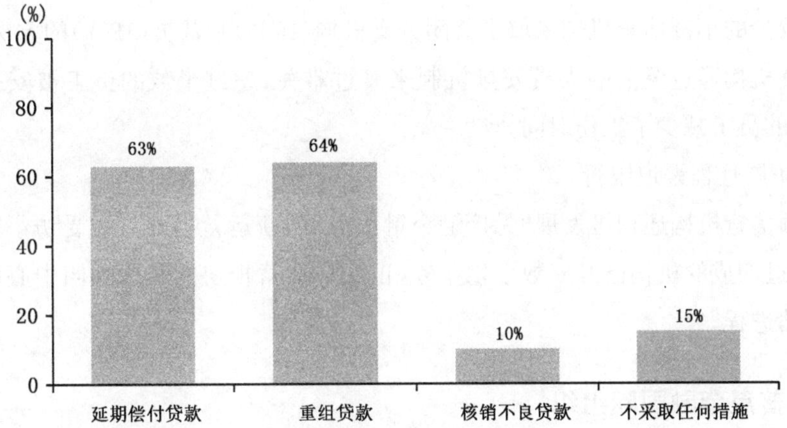

资料来源:CGAP,Global Pulse Survey of Microfinance Institutions(2020).

图9－1　全球小额贷款机构为应对疫情采取的特殊措施

2. 缩减贷款

---

① 普惠金融的发展历程可见本书第一章。

② https://www.ilo.org/global/about-the-ilo/newsroom/news/WCMS_743036/lang-en/index.htm.

③ 重组贷款是指银行由于借款人财务状况恶化或无力还款而对借款合同还款条款做出调整的贷款。银行通常对问题贷款采取的重组措施包括减免或全减利息罚息、减免部分本金、债转股、以物抵贷、追加担保品、重新规定还款方式或单次还款金额等。

小额信贷机构做出的第二大改变是削减贷款。69%的小额贷款机构由于疫情缩减了贷款业务量,其中,57%的小额贷款公司已削减了一半以上的业务(与正常水平相比),10%的小额贷款公司已完全停止发放贷款,见图 9—2。

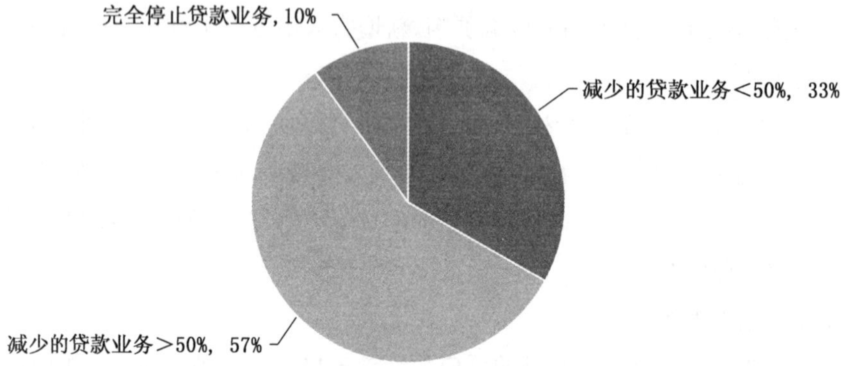

资料来源:CGAP, Global Pulse Survey of Microfinance Institutions(2020).

图 9—2 全球小额信贷机构缩减贷款业务情况

3. 灵活的人员安排

仅较少的小额信贷机构采取了关闭分支机构(16%)和裁员(12%)的方法,大部分小额信贷机构通过灵活的人员安排机制来渡过难关,超过半数的员工被安排在家办公,41%的员工减少了工作时间。

4. 拓展远程渠道银行

小额信贷机构还积极发展"无接触金融服务"的新运营模式。在受访小额信贷机构中,超过四成的机构已开展数字化业务,正加快运营板块的客服呼叫中心向远程银行转型的进程。

二、普惠金融国际组织

普惠金融目前还处于持续发展的阶段,由于各国缺乏统一的监管标准,在统一技术标准、跨境监管、跨行业监管、数据安全、隐私保护、消费者权益保护等多方面都面临着风险和挑战。许多普惠金融国际组织应运而生,它们制定相关准则,大力推广普惠金融标准,致力于维持金融体系的稳定性、推动普惠金融的发展,以及保护金融消费者的相关利益。

(一)全球普惠金融研究和支持服务

普惠金融调查、数据收集和比较研究是国际组织推动普惠金融发展的一个重要方面。除此之外,部分国际组织还在研究的基础上,直接向受援助国提供资金和项目支持，帮助其完善金融服务的基础设施建设。

1. 普惠金融专家组

普惠金融专家组（Financial Inclusion Experts Group，FIEG）又称G20[①]普惠金融专家组，由G20领导人在2009年9月于美国华盛顿成立，其目的是履行2009年9月在美国匹兹堡G20峰会上做出的承诺，即“更好地为穷人提供金融服务”，其目标是“支持普惠金融的新金融服务模式的安全稳健传播，同时基于小额信贷模式，丰富中小企业融资的成功模式”。FIEG在2010年多伦多G20领导人峰会上发布了九项创新金融包容性原则，这九项原则分别是：加强领导、提高多样化、促进创新、保护消费者权益、加强能力建设、鼓励合作、制定合理政策、建立差异化的政策和监管框架、构建金融“一揽子”框架。

2. 普惠金融合作伙伴组织

为加快创新普惠金融行动计划的执行进程，推动全球普惠金融工作的顺利开展，G20在普惠金融专家组的基础上进一步成立了普惠金融合作伙伴组织（Global Partnership of Financial Inclusion，GPFI）。普惠金融联盟、扶贫协商小组等都是GPFI的主要执行伙伴。

GPFI于2010年12月在首尔正式启动，致力于为各国提供一个高效、便捷的信息共享机制，推动全球普惠金融的发展。作为普惠金融专家组的延伸与扩展，GPFI每年举办的全体会议成了G20成员学习、分享普惠金融经验的平台。除G20成员，GPFI还邀请挪威、智利、荷兰等非G20成员及其他利益相关者共同分享经验、研究政策。GPFI下设四个工作组：G20普惠金融原则和标准设立机构参与工作组、中小企业融资和妇女企业家工作组、普惠金融数据和目标设定工作组、金融消费者保护和金融能力工作组。其中，金融消费者保护和金融能力工作组主要负责研究消费者保护和金融教育等议题。2020年G20普惠金融行动计划（Financial Inclusion Action Plan，FIAP）制定的两项优先事项分别是数字普惠金融和中小企业融资。

3. 普惠金融联盟

普惠金融联盟（Alliance for Financial Inclusion，AFI）成立于2008年9月，总部位于泰国曼谷，是由发展中国家政策制定者组成的国际联盟，其目的是通过提供资金、技术、物流等方面的支持，搭建以经验和研究成果等为主要内容的信息共享平台，来帮助各成员国制定并实施有效、可行的金融服务拓展政策和相关计划，从而加快实现金融服务的全覆盖，推进普惠金融进程。AFI下设消费者扶持与市场准则工作组

---

① 二十国集团（G20）由七国集团财长会议于1999年倡议成立，成员包括阿根廷、澳大利亚、巴西、加拿大、中国、法国、德国、印度、印度尼西亚、意大利、日本、韩国、墨西哥、俄罗斯、沙特阿拉伯、南非、土耳其、英国、美国及欧盟，旨在通过寻求合作并推动国际金融体制的改革，加强国际金融体系架构，促进经济的稳定和持续增长。

(Consumer Empowerment and Market Conduct Working Group,CEMCWG)、数字金融服务工作组(Digital Financial Services Working Group,DFSWG)、普惠金融数据工作组和绿色普惠金融工作组,分别针对不同方向展开研究。

AFI关注的政策领域主要包括以下方面:第一,设立代理银行,以降低银行设立分支机构的固定成本和提供小额交易的业务成本;第二,设立移动电话银行,通过信息与通信技术提供现金存取、第三方转账、无线预付等服务;第三,设立低收入人群金融服务机构,通过降低准入门槛,推进建立针对低收入人群提供银行和保险服务的机构;第四,促进国有银行的改革,推动国有银行转型为商业可持续发展的银行,建立更有效的公司治理结构和激励机制,减少政府干预造成的负面影响;第五,建立个人金融身份档案,将客户的历史交易信息转变为资产,为其建立信用记录,以便日后获得更多的金融服务;第六,加强对消费者的保护,主要通过强化信息安全和披露、拓宽投诉渠道等方式。

为推动普惠金融发展,2020年普惠金融联盟制定了三阶段战略:制定普惠金融政策和法规的指南,加强基于实证意义的普惠金融政策实施,制定普惠金融相关的议程设置①。

4. 世界银行扶贫协商小组

1995年世界银行发起并经过多方资助者努力建立了世界银行扶贫协商小组(Consultative Group to Assist the Poor,CGAP),以"帮助各地区建立高效的金融市场,为所有没有银行账户的人,包括非常贫穷和难以接触到的客户(特别是妇女)提供更创新、方便和负担得起的金融服务"作为使命。

新技术正在改变金融体系的运作方式,数据的全球化、移民的增加及就业领域的巨大变化,让CGAP开始重新思考如何帮助贫困人口应对今后的挑战和风险。CGAP于2018年提出的五年战略规划主要围绕帮助贫困人口适应数字化世界中的各种颠覆性力量这一主题,新战略的适用期为2018年7月至2023年6月。该规划制定的四个优先事项分别是:为弱势群体,尤其是妇女群体创造价值;建立商业可持续的普惠模式,为弱势群体提供大规模的金融服务;建立能将各类群体与金融服务联系起来的数字基础设施;营造支持创新、保护消费者的政策环境。根据新战略,CGAP今后将把精力和资源投入以下方面:从强调金融服务获取转向增进福祉、重点关注受排斥群体(即识别和帮助受数字鸿沟影响最大的群体)、探讨市场基础设施的连通性、了解数据的作用和认识科技巨头企业的作用。

---

① 议程设置(Agenda Setting)是大众传播媒介影响社会的重要方式,指大众传播媒介通过提供信息和安排相关议题来左右人们关注的事实、意见及谈论的先后顺序。

疫情期间，CGAP 努力寻求应对小额信贷机构及其服务社区所受影响的方法，并于 2021 年 9 月发布“Microfinance Solvency and COVID-19：A Call for Coordination”一文，提出三方面建议：一是将小额信贷客户利益置于核心位置；二是创建筹资工具，为疫情期间受冲击的中小型小额信贷供应商提供支持；三是扩大可能的投资工具和方法的范围。

（二）原则和标准制定

普惠金融发展过程中，有五个关键的全球金融业标准制定机构（GPFI，2011）对全球普惠金融的发展有着重要意义。这五个关键的全球金融业标准制定机构分别是：巴塞尔银行监督委员会，主要负责银行和其他吸收存款机构的规则制定和监督；国际支付和市场基础设施委员会，主要负责包括零售支付体系在内的各种支付体系的规则制定和监督；金融行动任务组，主要负责通过防止金融犯罪，特别是通过制定反洗钱和打击为恐怖主义融资的标准和指南，为金融体系的健全性提供保护；国际存款保险公司协会，主要负责监督存款保险系统方面的事项；国际保险监督协会，主要负责保险监督相关事宜。

1. 巴塞尔银行监督委员会

巴塞尔银行监督委员会（Basel Committee on Banking Supervision，BCBS）是国际清算银行的正式机构，由十大工业国[①]的中央银行于 1974 年年底共同成立。作为银行审慎监管领域全球标准的主要制定机构，为各成员国就银行监督事宜进行监管合作提供定期合作论坛，委员会代表来自各成员国的中央银行和银行监管机构。它的任务是加强对全球各商业银行的监管、监督和实践，以增强金融稳定。2013 年，BCBS 批准由其下属机构巴塞尔磋商小组（The Basel Consultative Group，BCG）实施普惠金融工作项目，以帮助 BCBS 深入了解不同成员国和非成员国的普惠金融市场的特征。

2016 年 9 月，BCBS 编制了《有效银行监管核心原则在普惠金融领域的应用指引》。该指引认为，普惠金融虽然有益于金融体系的安全稳健，但会给金融服务的提供者和消费者带来潜在风险。指引的编制旨在指导审慎监管机构采用匹配性原则[②]实施普惠金融监管，合理有效分配监管资源。

2. 支付和市场基础设施委员会

支付和市场基础设施委员会（Committee on Payments and Market Infrastructures，CPMI）负责促进、监测和提出有关支付、清算、结算和相关安排的安全和效率的建议，其中包括与金融普惠性相关的支付问题，如汇款和第三方零售支付。为更好地分析金融普惠性中支付及相关服务的作用，CPMI 和世界银行专门成立了金融普惠性支付特别

① 十大工业国指美国、英国、法国、德国、意大利、日本、荷兰、加拿大、比利时和瑞典。

② 匹配性原则（Proportionality），即监管要与金融机构的风险状况和系统重要性相适应。

工作组(Payment Aspects of Financial Inclusion,PAFI),主要负责研究在普惠金融服务体系下服务和支付系统对需求方和供应方的影响,并针对性地提出相应的解决方案。

关于金融科技在普惠金融支付领域的发展,2020 年 4 月,PAFI 发布《金融科技时代普惠金融的支付方式》。该报告基于各国在推进普惠金融发展方面的经验,提出了实现金融普惠性目标支付方面的七大指导原则:第一,公共和私营部门的承诺,随着时间的推移,公共和私营部门组织承诺扩大金融包容性应是明确、有力和持续的;第二,法律和监管框架,法律和监管框架通过有效处理所有相关风险和保护消费者,同时促进创新和竞争,为普惠金融发展奠定基础;第三,金融和信息通信技术(Information and Communication Technology,ICT)基础设施。稳健、安全、高效且可广泛访问的金融和 ICT 基础设施能有效提供交易账户服务,同时也支持提供更广泛的金融服务;第四,交易账户和支付产品设计,好的设计能以几乎为零的成本提供相应的交易账户和支付产品,以满足目标人群的广泛交易需求;第五,现成的接入点,交易账户的实用性(即广泛的地理覆盖范围)可通过广泛的访问点网络及提供各种互操作性强的访问渠道来提高;第六,意识和金融素养,通过学习金融知识,个人能了解使用交易账户和好处,有效地利用这些账户进行支付和储蓄,以及如何获得其他金融服务;第七,大量的定期付款流,大量和经常性付款流(包括汇款)有利于推动实现金融普惠目标。

报告指出,如果对金融科技的风险管理不当,将会破坏金融普惠性,利益相关者必须在确保安全的同时提高效率,避免数字排斥。此外,还需要增强客户体验并保护消费者及其数据隐私。

3. 金融行动特别工作组

金融行动特别工作组(Financial Action Task Force on Money Laundering,FATF)是全球洗钱和恐怖主义融资监督机构,1989 年 7 月在巴黎举行的七国集团峰会上成立,负责制定国际标准,持续跟踪金融机构信息技术的创新和商业模式的创新,旨在防止这些非法活动及其对社会造成的危害。

2013 年,FATF 在《反洗钱、反恐怖融资和反扩散融资国际标准》新四十条建议中就普惠金融发展的目标,提出应全面推行风险为本的方法,支持反洗钱当局制定综合、平衡的反洗钱和反恐怖融资措施。

2014 年 10 月,FATF 在第二十六届第一次全会及工作组会议上将“去风险”定义为:金融机构出于规避风险的目的,不采取 FATF 推荐的风险为本的方法,而是简单地选择终止或限制其与转账运营商或银行等客户业务关系的行为。“去风险化”在某种程度上与洗钱、恐怖主义融资和制裁相关。例如,网上贷款等业务通常需要更多资源来满足银行业法律和反洗钱法律的合规要求,由于金融机构对反洗钱反恐怖融资相关要求的解读可能存在偏差，面对监管压力，出于规避风险的考虑，采取“一刀切”式的做法，简单地选择终止或限制某些类别客户（往往是弱势群体）的业务和服务，对普惠金融服务对象的生产和生活，以及普惠金融的发展进程带来负面影响。因此，健全、合理的反洗钱体系对普惠金融的发展有着重要意义。

2021年7月，FATF在发布的《反洗钱和反恐怖融资创新技术带来的机遇和挑战》中再次指出，确保普惠金融健康发展的一个关键要素是金融机构能够有效实施风险为本的反洗钱和反恐怖融资方法，运用人工智能和机器学习技术的客户尽职调查能更有效地评估单个客户的风险，取代针对大类客户较僵化死板的做法和不加区别对待的政策，有利于促进普惠金融发展。

4. 国际存款保险公司协会

国际存款保险公司协会（International Association of Deposit Insurers，IADI）是一个依据瑞士法律成立的非营利组织，总部设在国际清算银行。其目标是通过促进存款保险领域的国际合作，为加强现有的和建立新的存款保险制度提供指导，为金融体系的稳定做出贡献。

IADI于2020发表的《存款保险和金融普惠：当前数字储值产品的保险趋势》[①]调查报告显示，大多数受访者并没有认识到存款保险在促进金融包容性方面的作用。实际上，安全、可负担的小额储蓄账户对普惠金融发展有促进意义，而存款保险可以在保护小额储蓄者方面发挥关键作用。设计合理、有效的存款保险制度，能保护小额储蓄者，并帮助其建立对正规金融机构的信任。该报告还提出，存款保险公司应努力了解其管辖范围内的金融包容性举措和相关技术创新，特别是那些会影响不成熟的小额储蓄者的举措。

5. 国际保险官监督协会

国际保险官监督协会（International Association of Insurance Supervisors，IAIS）是全球性保险监管组织，于1994年成立，其宗旨是制定保险监管原则与标准，提高成员国监管水平。IAIS由129个国家和地区的保险监管机构组成，对国际保险业发展方向有重要影响。IAIS在三个方面发挥着重要作用：制定国际保险监管规则、发布国际保险最新动态和提供国际保险界交流平台。为在普惠保险方面取得更进一步的进展，IAIS与倡议保险普及化组织（A2ii）[②]共同创建金融包容性论坛（Financial Inclusion Forum，FIF），并开设一个为期2～7天的普惠保险监管培训课程。该培训课程旨在帮助参与者更好地理解促进普惠保险的重要性，以及监管者应如何利用新技

---

① Deposit Insurance and Financial Inclusion Current Trends in Insuring Digital Stored Value Products.

② A2ii是IAIS关于包容性保险的执行部门，是由IAIS和CGAP小额保险工作组共同建立的机构。

术将通常被边缘化的弱势群体融入保险体系中。

根据IAIS制定的战略计划，2020—2024年IAIS将重点关注五个方面①，其中一项便是普惠金融和可持续经济发展，具体而言，应发展网络保险市场以支持更具弹性和包容性的金融体系，同时保险监管需要支持包容性的保险市场。

第二节　普惠金融的国别实践

自2005年联合国首次提出“普惠金融”概念，世界各国都在广泛响应发展普惠金融，积极探索切合本土实际发展的普惠金融发展模式。本节介绍几种具有代表性的国际普惠金融发展模式案例，为中国普惠金融的发展提供多样化的参考。

一、发展中国家的普惠金融实践

（一）孟加拉国

孟加拉国农村大部分人口依靠租种土地、出卖劳动力为生，在格莱珉银行出现前，高利贷是农村居民的主要信贷来源。农村弱势群体获得信贷的机会较少，抑制了其摆脱贫困循环的能力。

1. 模式：乡村银行小额贷款模式

1974年孟加拉国150万人丧生于一场干旱引发的饥荒，这推动了格莱珉银行的成立。1976年，穆罕默德·尤努斯开始在该国推行小额信贷试验。1983年，孟加拉国政府颁布《1983年特别格莱珉银行法令》，由此，世界上第一个专门服务穷人的银行——格莱珉银行诞生了。

作为一家微型金融组织，格莱珉银行提供的服务主要面向农村贫困群体，尤其是贫困家庭的妇女。该银行旨在向弱势群体提供信贷，使其拥有投资自营职业的机会，从而增加家庭收入、积累资产并最终摆脱贫困。通过小额信贷帮助弱势群体从“低收入—低储蓄—低投资—低收入”的恶性循环转变为“低收入—贷款—投资—更多收入—更多储蓄—更多投资—更多收入”的良性循环。格莱珉银行小额信贷的方法和设计需依据以下原则②：(1)从问题本身出发，而非从解决方案开始，信贷系统必须基于对社会背景的调查，而非基于预先建立的银行架构；(2)以渐进的态度发展小额信贷，发展是一个长期的过程，取决于经济经营者的愿望和承诺；(3)确保信贷系统为穷人服

① IAIS的战略主题(2020—2024)包括技术创新、网络复原力、气候风险、行为和文化、金融包容性和可持续发展。

② Grameen Bank. Method of Action. https://grameenbank.org/method-of-action/ [2021-11-20].

务，信贷员需亲自访问村庄以足够了解借款人；(4)确定目标人群的重点，为没有机会获得信贷但急需投资资源的最贫困人群服务；(5)将信贷用途限制在由借款人自由选择的创收生产业务上，尽可能让借款人有能力偿还贷款；(6)依靠团体小组，由来自同一背景并相互信任的合作成员组成的小型非正式小组；(7)将储蓄与信贷联系起来，但不一定是先决条件；(8)将对借款人的密切监测与尽可能简单和标准化的手续相结合；(9)尽一切可能确保系统的财务平衡；(10)投资人力资源，培训管理者和信贷员领导者，使其具备从事小额信贷业务的职业素养，即严谨、有创造性并能理解和尊重农村环境。

基于上述十项原则，格莱珉银行提供的小额信贷服务颠覆了传统银行的做法，它取消了对抵押品的要求，也不要求借款人签署任何法律文件。尽管每个借款人必须从属于一个五人互助小组，但每个借款人无须为其他成员的贷款提供担保，也不为其他成员的拖欠行为承担连带责任，以此建立一个基于相互信任、问责、参与和创造力的银行业务系统(A Banking System Based on Mutual Trust，Accountability，Participation and Creativity)。根据贷款形式的不同，格莱珉银行的利率共有四种：20%的创收型贷款利率，8%的住房贷款利率，5%的学生贷款利率，艰难成员(如乞丐)贷款免息。

此外，在做贷款决策时，格莱珉银行特别注重信贷三要素(Three C's of Credit)，即人品(Character)、能力(Capacity)和资产(Capital)。人品，即借款人如何处理过去的债务，可通过信贷历史和背景判断个人的诚实和可靠程度。能力，指借款人能够偿还多少借款，需分析现金流和影响偿还的法律义务。资产，指借款人目前的可用资产，包括房地产、储蓄和可用于偿债的投资品。

总的来说，格莱珉银行的实际运作模式具有以下特点。

一是互助小组。每个潜在借款人必须组成一个自我选择的五人小组，小组成员可以是邻居，但不能是亲戚，小组的成员应具有相似的社会背景、年龄、教育背景和社会经济地位。每个小组从其成员中选出一名组长和一名秘书，若干个贷款小组联合起来组成一个贷款中心。

二是团队保障。每个互助小组实际上就是一个典型的团体激励机制，用内生性的激励机制代替抵押担保制度。该制度将银行的外部监督转化为成员自身的内部监督。严密的组织和制度保障，使各贷款成员之间形成相互支持、相互监督的氛围，保证了较高的还款率。

三是强制集体培训(Compulsory Croup Training，CGT)。由于格莱珉银行的目标客户基本没有接受过教育且为贫穷群体，因此，需要对所有潜在成员进行基本培训，以确保他们彻底了解信贷系统的原则、理念及规则。现场培训由一名助理教授提供，每天1小时，至少7天。

四是交错放贷(Staggered Disbursement)。格莱珉银行在小组内采用“2－2－1”顺序放贷,即小组中最贫穷的2名成员首先获得贷款,根据这两名成员接下来4～6周的偿还情况,另2名成员才有资格申请贷款,再经过4～6周的正常还款后,小组组长最后得到贷款,并监督还款情况。

五是小额贷款＋每周还款。格莱珉银行发放的小额信贷最初金额都较小,从12美元到40美元不等,但在随后的贷款中可逐渐增加金额。一般放贷期限都是一年,采用每周偿还的方式。借款人按照规定还清贷款后,才有资格获取下一笔贷款。小额贷款和每周小额还款的制度提高了还款率。

格莱珉银行建立至今约有40年,在小额信贷、低收入家庭和妇女信贷等方面都取得了不错的成效。根据其官网公布的数据,截至2021年9月,格莱珉银行拥有934万个会员(其中97％为女性),有2 568个分支机构,为81 678个村庄提供服务,覆盖孟加拉国93％以上的村庄。

2. 经验:借助民间社会资本[①]要素

善于应用社会资本要素是格莱珉银行小额信贷业务成功的一个重要因素。社会资本有助于信息共享及集体行动和决策(Grootaert and Bastelaer, 2001),一定程度上缓解了信息不对称问题。

社会关系是社会资本的主要来源(Adler and Kwon, 2002)。格莱珉银行通过规则和组织结构的设置,将具有相似特征的借款人组成一个小组,在借款人间建立起联系,即共享的规范、价值观和态度,将社会关系融入借贷过程。该做法有利于促进集体行动和信息共享,以此降低信息不对称程度。除此以外,基于群体的贷款的一个重要特征是使用同伴压力作为替代抵押品(Dusuki,2008),格莱珉银行不是以个人为基础提供贷款,尽管每个人无须为小组其他成员的拖欠行为承担连带责任,但团队成员按时偿还贷款是他们未来能获得信贷的条件。因此,在团体成员中始终存在着高度的同伴压力。基于该形式的小组放贷,能借助道德约束和人际关系使借款人自发地互相监督,从而降低银行的监督成本,有效降低贷款风险。

(二)肯尼亚

肯尼亚贫困人口众多,多居住在农村偏远地区,加之当地银行服务收费较高,网点也大多远离农村的城镇,弱势群体难以享受集中在城镇的传统金融服务。但在移动支付和数字信贷出现后,肯尼亚的普惠金融有了快速发展。Finaceess(2019)的数据显示,肯尼亚普惠金融覆盖率达到83％,79％的成年人拥有移动货币账户,25％的成年

---

① 社会资本可分为政府社会资本和民间社会资本。政府社会资本是指影响人们为了相互利益而进行合作的能力的各种政府制度,这些制度包括契约、法律规则、国家允许的公民自由度等。民间社会资本是指共同的价值观、规范、非正式网络及社团成员等影响个人为实现共同目标进行合作的制度因素。

人拥有手机银行账户,8%的成年人拥有数字贷款应用。

1. 模式:数字信贷[①]

肯尼亚数字经济的关键基础设施是移动支付,电信运营商在推动肯尼亚普惠金融发展上发挥着至关重要的作用。

肯尼亚最大的移动运营商 Safaricom 于 2007 年推出 M-Pesa,这是一款基于功能机的移动支付平台。客户无须安装软件、无须绑定银行卡,即可完成支付。由于肯尼亚银行网点较少,Safaricom 便建立起线下代理网络。这些线下代理包括超市、邮局、小型零售店或加油站等,散落在各个城镇和乡村,为客户提供存取款、商品支付、学费支付、工资支付等金融服务。M-Pesa 公布的数据显示,截至 2020 年年末,M-Pesa 拥有客户 4 970 万,代理商 91.85 万,完成交易 150 亿笔。

在 M-Pesa 移动支付服务推出 5 年后,非洲商业银行(CBA)和 Safaricom 公司合作创建了 M-Shwari。基于 M-Pesa 客户的数据,如手机通信记录、话费充值记录、消费行为、社交账号和位置数据等信息[②],M-Shwari 专门设计了一套人工智能系统自动分析智能机用户的行为信息并确定贷款额度。对于那些信用记录缺失、使用功能机的客户,肯尼亚的数字借贷机构专门设计了一套小额高频借款机制,为其创建信用档案并提供数字信贷[③]。这类客户通常首次只能获得小金额、高利率的短期贷款,待每次还款行为完成后,系统都会自动提高客户的信贷额度、降低利率。如此反复几次,系统便能根据客户的履约行为,为其建立信用档案,并最终确定其借款额度及利率。

在信贷用途上,肯尼亚的数字信贷借款人主要将其用于个人消费。《2017 年肯尼亚金融稳定报告》数据显示,大约有一半的借款人将数字信贷用于个人消费,包括日常需求、购买个人或家庭用品、移动电话、娱乐等。超过三分之一的数字信贷借款人将数字贷款用于生产,如对企业或农场的投资;而低于三分之一的数字贷款用于教育或账单支付。仅 8%的数字借贷者会在紧急情况时使用贷款。

2. 经验:警惕数字信贷风险、监管套利

随着肯尼亚数字信贷市场不断扩大,借款人延迟还款和不能还款等问题日益突显。扶贫咨询小组于 2018 年发布的报告《数字信用革命:肯尼亚和坦桑尼亚借款人的见解》显示,肯尼亚有将近一半的数字信贷借款人因未能偿还其贷款,被列入信贷黑名单。此外,接受调查的受访者中有 20%的借款人为偿还数字贷款缩减了食品的支出。

---

① 肯尼亚移动支付和数字信贷供应商较多,本文仅选取具有代表性的 M-Pesa 和 M-Shwari 进行介绍。

② 肯尼亚的移动支付应用程序要求用户允许其下载文本消息、位置数据、联系人和通话记录等数据,以便应用程序生成信用评分。用户协议规定,无论贷款是否获得批准,公司都保留数据的所有权。

③ 数字信贷是指以数字方式提供和偿还贷款,在肯尼亚主要是通过移动电话进行。数字信贷和传统贷款相比,有三个关键特征:即时、自动和远程(Chen and Mazer,2016)。

表 9—4 为肯尼亚各类消费者延迟还款的首要原因，从中可以看出，企业经营状况(25.4%)、生活支出(22.6%)是城市男性延迟还款的两大原因；城市女性、农村男性、农村女性较依赖工作等收入来源，尤其是农村女性(26%)；城市群体(男 18.4%，女 24.7%)相较农村群体(男 10.1%，女 14.3%)在信贷规划上随意性更大。

表 9—4　　2017 年肯尼亚消费者延迟还款的首要原因

	所有成年人	城市男性	城市女性	农村男性	农村女性
企业经营状况恶化	21.2%	25.4%	18.1%	20.1%	22.3%
失去工作或收入来源	19.2%	10%	19.1%	19.3%	26%
没有做好规划，或所需还款比预期多	17.4%	18.4%	24.7%	10.1%	14.3%
所有的钱都用于基本生活支出，如学费和食品	15.8%	22.6%	11.3%	20.2%	12.4%
出现意外情况，如生病	10.5%	14.8%	8.9%	11.1%	8.6%
无特定原因	9.6%	6.8%	7.5%	16.6%	8.4%
需要还别的贷款	2.6%	—	3.3%	2.4%	3.3%

资料来源：The Kenya Financial Sector Stability Report 2017.

2021 年 4 月，肯尼亚议会通过了一项向数字贷款机构发放许可证的法案。该法案要求所有数字贷款机构在正式启动前需向肯尼亚中央银行提交产品定价说明书，意图通过该行为降低利率，营造一个有序的市场环境。

在数字信贷刚兴起时，肯尼亚政府监管框架较陈旧，没有针对新型数字借贷机构的监管法律框架，各类数字借贷机构在一个较宽松的监管环境中“野蛮生长”。《肯尼亚中央银行法》规定，该国的数字借贷平台主要由四类机构组成：一是审慎型正式机构，如银行、保险公司、接受存款的合作社 SACCOs 和小微金融银行；二是非审慎型正式机构，如移动金融服务商(M-Pesa、Airtel 等)和邮储银行等；三是已注册的正式机构，如非存款类合作社 SACCOs 和政策性金融机构；四是非正式机构，如供应链金融、现金贷和高利贷等。由于肯尼亚的信贷监管是面向机构而不是行为活动，因此根据现行法律，肯尼亚中央银行只有权监管前两类机构，导致部分数字借贷机构游离在监管之外，不受牌照或条例(如利率上限)的约束。而部分本应受到监管的金融机构，也通过各种手段，如语言漏洞①，从而逃脱监管。普惠金融中心 2021 年 6 月的研究显示，高利率和不透明的费用导致部分肯尼亚数字借贷机构年利率甚至超过 400%，对于一

① 2018 年，消费者权益组织举报 M-Shwari 通过将“利率”说成“手续费”来避免遵守肯尼亚 2016 年出台的利率上限规定。

些低收入借款人来说，贷款变得更难以偿还。为还清贷款，借款人可能要牺牲其他消费支付，如食品、药品或学费。数字信贷初衷是提高金融普惠性，但却对肯尼亚的带来了贫困人口新的困境。

（三）马来西亚

马来西亚虽然属于发展中国家，但其在东南亚各国中经济较发达，2020 年 GDP 总量为 3 366.64 亿美元，人均 GDP 为 10 401.79 美元，且具有稳定而健全的金融体系。

1. 模式：代理银行

代理银行模式是马来西亚推进普惠金融建设的重要方法。马来西亚央行（Bank Negara Malaysia，BNM）于 2012 年发布代理银行指引（Guidelines on Agent Banking），允许获得授权的金融机构与现有商业机构（如杂货店、咖啡馆、电信网点、餐馆、加油站等零售终端和邮局）合作，向银行网点未覆盖的偏远地区提供金融服务，指引规定代理银行模式主要在马来西亚无金融服务或金融服务欠发达区域推行。金融服务欠发达区域指的是金融服务点少于 5 个的人口超过 2 000 人的地区，这里的金融服务点包括银行网点、金融机构移动服务点和电子终端等。由于金融科技和移动支付的快速发展，BNM 于 2021 年 7 月发布了关于代理银行征求意见稿（Exposure Draft on Agent Banking），进一步规范代理银行的监管机制及客户保护。征求意见稿对代理银行、代理银行业务等定义进行了详细说明。代理银行是指由参与代理银行模式的金融机构（Participating Financial Institution，PFI）指定的第三方实体。代理银行业务是指金融机构和代理银行之间通过代理协议建立合作关系，金融机构通过代理银行的方式为处于偏远地区的群体提供金融服务，其中至少包括存取款服务。但代理银行不允许代替金融机构从事开设银行账户和发放银行卡、货币兑换、贷款和融资评估等金融服务。

参与代理银行的金融机构大部分是开发性金融机构，包括马来西亚国民储蓄银行（Bank Simpanan Nasional，BSN）、马来西亚伊斯兰合作银行（Bank Rakyat）和马来西亚农业银行（Agrobank）。以 Agrobank 为例，AgroAgent 作为马来西亚农业银行指定的授权代理银行，为农村或郊区等地较难获得银行服务的居民提供替代银行的渠道，提供的服务包括接受存款、便利提款、资金转移、账单支付和移动充值等。代理机构的服务时间比传统银行网点的时间更长，从早上 9 时到晚上 9 时，更灵活地为居民提供服务。

马来西亚央行发布的代理银行指引要求金融机构必须对使用代理银行服务的客户设置适当的每日现金存取款限额（该限额根据代理银行流动性状况来制定）。为满足监管要求，马来西亚农业银行对其授权的代理银行交易进行了严格的规定，见表 9－5。

表 9—5 马来西亚农业银行对代理银行的交易限制

交易方式	现金存款	现金取款	资金转账	支票支付
每日最大交易次数(次)	3	3	3	5
每日最大交易额(林吉特)	1 500	1 500	900	1 000
每笔最小(最大)交易额(林吉特)	10 (500)	10 (500)	10 (3 000)	1 (500)

资料来源:马来西亚农业银行官网。

2. 经验:高效低成本的代理银行模式

与开设银行分支机构相比,代理银行是一个相对较低的投资。据 BSN 估计,设立一个分支行的投入为 124 347 美元,而一个代理银行的投入不到前者的 1%,仅为 1 243 美元。此外,代理银行每年的运营成本(497 美元)也远低于常规分支行成本(62 174 美元)(World Bank Group,2017),见表 9—6。代理银行模式还能帮助金融机构以较低的成本获得农村地区的新客户,2012—2016 年,BSN 从代理机构获得的存款从 4 400 万林吉特增长到了 2.15 亿林吉特,新增客户超过 2.5 万户(World Bank Group,2017)。

表 9—6 马来西亚国民储蓄银行开设各类分支机构费用 单位:美元

	分支行	ATM	代理银行
开设成本	124 347	11 191	1 243
每年运营成本	62 174	9 948	497

二、发达国家的普惠金融实践

(一)英国

英国银行业较集中,竞争效率低下,导致个人与企业贷款手续烦琐、速度慢、门槛高。虽然英国金融市场较发达,但中小企业及个人仍然难以从传统金融机构获得资金,企业和个人亟须新的借贷方式,于是 P2P 借贷这类替代性金融应运而生。英国 2017 年的《替代性金融》报告显示,P2P 借贷(20.39 亿美元)在英国在线替代性融资渠道中占比最大。

1. 模式:P2P 网络借贷[①]

P2P 发源于英国。Zopa 是互联网时代真正意义上的第一家 P2P(个人对个人借贷)公司,于 2005 年 3 月正式上线业务。它最开始的定位是综合服务的信息中介,通

① 关于 P2P 模式的介绍见第八章。

过向双方收取一定的手续费盈利，不设立资金池，不赚取利息差，也不承担风险。借款人可以列出金额、利率、期限和用途，投资人根据借款人给出的信息搜索适合自己投资的产品。在收到投资人的资金后，Zopa 会按照投资人选择的年限、风险类型，把这笔资金分为多份，分别借给不同借款人，以分散风险，保证“鸡蛋不放在一个篮子里”。这样，单个借款人的违约不会为单个投资者带来大量本金损失。

为了进一步规范 P2P 平台，Zopa 通过与 Experian、Callcredit 等信用评级机构合作，形成一套自己的信用评级系统。基于借款人提供的信息，Zopa 将借款人分为 A*、A、B、C、D、E 共 6 种风险类型，对应不同的贷款利率和贷款期限，见表 9－7。在 Zopa，A* 和 A 类借款人有按时偿还债务的记录，且债务与收入比率较低；B 和 C 类借款人与 D 和 E 类借款人的债务收入比率相似，收入通常处于英国的平均水平，区别在于 D 和 E 类的借款人的信用记录有限。

表 9－7　　不同风险类型的借款人在 Zopa 能获得贷款的信息

	贷款利率	贷款期限	预期违约率
A*	3%～5%	12～60 个月	<0.5%
A	5%～9%	12～60 个月	0.7%～2.6%
B	9%～14%	12～60 个月	2%～5%
C	13%～17%	12～60 个月	4%～8%
D	19%～26%	12～60 个月	7%～15%
E	21%～29%	12～48 个月	10%～15%

资料来源：Zopa 官网，https://www.zopa.com/blog/article/zopa-and-credit-scores.

除了分散投资和对借款人加强信用评估，Zopa 还采取设立安全基金（Safeguard）和独立账户的形式加强风控。Zopa 的安全基金类似于风险准备金，负责在贷款违约时替借款人偿还欠投资人的本金与利息，安全基金由非营利组织 P2PS Limited 以信托的形式持有。这意味着 Zopa 无安全基金的使用权，不能使用其中资金。安全基金里的资金来自借款人，Zopa 从借款人处收取的手续费，一部分会存到安全基金里。独立账户是指 Zopa 将借贷资金与运作资金分开管理，即使平台出现危机，投资人也可安全收回本金。

2. 经验：完善的监管体系

英国 P2P 行业在发展过程中逐渐形成行业自律和政府监管相辅相成的监管体系，确保 P2P 行业长期良好运行。

一是较完善的行业自律体系。P2P 借贷在英国起步较早，刚开始运行时并没有相关法律法规的约束，也没有相关政策对其进行监管。为了提高行业标准，建立更有序的市场，以及让消费者能更好地接受和信任 P2P，Zopa、Funding Circle 和 RateSetter 三家领头 P2P 平台于 2011 年 8 月联合组建成立 P2P 金融协会（Peer-to-Peer Finance Association，P2PFA），主动要求英国政府批准其在立法监控下进行行业自律。P2PFA 制定的自律规则包括对内管理规则（《P2PFA 内部治理章程》和《P2PFA 会员资格标准》）与对外行为规范（《P2PFA 协会原则》）两个层面。《P2PFA 内部治理章程》对成员的高级管理人员、最低运营资本金、客户资金隔离、平台规则、IT 系统等方面进行规定，并要求成员必须定期公开实际拖欠率、预期违约率、实际违约率等数据，且在审核借款者申请时只能向信用评级公司申请"软搜索"[①]，以避免影响借款人的信用评分。

二是政府监管。英国金融行为监管局（Financial Conduct Authority ，FCA）早在 2014 年便发布了第一部较完善的 P2P 网络借贷平台监管法案，即《关于网络众筹和通过其他方式发行不易变现证券的监管规则》（The FCA's Regulatory Approach to Crowdfunding Over the Internet and the Promotion of Non - readily Realisable Securities by Other Media PS14/4），详细介绍拟定对 P2P 借贷的监管办法，并于 2014 年 1 月实施。该法案明确了行业的进入门槛和退出机制，对平台的最低经营资本、信息披露、报告规范等做出规定。此后，FCA 还在 2016 年起开展针对法案实施后的审查工作，并根据反馈内容，于 2019 年发布网贷新规，即《基于信贷（P2P）和投资的众筹平台：CP18-20 的反馈和最终规则》（Loan-based 'Peer-to-Peer' and Investment-based Crowdfunding Platforms: Feedback to CP18/20 and Final Rules）。在 P2P 的发展过程中，FCA 根据其发展现状不断完善相关法律法规，确保市场的有序发展。

（二）美国

社区银行起源于美国，且历史悠久。18 世纪起，社区银行随着美国银行业同步启蒙并稳步发展，在南北战争及中西部开发热等过程中快速成长。随着监管政策的变化、金融科技的发展及行业并购的发生，美国社区银行进入调整分化阶段，有的社区银行互相兼并发展成大型金融机构，有的社区银行则退出历史舞台，导致美国社区银行数量有所下降。

1. 模式：社区银行

在美国，社区银行是大银行的补充，通过发展关系型信贷，为受到金融排斥的中小企业提供信贷支持，在美国经济金融体系中发挥着重要的作用。

目前，对社区银行的定义主要从两个角度出发，一是银行特点，二是银行规模。据

① 软搜索（Soft Search）是一种初步的信用检查，指贷款人在检查借款人有资格获得哪些信贷交易时不对借款人的信用评分或报告产生任何影响。也就是说，贷款人在借款人信用档案中留下的搜索结果不会被其他潜在贷款人看到，所以不影响其他潜在贷款人的决定。

联邦存款保险公司(FDIC)公布的资料来看,社区银行往往有以下特点:第一,专注于在当地社区提供传统的银行服务,充分融入社区,在当地吸收存款并贷给当地企业,因此,社区银行能与当地客户建立良好关系,增进了解;第二,以社区为依托,重视运用各种软信息通过长期关系获得的非标准数据为基础做出信贷决定,发展关系型信贷;第三,规模较小,组织结构相对简单;第四,目标客户多为社区企业和居民,存款相对稳定。如果要从规模、运营形式等更具体的方面对社区银行的做更进一步的界定,则会存在一些争议。考虑到消费者价格指数的变化,任何基于美元的尺度都必须随着时间推移而调整。1985年,社区银行的资产规模需小于25 000万美元;而到2010年,资产规模小于10亿美元。

经过了100多年的发展,美国社区银行已形成较成熟的运作模式,从其发展历程可看出,人性化的服务是使社区银行在竞争中脱颖而出、避免同质化的方法之一。以社区银行业务作为核心业务之一的富国银行,为客户提供的不仅仅是金融服务,还为客户提供一个休息、阅读和交流的公共空间,以及包裹寄送和孩童临时看管等服务。富国银行通过多样化的网点形式,如商店式(Store)、商超内网点(In-store Branch)及迷你网点(Mini-branch),为社区内的家庭、农户和中小企业提供便捷、高效的服务,加上其交叉销售①(Cross Selling)的营销策略,进一步提高客户黏性。除此以外,美国的社区银行还通过社区招聘、社区联盟等方式加强银行与社区间的关系。例如,富国银行社区银行业务部门的部分员工是从当地社区招聘,这类员工具备丰富的社区知识,更容易与客户建立良好的关系,在开展信贷活动或其他金融服务时,也更容易获得客户的品行、生活和经营情况等"软信息",缓解信息不对称问题。

随着科技的发展,从手机银行到网上借贷,金融科技正在重塑客户对银行的需求及银行提供产品和服务的方式。为了解美国社区银行在金融科技运用上的态度,CSBS(The Conference of State Bank Supervisors)于2019年就自动贷款核保②、在线结清贷款③、远程储蓄④等技术向社区银行进行问卷调查,结果如图9-3所示。考虑到成本和合规要求,仅有少部分社区银行采用在线结清贷款(4.8%)的业务,而超过八成的社区银行都采用手机银行(90.9%)和电子账单支付业务(83.2%)。由此可见,社

---

① 交叉销售指,发现现有客户的多种需求,并通过满足其需求而实现销售多种相关的服务或产品的营销方式,相当于向现有客户销售新产品。例如,如果客户在富国银行开设有储蓄账户,则富国银行的员工将会试图通过"交叉销售"为客户提供信用卡、保险、投资等产品。

② 自动贷款核保指,运用大数据算法和人工智能技术,核保系统自动检索和处理借款人数据,并做出贷款决定。

③ 在线结清贷款指,资金已支付,并且所需文件、审查工作能够以电子方式签署和完成。需要注意的是,美国有些州不允许贷款结清业务完全远程完成。

④ 远程储蓄指,客户远程扫描支票,并将图像或数据传送到银行进行过账和结算。

区银行基本采用较常见的技术,创新较少,其中一个重要原因是城市和农村消费者在需求和能力方面的差异。美国社区银行采取与大银行等金融机构互补的形式,将辖区内不被大银行重视的中小企业、居民家庭和农户作为主要服务对象,因此农村地区客户较多,对科技的依赖程度较低。

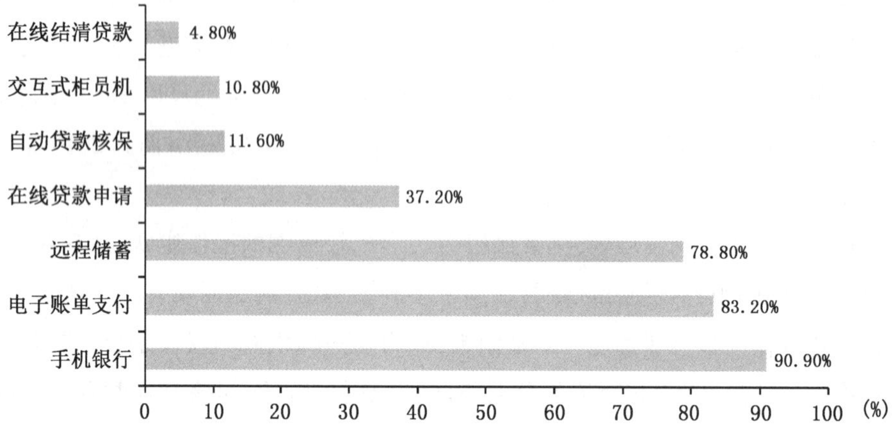

资料来源:FDIC Community Banking Study 2020.

图 9—3 2019 年美国社区银行数字服务和产品采用率

2. 经验:定位准确与大银行错位发展

美国社区银行的良好发展与其准确的市场定位有着密切关系。美国社区银行在目标客户、服务区域及业务选择上尽量凸显自身特色,与大银行错位发展。要经营好社区银行,银行需对网点所在的区域进行精耕细作,包括要对网点所在的区域进行客群调研和客户建档、根据客群策划和举办各类金融和非金融服务、与网点周边的各类供应商进行异业联盟等,并针对客户能提供客户资产配置、家庭财富管理、贷款方案建议等各种专项金融咨询服务。

(三)日本

日本金融支农政策历史悠久,1947 年 11 月日本政府公布了《农业协同组合法》,以立法的形式在全国范围内建立农业协同组合。随后,日本政府采取包括金融扶持在内的多种方式进行乡村振兴,并根据农业发展的实际情况不断制定并调整金融支农的政策措施。

1. 模式:政策性支农[①]

日本农业协同组合以“为农服务,提高农民生活水平和促进农村经济发展”为核

① 日本农村金融服务有着比较浓厚的政府色彩,因此本部分重点关注政策性金融及农业保险机构发挥的作用,较少讨论合作性金融和商业性金融在日本支农领域的作用。

心，提供信贷、生产、销售及保险等服务，是一个综合性合作经济组织体系。农业协同组合由三个级别的合作社组成：基层农协（合作社）、都道府县级联合会及国家级农协联合会，见图 9—4。需要注意的是，这三个层级并不存在上下级的隶属关系，而是自下而上、层层入股的方式。即农户入股参加基层农协（合作社），基层农协（合作社）入股参加县级联合会，县级联合会再入股组成农林中央金库。截至 2018 年年末，农业协同组合共有 1 049 万成员。

资料来源：日本农业协同组合官网，https://www.zennoh.or.jp/zh-hans/.

图 9—4　日本农业协同组合组织架构

日本农业协同组合可以按经营业务分为指导事业、经济事业、信贷事业、互助事业及其他事业五个部门。指导事业指在农业教育、农业经营乃至于农村生活等方面为农民提供信息服务和指导。经济事业主要负责生活生产资料的统一购买和农产品的统一销售等。信贷事业主要通过农协信联和农林中央金库为农民提供金融信贷服务。农林中央金库互助事业包括为会员办理人寿保险、养老保险及农业共济等服务。农业共济包括农作物共济、家畜共济、果树共济、细作物共济、园艺设施共济五大类项目。在具体实施过程中,保险费以“农户—共济组合—联合会—政府”路径层层上缴,最后政府设立再保险,形成“多级负担+政府兜底”的风险分散体系。其他事业包括福利、旅游和出版等服务。可以看出,日本农业协同组合基本覆盖了日本农业和农业人口的全部需求,一定程度上减轻了农业人口的负担。

此外,2008年日本成立日本政策金融公库(Japan Finance Corporation,JFC),合并了国民生活金融公库、中小企业金融公库、农林渔业金融公库等政策性金融机构,旨在对传统金融机构提供的服务进行补充。日本政策金融公库的业务主要包括国民生活板块、中小企业板块、农林渔及食品板块、危机应对板块及特定商业领域增长板块(Operations to Facilitate Specific Businesses Promotion),分别针对不同的服务群体提供金融服务。其中,中小企业事业部聚焦于日本本土的中小企业群体,为中小企业提供10年及以上长期贷款、资产证券化、信用再担保等服务。据日本政策金融公库官网披露,截至2020年3月,日本政策金融公库在日本共有152个分支机构,共发放170 431亿日元贷款,见图9—5。

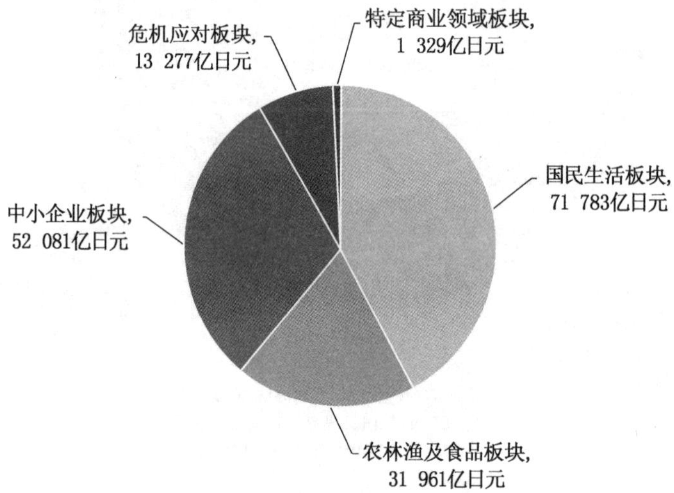

资料来源:日本政策金融公库官网,https://www.jfc.go.jp/n/english/profile.html/.

图9—5 日本政策金融公库贷款发放详情

2. 经验:政府参与建立完善的农村金融服务体系

日本政府在农村、农业发展过程中发挥了重要作用,它的参与进一步完善了日本农村金融市场。在商业性金融和合作性金融空白的领域,日本政府主动介入,成立专门的政策金融机构,以政策性金融业务的方式来填补,确保农业生产的各个阶段的金融需求能得到满足。除了政策性金融机构,合作性金融机构以及农业保险机构在创建之初都由政府拨付款项，在运行过程中也得到了政府的资助。政府对农业协同组合不仅提供资金上的支持，还实行税收优惠、利息补贴和财政支持等扶持政策。在政府的引导和扶持下，日本逐渐形成了以农协系统为代表的合作性金融、由财政资金推动的政策性金融、由民间经营的商业性金融及农业保险等构成的农村金融服务体系（王彦，2020）。

第三节　国际经验对我国的启示

一、有效利用社会资本

作为我国比较典型的普惠金融模式，深耕小微的台州模式[①]在很多方面与格莱珉银行有着相似之处。不论是格莱珉银行的“五人小组”，还是台州模式的“三品三表”，都侧重于通过熟人圈、关系链解决信任问题。但格莱珉银行服务的群体更下沉，其“五人小组”的运行模式，值得中小银行在拓展新业务，尤其是农村地区业务时借鉴和学习。

格莱珉银行“五人小组＋交错放贷”的方式也可以称为团体借贷，该模式借团体责任激励团体成员执行合同义务的动力。由于我国农村社会运行机制还是偏熟人社会，农村地区的借款人比城市里的借款人更在意自身声誉。若能有效利用农村地区自身的社会网络，发挥社会资本的作用，团体贷款将在农村地区发挥更好的作用。此外，相比银行职员，让有相同社会地位的团体借款人相互监督成本更低。需要注意的是，让背景、经历等方面相似的借款人自愿组成一个团队，他们可能有相同的贷款违约偏好，此时团体责任反映的其实还是个人责任。因此，在实际运行时，银行还需考虑，何种团体贷款机制能有效地防范个人选择导致的偏差。

二、发展负责任的数字普惠，警惕“算法风险”

金融科技的运用，能推动审贷放贷流程智能化，减少对融资抵押物的依赖，一定程度上改善弱势群体的信贷可得性问题。我国金融科技行业发展相对较快，且国家高度重视，但在发展数字普惠的过程中，应吸取肯尼亚的经验，警惕“算法风险”。

高费率确实是造成肯尼亚借款人不能还款的原因之一，但导致该现象发生的根源是数字贷款机构薄弱的信用评估算法，仅衡量借款人的还款意愿，而忽视了该借款人

① 台州模式的讨论见第六章。

的还款能力。还款意愿是指借款人偿还贷款的真正意愿。还款能力是指借款人在未来是否能产生足够的资金来偿还贷款而不必放弃基本开支的能力。肯尼亚数字支付机构根据客户手机通信记录、消费行为、位置数据等信息进行打分并自动放贷。可能出现借款人在数字风险评估中获得较高分数,但并不具备还款能力的现象,例如,借款人的地理追踪显示他每天都去上班,通话记录显示他经常给家人打电话,浏览记录显示他不参与各类形式的赌博、热爱学习,种种数据都表明该客户是一个负责任的公民,有较高的还款意愿。然而,该客户可能背负着金额巨大的医疗费用或欠款,人工智能算法却无法发现。

数字信贷应该是负责任的、可负担的和包容性的。如何利用金融科技在扩大弱势群体获得信贷的机会同时又降低其拖欠贷款的概率,如何以廉价、快速、数字化的方式衡量其还款能力而非仅仅是还款意愿,如何评估算法和源于算法的商业模式等,都是我国在发展数字普惠时该考虑的问题。

三、政府弥补农村金融市场空白

目前,我国乡村振兴建设面临资金缺口大、投入单一、存在金融扶持和担保政策缺失等问题(中智科博产业研究院,2020)。与日本相比,我国农村金融体系中,现有的涉农金融机构大多是商业化的形式,目前已有的农业发展银行虽定位清晰,专门致力于服务农业,但提供的服务不够全面。这方面可借鉴日本农林渔业金融库以及互助事业部的发展经验,进一步完善金融产品与服务。

农村金融是多元化的金融领域,已有的金融产品和服务难以很好地满足季节性强、差异化明显的农村金融需求。政府可适时介入,弥补商业性金融的空白,参考日本农村协作组合的业务设计,为农户提供农业教育培训,指导农户农业技术,提高运营和管理能力;强化政策性金融机构的职能定位,多关注发展较为落后,商业银行不愿涉足的地区。考虑到我国大部分地区目前还缺少较为完善的大灾风险分散的制度安排(王野田,2019),政府还需为农业保险的发展提供财政政策、税收政策、监管政策等方面的支持,尤其是农业金融领域的灾后风险分散制度。

由于我国与日本农业发展水平上存在差异,因此在政府引导乡村振兴的过程中,还需思考:我国农户有哪些需求,是否存在地区上的差异;如何在满足农村金融服务需求的同时,确定政策性和商业性金融的边界;如何因地制宜地设计符合我国国情的、全面的金融支农服务体系等问题。

四、加强行业自律

随着金融科技领域的技术应用不断跨界,逐渐渗透金融各个领域,法律法规和监管部门及时对数字普惠金融产品和服务上的创新做出反应的难度显著提升。我国可学习和借鉴英国 P2P 发展的经验，在法律法规尚未制定、监管职责尚不明确的情况下，倡导相关平台及企业担当相应的社会责任，将该产品或服务在实际运行中的诉求传达给监管部门；并引导各平台和企业建立一个用以推进行业发展准则及行业标准制定的自律组织；基于自律组织制定的规则，不断完善，逐渐过渡到法律法规。

通过自律组织，监管机构可以在创新出现时，及时规范、了解该行业，同时又能避免阻碍其发展。但目前我国自律协会并没有国家法律层面的授权与背书，该如何确保自律组织在我国能有效发挥作用、需以什么样的标准筛选出该行业自律组织的成员、该如何界定不同自律组织的权利与职责等问题仍需进一步讨论。

五、准确的市场定位，与大银行错位发展

在美国，好的社区银行还经常作为客户的商业顾问发挥作用。由于小企业主通常没有机会接触经济顾问，不少小企业主会找他们信赖的社区银行员工讨论商业计划，寻求意见，并学习财务上的知识，社区银行由此获得了更多关于小企业的经营状况信息。

我国中小银行应明确自身定位和目标客群，打造“小”而“好”的特色分支行。以周围社区居民为目标客户，周围社区居民衣食住行和商圈作为嵌入场景，学习富国银行的发展经验，为社区、公益等活动提供场所，每逢节日组织社区活动，并为银行客户提供各类具有人文关怀的业务，以此提高客户到访率。除此以外，中小银行自主性较强，业务相对灵活，还可错时营业，为社区内上班族客户群体提供“下班后”业务。与大银行不同，中小银行因资金等方面限制，在技术、设备投资上应更加谨慎，应在充分了解不同地区客户需求和能力方面的差异后，再做决策。

本章小结

普惠金融国际组织制定相关准则，大力推广普惠金融标准，其目的是维持金融体系的稳定性、推动普惠金融的发展，以及保护金融消费者的相关利益。

格莱珉银行主要的普惠金融模式是乡村银行小额贷款，特点是借助民间社会资本。

马来西亚主要的普惠金融模式是发展代理行，特点是高效低成本。

英国 P2P 模式能健康发展，主要得益于其完善的监管框架。

日本农村金融既有强大的农业协同组合系统下的合作金融，又有政府办的政策性金融，二者相辅相成，对促进日本农业的发展成效显著。

思考题

1. 国际组织如何影响普惠金融发展？
2. 什么样的团体贷款机制能有效地防范个人选择导致的偏差？
3. 除了还款意愿，如何以廉价、快速、数字化的方式衡量客户还款能力？
4. 如何在满足农村金融服务需求的同时，确定政策性和商业性金融的边界？

参考文献

1. 陈郁城. 普惠金融国内外发展现状及比较分析[J]. 新经济，2016(11)：64－66.

2. 欧阳佳俊，罗荷花. 普惠金融发展的国际经验借鉴及启示[J]. 商业经济，2019(1)：156－158.

3. 杨明婉，杨静，张乐柱. 国际普惠金融模式、经验与启示：基于交易费用的视角[J]. 农村金融研究，2020(2)：18－23.

4. 中国银监会合作部课题组. 普惠金融发展的国际经验及借鉴[J]. 中国农村金融，2014(2)：78－82.

5. 张扬. 从孟加拉国小额信贷成功模式解析我国小额信贷的困境[J]. 商业研究，2009(9)：138－141.

6. Bella Genga. Kenya Central Bank Seeks 'Teeth' to Regulate Digital Lenders[EB/OL]. (2021-07-14)[2021-11-18]. https://www.bloombergquint.com/onweb/Kenyan-central-bank-seeks-teeth-to-regulate-digital-lenders.

7. Maria Gabriela Coloma Ponce de Leon. Digital Lending in Kenya：Willingness vs. Capacity to Repay. [EB/OL]. (2021-06-09)[2021-11-18]. https://www.centerforfinancialinclusion.org/digital-lending-in-kenya-willingness-vs-capacity-to-repay.

8. Michelle Kaffenberger and Edoardo Totolo，with Matthew Soursourian. A Digital Credit Revolution Insights from Borrowers in Kenya and Tanzania[R]. CGAP. 2018，October.

9. APEC SOM Committee on Economic and Technical Cooperation. Case Studies on Advancing Inclusive Economic Growth：Understanding and Valuing Indigenous Economies within APEC[R]. 2021，April.

10. Financial Stability Report 2017-Central Bank of Kenya [R]. Published by the Financial Sector Regulators Forum，September 2018，Issue No 9.

11. Grameen Bank. Introduction. [EB/OL]. (2021-09-01)[2021-11-20]. https://grameenbank.org/introduction/.

12. Grameen Bank. Method of Action. [EB/OL]. [2021-11-20]. https://grameenbank.org/method-of-action/.

13. Hari Srinivas. Grameen Bank. Information. [EB/OL]. [2021-11-20]. https://www.gdrc.org/icm/grameen-info.html.

14. Jonas Schmidt P2P Lending in the United Kingdom. [EB/OL]. (2020-03-29)[2021-11-21].

https://p2pmarketdata. com/blog/p2p-lending-united-kingdom/.

15. Grootaert C，Bastelaer T. Understanding and Measuring Social Capital: A Synthesis of Findings and recommendations from the Social Capital Initiative[R]. 2001, Working paper No 24.

16. Adler P. S. Kwon S. Social Capital: Prospects for a New Concept [J]. Academy of Management Review. 2002, 27(1): 17—40.

17. Dusuki A. W. Banking for the Poor: the Role of Islamic Banking in Microfinance initiatives [J]. Humanomics. 2008, 24(1): 49—66.

18. Agrobank. AgroAgent. [EB/OL]. [2021-11-21]. www. myagroonline. com/index/product/banking-agents/index. html.

19. 中智科博产业研究院. 我国乡村振兴面临的突出问题与挑战. [EB/OL]. (2020-12-31)[2021-11-23]. https://www. sohu. com/a/441389488_423490.

20. AFI. 2020 AFI Annual Report[R]. 2020.

21. GPFI&CGAP. White Paper: Global Standard-Setting Bodies and Financial Inclusion for the Poor Toward Proportionate Standards and Guidance[R]. 2000, October.

22. GPFI. G20 Principles for Innovative Financial Inclusion[EB/OL]. [2021-11-26]. https://www. gpfi. org/publications/g20-principles-innovative-financial-inclusion-executive-brief.

23. The Economist Intelligence Unit Limited & MIX. Global Microscope 2020: The role of financial inclusion in the COVID-19 response[R]. 2020.

24. CGAP. Microfinance Solvency and COVID-19: A Call for Coordination[EB/OL]. [2021-11-25]. https://www. cgap. org/research/covid-19-briefing/microfinance-solvency-and-covid-19-call-coordination#conclusions.

25. IAID, Deposit Insurance and Financial Inclusion Current trends in Insuring digital stored Value products.

26. A2ii. Inclusive Insurance training[EB/OL]. [2021-11-26]. https://a2ii. org/en/event/inclusive-insurance-training? field_region=All&language=en&page=3.

27. BCBS. Guidance on the application of the Core Principles for Effective Banking Supervision to the regulation and supervision of institutions relevant to financial inclusion[R]. 2016.

28. Bank of International Settlements. Payment aspects of financial inclusion in the FinTech era [R]. 2020.

29. IAIS. 2020—2024 Strategic Plan[EB/OL]. (2019-06-13)[2021-11-26]. https://www. iaisweb. org/page/about-the-iais/strategic-plan.

30. IAIS. IAIS 2020 Annual Report[EB/OL]. (2021-11-15)[2021-11-26]. https://www. iaisweb. org/page/about-the-iais/annual-report//file/101905/iais-ar-2020-digital-pdf-def.

第十章　普惠金融激励政策

普惠金融存在一定的正外部性，同时具有公共物品的典型特征，单纯依赖市场化的手段很难得到发展，政府有必要采取行动，如给予财政及货币政策激励。本章首先阐述实施普惠金融政策的必要性和作用机理；然后梳理我国普惠金融财政和货币政策；最后总结普惠金融政策的激励效果以及国外普惠金融先进经验的启示。

第一节　政策的必要性及作用机理

一、普惠金融发展中政策的必要性

由于普惠金融具有正外部性、信息不对称、基础设施不完备等特征，不能完全市场化地进行金融资源地有效配置。这时就需要政府参与，采取针对性的财政、货币政策支持普惠金融发展，解决市场失灵问题。

(一)普惠金融具有显著的正外部性

外部性的定义可以分为两类，从产生主体的角度来定义和接受主体的角度来定义。萨缪尔森(1999)从产生主体的角度提出外部性的定义：外部性是指那些生产或消费对其他团体强征了不可补偿的成本或给予了无须补偿的收益的情形。兰德尔(1989)从接受主体的角度定义外部性：外部性是用来表示"当一个行动的某些效益或成本不在决策者的考虑范围内的时候所产生的低效率形象；也就是某些效益被给予，或某些成本被强加给没有参加这一决策的人"。普惠金融具有显著的正外部性，即社会收益高于个人收益。这不仅能够给予弱势群体资源支持，而且能促进公众对金融知识的了解和认识(李苍舒，2015)。但与传统金融相比，普惠金融成本高、风险大，金融机构参与的积极性低，普惠金融市场供不应求。对此，政府可以采取针对性的财政和货币政策，降低金融机构成本和风险，从而增加普惠金融服务的供给。

(二)普惠金融具有一定程度的垄断

在我国，金融发展城乡不平衡的问题长期存在，农村金融发展长期滞后于农村发展。一方面既存在于城市的由发达的现代银行(包括国有商业银行、其他商业银行、外资银行)分支网络以及证券、保险组成的一个服务于城市经济主体的金融市场;另一方面又存在于农村的由规模较小的农村信用社、村镇银行等中小金融机构构成的服务于农村经济主体的金融市场(晏海运,2013)。由此形成的以农村中小金融机构为代表的寡头垄断格局,使得农村金融服务创新不足,相对单一、市场效率偏低、供给者和需求者地位不对等、交易成本偏高,制约了市场竞争机制作用的充分发挥。财政和货币政策的介入,有助于打破农村金融市场相对垄断的格局,提高市场化程度,提升各金融机构在农村金融市场的参与度,优化普惠金融资源的配置。

(三)普惠金融基础设施不完备

金融基础设施的数量与分布,是影响普惠金融发展的关键因素(郭田勇,2015)。现阶段,市场的自发性和自利性,使得金融基础设施这种公共物品的供给偏少、没有达到最优状态。为此,政府财政应该投入一定的资金,加强金融基础设施建设投入,为普惠金融发展提供基础条件,更有效地发挥出市场机制的积极作用。

(四)普惠金融市场存在更高的信息不对称问题

对于缺乏合格抵押资产的低收入群体、小微企业等主体,金融机构考虑到高昂的违约风险,普遍不愿借贷或是通过提高贷款利率以补偿风险。究其原因,主要是由于双方存在信息不对称,金融机构在实践中难以搜寻并甄别具体信息。对此,财政和货币政策的实施能够适当降低金融机构开展普惠金融服务的交易成本,并通过融资担保、财政贴息、以不同比例准予税前扣除涉农贷款和中小企业贷款的损失准备金、减免增值税等方式降低客户的违约风险和金融机构的运营成本,有效解决信息不对称引发的金融机构"惜贷"问题。

二、财政政策在普惠金融发展中的作用机理

财政政策的作用机理可以从供给和需求两方面来分析。从数量上看,财政政策促进了普惠金融服务供给量和需求量的增长;从结构上看,财政政策促进了普惠金融发展的区域平衡、城乡平衡。

(一)作用于供给侧

普惠金融目标群体具有数量多、信息透明度低、资金需求量较小等特点,金融机构搜集并甄别信息的难度较大,成本较高。受"金融逐利"本性的制约,普惠金融的供给不足问题较突出。针对这一问题,政府可通过定向费用补贴、财政奖励、税收优惠及减免、风险补偿共担机制等手段引导金融机构加大普惠性贷款的投放力度。

具体来说,对在农村及偏远地区开设网点的金融机构实施定向费用补贴,可以提高农村地区、西部地区等的金融供给;普惠性贷款增量奖励可以促使金融机构将资源

投放于小微企业、低收入群体、农户等弱势群体；对于金融机构向特定群体放贷取得的利息收入给予税收优惠，也可以激励金融机构提高普惠金融的供给。

（二）作用于需求侧

需求方面，财政部门主要通过实施贷款贴息及奖补、农业保险保费补贴等政策减轻普惠金融目标群体的负担，降低风险，刺激需求。

贷款贴息政策降低了农户、小微企业、个体工商户等金融弱势群体取得金融服务的成本，可以激发下岗失业人员、农村妇女等主体的创业与就业热情，加快农村经济和第三产业的发展步伐，促进经济的包容性增长。

农业保险保费补贴政策使得农户只需缴纳部分保费就可以获得保险的服务，促进了对农业保险的需求。通过对保险费率的补贴，以及对保障水平、保险责任范围、理赔标准等的优化，农户对农业保险的需求量不断增加，农业保险的覆盖率由此提高。

三、货币政策在普惠金融发展中的作用机理

相较于财政政策，货币政策主要通过作用于供给侧来促进普惠金融发展。具体来说，首先，在“三农”、小微企业等经济薄弱领域实施定向降准政策和优惠存款准备金率政策，有利于降低金融机构发放普惠贷款的成本，引导金融机构将资源投向这些领域，扩大信贷规模。其次，支农、支小再贷款和再贴现政策通过两个渠道促进普惠金融发展：一是扩大对相关领域与经济部门的资金支持规模；二是央行通过调低再贷款或再贴现利率来降低相关金融机构的资金成本，从而引导普惠金融客户的融资成本下行。最后，通过调整对普惠金融贡献大的金融机构 MPA 政策[①]参数，给予倾斜支持，发挥激励约束的作用，鼓励金融机构将更多的信贷资源投向普惠金融领域。

第二节　中国普惠金融政策

一、中国财政激励政策

通过财政政策支持普惠金融发展，是我国普惠金融政策体系的一个重要方面。目前，我国普惠金融财政激励政策主要包括税收优惠和财政奖补两方面。税收优惠的实施主体是国家税务总局，实施优惠的对象是各金融机构，旨在引导金融机构将资金投向农户、小微企业等弱势群体。财政奖补政策的实施主体是财政部、地方各级财政厅

---

① 宏观审慎评估体系（MPA）是指商业银行的评估机制，由差别准备金动态调整和合意贷款管理机制整合而来，重点考虑资本和杠杆情况、资产负债情况、流动性、定价行为、资产质量、外债风险、信贷政策执行七个方面。

和人民政府，实施对象既包括金融机构也包括金融弱势群体。

(一)税收优惠

税收优惠政策是指对某些纳税人和征税对象给予鼓励和照顾的一种特殊规定。例如，免除其应缴的全部或部分税款，或者按照其缴纳税款的一定比例给予返还等，从而减轻其税收负担。在普惠金融领域实施税收优惠政策，可以引导银行等金融机构向小微企业、农户等弱势群体提供服务，支持普惠金融的发展。从涉及的税种来看，普惠金融税收优惠政策主要涉及所得税、增值税和印花税这几个税种。政策的具体内容如表10－1所示。

表10－1　　普惠金融税收优惠政策汇总

优惠内容	政策依据
一、金融机构小微企业及个体工商户小额贷款利息收入免征增值税	
金融机构可以选择以下两种方法之一适用免税：(1)对金融机构向小型企业、微型企业和个体工商户发放的，利率水平不高于中国人民银行授权全国银行间同业拆借中心公布的贷款市场报价利率150%(含本数)的单笔小额贷款取得的利息收入，免征增值税；高于中国人民银行授权全国银行间同业拆借中心公布的贷款市场报价利率150%的单笔小额贷款取得的利息收入，按照现行政策规定缴纳增值税。(2)对金融机构向小型企业、微型企业和个体工商户 发放单笔小额贷款取得的利息收入中，不高于该笔贷款按照中国人民银行授权全国银行间同业拆借中心公布的贷款市场报价利率150%(含本数)计算的利息收入部分，免征增值税；超过部分按照现行政策规定缴纳增值税。	1.《财政部 税务总局关于支持小微企业融资有关税收政策的通知》(财税〔2017〕77号)第一条、第三条 2.《财政部 税务总局关于金融机构小微企业贷款利息收入免征增值税政策的通知》(财税〔2018〕91号) 3.《财政部 税务总局关于明确国有农用地出租等增值 税政策的公告》(2020年第2号)第五条 4.《财政部 税务总局关于延续实施普惠金融有关税收优惠政策的公告》(2020年第22号) 5.《财政部 税务总局关于延长部分税收优惠政策执行期限的公告》(2021年第6号)第一条 6.《工业和信息化部 国家统计局 国家发展和改革委员会 财政部关于印发中小企业划型标准规定的通知》(工信部 联企业〔2011〕300号)
二、金融机构农户小额贷款利息收入企业所得税减计收入	
2023年12月31日前，对金融机构农户小额贷款的利息收入，在计算应纳税所得额时，按90%计入收入总额。	1.《财政部 税务总局关于延续支持农村金融发展有关税收政策的通知》(财税〔2017〕44号)第二条、第四条 2.《财政部 税务总局关于延续实施普惠金融有关税收优惠政策的公告》(2020年第22号)

续表

优惠内容	政策依据
三、金融企业涉农和中小企业贷款损失准备金税前扣除	
自2019年1月1日起，金融企业根据《贷款风险分类指引》(银监发〔2007〕54号)，对其涉农贷款和中小企业贷款进行风险分类后，按照以下比例计提的贷款损失准备金，准予在计算应纳税所得额时扣除： 1. 关注类贷款，计提比例为2%； 2. 次级类贷款，计提比例为25%； 3. 可疑类贷款，计提比例为50%； 4. 损失类贷款，计提比例为100%。	1.《财政部 税务总局关于金融企业涉农贷款和中小企业贷款损失准备金税前扣除有关政策的公告》(2019年第85号) 2.《财政部 税务总局关于延长部分税收优惠政策执行期限的公告》(2021年第6号)第四条
四、金融企业涉农和中小企业贷款损失税前扣除	
金融企业涉农贷款、中小企业贷款逾期1年以上，经追索无法收回，应依据涉农贷款、中小企业贷款分类证明，按下列规定计算确认贷款损失进行税前扣除： 1. 单户贷款余额不超过300万元(含300万元)的，应依据向借款人和担保人的有关原始追索记录(包括司法追索、电话追索、信件追索和上门追索等原始记录之一，并由经办人和负责人共同签章确认)，计算确认损失进行税前扣除。 2. 单户贷款余额超过300万元至1 000万元(含1 000万元)的，应依据有关原始追索记录(应当包括司法追索记录，并由经办人和负责人共同签章确认)，计算确认损失进行税前扣除。 3. 单户贷款余额超过1 000万元的，仍按《国家税务总局关于发布〈企业资产损失所得税税前扣除管理办法〉的公告》(2011年第25号)有关规定计算确认损失进行税前扣除	1.《国家税务总局关于金融企业涉农贷款和中小企业贷款损失税前扣除问题的公告》(2015年第25号) 2.《国家税务总局关于发布〈企业资产损失所得税税前扣除管理办法〉的公告》(2011年第25号) 3.《财政部 税务总局关于金融企业涉农贷款和中小企业贷款损失准备金税前扣除有关政策的公告》(2019年第85号)
五、金融机构与小型微型企业签订借款合同免征印花税	
自2018年1月1日至2023年12月31日，对金融机构与小型企业、微型企业签订的借款合同免征印花税。	1.《财政部 税务总局关于支持小微企业融资有关税收政策的通知》(财税〔2017〕77号)第二条、第三条 2.《工业和信息化部 国家统计局 国家发展和改革委员会 财政部关于印发中小企业划型标准规定的通知》(工信部联企业〔2011〕300号) 3.《财政部 税务总局关于延长部分税收优惠政策执行期限的公告》(2021年第6号)第一条
六、小额贷款公司农户小额贷款利息收入免征增值税	
2023年12月31日前，对经省级金融管理部门(金融办、局等)批准成立的小额贷款公司取得的农户小额贷款利息收入，免征增值税。	1.《财政部 税务总局关于小额贷款公司有关税收政策的通知》(财税〔2017〕48号)第一条、第四条 2.《财政部 税务总局关于延续实施普惠金融有关税收优惠政策的公告》(2020年第22号)

续表

优惠内容	政策依据
七、小额贷款公司农户小额贷款利息收入企业所得税减计收入	
2023年12月31日前，对经省级金融管理部门(金融办、局等)批准成立的小额贷款公司取得的农户小额贷款利息收入，在计算应纳税所得额时，按90%计入收入总额。	1.《财政部 税务总局关于小额贷款公司有关税收政策的通知》(财税〔2017〕48号)第二条、第四条 2.《财政部 税务总局关于延续实施普惠金融有关税收优惠政策的公告》(2020年第22号)
八、小额贷款公司贷款损失准备金企业所得税税前扣除	
2023年12月31日前，对经省级金融管理部门(金融办、局等)批准成立的小额贷款公司按年末贷款余额的1%计提的贷款损失准备金准予在企业所得税税前扣除。	1.《财政部 税务总局关于小额贷款公司有关税收政策的通知》(财税〔2017〕48号)第三条 2.《财政部 税务总局关于延续实施普惠金融有关税收优惠政策的公告》(2020年第22号)
九、为农户及小型微型企业提供融资担保及再担保业务免征增值税	
2023年12月31日前，纳税人为农户、小型企业、微型企业及个体工商户借款、发行债券提供融资担保取得的担保费收入，以及为原担保提供再担保取得的再担保费收入，免征增值税。	1.《财政部 税务总局关于租入固定资产进项税额抵扣等增值税政策的通知》(财税〔2017〕90号)第六条 2.《财政部 税务总局关于延续实施普惠金融有关税收优惠政策的公告》(2020年第22号) 3.《工业和信息化部 国家统计局 国家发展和改革委员会 财政部关于印发中小企业划型标准规定的通知》(工信部联企业〔2011〕300号)
十、中小企业融资(信用)担保机构有关准备金企业所得税税前扣除	
自2016年1月1日起，对于符合条件的中小企业融资(信用)担保机构提取的以下准备金准予在企业所得税税前扣除： 1. 按照不超过当年年末担保责任余额1%的比例计提的担保赔偿准备，允许在企业所得税税前扣除，同时将上年度计提的担保赔偿准备余额转为当期收入。 2. 按照不超过当年担保费收入50%的比例计提的未到期责任准备，允许在企业所得税税前扣除，同时将上年度计提的未到期责任准备余额转为当期收入。 3. 中小企业融资(信用)担保机构实际发生的代偿损失，符合税收法律法规关于资产损失税前扣除政策规定的，应冲减已在税前扣除的担保赔偿准备，不足冲减部分据实在企业所得税税前扣除。	1.《财政部 国家税务总局关于中小企业融资(信用)担保机构有关准备金企业所得税税前扣除政策的通知》(财税〔2017〕22号) 2.《财政部 税务总局关于延长部分税收优惠政策执行期限的公告》(2021年第6号)第四条

资料来源：财政部官网。

（二）财政奖补

财政奖补政策主要包括普惠金融发展专项资金、农业保险保费补贴和贷款贴息三种，政策的实施对象既包括各金融机构也包括农户、小微企业等金融弱势群体。对金融机构实施财政奖补政策，可以引导这些机构将信贷资源投向普惠金融领域；对农户、小微企业等弱势群体实施财政奖补政策，可以增加他们对金融服务的需求。

1. 普惠金融发展专项资金

2016 年，财政部发布《普惠金融发展专项资金管理办法》（财金〔2016〕85 号），并设立普惠金融发展专项资金。2019 年 9 月，财政部重新修订了《普惠金融发展专项资金管理办法》（财金〔2019〕96 号），将普惠金融发展专项资金的实施期限延长至 2022 年。专项资金遵循惠民生、保基本、有重点、可持续的原则，综合运用业务奖励、费用补贴、贷款贴息、以奖代补等方式，引导地方各级人民政府、金融机构以及社会资金支持普惠金融发展，弥补市场失灵，保障农民、小微企业、城镇低收入人群、贫困人群和残疾人、老年人等我国普惠金融重点服务对象的基础金融服务可得性和适用性。

表 10—2　　2019 年 9 月财政部《普惠金融发展专项资金管理办法（修订稿）》

政策方向	具体内容
创业担保贷款贴息及奖励补助政策	对符合条件的个人创业担保贷款，财政部门给予全额贴息；对符合条件的小微企业创业担保贷款，财政部门按照贷款合同签订日贷款基础利率的 50%给予贴息。 按各地当年新发放创业担保贷款总额的 1%，奖励创业担保贷款工作成效突出的经办银行、创业担保贷款担保基金运营管理机构等单位，用于其工作经费补助。
财政支持深化民营和小微企业金融服务综合改革试点城市奖励政策	中央财政每年对东、中、西部每个试点城市奖励标准分别为 3 000 万元、4 000 万元、5 000 万元。奖励资金可用于试点城市金融机构的民营和小微企业信贷风险补偿或代偿，或用于试点城市政府性融资担保机构资本补充。
农村金融机构定向费用补贴政策	对符合下列各项条件的新型农村金融机构，财政部门可按照不超过其当年贷款平均余额的 2%给予费用补贴： （一）当年贷款平均余额同比增长； （二）村镇银行的年均存贷比高于 50%（含 50%）； （三）当年涉农贷款和小微企业贷款平均余额占全部贷款平均余额的比例高于 70%（含 70%）； （四）财政部门规定的其他条件。 对西部基础金融服务薄弱地区的银行业金融机构（网点），财政部门可按照不超过其当年贷款平均余额的 2%给予费用补贴。新型农村金融机构不重复享受补贴。

资料来源：财政部官网。

2. 农业保险保费补贴

农业保险保费补贴是财政对农业保险业务的保费给予一定比例的补贴，补贴的对象包括投保农户和农业生产经营组织。早在2010年,财政部就开始开展农业保险保费补贴的工作。2012年,财政部进一步加大对农业保险的支持力度,增加保费补贴品种、扩大保费补贴区域,支持提高保障水平。2016年,财政部印发《中央财政农业保险保险费补贴管理方法》,进一步促进农业保险的健康发展。

表10—3　　2016年12月财政部《中央财政农业保险保险费补贴管理方法》

补贴险种标的	补贴力度
种植业:玉米、水稻、小麦、棉花、马铃薯、油料作物、糖料作物。	在省级财政至少补贴25%的基础上,中央财政对中西部地区补贴40%、对东部地区补贴35%;对纳入补贴范围的新疆生产建设兵团、中央直属垦区、中国储备粮管理总公司、中国农业发展集团有限公司等(以下统称中央单位),中央财政补贴65%。
养殖业:能繁母猪、奶牛、育肥猪。	在省级及省级以下财政(以下简称地方财政)至少补贴30%的基础上,中央财政对中西部地区补贴50%、对东部地区补贴40%;对中央单位,中央财政补贴80%。
森林:已基本完成林权制度改革、产权明晰、生产和管理正常的公益林和商品林。	公益林在地方财政至少补贴40%的基础上,中央财政补贴50%;对大兴安岭林业集团公司,中央财政补贴90%。商品林在省级财政至少补贴25%的基础上,中央财政补贴30%;对大兴安岭林业集团公司,中央财政补贴55%。
其他品种。青稞、牦牛、藏系羊(以下简称藏区品种)、天然橡胶,以及财政部根据党中央、国务院要求确定的其他品种。	藏区品种、天然橡胶在省级财政至少补贴25%的基础上,中央财政补贴40%;对中央单位,中央财政补贴65%。

资料来源:财政部官网。

3. 贷款贴息

支持普惠金融发展的贷款贴息政策是指对于符合规定的贷款项目由财政全额或部分贴息,借款人本人贷款期限内不用支付或者少支付利息。贷款个人包括城镇登记失业人员、就业困难人员、复员转业退役军人、刑满释放人员、高校毕业生、化解过剩产能企业职工和失业人员、返乡创业农民工、网络商户、建档立卡贫困人口和农村自主创业农民等。小微企业贷款对象为当年新招用符合创业担保贷款申请条件的人员数量达到企业现有在职职工人数25%(超过100人的企业达到15%),并与其签订1年以上劳动合同的小微企业。

二、中国货币激励政策

货币政策支持的覆盖范围广、影响力大,是普惠金融支持政策中的重要组成部分。目前,我国出台的支持普惠金融发展的货币政策主要包括对普惠金融实施定向降准、对普惠金融服务机构实行优惠存款准备金率政策、加强支农支小再贷款再贴现管理、创设扶贫再贷款、发挥宏观审慎评估(MPA)的引导作用等。

(一)对普惠金融服务实施定向降准

为了引导信贷资源支持“三农”和小微企业，自2014年以来，中国人民银行相继出台了针对“三农”和小微企业的定向降准政策，并建立了动态考核。2017年，中国人民银行将小微企业、“三农”的定向降准政策优化为普惠金融定向降准政策，逐步完善普惠金融准备金框架。2018—2020年，我国进行了三次普惠金融定向降准考核，共释放资金1.1万亿元。总体上看，普惠金融定向降准政策覆盖面广、指向精准，有利于促进金融资源持续向普惠金融倾斜。

表10—4　普惠金融定向降准政策汇总

时间	主要内容
2014年4月	加强金融对“三农”发展的支持，拓展资金来源，引导加大涉农资金投放，进一步提升农村金融服务的能力和水平，中国人民银行决定从2014年4月25日起下调县城农村商业银行人民币存款准备金率2个百分点，下调县城农村合作银行人民币存款准备金率0.5个百分点。
2014年6月	对符合审慎经营要求且“三农”和小微企业贷款达到一定比例的商业银行(不含4月25日已下调过准备金率的机构)下调人民币存款准备金率0.5个百分点，对财务公司、金融租赁公司和汽车金融公司下调人民币存款准备金率0.5个百分点。 其中，“三农”和小微企业贷款达到一定比例是指：上年新增涉农贷款占全部新增贷款比例超过50%，且上年末涉农贷款余额占全部贷款余额比例超过30%；或者，上年新增小微贷款占全部新增贷款比例超过50%，且上年末小微贷款余额占全部贷款余额比例超过30%。
2015年2月	定向降准考核和准备金率动态调整于2015年2月实施。 对小微企业贷款占比达到定向降准标准的城市商业银行、非县域农村商业银行额外降低人民币存款准备金率0.5个百分点，对中国农业发展银行额外降低人民币存款准备金率4个百分点。
2015年4月	自4月20日起对农信社、村镇银行等农村金融机构额外降低人民币存款准备金率1个百分点，并统一下调农村合作银行存款准备金率至农信社水平；对中国农业发展银行额外降低人民币存款准备金率2个百分点；对符合审慎经营要求且“三农”或小微企业贷款达到一定比例的国有银行和股份制商业银行可执行较同类机构法定水平低0.5个百分点的存款准备金率。
2015年6月	(1)对“三农”贷款占比达到定向降准标准的城市商业银行、非县域农村商业银行降低存款准备金率0.5个百分点。 (2)对“三农”或小微企业贷款达到定向降准标准的国有大型商业银行、股份制商业银行、外资银行降低存款准备金率0.5个百分点。 (3)降低财务公司存款准备金率3个百分点，进一步鼓励其发挥好提高企业资金运用效率的作用。
2015年8月	自2015年9月6日起，下调金融机构人民币存款准备金率0.5个百分点，以保持银行体系流动性合理充裕，引导货币信贷平稳适度增长。同时，为进一步增强金融机构支持“三农”和小微企业的能力，额外降低县域农村商业银行、农村合作银行、农村信用社和村镇银行等农村金融机构准备金率0.5个百分点。额外下调金融租赁公司和汽车金融公司准备金率3个百分点，鼓励其发挥好扩大消费的作用。

续表

时　间	主要内容
2015 年 10 月	自 2015 年 10 月 24 日起，下调金融机构人民币存款准备金率 0.5 个百分点，以保持银行体系流动性合理充裕，引导货币信贷平稳适度增长。同时，为加大金融支持“三农”和小微企业的正向激励，对符合标准的金融机构额外降低存款准备金率 0.5 个百分点。
2017 年 9 月	根据国务院部署，为支持金融机构发展普惠金融业务，聚焦单户授信 500 万元以下的小微企业贷款、个体工商户和小微企业主经营性贷款，以及农户生产经营、创业担保、建档立卡贫困人口、助学等贷款，中国人民银行决定统一对上述贷款增量或余额占全部贷款增量或余额达到一定比例的商业银行实施定向降准政策。 凡前一年上述贷款余额或增量占比达到 1.5%的商业银行，存款准备金率可在中国人民银行公布的基准档基础上下调 0.5 个百分点；前一年上述贷款余额或增量占比达到 10%的商业银行，存款准备金率可按累进原则在第一档基础上再下调 1 个百分点。上述措施将从 2018 年起实施。
2018 年 6 月	为进一步推进市场化法治化“债转股”，加大对小微企业的支持力度，中国人民银行决定，从 2018 年 7 月 5 日起，下调国有大型商业银行、股份制商业银行、邮政储蓄银行、城市商业银行、非县域农村商业银行、外资银行人民币存款准备金率 0.5 个百分点。鼓励 5 家国有大型商业银行和 12 家股份制商业银行运用定向降准和从市场上募集的资金，按照市场化定价原则实施“债转股”项目。支持“债转股”实施主体真正行使股东权利，参与公司治理，并推动混合所有制改革。定向降准资金不支持“名股实债”和“僵尸企业”的项目。同时，邮政储蓄银行和城市商业银行、非县域农商行等中小银行应将降准资金主要用于小微企业贷款，着力缓解小微企业融资难融资贵问题。
2019 年 1 月	自 2019 年起，将普惠金融定向降准小型和微型企业贷款考核标准由“单户授信小于 500 万元”调整为“单户授信小于 1 000 万元”。
2020 年 3 月	央行实施普惠金融定向降准，对达到考核标准的银行定向降准 0.5 至 1 个百分点，在此之外，对符合条件的股份制银行（在 2020 年考核中只要达到一档），再额外定向降准 1 个百分点。

资料来源：中国人民银行官网。

（二）对普惠金融服务机构实行优惠存款准备金率政策

对县域农村金融机构，执行较低的优惠存款准备金率；对农业银行考核达标县级“三农”金融事业部，执行比农业银行低 2 个百分点的优惠存款准备金率，以继续鼓励其加大“三农”信贷支持；对农发行执行 8.5%的存款准备金率，较大型商业银行低 8.5 个百分点，以鼓励其加大对农业开发、水利等农业农村基础设施建设的信贷支持。

（三）支农支小再贷款、再贴现政策

发挥支农支小再贷款、再贴现对资金投向及利率的传导功能，引导资源投向普惠金融领域。根据中国人民银行发布的数据，截至 2020 年末，全国支农再贷款余额 4 572 亿元，支小再贷款余额 9 756 亿元，再贴现余额 5 784 亿元，见图 10—1。

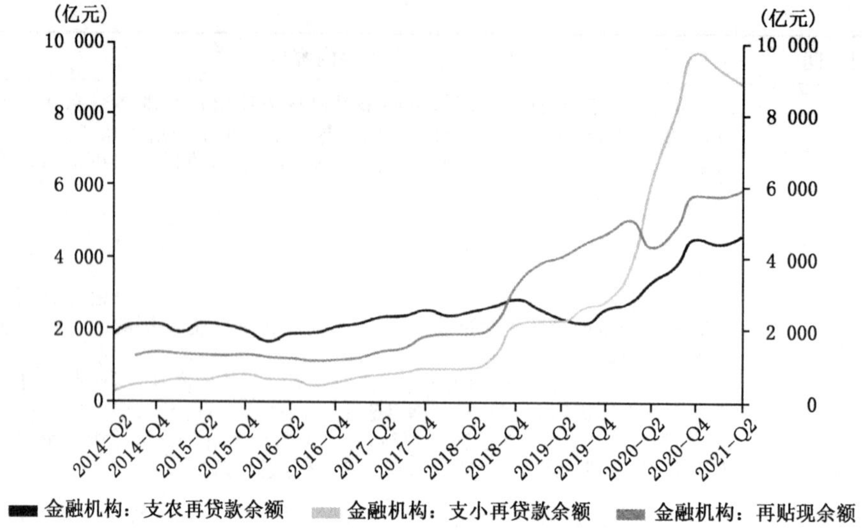

数据来源：中国人民银行。

图 10—1 支农、支小再贷款余额和再贴现余额

（四）创设扶贫再贷款

为了引导金融机构将信贷资源投向贫困地区，中国人民银行自 2016 年起设立扶贫再贷款，要求地方法人金融机构将扶贫再贷款优先支持建档立卡贫困户和带动贫困户就业发展的企业、农村合作社，积极推动贫困地区发展特色产业和贫困人口创业就业，促进贫困人口脱贫致富；合理确定运用扶贫再贷款资金发放的涉农贷款利率，有效降低贫困地区融资成本。根据中国人民银行发布的数据，截至 2020 年底，全国扶贫再贷款余额为 2 153 亿元，见图 10—2。

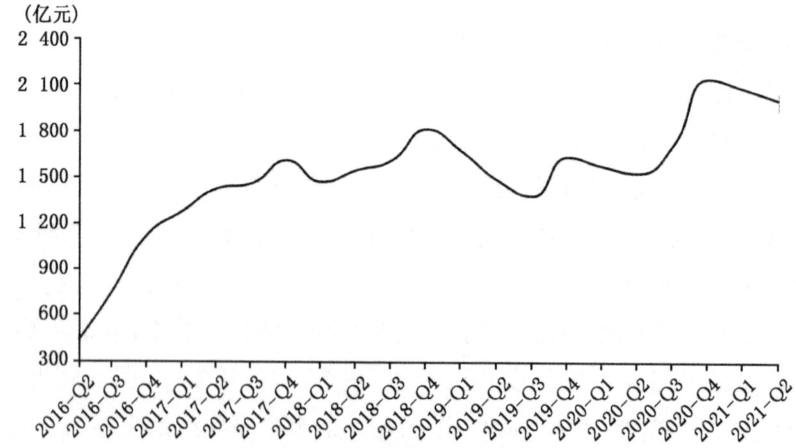

数据来源：中国人民银行。

图 10—2 扶贫再贷款余额

(五)发挥宏观审慎评估(MPA)的引导作用

宏观审慎评估(MPA)包括资本和杠杆情况、资产负债情况、流动性、定价行为、资产质量、跨境融资风险、信贷政策执行七个方面,涉及资本充足率、同业负债、拨备覆盖率等14个指标。中国人民银行对于普惠金融领域投放信贷资源较多的金融机构在评估给予倾斜支持,调整MPA政策参数,提升金融机构投身于普惠金融的积极性。

第三节　普惠金融政策激励效果

一、政策激励效果

在财政政策和货币政策的支持下,普惠金融取得阶段性成效。根据中国人民银行发布的历年《中国普惠金融指标分析报告》,金融弱势群体的金融服务可得性不断提升、使用情况也不断改善。

(一)金融服务可得性不断提升

银行网点乡镇覆盖率逐年提高。尽管现在互联网金融业务很发达,但对于一些偏远地区的农民和小微企业来说,物理网点还是必不可少的。截至2020年末,全国银行网点乡镇覆盖率达97.13%,较2019年增加0.52个百分点,见图10—3。全国70%的省份银行网点乡镇覆盖率已经达到100%,西藏、青海、新疆等偏远地区银行网点乡镇覆盖率也持续上升。

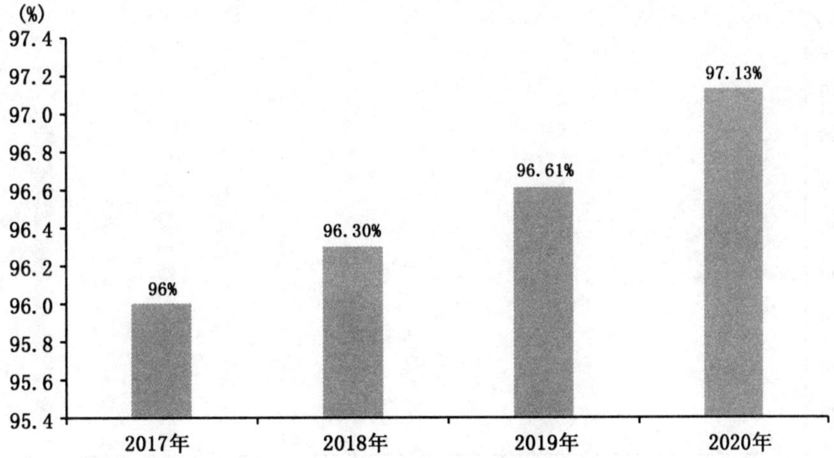

图10—3　银行网点乡镇覆盖率

政府性融资担保机构直保余额超万亿元。截至2020年末，政府性融资担保公司的数量达1 292个，直保余额1.19万亿元。通过加大对普惠金融弱势群体的新增担保力度，降低相关融资担保费率，政府性融资担保公司缓解了“三农”和小微企业的融资问题。

ATM机、联网POS机的数量总体上呈上升趋势。截至2020年末，全国共有ATM机101.39万台，联网POS机3 833.03万台，分别较2008年末增长6倍和19倍，见图10－4和图10－5。从平均数看，2020年末全国每万人拥有ATM机7.18台，每万人拥有联网POS机271.5台。

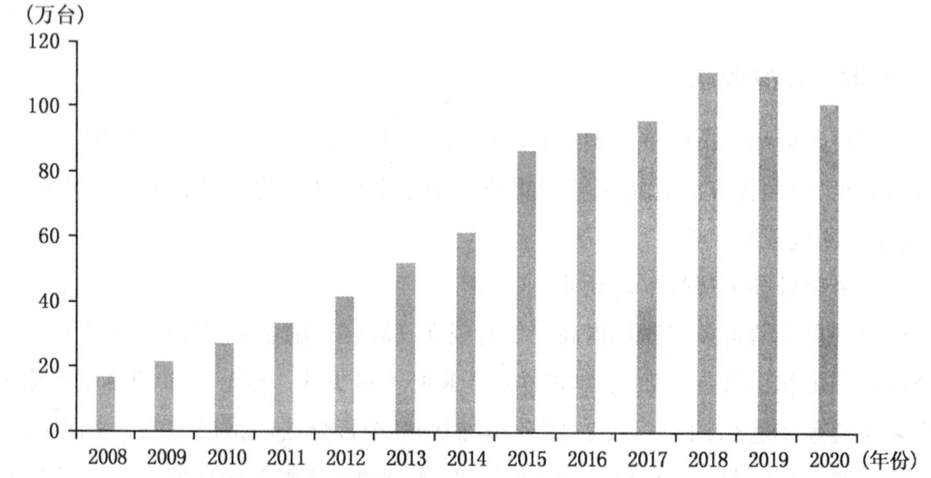

图10－4 ATM机数

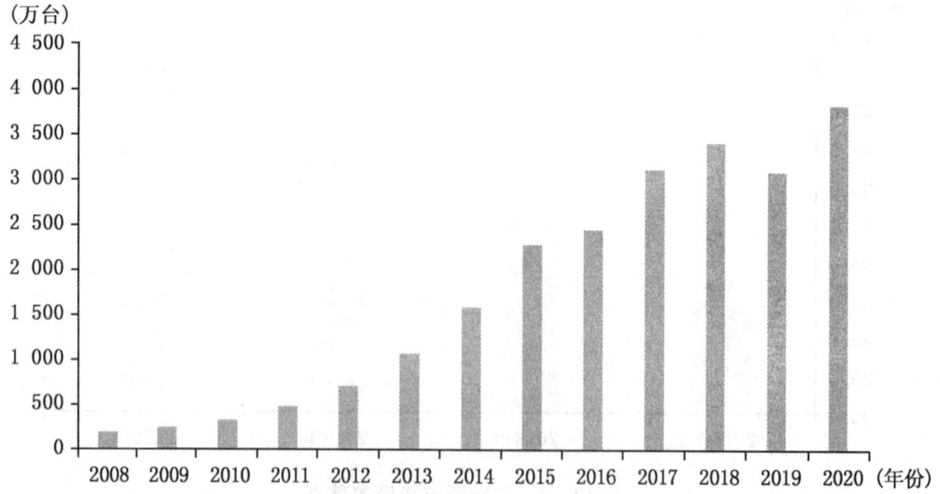

图10－5 联网POS机数

（二）使用情况不断改善

银行结算账户人均拥有量和银行卡人均持卡量逐年增长。截至2020年末，全国人均拥有8.33个银行账户，较2017年增加2.23个银行账户，三年平均增速为10.19%；人均持有6.34张银行卡，三年平均增速9.69%，见图10－6和图10－7。其中，截至2020年末，农村地区累计开立个人银行结算账户47.41亿户，占全国总量的38.05%；农村地区银行卡发卡量38亿张。

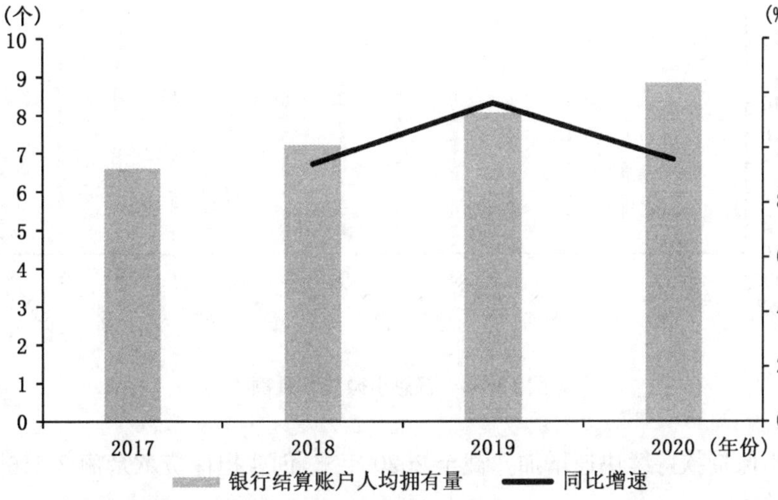

图10－6 银行结算账户人均拥有量及其同比增速

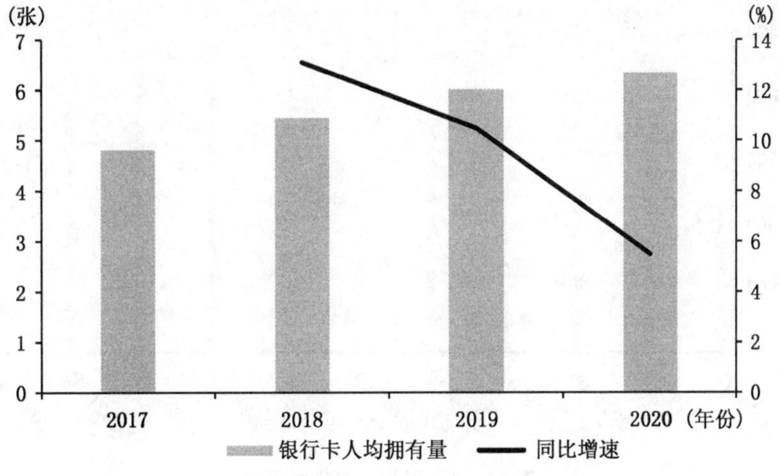

图10－7 银行卡人均拥有量及其同比增速

普惠小微贷款余额高速增长，实现量增、价降、面扩。截至 2020 年年末，普惠小微贷款余额为 15.1 万亿元，较 2019 年增长 30.3%，与 2018 年年末相比增长近 200%，见图 10－8；支持小微经营主体 3 328 万户，同比增长 19.4%；2020 年新发放贷款金额 1 000 万元以下的小微企业贷款平均利率 5.15%，较 2019 年下降 0.81 个百分点。

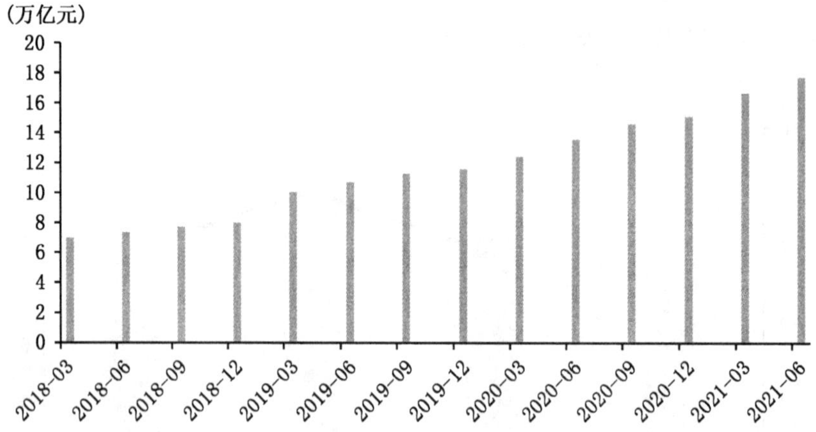

图 10－8 普惠小微贷款余额

创业担保贷款持续快速增加。截至 2020 年末，创业担保贷款余额 2 216 亿元，同比增长 53.7%，较 2018 年末增长 1 152 亿元；2021 年上半年，创业担保贷款余额继续保持增长态势，解决弱势群体融资难的问题，见图 10－9。

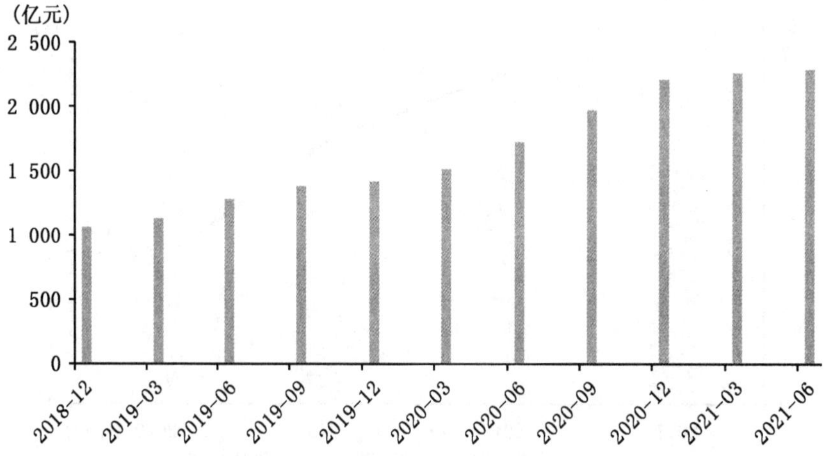

图 10－9 创业担保贷款余额

农户生产经营贷款较快增长。截至 2020 年末，农户生产经营贷款余额 5.99 万亿元，较 2018 年末增长 9 300 亿元，年均增速达 9.2%；2021 年上半年继续保持快速增长，截至 2021 年 6 月末农户生产经营贷款余额较 2020 年末增长 6 000 亿元，见图 10－10。

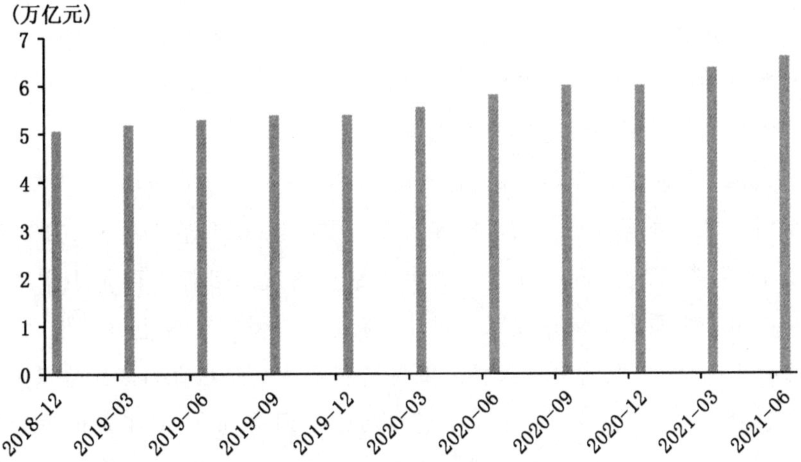

图 10－10 农户经营贷款余额

二、国外发展普惠金融的做法和经验启示

中国普惠金融发展取得了一定的成效，但距离最终的目标仍有一定的差距。墨西哥、秘鲁、俄罗斯等国在推动普惠金融发展方面有些做法，值得我们借鉴。

专栏 10－1
SPECIAL COLUMN

典型国家推进普惠金融的做法

1. 墨西哥政府的主要经验

墨西哥政府一直将保护金融消费者权益、广泛普及金融知识及推动金融机构的透明化作为扶贫的主要手段。自 2005 年以来，墨西哥政府一直积极推进政策法规的改革。为使这些手段在总体上保持一致，由主管墨西哥金融部门的财政和公共信贷部牵头，在国家银行和证券委员会的配合下，墨西哥政府出台了《2007—2012 年国家发展规划》和《2008—2012 年国家发展融资计划》。其出台直接推动了银行法规的改革，使非金融机构(比如银行代理商)可以在农村地区提供金融服务，并且允许专业细分银行根据差别监管提供不同的服务，同时将小型储蓄和信用机构纳入正规的吸收存款机构管理并帮助发展。

2. 秘鲁保护金融消费者的经验

由秘鲁监管机构——秘鲁银行保险基金监管局(SBS)一直倡导的金融知识普及和金融消费者保护为普惠金融在秘鲁的实施铺平了道路。秘鲁的很多金融机构已经开始金融普及和保护消费者的行动,SBS的干预更多侧重于鼓励和加强这些活动。SBS一直强调政策的一致性和增加信息的公开透明性。这些措施都有利于克服大众对银行和整个金融体系根深蒂固的不信任感。目前,秘鲁的消费者,尤其是低收入人群可以更加理智地选择使用金融产品服务。

3. 俄罗斯"金融扫盲5年计划"的经验

俄罗斯制定了全国性金融扫盲5年计划,周期为2011年7月至2016年6月,计划资金1.13亿美元(含2 500万美元的世界银行贷款),目标人群是小学到大学的学生和潜在使用金融服务的低中收入人群,目标改善俄罗斯金融生态环境,提高民众金融行为的效率,加强金融消费者保护。俄罗斯制定了金融扫盲国家战略以及加强金融扫盲和消费者保护的政策框架,建立了机构间的协调委员会,并指定俄罗斯财政部作为负责机构,选择重点地区先行试点。目前,金融扫盲行动已经取得预期进展,主要包括制定了学校儿童和成人的金融核心竞争力知识框架,开展了关于15岁年龄段高中学生的金融知识水平调查和国民金融行为调查,编写了针对目标人群的教育资料,培养了一大批国家级专家和地区级教师和助教等。

4. 肯尼亚手机银行的经验

2006年,肯尼亚3 500万人口中只有19%的人口拥有银行账户,因为70%的肯尼亚人居住在农村偏远地区,而大部分银行机构都集中在城镇地区。2007年,由英国跨国移动运营集团沃达丰(Vodafone)在肯尼亚的子公司Safaricom首先推出手机支付产品M-Pesa,开设了肯尼亚的手机银行服务之先河,使在农村的肯尼亚人无须使用现金即可互相交易。由于手机在肯尼亚被普遍使用,该手机支付产品M-Pesa得以迅速推广。2007年6月,该产品在肯尼亚拥有17.5万用户、577家服务代理商。与此形成强烈的反差的是,2007年肯尼亚全国平均每10万人才拥有1.5家银行机构服务和1台ATM机。截至2009年11月,该产品已经拥有850万用户和12 000家服务代理商。

肯尼亚中央银行除了大力推行M-Pesa产品以实施普惠金融外,同时也做到了良好的风险监管。一是产品开发前期积极参与,肯尼亚中央银行在产品开发前期就积极给开发团队提供建议和咨询,将监管前移,风险前置。二是严格遵守反洗钱规定,同时注重操作风险的规范。三是关注广大农村人口的金融服务需求和客户体检。四是适时推出与产品相适应的监管规则,并实施持续监管。

5. 巴西代理银行的经验

巴西的地理形势使得在边远的地方设立分支机构格外困难，于是巴西尝试将一些非银行机构，如药店、邮局、超市等发展为银行代理机构，通过将银行功能分解外包给代理机构，使其经营更多元化，提供的服务也更广泛，如开立和管理简单的存款账户、开展贷前调查等。使用代理机构的商业银行必须代理机构的经营行为全权负责。2000—2008年，巴西国内的银行账户数量翻了一倍，这主要受益于代理银行模式的大力发展。同时，巴西政策出台了一系列对应的综合政策措施，使得代理银行运营成本更低，能够在更大范围内、以更多的形式提供金融服务。巴西的成功鼓舞了其他国家(如秘鲁、哥伦比亚等)，大力发展代理机构。相关数据显示，建立40家代理机构的成本仅相当于建立一家银行分支机构。

资料来源：姜丽明，邢桂君，朱秀杰，李玉翠．普惠金融发展的国际经验及借鉴．

为了实现将弱势群体纳入金融体系的目标，下一步，应该充分借鉴这些国家的先进经验，推动普惠金融进一步发展。

(一)推动立法工作，建立普惠金融保护机制

国外很多地区都通过立法的形式支持普惠金融的发展。我国可以借鉴这一点，可以成立跨部门的普惠金融立法工作小组，专门负责制定支持普惠金融发展的法律法规，使得现行的法律法规更加完备、健全。前期可以从薄弱领域入手，扶持专为农户、小微企业服务的金融机构，提高普惠金融的发展水平。

(二)鼓励金融创新，促进普惠金融高质量发展

当前，互联网技术正在加速发展，可以将其作为推行普惠金融的重要手段和工具，重视技术在金融行业中的运用，促进普惠金融的发展。例如，可以借鉴肯尼亚手机银行和巴西代理银行的经验，以技术手段为依托替代传统物理网点。通过自助服务终端、移动金融等电子渠道，使偏远地区的居民可以便捷地享受到小额提现、账户转账等金融服务。

(三)提高金融知识普及和加强金融消费者权益保护

世界银行指出，普惠金融政策要与金融消费者教育和权益保护紧密结合。秘鲁、墨西哥等国家在金融知识普及和消费者保护等方面取得了很大的进展。我国也可以制定相关的战略，让金融知识走进社区、走进农村，帮助居民掌握一定的金融知识和技能，并能够合理运用金融工具来为其生产、生活提供所需的金融服务。同时，政府应加强监管力度，杜绝破坏普惠金融秩序的行为，保护金融消费者的权益。

本章小结

实施普惠金融政策是必要的，这可从普惠金融的正外部性、垄断、信息不对称引发的“惜贷”、设施不足等方面加以论证。财政和货币这两类政策主要通过影响普惠金融的供给与需求，对普惠金融起到正面的引导作用。

普惠金融的发展离不开政策的支持。在我国，支持普惠金融的政策主要是财政政策和货币政策。其中，财政政策包含税收优惠和财政奖补，而财政奖补又包含普惠金融发展专项资金、农业保险保费补贴、贷款贴息三个方面；货币政策包含定向降准、再贷款政策、再贴现政策等。在国外，政策支持主要体现在普惠金融立法、资金支持、税收优惠等方面。

在我国，普惠金融政策成效较明显，近年来金融服务可得性不断提升、使用情况不断改善，就是一个有力证据。为了进一步推动普惠金融发展，我们可借鉴国外的有益经验，着力推动普惠金融立法、鼓励普惠金融创新、提高金融知识普及和加强金融消费者权益保护。

思考题

1. 一般而言，支持普惠金融的政策有哪些？不同政策有何特点？
2. 如何评价我国普惠金融政策效果？
3. 请举例说明，中央财政和地方财政在支持普惠金融发展方面的异同点。

参考文献

1. 萨缪尔森，诺德豪斯. 经济学[M]. 北京：华夏出版社，1999.
2. 兰德尔. 资源经济学[M]. 北京：商务印书馆，1989.
3. 李苍舒. 普惠金融在中国的实践及前景[J]. 金融评论，2015，7(6)：109－122、126.
4. 晏海运. 中国普惠金融发展研究[D]. 北京：中共中央党校，2013.
5. 郭田勇，丁潇. 普惠金融的国际比较研究：基于银行服务的视角[J]. 国际金融研究，2015(2)：55－64.
6. 姜丽明，邢桂君，朱秀杰，李玉翠. 普惠金融发展的国际经验及借鉴[J]. 国际金融，2014，(3)：17－22.
7. 中国人民银行：2016 普惠金融指标分析报告、2017 普惠金融指标分析报告、2018 普惠金融指标分析报告、2019 普惠金融指标分析报告、2020 普惠金融指标分析报告.

第十一章　普惠金融监管

《推进普惠金融发展规划(2016—2020年)》明确了“市场主导,政府引导”的基本原则,普惠金融的发展既要依靠市场主体的力量,也要发挥政府的引导和推动作用。近年来,政府相关部门出台了一系列监管措施,聚焦普惠金融领域,不断强化正面引导和负面约束,完善普惠金融监管政策。

第一节　目标和原则

一、监管目标

普惠金融的监管目标是在风险可控的前提下普及高质量的金融服务,提高金融服务的覆盖面、可得性和满意度。

研究表明,普惠金融、金融稳定、金融正当性以及金融消费者保护之间存在相互依存的关系。普惠金融可以从各个层面促进金融稳定。在微观层面,普惠金融的发展使得家庭和个人在经济波动时能够平滑消费支出,降低流动性风险,提高风险承受能力。在中观(金融行业)层面,普惠金融的发展促使金融机构将信贷资金投放到小微企业、新兴行业等更广泛的客户群,避免集中于大中型企业和重资产的周期性行业,从而更好地分散经营风险。在宏观层面,普惠金融的发展可以帮助弱势群体摆脱贫困,缩小贫富差距,促进社会公平和稳定,有利于形成更加稳定的金融体系。

由于普惠金融主要服务的是弱势群体,普惠金融的监管更需要充分保护处于弱势地位的消费者,因此,作为行为监管的核心内容,加强消费者保护成为普惠金融监管不可或缺的重要一环。

二、监管原则

对普惠金融的监管有别于传统金融。一般而言,普惠金融的监管框架要符合下列几个基本原则。

（一）社会性目标原则

金融行业不仅要注意经济效益，还要注意社会效益。目前，中国《银行业监督管理法》把维护金融稳定、保障公众利益特别是存款人利益放在首位，而没有将普惠金融即金融服务的可获得性放到监管原则这个高度，因此，有必要将金融服务可获得性以及消除贫困作为金融监管的目标之一。

（二）灵活性原则

监管框架的设计要符合微型金融机构本身的特点，同时，因为其服务对象大多是弱势群体，贷款合约文件要尽量简化，监管手段不能采取和正规金融机构一样刚性的监管手段。

（三）激励兼容的原则

监管框架的设计必须有利于调动机构、投资者、捐赠人各方面的积极性，通过制度设计激励他们为普惠群体提供服务，而不是通过法律框架进行约束，并且需要在保证金融机构的可持续发展和规避系统性风险之间进行平衡。

（四）适应性原则

由于金融机构的多样化，监管也不能整齐划一，应该根据各金融机构主体的实际情况，进行区别性监管，这样才能因地制宜，有的放矢。

（五）基于风险的自我监管原则

该原则是指应该激励微型金融机构努力完成自我监管，要求其在努力规避自身风险的基础上完成风险管理，自律性监管比外部监管更有效率。

第二节　普惠金融监管的基本内容

2014 年 1 月，银监会宣布进行机构调整。此次监管架构改革的核心是监管转型，即加强现场检查和事中事后监管，提高监管有效性和针对性，提升薄弱环节金融服务的合力，进一步加强风险监管。在普惠金融方面，新设立银行业普惠金融工作部，内容包括小微企业金融服务监管、“三农”金融服务监管、小贷公司监管、互联网金融监管、融资性担保业务监管。

一、监管框架

普惠金融监管框架分为政府部门的监管、行业自律、金融机构的内部控制和市场纪律四个层次。

政府部门的监管主要是指专门的金融监管部门和中央银行的监管。专门的金融监管部门在中国主要是银保监会和证监会。普惠金融的综合性和个性化要求几个监管部门应当加强监管协调,保障监管的一致性和协同性。中央银行在普惠金融的发展中起到了重要的作用。改善金融基础设施、降低金融服务的成本成为中央银行的主要职责之一。

行业自律在普惠金融发展中也发挥着不可或缺的作用。行业自律组织在制定行业标准、加强市场纪律教育等方面也是政府部门监管和金融机构内部控制的重要补充和支持。

金融机构的内部控制是政府监管的基础。如果金融机构消极被动地接受监管只会增加监管成本。金融机构积极主动地优化内部控制和风险管理是其健康运行的基础。

市场纪律有利于金融机构在社会舆论和社会公众的约束下自觉地为弱势群体、弱势产业和弱势地区提供金融服务,这也是企业社会责任的内在要求之一。

二、风险监管

风险为本的监管着重于被监管金融机构识别、控制和管理风险的能力,而非金融风险本身。监管方法转变的原因在于金融机构提供的金融产品和服务创新复杂程度明显加大,更新速度加快,从而以服务和产品为基础的合规监管的可信度越来越低。在风险为本的监管方式下,农村金融机构应当建立有效的公司治理结构和内部控制制度,满足一系列风险管理标准,特别是独立的风险控制和审计机构,以及有效的风险报告系统。

三、分类监管

在监管政策方面,银保监会根据商业银行小企业贷款的风险、成本和核销等具体情况,对小企业不良贷款比率实行差异化考核,适当提高小企业不良贷款比率容忍度。中国人民银行支持符合条件的商业银行发行“小微企业”和“三农”金融债,督促金融机构加大对涉农、小微企业的金融支持。

对于开发性、政策性金融机构,中国人民银行、银保监会鼓励其以批发资金转贷形式与其他银行业金融机构合作,降低小微企业贷款成本。鼓励开发性金融机构支持棚户区改造,发放助学贷款,强化民生领域的普惠金融服务。

对于大中型商业银行,中国人民银行、银保监会支持其设立普惠金融事业部。截至2020年末,工商银行、农业银行、中国银行、建设银行、交通银行已经在总行和分行层面设立了普惠金融事业部,部分中型银行也设立了普惠金融事业部或普惠金融服务中心。普惠金融事业部是为实施普惠金融服务专业化经营采取的一种内部组织管理模式，建立专门的综合服务机制、统计核算机制、风险管理机制、资源配置机制和考核评价机制，健全普惠金融专业化服务体系，提高普惠金融服务能力。

对于农村金融机构，在监管费征收、注册资本金、股东人数、股东资格、股权结构规定、资本充足率、核心资本充足率、存款准备金率、存款利率、贷款利率和经营地域范围上采取与商业银行不同的监管要求，并且农村商业银行、农村合作银行、农村信用社、村镇银行、贷款公司、农村资金互助社和小额贷款公司等农村金融机构采取的监管要求也不完全相同。

四、行为监管

中国目前的行为监管被认为是一种“内双峰”模式。2011 年以来，保监会、证监会、银监会、中国人民银行先后成立金融消费者保护机构，根据各自职能范围，开展金融消费者保护工作。这是一种分业监管框架下，在既有监管部门内部各自成立独立司局的“内双峰”模式。其中，中国人民银行金融消费权益保护局负责人民银行职责范围内的消费者保护工作，综合研究中国金融消费者保护的重大问题，协调处理交叉性金融产品的消费者保护工作；银保监会银行业消费者权益保护局、保险消费者权益保护局、证监会投资者保护局分别负责银行业、保险业、证券业的消费者（投资者）保护工作。

金融消费权益保护部门不断加强金融消费权益保护制度建设。在现场检查方面，金融消费权益保护部门在个人信息保护、银行卡、银行代销保险、存款业务纠纷、资本市场中小个人投资者保护、保险误导销售和理赔难等热点、难点领域开展专项检查。在非现场监督管理方面，中国人民银行启动以金融消费者保护为主题的机构评估和环境评估，进一步探索金融消费者保护软性监管方式。银保监会围绕银行业消费者权益保护制度体系建设情况、制度执行情况、工作开展情况、内部考核与管理情况、重点问题发生情况五个维度，组织对全国银行业金融机构开展消费者权益保护工作考核评价，通过考核督促银行业金融机构完善机制、改进工作。

金融消费权益保护部门还建立了多元化的金融消费纠纷解决机制，确保金融消费纠纷得到公正、及时、有效解决。

专栏11－1
SPECIAL COLUMN

监管沙盒

为推动更有效的竞争，英国金融行为监管局希望鼓励金融服务领域的创新。因此，它要为企业提供一个降低了监管要求的可控环境，以尝试创新性产品和服务。金融行为监管局认为如果不对试点活动在监管上给予某种程度的官方准许，行业参与者将不会投入研发创新所需要的时间和资源。这种安全测试环境被称为监管沙盒。

沙盒项目有些是针对那些在测试其服务之前需要授权的非持牌企业，同时也针对已持牌企业在对某个明显不适用于现存监管框架的理念进行测试之前，寻求对可适用规则的明确解释。非持牌企业能够获得限制性授权，这些企业需要满足门槛条件，但只能参与有限程度的沙盒测试。对持牌企业而言，监管沙盒有三种工具：个别指导；豁免一些过于繁重的监管规则（但不豁免国家或国际性的法律法规）；在特定情况下出具免责承诺函。

2016 年 11 月，金融行为监管局宣布从 69 家申请企业中选择 24 家首批入选沙盒项目。选中的 24 家企业来自不同的国家（包括新加坡、丹麦、美国和加拿大），广泛覆盖支付和区块链、零售银行、抵押贷款、保险、投资顾问、信息收集披露、国际公共产品和服务及数字身份识别等领域。

在英国金融行为监管局启动沙盒计划的同时，美国金融消费者保护局推出了类似的“催化剂项目”，允许创新者在类似沙盒的环境下运行试点项目，以便政府和企业可以共同研究满足监管和信息披露要求的新方法。美国另一家金融监管机构——货币监理署（OCC）在 2016 年提出了“负责任创新”倡议，出台许多支持创新的举措，包括考虑允许金融科技公司获得全国性（而非州一级的）银行牌照。

2019 年 12 月 5 日，北京市地方金融监管局宣布，北京市在全国率先试点金融科技“监管沙盒”，中国版“监管沙盒”已进入正式的测试阶段。

资料来源：焦瑾璞. 普惠金融导论. 上海财经大学金融科技研究中心课题组报告，2019.

第三节 普惠金融监管政策

一、调整考核政策，完善差异化监管

2015 年初，原银监会要求银行在切实提高贷款增量的基础上，落实小微企业贷款增速、户数和申贷获得率“三个不低于”，即小微企业贷款增速不低于各项贷款平均增速、小微企业贷款户数不低于上年同期户数、小微企业申贷获得率不低于上年同期水

平，并要求银行单列小微信贷计划、层层分解[①]，实现小微企业信贷投放稳定增长。

2018年，为进一步精准聚焦薄弱环节，引导银行业金融机构在普惠金融服务中坚持做小、做精，原银监会在继续监测“三个不低于”的基础上，提出“两增两控”的新目标，“两增”即单户授信总额1 000万元以下(含)小微企业贷款同比增速不低于各项贷款同比增速、贷款户数不低于上年同期水平[②]，“两控”即合理控制小微企业贷款资产质量水平和贷款综合成本[③]；突出对小微企业贷款量质并重、可持续增长的监管导向。同时，将单列信贷计划的监管要求扩展到普惠型涉农贷款、扶贫小额信贷和精准产业扶贫贷款，并对贷款基数大、占比高的银行实施差异化考核。

对符合《商业银行资本管理办法(试行)》规定条件的小微企业贷款，计算资本充足率时，权重法下适用75%优惠风险权重，内部评级法下比照零售贷款适用优惠的资本监管要求。将银行开展小微企业、“三农”、扶贫等普惠金融服务情况纳入监管评价体系。明确小微企业、涉农贷款、精准扶贫贷款不良率高出自身各项贷款不良率2个百分点以内的，可不作为监管评级和银行内部考核评价的扣分因素。

另外，不断完善农村金融监管制度，改进监管手段和方法，促进农村金融市场稳健发展。对于符合条件的贫困地区金融机构发行金融债券募集资金发放的涉农、小微企业贷款，以及运用再贷款再贴现资金发放的贷款，不纳入存贷比考核。根据贫困地区金融机构贷款的风险、成本和核销等具体情况，对不良贷款比率实行差异化考核，适当提高贫困地区金融机构不良贷款率的容忍度。在有效保护股东利益的前提下，提高金融机构不良贷款核销效率。

专栏11－2
SPECIAL COLUMN

小微企业贷款“两增两控”目标

2018年2月11日，原银监会办公厅印发《关于2018年推动银行业小微企业金融服务高质量发展的通知》(银监办发〔2018〕29号)，以单户授信总额1 000万元以下(含)的小微企业贷款(包括小型微型企业贷款、个体工商户贷款、小微企业主贷款)为

---

① 银保监会要求银行业金融机构2018年初以完成“两增”目标为导向，在客观预估当年本行各项贷款增速的基础上，单独制定普惠型小微企业信贷计划，并分解至各一级分行。除因不良贷款核销导致年初基数明显下降的情形外，原则上一级分行全年普惠型小微企业信贷计划增量不得为负值，确保至少实现正增长。

② 从2021年起，在普惠型小微企业贷款的“两增”监管考核口径中，剔除票据贴现和转贴现业务相关数据。即单户授信1 000万元以下(含)的小微企业贷款余额和户数，均不含票据贴现和转贴现业务数据。在“贷款增速不低于各项贷款增速”一项考核中，“各项贷款余额”不含票据贴现和转贴现业务数据。

③ 2019年银保监会“两控”考核要求为：合理控制小微企业贷款资产质量水平和贷款综合成本，将普惠型小微企业贷款不良率控制在不高于各项贷款不良率3个百分点以内。巩固2018年银行业小微企业贷款减费让利成效，继续将普惠型小微企业贷款利率保持在合理水平。

重点,实施“两增两控”目标考核。已设立普惠金融事业部的大中型商业银行、邮储银行和以支农支小为业务重心、户均贷款余额低的地方性银行,可选择将考核范围扩大为:单户授信总额1 000万元以下(含)小微企业贷款和普惠型其他组织及个人经营性(非农户)贷款、单户授信总额500万元以下(含)的普惠型农户经营性贷款。

资料来源:《中国普惠金融发展报告(2018)》。

二、加强普惠金融模式创新监管

在普惠金融业务开展过程中,不同类型的机构在获客、风控、增信和资金等不同环节形成了各自的比较优势,并通过金融科技手段进行连接和聚合。这种专业化的分工和聚合模式突破了客群下沉等诸多瓶颈,推动了小微企业、“三农”人群融资问题的解决。基于现有的法律和金融监管框架,对采用聚合模式的普惠金融监管,应重点考虑以下几个方面。

第一,规范机构合作。在聚合模式中,普惠信贷业务并不是由一家机构完成,而是集合了众多的参与主体,在不同的节点上发挥作用。为此,监管应把握如下原则:在主要节点中,现有法规要求持牌的业务,只能由持牌机构经营;对于未要求持牌的业务,如获客、信贷技术以及贷后管理等领域,应允许持牌机构与各类具有专业优势、合法合规的非持牌机构的合作,鼓励市场竞争以提高效率;对机构间合作的监管,可以根据合作对象的性质进行分类。

第二,平衡创新与风险。对于普惠金融创新模式的监管,应该因势利导,平衡创新与风险。在允许创新模式发展的同时,对其客户对象、单笔额度进行限制,突出其普惠金融定位,以弥补线下信贷对普惠金融客户覆盖的不足;对中小银行跨区域资金进行一定的比率限制,以防止部分机构资金过度外流;鼓励中小银行与其他主体合作,以聚合的方式开发、服务本地客群;强化对普惠信贷资金流向的监控,确保其符合监管政策导向。

第三,厘清责任与风险承担。实践中,机构间的合作有客户支持模式(助贷)[①]、资

① 助贷模式是银行与第三方机构合作开展业务的一种模式。例如,宜信助贷运营模式是银行与宜信公司以系统对接完成信息建立,并在符合银行授信审核条件的基础上完成业务的审查审批;同时由业务办理机构完成核签及放款操作等的业务办理方式。助贷类第三方合作机构是以收取佣金为目的,通过向银行推介客户申请小企业授信业务并协助开展贷后管理的法人类机构。

金支持模式(联合贷款或信贷联营)①和风控支持模式②等,法律关系和风险承担各不相同。而且,从借款者视角看,借款的入口与资金的真实出借方,并不完全一致(如资金支持模式),甚至完全不同(如客户支持模式),也容易造成纠纷,给金融机构带来法律风险,或对金融消费者权益造成损害。因此,需要明确参与各方的法律关系,并根据特定的法律关系,参照现有的监管规则,对不同合作模式的合作边界进行规范。

第四,强化金融消费者保护。在金融消费者保护方面,要根据普惠金融模式创新的特点,进一步完善金融消费者权益保护的法律、法规;强化行为监管,加大对贷前、贷中、贷后管理中违法、违规行为的处罚力度,确保金融机构的经营行为守法合规,营造公平有序的金融市场环境并保护金融消费者合法权益;加强金融消费者信息保护,强调身份识别系统的保密性、安全性,并能适应开展客户尽职调查的各种需求和风险等级。

第四节　数字普惠金融监管

数字普惠金融的监管涉及多个领域,既包括普惠金融支持体系,也包括普惠金融资产。其中,对普惠金融支持体系,即第三方支付、第三方征信、电子签约等方面的监管,以规范相应金融业务、防范金融风险为主。

对普惠金融资产的监管,因业务的不同而有所不同。由于网络借贷发展较早、市场较大、从业公司较多,所以对网络借贷的政策与对普惠金融支持体系的政策一样,侧重在监管方面。而对于供应链金融,政策偏向于支持和鼓励。

一、数字普惠金融支持体系监管

(一)第三方支付

第三方支付在互联网金融领域发展最早,业务体系最完善,因此对第三方支付的监管政策也较多。

2010 年 9 月《非金融机构支付服务管理办法》正式实施,标志着第三方支付机构

---

① 联合贷款模式分为线上联合贷款和零售平台联合贷款。其中,线上联合消费贷款是指金融机构经由线上渠道获取合作机构(服务合作方)推送的个人客户信息,并与其他具备贷款发放资格的主体(资金合作方)按同一贷款协议、以约定比例,向同一借款人发放的个人消费贷款。零售平台联合贷款是银行与具有互联网贷款运营能力的平台公司合作,根据各自的风险控制策略,按合作协议约定向符合条件的自然人在线发放的个人信用或担保消费贷款。

② 风险支持模式是指采用接入外部信用评价数据(如蚂蚁信用分)辅助银行开展授信评审决策,如外部信用信息辅助风控模式、大数据风控体系、内外部数据联合打分等。

的行业地位得到监管者认可。该办法规定了支付机构在规范经营、资金安全、系统运行等方面应该承担的责任与义务。2020 年，中国人民银行对《非金融机构支付服务管理办法实施细则》进行了修订。

2015 年开始，《关于促进互联网金融健康发展的指导意见》《非银行支付机构网络支付业务管理办法》等政策相继出台。其中，《非银行支付机构网络支付业务管理办法》对网络支付需要遵守的规则做出了详细的规定，并且禁止支付机构为金融机构，以及从事信贷、融资、理财、担保、信托、货币兑换等金融业务的其他机构开立支付账户，引导支付机构回归支付本业。同时，还规定支付机构建立客户风险评级管理制度和机制，动态调整客户风险评级以及相关风险控制措施；建立交易风险管理制度和交易监测系统，对疑似欺诈、套现、洗钱、非法融资、恐怖融资等交易，及时采取调查核实、延迟结算、终止服务等措施。

（二）第三方征信

2013 年 3 月，《征信业管理条例》正式实施。该条例对征信机构的设立条件和程序、征信业务的基本规则、征信信息主体的权益、金融信用信息基础数据库的法律地位及运营规则、征信业的监管体制和法律责任等进行了规定，有利于加强对征信市场的管理，保护信息主体权益。

2013 年 12 月，中国人民银行发布《征信机构管理办法》。《征信机构管理办法》在规范征信机构设立、变更、退出的基础上，进一步细化了对征信机构的管理措施：一是建立征信机构报告制度，要求征信机构按规定报送统计报表、财务会计报告、审计报告等资料，定期对信用信息系统安全情况进行测评并及时报告；二是建立重点监管制度。该办法规定，征信机构出现严重违法违规行为、可能发生信息泄露、出现财务状况异常或严重亏损以及被大量投诉等影响到征信机构健康发展、损害信息主体合法权益的情形时，中国人民银行可以将其列为重点监管对象，并采取相应的监管措施。《征信机构管理办法》作为《征信业管理条例》的配套制度，在完善征信业管理制度框架方面具有重要作用。

2015 年 12 月中国人民银行发布《征信机构监管指引》，对征信机构（包括个人征信机构、企业征信机构以及金融信用信息基础数据库运行机构）的许可和备案、保证金提取、非现场监管和现场检查等方面做出了规定。其中，非现场监管方面，规定个人征信机构将采集信息的种类、个人信用评价方法、征信产品、数据库管理人员报备中国人民银行中心支行及以上分支机构。此前已有个人征信机构形成了自己的个人信用评价方法，如“芝麻分”，蚂蚁金服借此推出了多款征信产品。现场检查方面则规定中国人民银行中心支行及以上分支机构应当每年对个人征信机构进行至少一次的常规现场检查。

（三）电子签约

电子签约作为互联网发展兴起的必要支持业务，受到的法律监管较多，监管程度较严。

2016年8月，原银监会发布《网络借贷信息中介机构业务活动管理暂行办法》，规定了网络借贷信息中介机构对电子签名和签字认证的真实性和完整性，明确P2P网络借贷平台必须使用第三方数字认证系统，保证有关认证安全可靠且具有独立性。

二、数字普惠金融资产监管

（一）网络借贷

2015年7月，中国人民银行等10部委联合发布《关于促进互联网金融健康发展的指导意见》，提出了一系列鼓励创新、支持互联网金融稳步发展的政策措施，同时按照“依法监管，适度监管，分类监管，协同监管，创新监管”的原则，确立了互联网支付、网络借贷、股权众筹融资、互联网基金销售、互联网保险、互联网信托和互联网消费金融等互联网金融主要业态的监管职责分工，落实了监管责任，明确了业务边界。

2016年8月，原银监会发布《网络借贷信息中介机构业务活动管理暂行办法》，对网络借贷信息中介机构的备案管理、业务开展、风险管理、用户管理、投资人保护等方面进行明确规定，对业务经营活动实行负面清单管理，对客户资金实行第三方存管，限制借款集中度风险。对于网贷业务的监管，则重点在于业务基本规则的制定完善，而不是机构和业务的准入审批，应加强事中事后行为监管，以保护投资人权益。同时，坚持底线监管思维，实行负面清单管理，通过负面清单界定网贷业务的边界。网贷作为互联网金融业态，具有跨区域、跨领域的特征，传统的监管模式无法适应网贷行业的监管需求，因此，要充分发挥各部门优势，在明确分工的前提下，加强沟通、协作，形成有效的监管合力。

2017年12月出台的《关于规范整顿“现金贷”业务的通知》提出，将统筹监管，开展对网络小额贷款清理整顿工作，整顿对象明确为具有无场景依托、无指定用途、无客户群体限定、无抵押等特征的“现金贷”业务。同时，对放贷对象、放贷利率、资金来源和业务模式环节做了详细的限制和要求。

（二）供应链金融

互联网＋供应链金融是为众多小微企业解决融资难问题的重要途径，对互联网＋供应链金融的监管主要体现在对小微企业的扶持上。

2017年10月，国务院办公厅发布《关于积极推进供应链创新与应用的指导意见》，鼓励商业银行、供应链核心企业等建立供应链金融服务平台，为供应链上下游中小微企业提供高效便捷的融资渠道。鼓励供应链核心企业、金融机构与人民银行征信中心建设的应收账款融资服务平台对接，发展线上应收账款融资等供应链金融模式。

同时，指导意见提出要完善全国信用信息共享平台，健全政府部门信用信息共享机制，并要利用区块链、人工智能等技术，建立基于供应链的信用评价机制，加强对信用评级、信用记录、风险预警、违法失信行为等信息的披露和共享，加强供应链风险管控，促进供应链健康稳定发展。

本章小结

普惠金融的监管目标是在风险可控的前提下普及高质量的金融服务，提高金融服务的覆盖面、可得性和满意度。

普惠金融监管要符合社会性目标原则、灵活性原则、激励兼容原则、适应性原则及基于风险的自我监管原则。

普惠金融的监管框架分为政府部门的监管、行业自律、金融机构的内部控制和市场纪律四个层次。监管的基本内容包括风险监管、分类监管和行为监管。

针对金融机构的普惠金融监管政策，包括差异化监管政策和普惠金融模式创新监管。

数字普惠金融监管涉及普惠金融支持体系和普惠金融资产两个方面。其中，对普惠金融支持体系的监管包括第三方支付、第三方征信和电子签约；对普惠金融资产的监管包括网络借贷和供应链金融。

思考题

1. 普惠金融的监管框架是什么？它们的主要作用有哪些？
2. 普惠金融的分类监管有何目的？
3. 什么是普惠金融的行为监管？

参考文献

1. 费玄淑. 数字普惠金融的发展与风险监管研究[M]. 哈尔滨学院学报，2020(3).
2. 焦瑾璞. 普惠金融导论[M]. 北京：中国金融出版社，2019.
3. 焦瑾璞，王爱俭. 普惠金融基本原理与中国实践[M]. 北京：中国金融出版社，2015.
4. 罗明雄，侯少开，于进勇. 普惠大脑[M]. 北京：中国财政经济出版社，2018.
5. 卫晓锋. 数字普惠金融的风险与监管[J]. 金融理论与实践，2019(6).
6. 曾刚. 普惠金融模式创新及监管[J]. 中国金融，2020(1).
7. 中国银行保险监督管理委员会. 中国普惠金融发展报告[M]. 北京：中国金融出版社，2018.
8. 邓辛，徐晓萍，彭嘉欣，郭范勇. 推行监管沙盒面临的困境与挑战：上海财经大学金融科技研究中心课题组报告，2019.